Am Sagenborn der Fränkischen Schweiz

Sagen, Legenden und Lokalgeschichtliches aus den Jurabergen

Von

Karl Brückner

Hauptlehrer in Gößweinstein

Band 1 und 2 in einem Band

Faksimile der Ausgabe von 1921 im Verlag des

Antiquariat Murr Bamberg

ISBN 3-9800076-4-2

Inhaltsverzeichnis

	Seite
1. Das Felsenkreuz bei Ebermannstadt	7
2. Der Orakelbrunnen bei Sankt Moritz	9
3. Die Schlangenkönigin	12
4. Der goldene Fuchs zu Rothenbühl	13
5. Der letzte Ritter von Streitberg	16
6. Der Raubritter Conz Schott auf Streitberg	19
7. Eppelein und der Pfarrer von Streitberg	24
8. Eppelein und der Nürnberger Doktor Rehm	25
9. Eppelein und Pater Heribert von Muggendorf	27
10. Eppeleins Ankunft in Dramaus	29
11. Die Nürnberger brennen Eppeleins Burg nieder	30
12. Eppelein als Helfer in der Not	32
13. Eppeleins Knecht und der Teufel	34
14. Der Spuk in Dramaus	35
15. Von „Druden", „Butten" und „Bilmes"	37
16. Das Burgfräulein auf Neideck	41
17. Die „stille Wiese" bei Muggendorf	45
18. Heidenstadt und Witzenhöhle	48
19. Der „heilige Bühl"	52
20. Gründung der ersten Wallfahrtskirche in Gößweinstein	54
21. Wie die Marienkapelle zu Gößweinstein entstand	59

	Seite
22. Die drei Nymphen der Stempfermühlquellen	61
23. Das Quackenschloß	64
24. Die Riesenburg	67
25. Feindliche Brüder	71
26. Die versunkene Kapelle von Wüstenstein	74
27. Das Fischwasser von Rabeneck	75
28. Die Zwerge im Wohnsgehaiger Hügel	78
29. Das Irrglöcklein von Hollfeld	83
30. Die Burkardiskirche zu Oberailsfeld	86
31. Die steinerne Katze von Oberailsfeld	90
32. Wie der Name „Hummelgau" entstand	92
33. Auf Sankt Kunigundis Spuren	95
34. Die heilige Elisabeth in Pottenstein	102
35. Sankt Otto in Pottenstein	109
36. Der Schmied von Pottenstein	112
37. Die steinerne Jungfrau bei Pottenstein	115
38. Das „wütende Heer" bei Kirchenbirkig	118
39. Der unterirdische See bei Hohenmirsberg	121
40. Der Ahn der Freiherrn von Groß auf Trockau	124
41. Das Windloch bei Elbersberg	125
42. Das Kreuz am Windloche bei Elbersberg	127
43. Der Reefträger von Elbersberg	129
44. Die Elfen bei Elbersberg	132
45. Die Frauenhöhle bei Egloffstein	135
46. Die Fackeljungfrauen bei Gräfenberg	137
47. „Wirnt von Gravenberch"	141
48. Der Teufelstisch auf dem Eberhardsberge	147
49. Der Burgvogt von Hiltpoltstein	150
50. Das „Irrlicht" von Wildenfels	152

Einleitung

Vorliegendes Büchlein ist das Ergebnis mehrjähriger Sammelarbeit, zum großen Teil geschöpft aus reinster Quelle: der Überlieferung des heimischen Volkes. Die verhältnismäßig reiche Zahl der Sagen und Legenden, die dieser erste Versuch ans Tageslicht zu fördern vermochte, zeigt, daß die Fränkische Schweiz keineswegs zu den sogenannten sagenarmen Gebieten Bayerns zählt, wie dies seither vielfach angenommen wurde. Manche Perlen ihres einstigen Sagenschatzes mögen noch im Volke schlummern, viele schon der völligen Vergessenheit anheimgefallen sein — leider! An alle Heimatfreunde im Bereiche der Fränkischen Schweiz ergeht deshalb die dringende Bitte, dem Herausgeber für eine etwaige zweite Auflage des Büchleins noch bekannte oder erst erforschte weitere Sagen, auch Sagen-Bruchstücke, mitzuteilen und so der Nachwelt zu erhalten helfen. Und sie sind dessen wert. Denn wir dürfen die Sagen nicht als Ausflüsse krankhafter Einbildung betrachten, sondern vielmehr als Produkte regen Volksgeistes. Viele derselben fußen übrigens auf wirklichen Begebenheiten, die der schlichte Mann mit dem Mantel der Phantasie umkleidete und so Wirklichkeit mit Dichtung verwob. Als Vermittlungsglied zwischen Sage und Geschichte können wir die Legende betrachten. Auch sie kommt im Gebiete der Fränkischen Schweiz zu ihrem Rechte und erzählt uns von kirchlichen wie weltlichen Personen, die mit der Landschaft irgendwie in Berührung kamen oder bei wichtigen Ereignissen sich besonders hervortaten. Daß für den Geschichtsforscher beide, Sage und Legende, vielfache Anknüpfungspunkte bieten, bedarf keiner besonderen Betonung. Die Einfügung lokalhistorischer Stoffe ergab sich deshalb beinahe von selbst.

So möge denn das Büchlein allenthalben gute Aufnahme finden. Möge es als das betrachtet werden, was es sein will: ein **erster Sammelversuch** des Sagen- und Legendenschatzes der Fränkischen Schweiz. Mögen alle, die das schöne Fleckchen Erde, sei es als Heimat, sei es als Fremdland, lieb haben, mithelfen an der Beischaffung weiteren Materials — ehe es zu spät ist!

Gößweinstein, Ostern 1921

Der Herausgeber

Das Felsenkreuz bei Ebermannstadt
Sage

Wer dem schönen Fränkisch-Schweiz-Städtchen Ebermannstadt von Forchheim her mit der Bahn oder auf der Landstraße zustrebt, dem fällt rechts der Siedlung ein hochstrebender, dicht bewaldeter Berg mit kahlem, jäh abstürzendem Felsvorsprung auf: der Kreuzberg. Vom Bahnhofe aus leitet vor der Wiesentbrücke ein Pfad etwas flußaufwärts, dann über grüne Matten und baumbestandene Ackerländereien, zuletzt durch schattigen Wald hinauf zur luftigen Höhe. Ein zweiter, wohl etwas längerer, aber bequemer Steig, mit sieben steinernen Stationsbildern geschmückt, führt am Nordausgange des Städtchens über die Brücke, biegt rechts zur Sägemühle ein, leitet durch den Wald empor zu einer Kapelle und schließlich rechts zu dem kreuzgeschmückten Felsvorsprung mit unvergleichlichen Nah- und Fernblicken nach Süd, West und Nord. Die Zeit der Bekrönung des schroffen Dolomitgewändes mit dem Zeichen des Heiles, dem Kreuze, liegt Hunderte und Hunderte von Jahren zurück. Kein Archiv, keine Urkunde, auch keine Ortsgeschichte weiß darüber zu berichten, sondern nur — die Sage.

Im grauen Altertume erstreckte sich der Kirchsprengel Ebermannstadts, mehr wie heute, über einen großen Teil der damals noch recht unwirtlichen Jurahöhen. In stockfinsterer Nacht pochte ein eiliger Bote an des Pfarrhauses Tor und rief den greisen Hirten hinauf auf "das Gebirge" zu einer mit dem Tode ringenden Frau, ihr die letzte Wegzehrung zu bringen. Unverzüglich folgte der gewissenhafte Pfarrherr mit dem Allerheiligsten dem wegkundigen Manne. Nachdem er der Armen den letzten Liebesdienst erwiesen, schloß die Erdenmüde für immer ihre Augen. Voll Dank gegen Gott, daß er nicht zu spät gekommen, eilte der Priester, jedes Geleite ablehnend, vom Sterbebett nach Hause. Am Himmel hatten sich schwarze Gewitterwolken zusammengeballt. Ein schwerer Sturm hub an. Der Heimkehrende sah nicht Weg noch Steg. Mühsam nur drängte er sich vorwärts. Da hemmte plötzlich ein Blitzstrahl seinen irrenden Fuß. Für einen Augenblick war alles hell erleuchtet, nur für einen kurzen Augenblick. Der aber hatte genügt, den Priester erkennen zu lassen, daß er am äußersten Ende einer jäh abstürzenden Felswand stand. Entsetzt fuhr er zurück, warf sich auf die Knie und dankte Gott aus tiefstem Herzen für die "Himmelsflamme", die er zur rechten Zeit gesendet und ihn so bewahrte vom sicheren Verderben. Die ihm wohlbekannte Felswand wies den Verirrten auf den rechten Pfad hinab zum Städtchen.

Wenige Monden später erhob sich auf dem Gewände ein Kreuz, aus schweren Balken zusammengefügt. Der greise Pfarrherr von Ebermannstadt hatte es errichten lassen als äußeres Zeichen des Dankes für seine so wunderbare Errettung. Wenn auch Winde und Wetter im Laufe der Zeiten das Erinnerungsmal wiederholt zermürbten, immer fanden sich willige Hände, es zu erneuern. Und so grüßt heute noch von hoher Warte herab "das Felsenkreuz bei Ebermannstadt".

Der Orakelbrunnen bei St. Moritz
Sage

Von dem stattlichen Fränkischen=Schweiz=Orte Kirchehrenbach führt ein einsames Sträßchen, an der steil abstürzenden Breitseite der Ehrenbürg vorüber, in einem schmalen, lieblichen Tale, das der Ehrenbach durchrauscht, gen Leutenbach. In einer halben Stunde ist das schmucke Pfarrdorf erreicht. Südöstlich desselben, kaum eine Viertelstunde entfernt, treffen wir auf dem Wege nach Ortspitz in einem Seitentälchen von unberührter Naturschönheit das uralte, einsame Kirchlein „Sankt Moritz" mit seinem kleinen, stillen Friedhofe. In der Nähe des Kirchleins steht am Fuße des bebuschten Gehängs ein niedriges, über eine Quelle erbautes Feldkapellchen mit der Statue des hl. Mauritius, dargestellt als Ritter in voller Wehr. Zu seinen Füßen sprudelt aus der Gesteinsspalte ein klarer Bronn und füllt den kleinen, ausgemauerten Behälter, dessen Ablauf nicht sichtbar ist.

Schon in frühesten Zeiten wallten zu diesem „Brunnen" jahraus jahrein Kranke, Gebrechliche und Sieche: nicht wunderbare Gesundung heischend, sondern nur zu dem Zwecke, aus der Quelle zu erfahren, ob überhaupt noch frohe Hoffnung auf Genesung im Herzen getragen werden dürfe. Ein dünnes, halbfingerlanges Hölzchen, ins Wasser geworfen, war die ganze Schicksalsfrage. Sank es im Born zu Boden, so deutete es Tod im selben Jahre. Schwamm es aber auf der Wasserfläche, dann durfte der Bangende Heilung und längeres Leben gewärtigen...

Einmal vor langer, langer Zeit war im Dorfe Leutenbach Kirchweih. Buben und Mädchen schwangen sich im frohen Reigen. Gen Mitternacht schlug ein übermütiger Bursche vor, am

Moritzbrunnen das Schicksal zu befragen. Sofort erklärten sich einige bereit, darunter auch die Tochter des reichen Schulzen. Unterwegs schnitten sie sich Stäbchen zurecht, die in den Brunnen geworfen werden sollten. Des Schulzen Tochter tat den ersten Wurf, und siehe, zu ihrem Schrecken sank das Hölzchen gleich zu Boden. Die der anderen blieben obenauf. Da weinte die Maid bitterlich und lief nach Hause. Laut schluchzend warf sie sich in ihrem Kämmerlein aufs Lager. Das hörte die Großmutter, die nebenan schlaflos im Bette lag. Sie stand auf, ging zur Enkelin und fragte nach der Ursache ihres Schmerzes. Als die alte Frau das Geschehene vernommen hatte, tröstete sie das Mädchen und meinte, dem Schicksal könne wohl getrotzt werden, aber nur mit Mut und großer Unerschrockenheit. In der Mitternachtsstunde vor dem Osterfeste, da aus allen Brunnen Wein fließe, müsse die Maid an die Sankt Moritzquelle gehen, aus dieser schöpfen und trinken. Nur das banne den sonst sicher zu erwartenden Tod. Aber wie gesagt, die Furcht müsse sie schon zu Hause lassen, denn in jener Nacht geschähen schreckliche Dinge. Nicht nur das wilde Heer, sondern alle Höllengeister seien losgelassen, ja vor Luzifer selbst sei man nicht sicher. Obwohl das Mädchen bei diesen Eröffnungen vor Schauer beinahe verging, entschloß es sich doch, der Großmutter Rat zu folgen und an den Brunnen zu gehen ...

Der Karsamstagabend war gekommen. Mit inbrünstigem Gebete bereitete sich die Maid auf die mitternächtige Stunde vor. Dann schritt sie, einen Krug in der Hand, dem Moritzbrunnen zu, den sie auch ungefährdet erreichte. Als sie aber zum Schöpfen niederkniete und der Krug das Wasser berührte, geschahen schreckliche Dinge. Blitze zuckten. Donnerschläge folgten.

Die ganze Erde bebte. Fürchterlich heulte der Sturm und jagte kohlschwarze Wolken in rasender Eile am Himmel vorüber. Aus den Lüften aber ertönte entsetzliches Gekläffe, Brüllen, Blöken, Wiehern, Knallen und Knattern, "Heissa" und "Hussa" und gräßliches Hohngelächter. Das wilde Heer mit all seinen Schauern und Schrecken war über das Haupt der Armen dahingebraust. Diese, bleich wie der Tod, lehnte an dem Brunnengemäuer und setzte den Krug an die Lippen zu erlösendem Trunk. Sichtlich gestärkt erwartete sie dann mit Ruhe das Ende des Aufruhrs, das auch nicht mehr lange auf sich warten ließ. Bald lächelte wieder der Mond am klaren Nachthimmel, als sei es immer so gewesen. Als sich das nun frohe Mädchen anschickte, den Heimweg zu betreten, sprang aus dem Gebüsch ein Jägersmann, eine rote Hahnenfeder auf dem Hute, das Gewehr an der Schulter. Der lud sie zum Tanz auf grüner Wiese ein. Ob dieses sonderbaren Begehrens tief bestürzt, besah die Maid den Mann genauer und stieß einen Schreckensschrei aus. Sie hatte den Pferdefuß entdeckt und wußte nun, wer der Verwegene war. Laut schrie sie um Hilfe. Dieser aber meinte lachend: "Niemand kann dich hören und dir helfen. Du gehörst mir und sollst in meinem Reiche Königin sein!" Mit diesen Worten griff er nach der zu Tode Erschrockenen. In ihrer höchsten Not wandte diese den Blick zurück zum Quellenkapellchen und schrie so laut sie konnte: "Heiliger Moritz, so hilf du mir!" Sogleich stand der Heilige in seiner Wehr, die Lanze drohend in der Hand, neben dem Höllenfürsten und schlug ihn zurück. Dieser stampfte mit seinem Pferdefuß den Boden, spie Feuer und entwich mit einem greulichen Fluche. Das Mädchen aber stürzte ohnmächtig zu Boden . . .

Zu gleicher Stunde hatte ein Leutenbacher Bursche mit Namen Berger, der der Schulzentochter herzlich zugetan war, einen sonderbaren Traum. Er sah sein Lieb hilflos, verlassen und in höchster Gefahr am Moritzbrunnen liegen. Schweißbedeckt fuhr er aus dem Bette, kleidete sich rasch an und eilte, als ob ihn tausend Fäden dahin zögen, zur Quelle des Heiligen. Dort fand er die Bewußtlose, fast erstarrt, im taufeuchten Grase liegen. Seinen Bemühungen gelang es, die Scheintote wieder ins Leben zurückzurufen. Er führte sie den Eltern, bald darauf aber dem Priester zu, der ihrem Herzensbund die kirchliche Weihe gab.

Die Schlangenkönigin
Sage

Auch das Fränkische=Schweiz=Ländchen hat seine Schlangen= königin. Warum sollte dem wohl anders sein? Wie Silber schillert ihre schuppige Haut. Ein goldenes Krönlein, mit winzigen Edelsteinen reich besetzt, trägt sie auf dem Kopfe. Eine kleine Höhle am Gehänge der Ehrenbürg ist ihr Palast. Langsam „schlängelt" sie von dort Tag für Tag, wenn die Sommersonne am Himmel gleißt, über Felder, Wege und Matten zum klaren Wiesentflusse. Da legt sie ihr Krönlein auf ein weißes Tuch, das am Ufer ausgebreitet ist, und huscht in die Fluten zu erfrischendem Bad. Im Frühjahr und Herbst meidet sie den Fluß. Da locken sie die wärmeren Wasser des Moritzbrunnens. Hat aber der Winter die Erde in Fesseln geschlagen, dann schläft die Schlangenkönigin lange, lange in ihrer Höhle, deren Eingang Erdmaus und Igel friedsam und unverdrossen bewachen ...

Wehe dem Menschenkinde, das es wagen sollte, der Schlangenkönigin das Krönlein zu rauben, während sie wohlig im Bade plätschert. Der Gänsehirt von Leutenbach mußte den Versuch dazu an Leib und Leben büßen. Es war ihm nicht entgangen, daß schon seit einer Woche die Schlangenkönigin zu ihrem täglichen Bade die Moritzquelle erwählt hatte. Auch sah er einmal, freilich nicht in nächster Nähe, das Krönlein auf weißem Tuche glitzern und funkeln. Geblendet vom Glanz des Goldes und der Edelsteine, faßte er den Entschluß, am folgenden Mittag im Gebüsch neben der Quelle sich zu verbergen und, sobald die Schlange ins Bad geglitten, mit deren Krönlein zu entfliehen. Gedacht — getan! Der gute Gänsehirt hatte aber seine Rechnung ohne die Schlangenkönigin gemacht. Diese schnellte, als der Dieb mit seinem Raube das Weite suchen wollte, aus der Quelle und stieß einen gellenden, durchdringenden Pfiff aus, den sie mehrmals wiederholte. Sogleich kamen alle Schlangen im weiten Umkreis herangeraschelt, verfolgten den Hirten, zischten, spien Gift, ringelten sich an ihm empor und zerbissen dessen Hände und Gesicht. Der so schrecklich Überfallene riß das Tuch mit dem Krönlein aus der Tasche und schleuderte es im weiten Bogen fort. Sogleich ließ das Gewürm von ihm ab. Die Schlangenkönigin setzte ihr Krönlein auf und verschwand im Nu mit allen Ottern. Der Gänsehirt aber erlag, da zu den Rächern des vermessenen Raubes auch Giftvipern zählten, den erlittenen Wunden.

Der goldene Fuchs zu Rothenbühl
Sage

Wer von Ebermannstadt nach Muggendorf den vom Fränkischen=Schweiz=Verein blau gezeichneten Wiesenweg benützt, der jenseits des Flusses vom Ramstertaler Sträßchen ab=

gabelt, passiert nach kaum 20 Minuten angenehmen Wanderns
den Weiler Rothenbühl. Dort wohnte in einem kleinen Häuschen
neben der Kapellenruine vor langer, langer Zeit ein armer,
rechtschaffener Mann. Sein einziger Reichtum war eine große
Kinderschar, die er kaum zu ernähren vermochte. Der hatte ein=
mal einen gar seltsamen Traum. Er sah vor sich in der Luft, wie
auf Engelsschwingen getragen, eine gütige Fee, die ihm freund=
lich zulächelte und sprach: „Eile nach Regensburg. Auf der stei=
nernen Donaubrücke dortselbst wartet auf dich das Glück!" Der
Mann erzählte den Traum seiner Frau. Beide lachten herzlich
darüber. Da indes das gleiche Traumbild sich noch zweimal wie=
derholte, entschloß sich der Gute, der Aufforderung nachzukom=
men. In der Frühe des folgenden Tages nahm er Abschied von
den Seinen und machte sich auf den Weg zur alten Römerstadt,
von der er schon so manches gehört hatte. Nach langer, mühe=
voller Wanderung kam er endlich in Regensburg an. Bald stand
er am Geländer der großen Brücke, sein Glück zu erwarten, un=
gewiß und neugierig zugleich, in welcher Gestalt es an ihn heran=
treten werde. So viele Menschen auch die Brücke überschritten,
kein einziger achtete auf ihn. So scharf er äugte, nirgends zeigte
sich eine Spur des Glücks. So verrann Stunde um Stunde, und
dem Armen wurde bang und bänger. Er schalt sich einen Toren
und bereute bitter, dem Traumbilde nachgegeben zu haben.
Schon wollte er die Brücke verlassen, als die Domglocken an=
hoben, den Abendsegen zu verkünden. Als guter Christ entblößte
er sein Haupt und betete mit gefalteten Händen. Da trat ein
schlichter Mann an ihn heran und fragte nach dem Zwecke seines
Wartens. Er habe ihn heute schon zu drei verschiedenen Tages=
zeiten an der Brücke auf demselben Platze stehen sehen. Treu=

herzig erzählte der Landmann dem Fremden seinen Traum. Dieser schüttelte lächelnd das Haupt und sprach: „Träume sind Schäume. Habe ich doch selber erst gestern den merkwürdigsten Traum meines ganzen Lebens gehabt. Ich solle nämlich nach einem Orte gehen, der Rothenbühl heißt. Dort läge in einer alten Kapellenruine, just wo der Altar gestanden, ein goldener Fuchs begraben. Und doch weiß ich nicht einmal, ob es ein Rothenbühl gibt, geschweige denn, wo es zu finden wäre. Gehe nur wieder heim, guter Mann. Hier wartest du vergebens auf dein Glück!" Dies ließ sich unser Rothenbühler nicht zweimal sagen. Er hatte genug gehört. Schon am nächsten Morgen sehen wir ihn auf dem Heimwege und nach einigen Tagen mit Schaufel und Spaten in den Ruinen der alten Ortskapelle neben seinem Häuschen. Und siehe, nach kaum einstündiger Arbeit zog er einen großen Fuchs, schwer in Gold gearbeitet, aus der Erde hervor.

Als ehrlicher Mann lieferte er seinen kostbaren Fund dem Herrn des Landes, dem Fürstbischofe zu Bamberg, ab. Sein Anteil als Finder war aber noch so groß, „daß er sich ein stattliches Haus bauen, Felder und Wiesen kaufen, sorgenfrei leben und jedem seiner Kinder ein nicht unbedeutendes Heiratsgut mitgeben konnte".

* * * * *

Bekanntlich ist das der obigen Sage zugrunde gelegte Motiv auch für andere Gegenden in ähnlicher Weise verwertet worden. Weniger bekannt dürfte jedoch sein, daß „unser Rothenbühl" ein historisch merkwürdiger Ort mit bewegter Vergangenheit ist. In unvordenklichen Zeiten stand daselbst ein Schloß, als dessen Erbauer höchstwahrscheinlich die von Aufseß in Betracht kommen.

Schon in der zweiten Hälfte des 14. Jahrhunderts finden wir es nämlich als „freies Eigentum" im Besitze eines Ritters Friedrich von Aufseß. Diesem und seinen Söhnen war der Fürstbischof Albrecht von Bamberg für geleistete Kriegsdienste und „Schäden an Streithengsten in des Stiftes Fehden" eine größere Summe Geldes schuldig. Darüber einigten sich beide Teile, und Friedrich erhielt vom Fürstbischofe 500 Gulden zur Abfindung. Dagegen übergab er freiwillig sein Schloß „Rotenpühel" dem Hochstifte mit dem Vorbehalte, daß alle Söhne seines Stammes — in Ermanglung solcher die Töchter — mit demselben belehnt werden sollen. Diese Bedingung hielt das Fürstbistum getreulich ein. 1525 wurde das Schloß durch die aufrührerischen Bauern ausgeraubt und niedergebrannt. Veit von Aufseß stellte es wieder her. Dessen Sohn Kaspar, einer der geachtetsten Gelehrten seiner Zeit, bewohnte es viele Jahre. Im Dreißigjährigen Kriege zerstörten die Kroaten das Schloß. Heute sind von ihm keinerlei Spuren mehr vorhanden.

Der letzte Ritter von Streitberg
Sage und Lokalgeschichtliches

Eines der angesehensten und begütertsten Geschlechter der Fränkischen Schweiz waren die Streitberger. Sie kamen urkundlich schon 1109 vor und führten als Wappen eine silberne Sichel im gelben Felde. Daß die Familie schon frühzeitig hochgeachtet war, mag auch daraus erhellen, daß 1197 eine Anna von Streitberg bei den großen Nürnberger Turnieren zur „Schau- und Helmausteilung" erwählt wurde, eine Ehre, um welche die

damit Ausgezeichnete stets viele Neiderinnen fand. Die Streit=
berger gehörten zwar nicht in die Reihe der Dynasten oder Reichs=
herren, wohl aber zu den angesehensten, ja mächtigsten Mini=
sterialen (Dienstmannen). Sie liehen Hand und Schwert schon
den Schlüsselbergern, später den Fürstbischöfen, zuletzt auch den
Brandenburgern und bereicherten sich dabei mehr und mehr.
Frühzeitig teilte sich die Familie in sechs Linien. Doch zu Anfang
des 17. Jahrhunderts hatte der Tod alle Glieder dahingerafft
bis auf ein einziges: Hans Wilhelm von Streitberg, seßhaft zu
Veilbrunn. Dieser war sohin Erbe aller Güter geworden. Er
besaß u. a. Veilbrunn, Burggrub, Heiligenstadt, Greifenstein,
Ober= und Unterleinleiter, Ober= und Unterfellendorf, Zochen=
dorf, Oberndorf, Sachsengrün, Daschendorf, Ebnath, Hart=
mannsgereuth und Streßendorf. So reich wie er war kein Streit=
berger vor ihm. Und doch war Hans Wilhelm kein glücklicher,
lebensfroher Mann. Darüber unterrichtet uns folgende

Sage

Hans Wilhelm von Streitberg und seine Gemahlin Agnes
lebten, mit irdischen Gütern reich gesegnet, still und einträchtig
auf ihrem Schlosse zu Veilbrunn. Zur Vollendung ihres Glückes
beklagten sie nur eines: das Schicksal hatte ihnen seither einen
Sohn und Erben versagt. Schon sah Hans Wilhelm mit Weh=
mut der Stunde entgegen, da ihm sein Wappenschild ins Grab
folgen sollte. Aber eines Tages offenbarte Agnes ihrem Gatten
ein süßes Geheimnis. Im Frühjahr darauf gebar sie ihm ein
herziges Söhnlein. Doch nur kurze Zeit währte beider Gatten
Glück. Kaum hatte der Knabe den zwölften Lebensmonat voll=
endet, so wurde er den armen, beklagenswerten Eltern wieder

entriſſen. Und das kam ſo: Die Kinderfrau wollte ſich, wie alle
Tage, mit dem Knäblein im Freien ergehen. Beim Verlaſſen
des Schloſſes riefen die Mägde, die in den Gewölben mit der
Wäſche beſchäftigt waren, ſie an. Die Frau trat ein und ſchritt an
einem Keſſel ſiedenden Waſſers vorüber. Das Kind ſah darin ſein
Bild widerſpiegeln und griff haſtig danach. Dabei entglitt es den
Armen der Wärterin, fiel in den überſchäumenden Keſſel und
fand einen ſchrecklichen, qualvollen Tod. —— Kurz darauf kam
Frau Agnes mit einem Mägblein nieder. Am gleichen Tage gebar
die Frau eines armen Webers im Dorfe einen kräftigen Knaben.
Der enttäuſchte, ſonſt ſo ehrliche und gewiſſenhafte Ritter ſpann
finſtere Pläne. Er wollte die zwei Kinder vertauſchen und bot
dem Weber eine hohe Summe Geldes, wenn er darauf einginge.
Dieſer tat es aber nicht, und ſo blieb Streitberg ohne Erben. Aus
dem freundlichen und leutſeligen Hans Wilhelm wurde ein fin=
ſterer, ſcheuer Geſelle, der mit ſeiner Gemahlin, dann mit ſeinen
Standesgenoſſen, ja mit Gott und der Welt zerfiel. Zuletzt ſuchte
und fand der Bedauernswerte ſeine einzige Zerſtreuung bei
Becherklang und Würfelſpiel. Da die Nachbarſchaft ihn ſchon ſeit
langem mied, traf er mit mehreren gleichgeſinnten Kumpanen
faſt wöchentlich in Bamberg zuſammen. Von dort fuhr er einmal
nach einem wüſten Zechgelage nach Hauſe. Der Kutſcher ver=
fehlte bei ſtockfinſterer Nacht auf der Höhe von Burggrub den
Weg, und der Wagen mit den vier Pferden ſtürzte über eine hohe
Felswand ins Tal. Ritter, Knecht und Geſpann fanden ihr Ende.
Das Volk aber nennt die ſteile Felswand, an der das Unglück
geſchah, bis auf den heutigen Tag „den Totenſtein".

* * * * *

Soweit die Sage. Der Chronist meldet uns über dieses tragische Ende des letzten Streitberger nichts. Er berichtet vielmehr nur, daß Hans Wilhelm am 15. August 1690 ohne Erben sich zu seinen Vätern versammelt habe. Die hinterlassenen Güter fielen wieder den Lehensherren, hauptsächlich dem Hochstifte Bamberg, anheim. Fürstbischof Marquard Sebastian Schenk von Stauffenberg belehnte sogleich seinen Bruder Carl Christoph Sebastian mit Burggrub, Heiligenstadt und Greifenstein, dessen Nachkommen noch heute im Besitze dieser Güter sind. Unterleinleiter (später in den Händen der Wechmar, Schlammersdorfer, Lüchauer und Seckendorfer, welch letztere es heute noch besitzen) blieb zunächst mit Veilbrunn beim Fürstbistume. Schloß Streitberg mit Dorf, Muggendorf und viele dazu gehörige Ortschaften waren schon zuvor an Ludwig von Laineck verkauft worden, welcher diese Liegenschaften dem Markgrafen Friedrich IV. von Brandenburg-Bayreuth überließ. So hatten alle einstigen Streitbergschen Besitzungen neue Herren gefunden.

Der Raubritter Conz Schott auf Streitberg

Lokalgeschichtliches

Während die meisten „freien" Dynasten- oder Reichsherrengeschlechter der Fränkischen Schweiz bereits im 13. und 14. Jahrhundert verschwanden, trat der aus der Klasse der „Unfreien" hervorgegangene sogenannte niedere Adel (der Stand der Ministerialen) mehr und mehr in den Vordergrund und gelangte aus seinen anfänglich ziemlich untergeordneten Verhältnissen in oft ganz bedeutende Stellungen, so die Streitberger, Rabensteiner, Stibar, Wolfsberger, Pfersfelder, Blankenfelser, Königsfelder, Wichstensteiner, Stierberger, Egloffsteiner, Aufseßer u. a. Die meisten dieser Geschlechter erloschen im 16. und 17., manche erst im 18. Jahrhundert. Auch die Ministerialen konnten zur Ritterwürde zugelassen werden — konnten den „Ritterschlag" empfangen, durch den sie Genossen des hohen Adels wurden. Sie kamen dadurch zugleich in den Vorteil des Kampf= und Fehderechts, das sie aber nur gar zu oft zum Schrekken sowohl ihrer Herren als auch des gemeinen Volkes mißbrauchten. Der Name „Raubritter" ist ein schlimmes Wort seligen Angedenkens. Während zur Zeit des echten Rittertums der „Stegreif", d. h. das Ausziehen auf Wegelagerung, als höchst entehrendes Handwerk galt, brachten die „Schnapphähne", wie man die Raubritter des 14. und 15. Jahrhunderts nannte, Aufregung, Furcht und Schrecken in die von ihnen bewohnten oder heimgesuchten Gebiete. Von ihren festen Burgen und versteckten Schlupfwinkeln aus überfielen und plünderten sie Handelszüge und einzelne reisende Kaufleute. Nichts war ihrer Raubgier sicher, auch nicht das Vieh des Bauern auf der Weide, nicht die Frucht auf dem Felde.

Einer der schlimmsten Wegelagerer war Conz Schott, der als Amtmann des Markgrafen Kasimir zu Anfang des 16. Jahrhunderts auf Streitberg saß und schon 1499 als Pfleger auf dem Rothenberg ein arger Feind der Nürnberger gewesen war. Er machte die ganze Gegend durch seine Räubereien, die er im Bunde mit anderen tollkühnen Stegreifrittern trieb, unsicher und erbitterte durch unsägliche Drangsale und Plackereien die ganze Untertanenschaft. Wie er, so betrugen sich auch seine

Knechte. Sie raubten dem Landmanne das Vieh aus dem Stalle, das Getreide vom Boden, das Fleisch aus dem Fasse oder dem Kamine, ja sogar aus der Pfanne am Herdfeuer. Wehe dem, der sich widersetzte oder es wagte, bei dem Amtmanne Beschwerde einzulegen. Kam ein solcher mit abgeschnittenen Ohren davon, dann konnte er noch sehr wohl zufrieden sein. Besonders strenge verfuhr Schott mit Nürnberger Kaufleuten, wenn ihm solche in die Hände fielen. Da begnügte er sich nicht mit bloßer Plünderung, sondern suchte an Grausamkeiten seinen Herrn, den Markgrafen Kasimir, der bekanntlich im Hängen, Enthaupten, Brennen, Schneiden, Rädern u. dgl. ein Meister war, zu überbieten. Besonders gerne hieb er mit teuflischer Lust seinen Opfern auf irgendeinem Baumstumpf die Hand ab, steckte diese den Verstümmelten in das Obergewand und ließ sie laufen.

1528 befahl der Schwäbische Bund zur Wiederherstellung des Landfriedens einen großen Krieg gegen die Wegelagerer. Alle verdächtigen Raubnester sollten zerstört werden. Besonders durfte auch Streitberg wegen des Schurken Conz Schott nicht verschont bleiben. Als Markgraf Kasimir dies erfuhr, beschied er eiligst seinen Amtmann aus irgendeinem plausibeln Grunde nach Kadolzburg, wo er ihn sehr freundlich empfing. Des Nachts aber führte er den Ahnungslosen in ein Gemach, hieß ihn niederknien und sprach: „Besser ist's, du stirbst, als daß mein Land zugrunde gehe," worauf der Scharfrichter eintrat und dem Bestürzten das Haupt abschlug. Damit war die Gerechtigkeit versöhnt und Streitberg gerettet. — Schotts Rüstung „ziert" heute noch den Rittersaal des Schlosses Erbach im Odenwald.

Der Raubritter Eppelein von Gailingen in der Fränkischen Schweiz

8 Sagen

Von Muggendorf oder Streitberg erreicht der Wanderer in einer halben bzw. einer Stunde das auf dem Hauptplateau der Fränkischen Schweiz gelegene uralte Dörfchen Trainmeusel. Der Ort ist erstmals im Jahre 1137 als Tragamusil, dann 1360 als Treynmeyssel, 1405 als Dremuschel und im 16. Jahrhundert als Drameisel beurkundet und zweifellos als eine slavische Gründung zu betrachten. Um die Mitte des 14. Jahrhunderts hauste hier auf seiner Burg „Dramaus", die inmitten des Dörfleins stand, der berüchtigte Raubritter Eppelein von Gailingen, genannt nach seiner Stammburg „Gailingen" bei Rothenburg o. T. Außer den genannten besaß er noch die Burgen „Illesheim" bei Windsheim und „Wald" bei Gunzenhausen. Eppelein zählte sohin zu den besser begüterten Rittern. Keine zwingende Not drängte ihn auf die Abwege der Buschklepperei. Wie andere seiner Standes- und Zeitgenossen wird auch er die Wegelagerei mehr als Sport betrieben haben. Galt doch für die damalige Zeit der Spruch:

> „Rauben und Plündern ist keine Schande,
> Das tun die Allerbesten im Lande!"

Manche Autoren bringen Eppelein mit der Burg Gailenreuth ob der Wiesent in Verbindung, aber mit Unrecht. Weder der Ritter selbst noch einer seiner Sippe hatten je mit der genannten Burg etwas zu tun. Eppeleins Fränkischer-Schweiz-Sitz befand sich, wie eingangs gesagt, in Trainmeusel, 4 km nordwestlich von

Burg-Gailenreuth, wo zu Anfang des 19. Jahrhunderts noch einige Trümmer und tiefe Keller seines Schlosses zu sehen waren. Vielleicht diente die „Burg Dramaus" dem kühnen Buschklepper nur als Schlupfwinkel, deren er neben seinen eigentlichen Schlössern mehrere haben mochte. Beinahe berechtigt uns zu dieser Annahme die Bemerkung in einem Zehntregister der Pfarrei Muggendorf aus dem 16. Jahrhundert, welche lautet: „Zu Drameisel uff des Georg Zolleisen Burg soll das Eppelein von Gäulichen gewohnt haben." — Von Trainmeusel aus machte Eppelein die Wege unsicher und stellte durch seine listigen und verwegenen Streiche besonders den Nürnberger Kaufleuten nach, so daß der Handel der Stadt bedenklich ins Stocken geriet und die Nürnberger alles daransetzten, des frechen Räubers habhaft zu werden. Ein keckes Wagen begleitete alle Sträuße und Raubzüge des „stämmigen Gesellen", von dessen Rüstungen eine in dem Schlosse Erbach im Odenwald aufbewahrt und gezeigt wird. Im Jahre 1381 erreichte den verwegenen Ritter sein Schicksal. Er wurde von den Nürnbergern bei Postbauer (Oberpfalz) gefangen und erlitt bald darauf zu Neumarkt den Tod mit dem Rade durch Henkershand.

Das Volk der Fränkischen Schweiz wußte von Eppelein unter anderem zu erzählen, daß er, Brücken und Stege meidend, mit seinem Pferde stets über die Wiesent gesprengt sei, ohne das Wasser zu berühren; daß er von seinem Schlosse Dramaus aus nach Muggendorf gewöhnlich über einen Felsen ritt, der nur mit Mühe zu erklettern war; daß er, nachdem die Nürnberger seine Burg ausgebrannt hatten, jahrelang in einem Gebäude nächst der Wöhrter Mühle zwischen Muggendorf und Neideck wohnte, dessen Grundmauern noch zu Anfang des 19. Jahrhunderts ge-

standen hatten usw. Manche alte Reime, die sich auf den Strauch=
ritter beziehen, waren bei der Bevölkerung geläufig, wie

„Eppela Gaila von Dramaus
Reit't allezeit zu vierzeh't aus"
oder
„Da reit't der Nürnberger Feind aus:
Eppela Gaila von Dramaus."

Von den vielen Geschichten und Märlein, die sich an Eppelein
und seinen Aufenthalt in der Fränkischen Schweiz knüpfen, sind
die meisten längst der Vergessenheit anheimgefallen. Was davon
da und dort aus oft sehr schwachen Quellen noch zu schöpfen war,
möge hier verzeichnet sein.

1. Eppelein und der Pfarrer von Streitberg

Empört über Eppeleins zahllose Gewalttätigkeiten, predigte
Pfarrer Remigius eines Sonntags in der Streitberger Kirche
gewaltig gegen die Räuber und stellte ihnen das schwerste Ge=
richt und die schlimmsten Höllenstrafen für ihre Missetaten in
Aussicht. Wohlweislich vermied er es, irgendeinen Namen zu
nennen. Eppelein aber, der von dieser Predigt hörte, ahnte
gleichwohl, daß sie auf keinen anderen als ihn selbst gemünzt ge=
wesen sei. Er sandte einen Boten nach Streitberg und ließ den
Pfarrer auf seine Burg bitten. Obwohl ihm die Einladung wegen
seiner vorausgegangenen scharfen Predigt nicht ganz geheuer
schien, stellte sich Remigius doch pünktlich in Dramaus ein. Der
Ritter begrüßte ihn auf das freundlichste und gab im Laufe des
Gespräches zu verstehen, daß er beichten wolle, und frug, wie es

mit der Absolution stünde. „Das kann ich nicht wissen," entgegnete der Pfarrer, „da ich keine Ahnung habe, wie es in Euerer Herzenskammer ausschaut und ob Ihr Euere Sünden auch bereut." „Das ist ganz gewiß der Fall," erwiderte Eppelein. „Insonderheit reut mich alles das, was ich meinen lieben Nürnbergern n o ch n i ch t getan habe. Von dem andern, was ich getan, scheint Ihr ja sehr wohl unterrichtet zu sein, aus dem prächtigen Sermon zu schließen, den Ihr von der Kanzel herab auf mich gehalten habt!" Bei diesen Worten lief es dem Pfarrer doch kalt über den Rücken. Aber unterkriegen ließ er sich nicht. Er reckte sich vielmehr empor und versetzte auf des Ritters Frage, was er nun tun solle, ganz gelassen: „Was Ihr tun sollt, das muß Euch Euer eigenes Herz vorschreiben, wie auch ich nur das getan habe, was mir meine Pflicht als Priester gebot. Hätte ich anders gehandelt, so wäre ich ein Schelm. Übrigens mag Gott Euch und mir gnädig sein. Wir haben beide zu tragen. Denn Sünder sind wir alle!" Diese offene Rede machte auf Eppelein einen tiefen Eindruck. Er vergaß ganz und gar auf die dem Pfarrer zugedachte Rache und ließ ihn im Frieden ziehen.

2. Eppelein und der Nürnberger Doktor Rehm

Eppelein wollte seinen lieben Nürnbergern wieder einmal einen Streich spielen. Ganz Franken sollte auf ihre Kosten lachen. Eines Tages ließ er das Gerücht verbreiten, er sei auf den Tod erkrankt. Auch sandte er einen Eilboten nach Nürnberg, die Stadt möge dem mit dem Tode Ringenden unverzüglich ihren berühmten Doktor Rehm zu Hilfe senden. Da lachten sich die Nürnberger vergnügt ins Fäustchen, glaubten sie doch, endlich ihres schlimmsten Feindes loszuwerden. Den Arzt sandten sie sofort, dazu eine Menge Flaschen „heilsamster Säftlein". Inzwischen trank sich Eppelein einen gehörigen Stiefel an und lag, als der Doktor in Dramaus eintraf, stark berauscht und schwer röchelnd in seinem Bette. Rehm untersuchte den „Kranken" und erklärte, er könne ihn zwar wieder herstellen, doch müsse der Ritter bei allem was ihm lieb und heilig sei versprechen, von nun an einen ordentlichen und ehrbaren Lebenswandel zu führen. Durch klägliches Ächzen gab Eppelein seine Zustimmung, fuhr aber, als der Doktor seine Mixtur aus den verschiedenen Flaschen zusammengebraut hatte, jäh empor und schrie: „Also vergiften wollen mich meine lieben Ellenreiter, und dazu leihet Ihr Euere Hand? Keinen Widerspruch! Ich habe Euch durchschaut, und Ihr sollt es mir schwer büßen, Ihr Pflasterkasten! Ich befehle Euch, augenblicklich diese Mixtur, die Ihr so sorglich zu meines „Leibes Wohlfahrt" zusammengepantscht, selbst zu trinken bis auf den letzten Tropfen. Tut Ihr's nicht, so seid Ihr des Todes!" Da weder Bitten noch Flehen etwas halfen, mußte der Doktor wohl oder übel den Trank selbst einnehmen. Dazu goß ihm Eppelein noch die Reste aller Flaschen nach, so daß es dem Armen sterbensübel wurde und er in ein hitziges Fieber verfiel, von dem er sich nur dank seiner kräftigen Natur nach mehreren Tagen wieder einigermaßen erholen konnte. Am fünften Tage sandten die Nürnberger, denen die „Wiederherstellung" ihres „Freundes" zu langsam fortschreiten mochte, einen Boten nach Dramaus und ließen fragen, wie es dem Ritter gehe. Der kam dem Eppelein gerade recht. Er schickte ihn unverzüglich nach Nürnberg zurück und trug ihm auf: „Sage deinen Pfeffersäcken, meine Krankheit sei nur eine List gewesen, auf die sie kläglich hereingefallen seien.

Ihr berühmter Salbenschmierer liegt in meiner Kammer und ist heute noch halbtot von der Mixtur, mit der er mich ‚kurieren' wollte. Zu meines Leibes Wohlfahrt habe ich nämlich das Gifttränklein ihn selbst auslecken lassen. Da Strafe sein muß, bekommen Deine Ladenwürmer ihren Doktor nicht eher zurück, so sie mir 4000 wohlgezählte Goldgulden in meine Burg gebracht haben!" Und dabei blieb es. Die Nürnberger hatten nicht nur den Spott, sondern sie mußten auch tief ins Stadtsäckel greifen, da sie ihren berühmten Doktor Rehm nicht als „Eppeleins Leibmedikus" in Dramaus sitzen lassen mochten.

3. Eppelein und Pater Heribert von Muggendorf

Im Marktflecken Muggendorf erhob sich neben der jetzigen Pfarrkirche zu Eppeleins Zeiten ein stattliches Dominikanerkloster. Zu seinen Konventualen zählte ein gewisser Pater Heribert, der dem Raubritter einmal eine ganz gehörige Standrede hielt. Die Sache kam nämlich so: Eppeleins Ehe mit Kunigunda von Wurmstein, der Schwester eines seiner Spießgesellen, entstammte ein Söhnlein, das der Vater aller Sitte zuwider lange Zeit nicht taufen ließ. Es erhob sich deshalb ein großes Geschrei über des Ritters Gottlosigkeit. Das wurmte Eppelein sehr. Er glaubte, die Hetze gehe von den Dominikanern in Muggendorf aus, und sann auf Rache. Als die Novemberstürme eingesetzt hatten und die Regen- und Schneeböen mit aller Wucht durchs Wiesenttal peitschten, sandte Eppelein mitten in der Nacht einen Boten an die Pforte des Muggendorfer Klosters und hieß den Pater Heribert in eiliger Angelegenheit auf seine Burg kommen. Trotz der Gicht, die ihn plagte, machte sich der gewissenhafte

Priester mit dem Knechte sofort auf den Weg nach Dramaus. Als er aber dort vernahm, daß es sich nicht um die Beichte eines Schwerkranken, sondern um die schon so lange verzögerte Taufe des Kindes handle, ward er doch von gerechtem Zorne erfüllt und sagte dem Ritter gerade heraus, daß das Prinzlein wahrlich noch bis zum kommenden Morgen sein Heidentum hätte tragen können. Eppelein gebot dem Pater Schweigen und befahl, seinen Sohn auf den Namen „Mönchfeind" zu taufen. Das wies der Pater mit Entrüstung als gottlos zurück. Der Vater verlangte nun den Vorschlag eines anderen Namens. Der Dominikaner nannte deren eine ganze Reihe. An jedem aber hatte der erboste Schnapphahn unter Spott und Schmähungen etwas auszusetzen, so daß der Priester erkannte, dem gottlosen Gesellen sei es weniger um die Taufe seines Sohnes, als um die Verhöhnung des hl. Sakramentes zu tun. Erfüllt von heiligem Grimme rief er deshalb dem Ritter zu: „Haltet ein mit Euerem gotteslästerlichen Gespötte. Es kann und wird Euch und Euerem Kinde nur zum Unheil gereichen. Denkt Ihr nicht an die strafende Hand Gottes? Vielleicht schwebt sie schon über Euerem Haupte. Sie vermag Euch und Euere ganze Sippe zu zermalmen!" Als der Ritter gegen den Pater aufbrausen wollte, fuhr dieser unbeirrt fort: „Ich weiß, ich bin in Euerer Gewalt. Aber des fürcht' ich mich nicht. Mein Leben gehört einem Höheren. Für ihn bin ich bereit zu sterben!" Diese unerschrockene und kühne Rede entwaffnete Eppelein ganz und gar. Demütig bat er nun den Priester, seinen Sohn auf den christlichen Namen Johannes zu taufen, was dieser auch tat. Gegen Morgen wankte dann Pater Heribert, so schnell er es mit seinen gichtgeplagten Gliedern vermochte, bei Wind und Wetter wieder seinem stillen Kloster zu.

4. Eppeleins Ankunft in Dramaus nach dem kühnen Sprunge über den Nürnberger Burggraben

Den Nürnbergern war es gelungen, im Städtlein Lauf den gefürchteten und verhaßten Eppelein einzufangen. In Nürnberg herrschte darüber eitel Freude. Gebunden und umschwärmt von einer großen, schaulustigen Menge, wurde der verwegene Schnapphahn zur Burg geführt, wo er seine Missetaten am Galgen büßen sollte. Als letzte Vergünstigung erbat er sich, noch einmal sein treues Rößlein reiten zu dürfen. Dasselbe wurde ihm vorgeführt. Eppelein schwang sich hinauf, streichelte es und trabte eine Weile im Hofe hin und her, zuerst in engen, dann immer weiteren Kreisen. Plötzlich ritt er an die Brüstung, setzte dem Rappen die Sporen in die Seiten und sprengte über Mauer und Wallgraben davon. Noch einmal grüßte er im Davonreiten zur Burg hinauf. Dann aber ging es, heidi — heida!, über Stock und Stein den in der Ferne winkenden Jurabergen zu. Glücklich kam Eppelein in ununterbrochenem Ritte bei der Wöhrter Mühle ob Streitberg an. Kaum hatte er jedoch den Fluß übersetzt und den Waldweg gen Dramaus eingeschlagen, da brach sein treues Rößlein unter ihm zusammen. Im Nu war Eppelein in der Mühle und heischte Brot, Wein und Linnen. Damit eilte er zu seinem halbtoten Pferde zurück, warf sich neben ihm auf die Kniee, benetzte dessen Nüstern mit dem Weine, steckte ihm ein Stücklein Brot zwischen die Zähne und verband die wund geschlagenen Beine mit dem feuchten Linnen. Ahnungslos schritt indessen des Ritters Gemahlin den Waldweg herab. Ein Bub und ein Mägdlein gingen still neben ihr her. Tiefer Kummer beschwerte ihre Herzen, denn sie sprachen soeben von dem geliebten Vater, der wohl nie mehr zurückkehren werde. An einer Kurve des steinigen Bergweges aber blieben alle drei mit einem Ruck wie angewurzelt stehen. War es ein Spuk, der ihnen Unmögliches vortäuschen wollte? Oder war es doch Wirklichkeit? Am Wegrande lag, halb vom Gebüsche verdeckt, ein Pferdekörper, und daneben kniete kein anderer als der beweinte Gatte und Vater. Oder war er es nicht? Doch jetzt hob auch er den Blick und erkannte die Kommenden. Eppelein, Vater, meine Lieben! So scholl es hin und her. Dann lagen die Ehegatten sich in den Armen, umjubelten der Bub und das Mägdlein den wiedergeschenkten Vater. Dieser sprach hierauf zu den Seinen: „Sehet mein Rößlein. Es liegt in den letzten Zügen. Vom Galgen weg über Wall und Graben der Nürnberger Feste bis hieher hat es mich in eiligem Laufe getragen. Dann brach es auf den Tod erschöpft zusammen. Ihm allein verdanke ich mein Leben, verdanken wir diese frohe Wiedersehensstunde. Kommt her und liebkoset es!" Die Aufgeforderten taten's. Das edle Tier wandte, als ob es ihn verstanden hätte, noch einmal den Kopf zu seinem Herrn und starb. An der Stelle, wo der in so vielen gewagten Unternehmungen erprobte Gefährte sein Leben endete, ließ der Ritter später einen Erinnerungsstein aufstellen.

5. Die Nürnberger brennen Eppeleins Burg Dramaus nieder

Eppeleins Ehefrau Kunigunda war gestorben. Der Ritter verfiel darob in große Traurigkeit und begab sich auf einige Zeit zu seinem Schwager Wolf von Wurmstein. Sobald die Nürnberger dies erfuhren, sandten sie ein Fähnlein Reisige nach

Dramaus. Sie wollten die günstige Gelegenheit benützen, ihres Feindes Burg niederbrennen zu lassen. Dem Eppelein aber wurde dieser Anschlag sofort hinterbracht. Er eilte mit den eigenen Gefährten und Leuten seines Schwagers ungesäumt nach Dramaus. Kaum hatten sie von Ebermannstadt her die Jurahöhe erklommen, da sahen sie schon in der Ferne die Feuergarben gen Himmel lodern. Daß sie zu spät gekommen waren, steigerte ihre Wut nur noch mehr. Mit voller Wucht stürzten sie sich auf den feindlichen Haufen, und es kam zu einem schrecklichen Gemetzel. In dieses griffen auch die herbeieilenden Bauern mit Spießen, Gabeln, Sensen und anderen Mordgeräten ein, so daß die Nürnbergischen übel zugerichtet wurden und, soweit sie nicht schon tot oder schwer verwundet am Boden lagen, eiligst flüchteten. Der größte Teil der Burg ward indes vom Feuer verzehrt. — Daß Eppelein an Nürnberg schwere Rache nahm, war bei der ganzen Veranlagung des Ritters und dem äußerst gespannten Verhältnis zwischen der Stadt und ihm selbstverständlich. Schon am achten Tage nach dem geschilderten Ereignis ließ der Grollende einen Brandbrief nach Nürnberg hineinschießen. Darin kündete er den Einwohnern an, daß er binnen dreimal 24 Stunden Gleiches mit Gleichem vergelten werde. Und richtig wurde drei Tage später, als sich gerade ein mächtiger Sturmwind erhoben hatte, ins Kohlerhaus am Heumarkt zu Nürnberg von unbekannter Hand eine Fackel geworfen, so daß das Gebäude in kaum einer halben Stunde himmelhoch aufloderte und das Feuer sofort die ganze Nachbarschaft ergriff. Zwei volle Tage wütete der Brand und äscherte nicht weniger als 460 Wohnhäuser ein. Das war Eppeleins Rache an Nürnberg für die Vernichtung seiner Burg Dramaus.

6. Eppelein als Helfer in der Not

Eppelein war wohl auf allen Straßen, die gen Nürnberg führten, einer der Hauptplacker, und wo und wann er einen Nürnberger Warenzug aufheben konnte, tat er es mit dem allergrößten Vergnügen. Daheim auf seiner Scholle aber und inmitten der meist armen Landbevölkerung zeigte er sich gewöhnlich von einer ganz anderen Seite. Manches Bäuerlein, das in seiner Not sich an den Ritter wandte, fand in ihm einen bereiten und uneigennützigen Helfer. Auch sonst stand er, ob darum angegangen oder nicht, jedermann gerne mit Rat und Tat bei. Als Beleg dafür diene das folgende Stücklein: Eppelein ritt einst mit einigen seiner Knechte gen Gößweinstein. Im Walde bei Gailenreuth lief ihnen ein altes Weibchen in die Hände, das bitterlich weinte. Auf die Frage, was es denn gäbe, erzählte die Arme, sie sei die Gänsehirtin des Dorfes und habe die ihr anvertrauten Zweibeine auf einer Waldwiese grasen lassen. Da sei auf einmal wie der Blitz aus dem Gebüsche etwas heraus- und mitten in ihre Herde hineingestürzt. Was es eigentlich gewesen, habe sie gar nicht erkennen können, so schnell sei alles geschehen. Die Gänse hätten entsetzlich zu schreien angefangen und wären darauf nach allen Seiten auseinandergestoben. Um alles in der Welt könne sie dieselben nicht mehr finden und sei deshalb in schrecklicher Angst und Not. „Nur nicht verzweifeln, Mütterlein," hob der Ritter an. „Das dumme Federvieh wird schon wieder zu finden sein. Eine der vorlauten Schnatterer wird freilich dem schlauen Isegrim zum Opfer gefallen sein. Denn daß Ihr es nur wisset: was wie der Blitz in Euere Herde eingefallen ist, war offenbar ein nach einem feisten Gänsebraten lüsternes Füchslein." Der

Ritter schickte einen seiner Knechte ins Dorf und befahl ihm, einige Leute aufzubieten und mit diesen den Wald nach den verscheuchten Gänsen abzusuchen. Dann setzte er mit seinen übrigen Knechten den Ritt gen Gößweinstein fort. Auf dem Heimwege erkundigte sich Eppelein im Dorfe, wie die Razzia nach den Durchgängern ausgefallen sei. Da erfuhr er, man habe nur vier Gänse und den Gänserich erwischt. Die anderen, etwa vierzig an der Zahl, hätten sich wahrscheinlich aus Angst im Felsgeklüft so versteckt, daß sie nicht aufzufinden seien. Der in allen Lebenslagen Erfahrene wußte auch hier Rat. Er gebot einem Knechte, den „Gänse-Pascha" in den Wald zu bringen und dort auszusetzen. Der werde schon seine Dulzineen aus ihren Verstecken hervorlocken. Und so geschah es. Kaum sah sich der Gänserich einsam und verlassen mitten im Walde, fing er, sei es aus Furcht, sei es, weil er seine Gänse nahe wußte, an, in langgezogenen Tönen laut zu schreien. Bald echote es, zuerst leise, dann laut und lauter von da und dort, und zu seiner Verwunderung sah der durch ein Felsstück gedeckte Knecht die kapitolinischen Schnatterer von verschiedenen Seiten auf den sichtlich erfreuten Gänserich zulaufen. Der nach Gänseart nicht enden wollenden Begrüßung beugte er vor, indem er eine Rute schnitt und die glücklich wiedergefundenen Grauvögel nach Hause trieb. — Ähnliche Helferstücklein erzählte man von Eppelein eine ganze Menge. Das Vorgetragene hat sich insofern bis auf unsere Zeit erhalten, als man heute noch da und dort auf die besorgte Äußerung: „Meine Gänse haben sich verlaufen; ich kann sie nicht finden!", erwidern hört: „So laß Dir doch von Eppelein helfen!"

7. Eppeleins Knecht und der Teufel

Auch der Spuk spielt in manchen Eppeleins-Mären eine Rolle. Dem Ritter wurde durch einen seiner Kundschafter, die allerorts für ihn tätig waren, hinterbracht, Nürnberger Krämer hätten auf der Heimreise von Norden her in der Heiligenstadter Gegend eine Partie Schafe aufgekauft und stünden im Begriffe, sie „ohne besonderes Geleit" nach der Stadt weiter zu führen. Der Transport sollte am kommenden Morgen vor dem ersten Hahnenschrei insgeheim über Ebermannstadt erfolgen. „Kommt wie gerufen," schmunzelte Eppelein. „Ist doch Schmalhans schon seit Tagen Küchenmeister in meinem Hause gewesen. Die Lammbrätelein sollen uns darob willkommen sein. Mag es die Nürnberger Pfeffersäcke auch baß verdrießen." Als die Nacht hereingebrochen war, sandte Eppelein ein halbes Dutzend berittener Knechte in Richtung Birkenreuth nach Ebermannstadt. Dort sollten sie vom Hinterhalt aus den ahnungslosen Krämern, wenn nötig mit Waffengewalt, die Schafe abnehmen. Einer dieser Knechte war ein besonders schlimmer Geselle. Er hielt es mit dem Teufel und konnte ihn beschwören. Seine Kameraden flüsterten sich sogar zu, er habe seine Seele dem Höllenfürsten verschrieben, und die Zeit dieses Paktes liefe ehestens ab. Niemand mochte deshalb mit ihm viel Umgang haben. Auch heute ritt der Finstere allein dem plaudernden Trüpplein nach. An der Wegekreuzung vor Birkenreuth bäumte sich plötzlich sein Pferd. Der vor sich Hinbrütende riß die Augen auf und sah mit Entsetzen Satanas, der ihm bisher nur auf die Beschwörungsformel hin erschienen war, vor sich stehen. Sein erster Gedanke war zu fliehen. Der Böse aber riß ihn vom Pferde und drehte ihm den Hals um. Die fünf anderen Knechte wunderten sich wohl über das Zurückbleiben ihres Kameraden. Doch machten sie sich weiter nichts daraus. Sie würden mit den Nürnberger Krämern schon allein fertig werden! Der Streich gelang ihnen auch tadellos, wider Erwarten sogar ohne Blutvergießen. Als kaum der Morgen dämmerte, trafen sie mit den erbeuteten Schafen vor ihres Herren Burg in Dramaus wieder ein. Vor dem Tore aber stand des Kameraden Rößlein mit leerem Sattel. — Von diesem Tage an galoppierte an der Wegekreuzung bei Birkenreuth zur mitternächtigen Stunde ein Reiter, dem der Kopf verkehrt auf dem Halse saß, auf feurigem Rosse hin und her. Manche späte Wanderer erzählten, das Gespenst gesehen zu haben, und alle ahnten, es sei der Geist von Eppeleins gottlosem Knechte. Erst als ein Kreuz an jener Stelle errichtet wurde, soll der Spuk aufgehört haben.

8. Der Spuk in Dramaus

Eppelein war längst tot. Auch von seiner Sippe lebte kein Glied mehr in der Fränkischen Schweiz. Vom Schlößlein Dramaus ragten nur noch etliche zerfallene Gewölbe und Mauerstücke empor. Obwohl allenthalben bekannt war, daß es in diesen Ruinen gewaltig spuke, baute doch ein Bäuerlein auf den nun herrenlosen Grund und Boden ein Häuslein. Er meinte, mit des alten Ritters Geist schon fertig zu werden. Aber da hatte der Mutige die Rechnung ohne den — Eppelein gemacht. Schon während des Baues ereigneten sich höchst sonderbare Dinge. Was heute zuoberst war, fand man nicht selten am anderen Morgen zuunterst. Wo die Maurer einen Fensterstock eingesetzt hatten, zeigte sich tags darauf die Türschwelle und umgekehrt. Doch unser gutes Bäuerlein ließ sich durch solchen Hokusbokus nicht irremachen. Es baute unentwegt weiter und brachte sein Häuslein schließlich doch fertig, wenn auch nicht akkurat so, wie es die Bauzeichnung vorgesehen hatte. Schlimmer freilich wurde die Sache, als der Bauer mit Frau und Kindern die neue Ritterburg, wie die Ortsgenossen das Häuslein scherzweise nannten, bezog. Kaum hatten die Guten am ersten Tage sich zur Ruhe begeben, als im Hause ein Treppauf=, Treppablaufen, Türenzuschlagen, Gepolter, Singen, Schreien und Gröhlen losging, wie es zu Eppeleins Zeiten nicht schlimmer gewesen sein mag, wenn er seinen wilden Kumpanen ein wüstes Zechgelage gab. Da dieses grausige Treiben und mancher andere Spuk von Zeit zu Zeit sich wiederholten, war es den armen, zu Tode geängstigten Leutchen nicht mehr möglich, in ihrem Häuschen weiter zu wohnen. Kurz entschlossen ließen sie es niederreißen und an einer anderen Stelle wieder aufbauen. Dort hatten sie Ruhe. In der Burgruine aber und in deren Umgebung trieben die Gespenster ihr Unwesen fort. So galoppierte zu gewissen Zeiten um die Mitternachtsstunde ein Reiter auf flüchtigem Rosse im Dorfe umher und verschwand schließlich, wie in Nebel zerfließend, in den geborstenen Gewölben der Ruine. Dorfeinwohner wollen zum wiederholten Male gesehen haben, wie zur Geisterstunde ein ganzer Reitertrupp, Eppelein voraus, ins Dorf sprengte, die ehemalige Burgstätte umkreiste und dann spurlos und ohne jedes Geräusch im Ortsweiher verschwand. Diese und noch manche andere Geistergeschichten erzählte man sich im Dörflein Trainmeusel lange Zeit, auch dann noch, als jeder Spuk schon längst aufgehört hatte. Denn heutzutage, so sagt das Volk, kann es ja nicht mehr spuken, und man braucht sich vor derlei Dingen gar nicht mehr zu ängstigen, weil die Geister „gebannt" sind. Und durch diese „Bannung" mag auch Eppeleins unsteter Geist endlich die ersehnte Ruhe gefunden haben.

Von „Druden", „Butten" und „Bilmes"
Sagen

Druden, auch Hexen genannt, sind im Volksglauben weibliche Nachtgeister, die die Schlafenden ängstigen, Kinder und Haustiere schädigen und allerlei bösen Zauber ausüben. Als Schutzmittel gegen deren Tun und Treiben gebrauchte man den Drudenfuß, eine aus zwei ineinander verschränkten Dreiecken gebildete Figur, die zeichnerisch in einem Zuge ausführbar ist. Der Ursprung dieses mystischen Zeichens verliert sich in das graue Altertum. Im Mittelalter wurde es bei den Zauberformeln gebraucht und sollte eine Herrschaft über die Elementargeister ausüben, besonders über die Druden. Daher der Name Drudenfuß. Dieses Zeichen wandte der Aberglaube an, um Hexen von den Viehställen, Betten, Wiegen usw. abzuhalten Man zeichnete den Drudenfuß gewöhnlich auf die Türschwelle. Wurden Hexen, die ins Haus einzudringen suchten, desselben gewahr, so kehrten sie um. Überschritten sie bewußt oder unbewußt das Zeichen, so schädigten sie sich dadurch nur selbst an Leib und Leben.

Ein weiteres, sehr häufig angewandtes Mittel zum Fernhalten der Hexen war der sogenannte Drudenstein: ein im Wasser rund geriebener (abgeschliffener) Kalkstein mit einem natürlichen, durchgehenden Loch. Wer einen solchen Stein zufällig fand, der hielt ihn wie ein Kleinod. Man hängte ihn in der Nähe der Haustüre auf, legte ihn in die Nische des Oberlichtes oder mauerte ihn wohl gar neben der Tür mit in die Wand. Auch das Hufeisen, ein auf den Stiel gestellter Besen vor der Türe oder ein mit der Spitze in die Türschwelle gestecktes Messer galten als Schutzmittel gegen den Eintritt der Druden ins Haus.

In der Fränkischen Schweiz, besonders in der Streitberger Gegend, war der Glaube an Druden stark verbreitet. Der nördliche Berghang zwischen Gasseldorf und Streitberg heißt heute noch „Drudenleite", und oberhalb Streitbergs, auf dem Wege gen Störnhof, steht der „Drudenbaum". Niederfellendorf bei Streitberg war als „Hexennest" geradezu verrufen und deshalb sehr gemieden. Besonders traute sich kein Jude hinein.

Eine sehr gefürchtete Hexe soll auch in Wartleiten gehaust haben, einem Dörflein auf dem Plateau oberhalb Niederfellendorfs. Deren Tochter, gleichfalls als Drude verschrien, ging ein Bursche von Birkenreuth zu Gefallen. Die Mutter verbot ihm das Haus. Da er trotzdem immer wieder kam, legte ihm die alte Frau eines Abends auf die Türschwelle mittels schwarzer Seide einen Drudenfuß. Der sollte den Ahnungslosen an seiner Gesundheit schwer schädigen. Statt des Burschen überschritt jedoch an diesem Abend des Weibes eigener Bruder die verhängnisvolle Stelle. Damit war es diesem „angetan". Er verfiel in Siechtum und starb bald darauf. Der Bursche besuchte aber nach wie vor das verrufene Haus. Einmal traf er das Mädchen in tiefem Schlafe, aus dem es nicht zu wecken war. Während ihr Körper wie scheintot dalag, „war nämlich ihr Geist als Hexe ausgefahren". Da gruselte dem Burschen, und er floh die Stätte, die er nie mehr betrat.

*

Lange Zeit hielt sich der Gebrauch, in der Christnacht und am Silvesterabend die Druden mit Wermut aus den Ställen zu vertreiben. Der „laute" Geruch des angezündeten Krautes soll den Hexen sehr zuwider gewesen sein. Am Walburgisabend werden noch heute in der Streitberger Gegend die Druden von den jungen Burschen nicht nur aus Haus, Stall und Dorf, sondern auch aus Feld und Flur förmlich verjagt. Sie fertigen sich zu diesem Zwecke Huppen oder Schalmeien aus dicken Salweidenruten und springen blasend in den Dorfgassen herum. In anderen Orten vertreibt man am 1. Mai die Hexen mit Peitschenknallen und Hämmern auf alten Blechkannen usw. Man sagt, so weit der Schall reicht, so weit werden die Hexen für das ganze Jahr machtlos.

Nach einem alten Volksglauben seien besonders die neugeborenen Kinder den Nachstellungen der Druden ausgesetzt. Man meinte, die Drude könne den Säugling mit einer sogenannten „Butte", einem Balge, d. i. einem verwachsenen Kinde, vertauschen oder auswechseln. Daher die Bezeichnung „Wechselbalg". Die Wöchnerinnen in der Streitberger und Muggendorfer Gegend bauten dem vor, indem sie, besonders in den ersten Tagen nach der Geburt, ein Messer in die Türe steckten oder einen Besen, den unteren Teil nach oben, vor die Türe stellten. Diese Zeichen sollten die Hexen ferne halten. Hatte sich aber doch einmal eine Wechselbutte in die Familie eingeschlichen, so durfte sie beileibe nicht scheel angesehen oder unlieb behandelt werden, da sie sonst dem Hause großes Leid verursache. Mit Liebe und Sorgfalt gepflegt, bringe sie dagegen mitunter großes Glück. In Gasseldorf bei Ebermannstadt lebte eine solche Butte sechzehn Jahre in einer Familie. Die Leute, welche die Arme liebevoll behandelten, hatten durch sie in allen Dingen Segen. Erst als sie starb, kam der so blühende Hausstand mehr und mehr herunter. Die Familie verarmte zuletzt ganz und gar und starb bald aus.

An dieser Stelle sei noch eines bösen Wesens gedacht, das heute im Gebiete der Fränkischen Schweiz soviel wie „ausgestorben" ist: des Bilmes oder Bilmetschneiders. Alte Leute erinnern sich nur noch seines Namens und vermögen sich zu entsinnen, in ihrer Jugend von ihm als sehr gefürchteten Feind der Getreidefelder gehört zu haben. Von seinem Tun und Treiben wissen sie nichts mehr. Und doch spielte der Bilmes in unserem Gebiete eine große Rolle. Nächtlicherweile schlich er kreuz und quer durch die schönsten Getreidefelder, Hexensprüche murmelnd und am linken Fuße eine scharfe Sichel nach sich ziehend, mit der er die Halme in schnurgeraden Linien abmähte. Des Morgens lagen dann die körnerreichen Ähren in — des Bilmetschneiders Scheune. Gegen diesen Spuk suchte der Landmann seine Äcker mit Johanniskraut zu schützen, das in aller Frühe vor dem Gebetläuten unberufen zu pflücken und an den vier Ecken des Grundstückes auszubreiten war. Jemand Bilmetschneider zu schimpfen, galt in früheren Zeiten hierzulande als die allergrößte Beleidigung. Auch am hellen Tage und ohne Sichel soll der Bilmes sein Hexenstück fertiggebracht haben. Ein blinder Bauer in Buckenreuth, so geht die Sage, habe einmal seinem Enkel befohlen, ihn zur Mittagszeit an ein bestimmtes Feld zu führen. Da das Grundstück einem Ortsinsassen zugehörte, mit dem der Alte in bitterster Feindschaft lebte, kam dem Jungen der Auftrag verdächtig vor. Er geleitete deshalb den Ahnungslosen nicht an den Acker, sondern an ein Föhrenwäldchen, wo der blinde Greis seinen Zauberspruch hermurmelte. Als beide dann nach Hause

kamen, war die Scheunentenne nicht mit Getreidekörnern, son=
dern Butzelkühen (Föhrenzapfen) bedeckt.

Das Burgfräulein auf Neideck
Sage

Auf dem Wege von Streitberg nach dem 4 km wiesentauf=
wärts gelegenen Muggendorf erblicken wir jenseits des
Flusses auf einem waldumbuschten, keck ins Tal vorspringenden
Felsen die trutzigen, eppichumrankten Überreste der ehemaligen
Burg Neideck. Sie bestand eigentlich aus drei trefflich bewehrten
Festen. Vom ersten Hofe, der Vorburg, stehen nur noch einige
Mauerreste. Den Eingang zum zweiten Hofe schützten starke,
runde Türme, deren Grundmauern noch deutlich sichtbar sind.
Den Weg zum inneren Hofe sperrten abwärts springende Klip=
pen. Hier lag die Zugbrücke. Das Hauptgebäude erhob sich auf
der kühnen Felsenspitze, dort, wo die Reste des großen, viereckigen
Wartturms noch heute der Verwüstung trotzen.

Als erste Besitzer der Burg erscheinen die Dynasten oder Reichs=
herren von Neideck. Man wird sie auch als deren Erbauer be=
trachten dürfen. Von dem Geschlechte ist nur wenig bekannt.
Zwei Brüder, Hans und Georg von Neideck, erschienen bereits
996 auf dem Turniere zu Braunschweig. An einen ihrer Sippe,
dessen Name nicht genannt ist und den wir deshalb einfach als
„Graf von Neideck" bezeichnen wollen, knüpft sich folgende Sage:

Graf von Neideck, einer der angesehensten und reichsten Dyna=
sten des Gebirges, war seit einer Reihe von Jahren Witwer. Er
nannte nur ein einziges Kind sein eigen: eine holdselig erblühte

Maid, das Ebenbild seiner verstorbenen Gattin und wie diese Elfriede geheißen. Die hütete er wie seinen Augapfel, und da er nicht den Gedanken fassen konnte, sich je einmal von ihr zu trennen, hielt er seiner Tochter alle fern, die als Bewerber um ihre Hand in Betracht kommen konnten. Doch die Liebe findet immer ihre Wege. So drang sie auch durch verschlossene Tore zum Herzen des Burgfräuleins auf Neideck. Schon seit Monden minnte die holde Maid einen jungen Ritter, mit dem sie, wenn der Vater und die Jagdgesellen das weite Waldrevier durchstreiften, außerhalb der Burgmauern ehrbar Zwiesprach hielt. Beider Herzen lagen bald in unlösbaren Fesseln, und sie kamen überein, der junge Edelmann solle an einem der nächsten Tage vor den Vater hintreten und frisch und frei der Tochter Hand begehren. Es geschah. Der Freier wurde abgewiesen. Ein= für allemal. So sagte der Graf. Diesen Ausgang der Werbung hatten die Liebenden freilich nicht erwartet. Am wenigsten des Grafen Tochter. Sie bestürmte den Vater, ihrem Lebensglücke doch nicht abhold zu sein. Mit allen Fasern des Herzens hänge sie an dem Erkorenen, der ja aus angesehenem Geschlechte stamme, dessen Schild rein sei wie selten einer. Doch umsonst. Des Grafen Sinn blieb starr und unbeugsam. Ebenso fest und zähe war das Band, das die Liebenden zusammenhielt. Nichts, so schwuren sie sich, sollte sie trennen als der Tod.

Da der junge Ritter keine andere Möglichkeit sah, in den Besitz des geliebten Mädchens zu gelangen, entschloß er sich, es insgeheim aus der väterlichen Burg zu entführen. Sein Leibknappe überbrachte in Verkleidung eines fahrenden Krämers der Grafentochter die inhaltsschwere Kunde. Zunächst aufs tiefste bestürzt, mußte Elfriede sich doch sagen, daß es keinen anderen Weg zum ersehnten Ziele gebe. Ohne weitere Überlegung willigte sie deshalb ein und fügte bei, daß morgen der Vater mit dem Jagdtrosse auf mehrere Tage einer Einladung des Grafen Schlüsselberg nach Gozwinstein folgen werde.

Tags darauf gegen Abend stellte der junge Ritter sich ein. Elfriede war wieder zaghaft geworden. Sie könne als ehrbares Mädchen nicht dem Geliebten folgen. Nur als sein vor Gott ihm angetrautes Weib wolle sie das Vaterhaus verlassen. Man rief deshalb den alten Burgkaplan herbei. Der saß, wie gewöhnlich, in träumerische Legendenlektüre vertieft, still und beschaulich in seiner einsamen Stube. Ungestüm begehrt von ihm der Ritter die kirchliche Weihe für seinen Bund mit des Burgherrn Tochter. Wie von einem Schlag getroffen, taumelt der ahnungslose Priester zurück. Nie und nimmermehr könne er zu einem solchen Frevel seine Hilfe leihen. Doch mit dem Schwerte in der Hand zwingt ihn der Ritter vor den Altar der Burgkapelle. Dort weicht er der Gewalt und verbindet nach göttlichem Gesetz die Grafentochter mit dem Ritter. Von der Nacht begünstigt, flieht hierauf das junge Paar.

Nach zwei Tagen kehrte der Graf vom fröhlichen Weidwerk in Gozwinsteins Revier auf seine Burg zurück. Die erste Frage galt der Tochter. Man meldete ihm, was während seines Fernseins geschehen. Da erblaßte der Burgherr, fuhr jäh empor und fluchte seiner Tochter, fluchte dem Ritter und fluchte dem Priester. Diesen stieß er mit eigener Hand in das dunkelste Verlies des Turmes und rief ihm, bevor er die Eisentüre ins Schloß warf, grimmig zu: „Nur wenn einst der Sonne klarer Schein in den dunkeln Kerker strahlt, wirst du ledig sein der schweren Haft!" —

Erſt nach Jahren, als Neideck von feindlichen Rittern, mit denen der Graf in ſchwerer Fehde lag, erſtürmt und geplündert wurde, ſtieß man in den Verlieſen auch auf den armen, verblödeten, zum Gerippe abgezehrten Burgkaplan. In Freiheit geſetzt, ſtarb er wenige Monde darauf im Kloſter der Dominikaner zu Muggendorf.

Nachſchrift: Nach dem baldigen Ausſterben der Neidecker fielen Burg und Güter an die Schlüſſelberger. Der letzte dieſes Geſchlechts, Konrad III., hatte eine Maut angelegt und wollte ſogar zwiſchen Streitberg und Neideck eine Mauer errichten laſſen, um das enge Tal zu ſperren. Dadurch verfeindete er ſich mit den Burggrafen von Nürnberg. Ihnen ſchloſſen ſich die Biſchöfe von Bamberg und Würzburg an. Es kam zum Kampfe. Von allen Seiten bedrängt, zog ſich Konrad auf ſeine feſte Burg Neideck zurück. Dort fiel er 1347 bei der Belagerung des Felſenneſtes durch den Steinwurf einer Pleyde. Neideck kam an Bamberg. Im Bauernkriege blieb die Burg verſchont. Dem Schwäbiſchen Bunde bzw. ſeinen Nürnberger Unterhändlern war es gelungen, den tollköpfiſchen Aufrührern vorzuſpiegeln, einige feſte Plätze wären immer nötig, um allenfalls vordringende Feinde, wie z. B. die Türken, wirkſam zurückzuſchlagen. Die Bauernrotte ließ ſich das plauſibel machen und zog vor Neidecks Toren ab. In dem ſo unſeligen Kriege des Markgrafen Albrecht von Brandenburg aber wurde die Feſte 1553 infolge Verräterei durch Oberſt Adam von Wirsberg eingenommen, geplündert und vollſtändig niedergebrannt. Sie liegt ſeitdem in Trümmern. „Wo die einſtigen Zwingherren ihre Vaſallen zu Gelagen und Kampfſpielen um ſich ſammelten, wo Junker und Knappen ihre ritterliche Erziehung erhielten, wo ſchöne Damen der Minne pflegten: da findeſt du heute morſches Geſtein, da furcht der Pflug des biederen Landmanns den Boden." Tempora mutantur!

Die „stille Wiese" bei Muggendorf
Legende

Von Ebermannstadt, dem eigentlichen Eingangstore, und Behringersmühle, dem Mittelpunkte der Fränkischen Schweiz, fast gleichweit entfernt, treffen wir den am rechten Ufer der Wiesent sich breitenden stattlichen Marktflecken Muggendorf. Der Ort war neben Streitberg eine der erstbesuchten Sommerfrischen der Fränkischen Schweiz, welch letztere in alten Reisebüchern überhaupt nur das „Muggendorfer Gebirge" oder „Muggendorf und seine Umgebung" genannt wurde. Man kann mit Fug und Recht sagen, daß von Muggendorf aus erst nach und nach die Erschließung der Landschaft, soweit sie heute zur „Fränkischen Schweiz" (d. i. dem Fremdenverkehrsgebiete) zu rechnen ist, vor sich ging.

Der Name Muggendorf erscheint urkundlich in den verschiedensten Formen: Mutechendorf (1120), Muotchendorf und Muchindorf (1121), Muotichendorf, Mutichindorf und Mutichendorf (1122), Muttingendorf (1124), Muccichindorf (1308), Muchendorf (1460), Muckendorf (1510). Alle diese Formen führen zurück auf den Personennamen Muticho (Wurzel mot — Mut). Muggendorf heißt also „Dorf des Muticho" oder des Mutigen.

Bei Ausbreitung des Christentums in Franken hielten die Bewohner Muggendorfs und der Landschaft ringsum noch lange Zeit fest an ihren tief eingewurzelten heidnischen Gebräuchen. Erst dem unermüdeten Bekehrungseifer des Bischofs Otto, des Heiligen (1103—1139), gelang es, die letzten Spuren des Heidentums auch hier zu verwischen. Überreste eines heidnischen Tempels sollen im Garten des Vogtes Joachim Bischof noch im

Jahre 1680 zu sehen gewesen sein. Die erste christliche Kirche zu Muggendorf war dem heiligen Sebastian, die spätere dem heiligen Laurentius geweiht. Zu dieser gehörten die Filialen Niederfellendorf-Streitberg und Heiligenbühl (zwischen Engelhardsberg und Wölm). Neben der alten Pfarrkirche zu Muggendorf erhob sich das Dominikanerkloster Sankt Hilderich. Bei der Reformation ging es ein. Die Gebäude verfielen und wurden fast vollständig abgetragen. Als viel später Grabungen zu Neubauten vorgenommen wurden, stieß man auf Gewölbe und Überreste von Grüften des ehemaligen Stifts. Das Wohnhaus (Eckhaus) des Bäckers Kobmann scheint der einzige noch vorhandene Rest der früheren Klostergebäulichkeiten zu sein. Im weiten Hausplatze desselben, der vermutlich früher die Einfahrt in den Klosterhof darstellte, waren bis ca. 1905 noch Wandmalereien aus der Klosterzeit zu sehen, die ungeschickte Maurer in Abwesenheit des Hausbesitzers bei Reparaturarbeiten überpinselten.

Als Markgraf Georg (1527—1543) im Fürstentume Ansbach-Bayreuth zur Regierung kam, begann er sofort damit, in seinem Lande die Reformation durchzuführen. „Auf dem Gebirge" war Muggendorf einer der ersten Orte, der die neue Lehre annahm. Der letzte katholische Pfarrer daselbst, Friedrich Messingschlager, ging 1529 mit seiner ganzen Gemeinde zur Lehre Luthers über. Damit wurden auch die Filialen Niederfellendorf-Streitberg und Heiligenbühl protestantisch. Bischof Weigand (1522—1556) versuchte mit allen Mitteln dem entgegenzuwirken, doch vergeblich. Der vom alten Glauben abgekehrte Pfarrer Messingschlager scheint nicht mehr lange seiner Pfarrei vorgestanden zu sein. Bis 1532 waren ihm bereits zwei andere protestantische Geistliche gefolgt: Johann Gruner und Wolfgang Saterer. Nach dem Ab=

gange des letzteren war die Pfarrgemeinde vorübergehend ohne Leitung. In diesem Zustande, so berichtet der Volksmund, traf Dr. Martin Luther in eigener Person den Flecken Muggendorf an.

Beim Kirchweihfeste, als draußen auf der Wiese die Fiedel zum Tanze lud und der Bierkrug kreiste, nahte sich ein Wägelein, auf dem zwei geistliche Herren saßen. Beide, von den Muggendorfern nicht gekannt, nahmen den gastlichen Trunk und Imbiß, den geschmückte Buben und Mädchen reichten, dankbar an. Hierauf gab sich Luther zu erkennen und hielt dem Volke eine Predigt, der alle, alt und jung, in tiefster Stille lauschten. Da er auch nach dem Pfarrer des Ortes fragte und vernehmen mußte, die Gemeinde sei verwaist, setzte er seinen Begleiter: Johann Blümlein, der noch im Studium der Theologie stand, als neuen protestantischen Pfarrer von Muggendorf ein. Dann reiste Luther weiter gen Nürnberg zu seinem Freunde, dem berühmten Theologen Veit Dietrich. Die Wiese aber, auf der nach dem Jubel der Tanzenden bei Luthers Ansprache tiefe Stille folgte, erhielt den Namen „Stille Wiese", den sie noch heute trägt.

Auch M. J. Willen, hochfürstlich brandenburgischer Pfarrer in Creußen (1692), gedenkt dieses Ereignisses in seinem Aufsatze „Das Teutsche Paradeiß in dem vortrefflichen Fichtelberg" mit den Worten: „Als Herr D. Martin Luther A. 1540 nach Nürnberg gereißet, hat er Johann Blümlein, den ersten (?) Evangelischen Pfarrer, mit anhero gebracht, und auf der Pfarrwießen und beym Hagbrunn Lehr- und Trost-reiche Vermahnungen an das häufig zulauffende Volck gethan." — Willen fügte bei, die Jahrzahl 1540 sei in der alten Aufzeichnung, die ihm vorgelegen, unterstrichen und 1529 von einer anderen Hand darüber gesetzt gewesen. — 1529 war die Pfarrei Muggendorf jedoch nicht verwaist. Ob aber Luther noch so spät (1540) eine Reise nach Süddeutschland unternahm, ist geschichtlich nicht bekannt. Entweder stimmen die gegebenen Zahlen nicht, oder die Erzählung ist in den Bereich der Sage zu verweisen.

Heidenstadt und Witzenhöhle
Lokalgeschichtliches

Auf dem schmalen Plateau, welches die Aufseß und die von Doos über Behringersmühle nach Streitberg scharf abbiegende Wiesent umklammern, liegen, kaum eine halbe Stunde voneinander entfernt, die kleinen Ortschaften Albertshof und Voigendorf. Zwischen ihnen breitet sich ein merkwürdiges Gelände aus: die sogenannte „Heidenstadt", eine Fläche von Feldern, ziemlich eben und fünf bis sechs Kilometer im Umfang. „Daß sich hier Gespenster und das wütende Heer häufig sehen und hören ließen, sagt ja schon der Name und wird als selbstverständlich vorausgesetzt." Der ganze Platz bestand in früheren Zeiten aus kleinen Hügeln, daneben befindlichen Vertiefungen und aufgetürmten Steinhaufen. Nach und nach wurde die ganze Fläche eingeebnet und angebaut. Man fand Menschenknochen, Urnen und Urnenteile, verschiedene Bronzegegenstände, Fragmente alter Waffen und viele Brakteaten: aus Silberblech geschnittene Münzen mit unregelmäßiger Rundung. Manche derselben hatten die Größe eines Zehnpfennigstückes. Alle waren nur einseitig geprägt. Die Rückseite trug das Prägezeichen, einen unförmlichen Kopf, als Vertiefung. Die Umschrift auf manchen

Münzen lautete: „Luitpoldus". Von einem Markgrafen der sorbischen Grenze, der diesen Namen trug, berichtet die Geschichte, daß er 907 im Kampfe gegen die Ungarn fiel. Ihm und seinem Sohne Arnulf sei in der Tat das „Münzregal" (das Münzrecht) zugestanden. Bei anderen der gefundenen Münzen ließ sich als Prägezeichen eine Kapelle zwischen zwei Lilien erkennen. Sie waren vermutlich für den Handel mit den neu bekehrten Wenden bestimmt.

Diese Heidenstadt soll eine vorgeschichtliche Lagerstätte, ein geschlossenes Siedlungslager hallstattzeitlicher Bevölkerung, nach anderer Meinung auch eine viel spätere wendische Niederlassung gewesen sein.

Pfarrer Meyer zu Muggendorf berichtete unterm 2. Juni 1684 an den Hofprediger Rentschen, daß auf der Heidenstadt mehr als 200 mit Gras überwachsene Gruben (Gräber) zu sehen seien, wie ein Bischofshut formiert, die so groß wären, daß acht bis zwölf Mann sich hineinlegen könnten. Bei jeder Grube sei auf dem Rande ein Haufen Steine angeschüttet ... Dann fährt er wörtlich fort: „Oben in der Höhe bey dem Eingang (zur Heidenstadt) wurde mir bey meiner gestrigen Anwesenheit ein mit Korn bestellter Acker von 24 Schritt in die Breite und bis 100 und darüber in die Länge gezeigt, welcher zu beeden Seiten mit einer ausgegrabenen klafterbreiten Steinmauer von Quadersteinen umzingelt ist, und meinen die Alten, daß daselbst des heydnischen Regenten Sitz gewesen seyn müsse ..." Man glaubte damals allgemein, daß hier das heidnische „Residenzschloß" gestanden sei. Auch war man der Meinung, der heidnische (slavische) Oberpriester Mike (Miesko) habe dort seine Wohnung gehabt.

Im innigsten Zusammenhang mit der Heidenstadt steht der ungefähr eine halbe Stunde südlich von Albertshof (östlich von Muggendorf) gelegene „Hohle Berg". Von seinen drei Höhlen kommen für unser Thema nur zwei in Betracht: die Oswalds= höhle und die Witzenhöhle. Beide waren die eigentlichen, zur Heidenstadt gehörigen Kultstätten der Wenden. Betreten wir heute die Oswaldshöhle, so sehen wir dicht am Eingange, beson= ders linker Hand, in den Felswänden beckenartige Vertiefungen, in welchen sich Tropfsteinwasser sammelt. Es waren die Weihe= kessel der heidnischen Wenden. Priester und Volk mußten näm= lich, um zum „Heiligtume" in der Witzenhöhle zu gelangen, zu= erst die Oswaldshöhle in Richtung Nord—Süd ihrer ganzen Länge nach durchschreiten. Dabei wurde an den erwähnten natürlichen Wasserbehältern die Lustration oder sühnende Rei= nigung vorgenommen. Vom Südausgange der Oswaldshöhle leitet ein „verschwiegener" Pfad in sechs Minuten zur „verbor= genen" Witzenhöhle. Hier befinden wir uns an der Hauptstätte des wendischen Götzenkults. Die Wenden oder Sorben verehrten neben ihrem Götterkönig Swantowit auch einen Götzen Flinnß, den Gott des Verderbens, dem sie in unterirdischen Räumen Opfer brachten. Dieses Idol kommt für unsere Höhle nicht in Betracht. Nach Goldfuß sei „Flinnß" überhaupt nur der Bei= name der Marzana, der sorbischen Todesgöttin, gewesen. In der Witzenhöhle — sie hat ja von ihm ihren Namen — erforschten die wendischen Priester die Orakelsprüche ihres Rachegottes Vit (Wit, auch Herowith). Hier stand der Götze auf steinerner Säule: ein Menschenkörper mit Ochsenkopf und kreuzweise über die Brust gelegten Armen. Auf mächtiger Dolomitplatte zu seinen Füßen wurden ihm Tiere und nicht selten auch Menschen ge=

opfert. Die Höhle fand sich später überreich an menschlichen Gebeinen. — Ihren Götzenkult setzten die Wenden noch fort, als schon allenthalben das Christentum Eingang gefunden hatte. Bei Tage zeigten sie sich gefügig und nahmen scheinbar teil an den Übungen der neuen Heilslehre. In stockfinsterer Nacht aber schlichen sie, einzeln und behutsam, in die entlegene Höhle, dem verpönten Gott zu opfern. Nur nach und nach gelang es dem unermüdlichen Bekehrungseifer der christlichen Priester, den Götzenkult auch aus den verborgensten Winkeln zu verbannen und dessen letzte Spuren endgültig zu verwischen. So ward denn auch Herowiths Götzensäule für immer zertrümmert und der Götze selbst in Schutt begraben. Im Jahre 1780 soll man ihn bei Nachforschungen in der Witzenhöhle, die anderen Zwecken galten, zufällig wieder aufgefunden haben. Markgraf Alexander verbrachte den Überrest altheidnischer Vorzeit nach Triesdorf. Dort soll „das schlaue Idol" verschwunden sein, man weiß nicht wohin.

Noch eine dritte Höhle scheint mit der Heidenstadt in engster Beziehung gestanden zu sein: die ganz in der Nähe am Steilgehänge zur Kuchenmühle im unteren Aufseßtale gelegene „Bettelküche", eine ansehnliche Grotte, „in der ehedem viele Bronzeschlacken und -abfälle gefunden wurden". Daß bei Urbarmachung der Heidenstadt auch verschiedene Bronzeschmucksachen (Nadeln, Ringe, Spangen) ans Tageslicht kamen, haben wir gehört. Die Funde lassen auf vorgeschichtliche Bewohner der sogenannten Hallstattperiode (der Bronze- und Bronze-Eisenzeit) schließen. Es darf sohin als gewiß angenommen werden, daß unsere Heidenstadt bereits in dieser Epoche ein größeres Siedlungslager gewesen war, das viel später auch von den aus Böhmen eingewanderten Sorben oder Wenden (vielleicht zufällig?) als Wohnstätte eingenommen wurde. Es drängt sich nun die Frage auf, wie die ehemaligen Bewohner der Heidenstadt in den Besitz der Bronzegegenstände kamen? Ob auf dem Wege des Handels? Ob durch Selbstanfertigung? Die Bronzeschlacken und Bronzeabfälle der Bettelküche deuten auf eigene Herstellung hin, und wir dürfen deshalb in der Grotte die Werkstätte ihrer Bronze= verarbeitung vermuten. Ähnlich war es in unserem Gebiete ja auch in der der Bronzezeit folgenden Eisenzeit. In der Nähe alter Rittersitze (Rabeneck, Waischenfeld, Auffeß, Hollfeld usw.) fanden sich größere oder kleinere Eisenerz=Schlackenhalden vor, Beweise, daß die Erze ausgeschmolzen und das gewonnene Eisen wahrscheinlich zur Herstellung von Waffen u. dgl. verwendet wurde. Erst der Dreißigjährige Krieg soll diese Art Bergbau in der Fränkischen Schweiz zum Stillstand und in Vergessenheit gebracht haben.

Der „heilige Bühl": eine Kirchenruine
Legende

Zwischen Engelhardsberg und Wölm erhebt sich dem Wiesent= tale zu, dicht neben dem Verbindungswege, ein Hügel (Bühl) mit einer Kapellenruine, den Resten des ehemaligen Wallfahrtskirchleins zum hl. Bartholomäus. Es gehörte seiner Zeit, wie in der vorhergehenden Legende bereits erwähnt, als Filiale zur katholischen, seit 1529 protestantischen Pfarrei Mug= gendorf. Von dem Gotteshäuslein steht nur noch eine 7 bis 8 m hohe und 5 m breite Giebelmauer mit einigen kleinen Fenster=

öffnungen. Das Kirchlein soll uralt gewesen sein und aus der Zeit Karls des Großen gestammt haben. Während des Dreißigjährigen Krieges fiel es in Schutt und Asche. Auch dann noch hielt der Pfarrer von Muggendorf an der ehrwürdigen Stätte jährlich am Bartholomäustage Gottesdienst mit Predigt, und ist man erst zu Ende des 18. Jahrhunderts von dieser Gewohnheit abgekommen. Um das Kirchlein herum breitete sich ein kleiner, für die Orte Wölm und Engelhardsberg bestimmt gewesener Friedhof. Die noch stehende Giebelwand bildete die Rückseite des Gebäudes. Der Chor mit dem Hochaltar war, wie dies bei katholischen Kirchen der Fall zu sein pflegt, nach Osten gerichtet. Viele Jahre lag zwischen den Trümmern, so erzählen alte Leute, eine sauber zugehauene Kalksteinplatte, etwa ½ m im Geviert, mit fünf eingemeißelten Kreuzen: eines in der Mitte, die vier anderen in den Ecken. Es war dies zweifellos die Verschlußplatte zum Reliquiarium des Altarsteins. Leider betrachteten manche der Umwohner von jeher die Ruine lediglich als herrenlosen Steinbruch und holten sich von dort, was sie zu Gebäudereparaturen gerade brauchten. So fand auch in den 1830er Jahren der Maurer Eberlein von Moritz, als er im damals Messingschlagerschen (nun Sponselschen) Wirtshause zu Wölm den Feuerherd neu aufbauen sollte, unter den dazu beigeschafften Steinen die oben näher bezeichnete Platte. Da sie gut paßte, mauerte er sie ohne weitere Überlegung als Eckstück mit in den Herd ein. Am anderen Tage aber war die Platte aus dem Herdgemäuer verschwunden. Sie fand sich wieder in der Kirchenruine, wo sie, wie zuvor, zwischen den anderen Trümmern lag. Alte Leute versichern, die Begebenheit in ihrer Jugend oft von den Eltern glaubwürdig erzählt bekommen zu haben. Viele, viele Jahre blieb nun die

Platte liegen. Es wagte sie fast niemand aus heiliger Scheu an=
zurühren. Der Auszügler Johann Berner, einer der ältesten Be=
wohner des Dörfleins Moritz, behauptet auf das bestimmteste,
sie in seiner Jugend, dann zuletzt in der Zeit zwischen 1890 und
1895 wiederholt gesehen, besichtigt und anderen gezeigt zu haben.
Dann war sie wieder verschwunden. Niemand weiß zu sagen,
wohin sie gekommen.

Unwillkürlich drängt sich uns bei Besichtigung der Kapellen=
ruine die Frage auf, ob unter den Trümmern nicht manches be=
graben liegt, das Lücken in der Geschichte des ehemaligen Kirch=
leins zu schließen vermöchte (Grundstein usw.). Eine Forscher=
hand hiezu hat sich bis jetzt noch nicht gefunden. Der Wanderer,
der den Aussichtspunkten Adlerstein und Quackenschloß zustrebt,
achtet kaum des zwischen Föhrenbäumen etwas versteckt liegen=
den Gemäuers. Der Einheimische aber meidet die Stätte so viel
er kann, denn „man" sagt, es „gehe dort um".

Gründung der ersten Gößweinsteiner Kirche
Sage

Es will Frühling werden. Heftige Stürme brausen über das
fast undurchdringliche Baumgewirr der Wiesentlandschaft,
dem südöstlichen Ausläufer des hercynischen Waldgebirges.
Ächzend biegen die hohen Tannen und dunklen Föhren ihre
schlanken Leiber, und das scheue Wild eilt schnellfüßig den schutz=
gewährenden Felsenklüften zu.

Vom Tale herauf, wo neben dem Wiesentflusse im Waldes=
dickicht ein nur schwer gangbarer Fahrweg sich hinzieht, ver=

nimmt das lauschende Ohr abgerissene, vom Sturme verwehte Töne rauher Männerstimmen, dazwischen ab und zu das Klirren dumpf anschlagender Waffen. Jetzt tritt aus dem düsteren Forste, dort, wo am tosenden Flusse sich grüne Wiesen breiten, vorsichtig eine Kriegerschar, wohl zweihundert Mann, bewaffnet mit Schwert und Schild, Bogen und pfeilgefülltem Köcher. Es ist eine wilde, heidnische Sachsenhorde, die sich eben um ihren Führer sammelt. Um mehr als Haupteslänge überragt dieser alle seine Mannen. Offenbar gibt er ihnen die letzte Unterweisung. Gilt es doch, die scheinbar unbezwingliche, auf jäh abstürzendem Felsgewände thronende Burg des verhaßten Schlüsselberger insgeheim zu überfallen und auszurauben. Die grimmigen, zum hohen „Gozwinstein" emporgerichteten Blicke lassen darüber keinen Zweifel.

Schon schickt die Rotte sich an, das Gehänge des engen Tales im Schutze dichter Waldesriesen zu erklimmen: da übertönt ein lautes Hornsignal das Brausen des Sturmes, nun noch einmal, dann wieder und wieder in schneller Folge — immer eindringlicher und mahnender. Der treue Turmwart hat die Gefahr bemerkt und vermag die Bewohner des Felsennestes wie der kleinen Siedlung zu dessen Füßen noch rechtzeitig zu warnen.

In großer Hast suchen die an solche Überfälle gewöhnten Hörigen des Dörfleins hinter den trutzigen Vorhuten der Feste Schutz. In dieser selbst eilen die Burgleute an ihre zugewiesenen Plätze. Fallgitter rasseln nieder. Zugbrücken surren kreischend in die Höhe. Im Nu sind die Basteien mit Steinwerfern, die Brustwehren und Schießscharten mit Bogenschützen besetzt. Knechte, bewehrt mit Schwert und Schild, liegen hinter den Verhauen. Mitten unter seinen Getreuen aber steht der kühne, reckenhafte, von schwerer Krankheit kaum genesene Schlüsselberger Konrad, der Dinge harrend, die da kommen sollen.

Auf Schleichwegen pirscht indes der Feind sich an. Doch vergebene Vorsicht! Er findet alles zu seinem Empfange wohl bereit. An ein Draufgehen ist da nicht zu denken. Mit blutigen Köpfen müßte die stürmende Horde weichen. Hier kann nur eine ausdauernde Belagerung zum Ziele führen. Völlig abgeschlossen ist die Besatzung der Feste jetzt ja ohnehin: im Rücken und seitwärts durch den jähen Absturz des tief eingeschnittenen Felsentales, vorne und zur Linken durch die zähe Wacht einer listig verschlagenen, beutegierigen Sachsenschar.

Kaum werden die Christenhasser des Schloßkirchleins, das zu Füßen der Burg außerhalb der schützenden Mauern zwischen Gebüsch und Bäumen hochragt, gewahr, so stürzen sie wie Bestien darauf los, zerschlagen Türen und Fenster, berauben es seines Schmuckes und werfen Feuerbrände in die friedliche Stätte. Wehen Herzens sehen die Belagerten ihr Heiligtum, das sie so gerne retten möchten und doch nicht können, zugrunde gehen.

Wochen= und monatelang währt die Belagerung. Für die Eingeschlossenen gibt es keine Aussicht auf Entsatz. Die Lebensmittel sind aufgezehrt und die Zisternen versiegt. Die einzige Nahrung der Armen besteht noch in Dohlen und Krähen, die im Vorüberfliegen mit Schlingen und Netzen gefangen werden. Doch was ist dies Wenige für so viele!

Da sammelt der Graf seine Waffengefährten um sich und erklärt ihnen, daß es eine Unmöglichkeit sei, sich länger zu halten. Er werde dem Sachsenführer einen Zweikampf anbieten, der entscheiden soll über Gefangenschaft oder Freiheit, Tod oder Leben. Stumm stehen die Getreuen und lauschen der Worte ihres Gebieters. Niemand meldet sich zur Gegenrede. Aller Blicke haften am Boden. Der Schlüsselberger nimmt es als Zeichen des Einverständnisses und sendet einen Herold ins feindliche Lager. Unter der Bedingung, daß der Besiegte mit all den Seinen dem Sieger leibeigen sein und die Religion des anderen annehmen müsse, erklärt sich der Sachse zum Zweikampfe bereit.

Als der Bote diese Nachricht ins Schloß bringt, bemächtigt sich aller große Bestürzung, denn des Sachsen Heldentaten sind im ganzen Lande bekannt. Hat man ihm doch wegen seines riesigen Wuchses und seiner außerordentlichen Körperstärke den Namen „Groß" gegeben. Wohl steht auch der Graf von Schlüsselberg sonst keinem an Tapferkeit nach. Aber er ist von schwerer Krankheit erst genesen und infolge der Entbehrungen ganz von Kräften. Wie kann er, halb verhungert und kaum des Gehens fähig, es wagen, gegen einen riesenstarken Krieger das Schwert zu ziehen in einer Sache, bei welcher alles, selbst das Heiligste und Höchste auf dem Spiele steht! Sogar die Mutigsten bitten nun den Grafen, vom Kampfe abzustehen und statt dessen einen Ausfall zu wagen. Lieber wollen sie als gute Christen unter dem Schwerte der Heiden sterben als bei dem unglücklichen Ausgang des Zweikampfes genötigt sein, dem heidnischen Gott zu opfern.

Allein der Graf bleibt bei seinem Entschlusse, den Zweikampf auszutragen, wie der Heide ihn bedungen. Er gelobt feierlich, zu Ehren Sanct Trinitatis an Stelle der so freventlich von Heidenhand zerstörten Schloßkapelle einen größeren Tempel erbauen zu lassen, wenn der Dreieinige ihm zum Siege verhelfe.

In der Frühe des folgenden Tages schreitet Konrad mit den Seinen zum Kampfplatze, und, o Wunder, er fühlt sich gesund und kräftig! Der Kampf beginnt. Die Schwerter blinken in den

Strahlen der Morgensonne. Zischend durchschneidet das des Schlüsselberger die Luft und trifft so gewaltig des Gegners Schild, daß er, in zwei Stücke gespalten, zu Boden fällt.

Freudig schlagen die Herzen der Christen. Entsetzen füllt die Heiden. Bestürzt steht der Sachse. Ruhig, ohne seinen Vorteil auszunützen, tritt der Graf zurück und spricht: "Groß, nimm einen anderen Schild!"

Von neuem beginnt der Kampf. Spurlos prallen die Hiebe des Sachsen ab am Schilde und Panzer des Grafen. Dieser aber durchschlägt mit einem gewaltigen Streiche den Helm des Heiden bis auf den Scheitel. Wieder tritt Graf Konrad zurück und senkt sein Schwert, indem er spricht: "Groß, nimm einen anderen Helm!"

Der Heide tut es schweigend, und zum drittenmal treten sie einander gegenüber. Des Sachsen Schwert ist jetzt das Ziel, nach dem der Schlüsselberger den Streich zu führen sucht. Und, wie vom Blitz zerschnitten, durchschlägt den guten, in hundert Schlachten bewährten Stahl der christliche Held. Wehrlos, nur den Griff seines Schwertes in der Hand, fällt der Heide auf die Kniee nieder und ruft, daß es im Echo aus den Klüften widerhallt: "Groß ist der Christengott! Ich bin überwunden!"

Wie er, so kniet auch der Schlüsselberger mit den Seinen und allen ringsum, Franken und Sachsen. In diesem feierlichen Augenblicke ertönt melodisch schön, wie von Engelsstimmen gesungen, das "Dreimal heilig" aus den Ruinen des Schloßkirchleins herüber. Tiefbewegt läßt der Besiegte mit seiner Kriegerschar sich taufen. Er wird des Grafen bester Freund und bleibt ihm zugetan zeitlebens.

* * * * *

Seinem Gelöbnisse treu erbaute Graf Konrad von Schlüsselberg im Verein mit seiner Gemahlin Leukard, Tochter des Burggrafen Konrad III. von Nürnberg, dort, wo die rauchgeschwärzten Trümmer der niedergebrannten Schloßkapelle den geweihten Boden deckten, die schöne Dreifaltigkeitskirche, über deren Portal er sein Familienwappen: ein roter Schlüssel im weißen Felde, anbringen ließ. Bis 1730 stand dieses Gotteshaus. Dann wurde es, da seine Räume die Scharen frommer Pilger nicht mehr zu fassen vermochten, unter Fürstbischof Friedrich Karl von Schönborn in den jetzigen größeren Wallfahrtstempel umgebaut.

Wie die Marienkapelle zu Gößweinstein entstand
Sage und Lokalgeschichtliches

Hinter der Gößweinsteiner Wallfahrtskirche breitet sich der Gottesacker aus, dessen Südseite zum Teil die Marienkapelle, gewöhnlich Klosterkirche genannt, begrenzt. An ihrer Stelle erhoben sich zu Anfang des 16. Jahrhunderts zwei alte Scheunen. Den Raum zwischen beiden deckten Schlehensträucher und Fliederstauden. Nun ereignete es sich öfter, daß, besonders im Marienmonat Mai, zu abendlicher Stunde diese und jene Personen aus dem Blütengebüsch ein Lichtlein funkeln sahen und beim Nähertreten eine liebliche Musik vernahmen, gleich zarten Engelsstimmen und sanft verhauchenden Harfenklängen. Über dieses seltsame Geschehnis meldet eine Aufzeichnung aus dem Jahre 1708, zwei bejahrte Männer von Gößweinstein und Türkelstein hätten sich oftmals dahin geäußert, an der Stelle der jetzigen Kapelle seien einst zwei Scheunen und zwischen diesen ein Dornbusch gestanden. Von dem aus habe man häufig bei Nacht eine unbekannte Musik vernommen. Eine andere alte Notiz sagt: „Von alten frommen ehrsamen Männern wird erzehlet, auch ist von deren Großeltern schriftlich hinterlassen worden, daß vor Erbauung dieser Kirchen, auf dem Platz, wo sie nun stehet, ein englisches Gesang ein= und anderemalen gehöret worden seye."

Soweit die Sage. Im Jahre 1631 wurde an Stelle der zwei Scheunen — ob infolge der angeblichen Erscheinungen oder nicht, sei dahingestellt — auf Anregung, beziehungsweise unter Zustimmung des Fürstbischofs Johann Georg Fuchs von Dornheim (1623—1633) mit einem Aufwande von 3084 Gulden 50 Kreuzer ein Kirchlein im spätgotischen Stile aufgeführt. Aber erst am 4. Oktober 1708, dem Tage des hl. Franziskus von Assissi, fand dessen Einweihung durch den Bischof von Dragon und Weihbischof zu Bamberg, Johann Werner Schnatz, statt. Die unruhigen Zeiten des Dreißigjährigen Krieges und dessen Nachwehen mögen die Ursache dieser Verzögerung gewesen sein. Die Konsekration erfolgte zu Ehren der Himmelfahrt Mariä, der auch der Hochaltar geweiht wurde. Die Einweihung der beiden Nebenaltäre, in welche Reliquien der heiligen Märtyrer Tibertius, Maximus, Concessus und Fortunat eingelegt wurden, geschah 22 Jahre später: am 6. Oktober 1730 durch Johann Bernhard Meyer, Bischof von Crysopolis und Weihbischof zu Würzburg.

Nachdem im Jahre 1724 der Bau des Kapuzinerklosters vollendet und der Konvent organisiert war, wurde die Marienkapelle diesem überlassen und durch Anbau eines Chores und gedeckten Ganges mit dem Klostergebäude verbunden, wodurch aber keineswegs ihr Charakter als Nebenkirche zur Pfarr= und

Wallfahrtskirche verloren ging. Doch nannte man von da an die Kapelle „Klosterkirche".

Im Jahre 1725 wurde dem Kirchlein, und zwar auf der dem Friedhofe zu gelegenen Längsseite, eine offene, mit schmiedeeisernem Gittertore versehene Dreifaltigkeitskapelle angebaut.

Später entstand links neben dieser Kapelle die Begräbnisstätte des Konvents (die jetzige Sepultura Franciscanorum) mit einer kleinen Vorhalle und der darüber gelegenen Sakristei. Die Leichname werden ohne Sarg, auf einem Brette liegend, in enge Kammern eingeschoben und deren Öffnungen dann vermauert.

Als im Jahre 1830 die Franziskaner das Kloster bezogen, verblieb ihnen das Kirchlein in derselben Weise, wie es vor ihnen die Kapuziner innehatten.

Im Jahre 1890 erfuhr das Innere der Kapelle durch die Kunstanstalt Joseph Stärk in Nürnberg unter Aufwand von 13 000 Mark eine vollständige Erneuerung.

So entstand die Marienkapelle zu Gößweinstein.

Die drei Nymphen der Stempfermühlquellen

Sage

Im romantischen Wiesenttale, am Fuße des sogenannten Gößweinsteiner- oder Wasserberges, liegt das lauschige, anmutige Idyll der Stempfermühle. Der liebe Leser möge aber nicht an eine vereinsamte Mühle im weltverlassenen Gebirgstale denken. Im Gegenteil! Ein fröhliches Gewoge von Sommerfrischlern, Touristen und Erlanger Musensöhnen ist hier vom Lenz bis in den Spätherbst hinein die gewöhnliche Signatur des

Tages. Unter schattigen Sträuchern und laubumrankten Sommerhäuschen sitzt das muntere Völkchen umher. Alle sind voll Lust, voll übersprudelnder Laune. Dazu das melodische Geplätscher des in Haft vorübereilenden Flusses, das dumpfe Murmeln der dem Berge entströmenden Quellen, das Rauschen der Mühlenräder, das Geklapper der Mühle: dies alles vereinigt sich zu einem Bilde ganz eigener, traulicher Art. Und erst die berühmten Quellen! Zwei entsprudeln in tiefen Felsenkanälen dem Fuße des Berges. Die dritte entsendet ihr perlendes Naß aus sandigem Grunde. Alle drei aber vereinen sich, kaum dem dunklen Innern der Erde entronnen, zu einem gar lustigen, silberklaren, mit Jugendkraft dahinstürmenden Bächlein, das, kaum zehn Schritte von der Wiege, schon mit Ungestüm seine Kraft erprobt und die mit Wassermoos und Algen überwucherten, trutzigen Räder der Mühle und des Gößweinsteiner Brunnenwerkes in Bewegung setzt. Dann noch einige übermütige Sprünge, und seine klaren Wasser werden gierig verschlungen von den blaugrünen Fluten der Wiesent.

Wie hier, so sprudeln auch anderwärts, in fast allen Tälern der Fränkischen Schweiz, kristallklare „Bronnen" aus den Wiesgründen, Berghängen oder Felsklüften hervor. Die Sage bezeichnet sie alle als Ausgänge von dem großen, unterirdischen Wasserreiche der niemals sterbenden Nymphenkönigin nach oben zu den Gefilden der Menschen, sohin als wirkliche Verbindungskanäle zwischen Nixen- und Menschenwelt. Denn wenn es auch erste und vorzüglichste Aufgabe der Wassergeister ist, der Königin zu dienen, in ihrer Nähe zu weilen, für sie „im Grase und im Rohr zu lauschen, immer wieder in das Wasser zurückzurauschen", so gewährt die Nymphenkönigin ihren Dienerinnen doch viele und große Freiheiten, besonders im Verkehr mit den Menschen. Durch die Quelle verläßt die Nixe der Königin Reich. Durch die Quelle kehrt sie dorthin wieder zurück. Aber es besteht über dieses Gehen und Kommen eine überaus strenge Vorschrift: das „Brunnengesetz". Letzteres befiehlt den Wassergeistern unbedingte Rückkehr aus der menschlichen Gesellschaft vor dem ersten Hahnenschrei und straft jede Übertretung unnachsitlich mit dem Tode. Dies lehrt uns das traurige Geschick der „drei Stempfermühler Wasserjungfrauen".

Der Herr auf dem hohen Gozwinstein feierte die Verlobung seiner einzigen Tochter mit einem angesehenen Grafen aus dem Steigerwald. Viele Gäste aus nah und fern waren geladen und erschienen. Nach der Abendtafel bewegte sich die Jugend, das schöne Brautpaar an der Spitze, bei Pfeifen- und Schalmeienklang frohgemut im Tanze. Der Jubel klang von den Festesräumen weit hinaus in die stille Nacht. Da traten ganz leise drei blendend schöne Mädchen in weißen Kleidern, verziert mit grünen Bändern, in den Saal. Sie trugen Kränze, aus Schilfblättern geflochten, auf dem Haupte. Die blonden Haare wallten gleich goldenen Mänteln über ihre Schultern, und die kleinen Füßchen staken in Schuhen aus meergrüner Seide. Es waren drei Nymphen, die drunten im Tal bei Mondenschein durch die geheimnisvoll murmelnden Quellen ihrem Reiche entstiegen und die Gesellschaft fröhlicher Menschen suchten. Die lustigen Musiktöne und die vielen frohen Stimmen lockten sie herauf zum Gozwinstein. Anmutig schlangen die drei Schönen sich durch die Reihen der bewundernden Gäste. Nur zu gerne folgten sie strahlenden Auges der Aufforderung zum Tanze. Selbst die stolzen Edelfräulein machten diesmal eine Ausnahme, sahen mit Nachsicht auf die ungeladenen Mädchen und neideten nicht ihr kurzes Glück. So verrann Stunde um Stunde, und der Morgen nahte. Plötzlich hörte man, mitten in die Fröhlichkeit hinein, den ersten Hahnenschrei. Entsetzt fuhren die drei Jungfrauen empor und flohen so schnell sie konnten. Nur ein Junker, der gerade neben der offenen Türe mit der jüngsten Zwiesprach hielt, vermochte schnellen Fußes zu folgen. Er sah alle drei den Berg hinabeilen und zu seinem großen Erstaunen in den glucksenden Quellen untertauchen und verschwinden. Als er hinzueilte und in den Wasserspiegel sah, wallte ein roter Blutstrom aus der Tiefe ihm entgegen. Die drei Nymphen waren, da nach dem ersten Hahnen= schrei zurückgekommen, dem Brunnengesetze verfallen und muß= ten ohne Gnade den Tod erleiden.

Das Quackenschloß oder die verwünschte Burg
Sage

Zwischen Muggendorf und Behringersmühle, gegenüber der Einöde Baumfurt, zieht sich am nördlichen Steilgehänge des Wiesenttales eine enge Schlucht bergaufwärts. An ihrem oberen Ende strebt linker Hand eine umfangreiche Dolomitmasse mit fensterartigen Öffnungen jäh empor: das Quackenschloß *. Die interessante Felspartie ist vom Tale aus, wenige Minuten unterhalb Burggailenreuths, auf blau markiertem Pfade leicht erreichbar. Ein zweiter, weiß gezeichneter Steig dorthin verläßt in der Nähe Muggendorfs, am sogenannten Deichselanger, die

---

* Von Wacke, einer Gesteinsart, die von der heimischen Bevölkerung „Quacke" genannt wird.

Talstraße. Am bequemsten ist der schöne Felsen vom Adlersteine aus zu erreichen. Er liegt nur eine Viertelstunde südwestlich von diesem. Der Fußweg dorthin führt meist durch schattigen Wald und ist gut gangbar. — Vor dem Besucher erhebt sich eine eigentümlich gestaltete, breite, massige Felsengruppe, deren bequem ersteigbare Gipfel prächtige Nah- und Fernblicke bieten. Der Hauptstock ist dicht am Fuße tunnelartig durchbohrt. Am Eingange des Stollens lagern mächtige Dolomitblöcke. Am Ende desselben gewähren zwei ungleich große Öffnungen Ausblicke auf die umliegenden, reich bewaldeten Höhen. Die rechte (nördliche) Stollenwand läßt in auffallender Weise die Zusammensetzung des Felsenmassivs aus Versteinerungen erkennen.

* * * * *

Das Quackenschloß erhebt sich an Stelle einer verwünschten Burg, von der die Sage folgendes erzählt: Als die Gegend noch dichter Urwald deckte, verfolgte ein Weidmann mit dem Wurfspeere in der Hand die Fährte eines edlen Wildes. Stundenlang führte sie ihn durch den düsteren Forst: bergauf, bergab; nun über schwindelnd hohe Felsenzinnen, dann wieder in finstere, nie geschaute Schluchten. Endlich lichtete sich der Wald. Des Wildes Spur hatte der Jäger zwar längst verloren; aber vor ihm stand plötzlich, wie mit einem Zauberschlage aus der Erde herausgewachsen, eine altersgraue Burg mit hochragendem Turme, spitzen Giebeln, hohen Zinnen und weitausschauendem Söller. Diener in Gnomengestalt winkten ihm freundlich zu, als hätten sie ihn schon längst erwartet. Furchtlos trat er deshalb ein. Man führte ihn in einen großen, hohen Saal. Die gewölbte Decke stützten schlanke Marmorsäulen. Der Fußboden glitzerte im herrlichsten Mosaik. An den Wänden hingen, malerisch geordnet, Jagdtrophäen, Waffen und Rüstzeug aller Art. Im Hintergrunde aber, an einem Tisch aus schwerem Eichenholze, das Haupt leicht auf die Hand gestützt, saß der Burgherr, ein Mann in vorgeschrittenen Jahren von hoher, kräftiger Gestalt. Wehmütig lächelte er dem Jäger zu und lud ihn freundlich ein, sein Gast zu sein. Der tat es gerne. Hatte doch das Geheimnisvolle der Burg und ihrer Bewohner sein höchstes Interesse wachgerufen. Der Umgang mit dem wortkargen Ritter war gerade nicht unangenehm. Die besten Gemächer der Burg standen dem Gaste zur Verfügung. Wohlgeschulte Diener harrten jederzeit seiner Befehle. Küche und Keller waren aufs beste bestellt. Jeder seiner Wünsche ward erfüllt. Und doch — im tiefsten Herzen rührte sich, erst leise, die Sehnsucht nach seinem Walde, das Heimweh nach all den Lieben, die er zurückgelassen draußen in der Welt. Und dieses Sehnen und Verlangen, es wuchs, wuchs mit jeder Woche und mit jedem Mond und ließ sich nimmer bannen. Entschlossen trat der Jäger eines Morgens vor den Ritter hin und bat, zu den Seinen zurückkehren zu dürfen. Wie von einem giftigen Reptil gestochen, fuhr dieser in die Höhe und rief mit bleichen Lippen, daß es schaurig von den Wänden widerhallte: „Wehe, Unglückseliger, wehe! Noch fünf kurze Tage gedulbigen Ausharrens, und du hättest das Erlösungswerk an mir vollbracht. Nach langen, langen hundert Jahren erst wird wieder eines Menschen Fuß die mit mir verwünschte Burg betreten. Wird j e n e r mir Erlösung bringen?" Während der Ritter diese Worte aus keuchender Brust hervorstieß, war ein Gewitter heraufgezogen, den klaren Tag in rabenschwarze Nacht verwandelnd. Grelle Blitze zuckten nieder. Fürchterliche Donnerschläge folgten. Die Burg aber war, als der Himmel in seiner Bläue wieder strahlte, verschwunden. An ihrer Stelle ragte ein starres, zerklüftetes Felsgebilde empor: das Quackenschloß. Zu dessen Füßen erwachte, wie aus langem, schwerem Traume, der Jägersmann.

Die Riesenburg
Sage

Im oberen Wiesenttale, zwischen Schottersmühle und Doos, trifft der Wanderer im Steilgehänge linker Hand, ganz im grünen Tann versteckt, eine höchst merkwürdige, interessante Felsengrotte, Riesenburg genannt. Zwei gewaltige, weite Steinbogen bilden imposante Tore zu einer breiten Höhle mit weit vorspringendem Felsendache. Die riesigen Dimensionen, die kühne Wölbung und die tiefen Seitengrotten, die einzig durch die schaffende Gewalt der Natur entstandenen Formen und Verhältnisse bieten das Bild einer gigantischen Burg, und der Beschauer wird nicht umhin können, bei diesem merkwürdigen Gebilde länger zu weilen und der Benennung „Riesenburg" Gerechtigkeit widerfahren zu lassen.

* * * * *

Die allzeit geschäftige Fama berichtet von Riesen, die in diesem Felsenbau Generationen hindurch gehaust haben sollen. So erzählt sie von einem Recken Ruodo, seinem Weibe Friga und beider Töchterlein Hulda. Letzteres zeichnet sie als zartes Mägdlein, dessen Gliederbau merkwürdig abstach von den kolossalen Körperformen der Eltern.

Klein=Hulda, meist sich selbst überlassen, durchstreifte gerne den weiten Forst, lauschte den munteren Weisen der Vöglein und freute sich am Anblick des im friedlichen Waldesdickicht äsenden Wildes. Fast täglich stieg die Maid auch zum Talgrunde nieder. War doch der klare Bach ihr einziger Vertrauter. Sie allein verstand sein leises Murmeln. Ihm erzählte sie von dem, was sie geschaut und gehört droben im weiten Forst. Hier traf die sonst so Einsame nicht selten mit den spärlichen Bewohnern des Umlandes zusammen. Wer Klein=Hulda sah, war ganz benommen von ihrem Liebreiz, und gar bald raunten alle im Waldgebiet ringsum sich einander zu, sie sei die Holdeste von allen.

Der Ruf von Huldas Schönheit zog mit den Jahren weitere Kreise und drang sogar ins ferne Böhmenland. Dort wohnte ein mächtiger und reicher Graf, Dragomir mit Namen. Auch er hörte von all den Wunderdingen, die über Hulda, des Franken Ruodos Töchterlein, von Ort zu Ort sich forterzählten. Und die ihm Unbekannte nahm sein ganzes Herz gefangen. All sein Fühlen und Denken galt nur noch der holden Frankenmaid.

Eines Tages konnte Dragomir die Sehnsucht nach der Fernen nicht mehr zügeln. Kurz entschlossen brach er seine Zelte im alten Heimatlande ab und wanderte über das rauhe Granitgebirge, hinter dem er die heimatlichen Gefilde der Gesuchten wußte.

Nach langer, mühsamer Fahrt kam der Sorbe im Frankenlande an. Bald hatte er auch das Wiesentflüßlein gefunden, das ihn zielsicher zu Ruodos Burg leitete. Und das Glück war ihm hold, wie selten einem. Am glucksenden Bache, zu Füßen der elterlichen Siedlung traf er die, zu der sein Herz ihn zog seit Wochen und Monden.

Einsam saß das zur Jungfrau erblühte Mädchen, wie so oft, am Bachesrande. Sein Herzschlag kündete Dragomir, daß er die, die er so lang gesucht, nun endlich vor sich habe. Leise ging er näher, neigte sich über der Traumverlorenen Schulter — und im klaren Spiegel des Bergbaches begegneten sich zum ersten Male ihre Blicke. Erschrocken vernahm die Maid, wozu der Fremdling gekommen, lauschte aber tief erglühend seinen feurigen Liebesworten. Dann stand er da und schaute sie an und konnte sich von dem Anblick fast nicht mehr trennen. Lächelnd faßte das Mädchen seine Hand, und beide stiegen frohgemut zum elterlichen Felsenbau empor.

Mit Staunen zwar vernahmen Ruodo und sein Weib des Grafen Werbung um Klein=Hulda, wie sie ihr Töchterlein gewohnterweise noch immer nannten. Doch das schlicht=vornehme Wesen des Fremdlings, sein offener Blick und die sichtliche Begeisterung für ihr Kind öffneten ihm auch ihre Herzen.

Nur ruhigere Zeiten wünschte die besorgte Mutter für ihres Kindes Glück. Hörte man doch schon seit Monden von den Einfällen der Ungarn in Franken. Flüchtlinge erzählten Entsetzliches von Zahl und Stärke der wilden Scharen, die auch in die sonst so ruhigen Täler des Jura eingedrungen waren.

Mit einer gewissen Besorgnis setzte man sich deshalb zu dem einfachen Mahle, das eilends die rührige Hausfrau zu Ehren des Freiers gerichtet. Als eben Hulda auf einen Wink des Vaters dem Gaste die mit Met gefüllte Schale zum Willkommentrunke reichen wollte, durchbebte ein grelles Hornsignal die Lüfte — des Wächters Warnungsruf vor drohender Gefahr.

Eine wilde Ungarnhorde war es, die den Felsenbau berannte. Schon schrafen die Knechte vor ihrer Übermacht zurück, da stürzte

Ruodo herzu und kämpfte gegen die Anstürmer wie ein Wüten=
der. Mit übernatürlich scheinender Kraft griff er in die Felsen=
massen und schleuderte gewaltige Trümmer auf die schon wan=
kenden Feinde, bis ihn ein Pfeil zu Boden streckte. Sterbend
legte er die Hand seiner Tochter in die des Grafen Dragomir. —
Der Sorbe siedelte sich im Wiesenttale an, robete gemeinsam
mit den Franken den Wald, lehrte sie das Feld bebauen, führte
besonders Wißbegierige in die Geheimnisse des hier noch nicht
gekannten Bergbaues ein und verlebte an der Seite seines
Frankenweibes eine Reihe glücklicher Jahre. Die gewaltige
Felsenauftürmung aber, wo Ruodos Wohnung gestanden, be=
hielt den Namen „Riesenburg" bis auf den heutigen Tag.

Nachschrift

Die Sage zielt auf die Einwanderung der Wenden (Sorben) in Fran=
ken hin. Zu Ende des 6. und Anfang des 7. Jahrhunderts zogen sie von
Böhmen her in das zweifellos nur spärlich bevölkerte Ostfranken ein. Vom
Fichtelgebirge herabsteigend und dem Laufe der Flüsse folgend, gelangten
sie in die Gegenden des Maines, der Regnitz und der Wiesent und ließen
sich daselbst nieder. Sie lichteten die Wälder, machten das Land urbar, be=
wirtschafteten das Feld und trieben Handel. Die ganze Wiesentlandschaft
verdankt ihren Anbau diesen Fremdlingen. Daß auf sie ein großer Teil
der Bevölkerung gerade unseres Juragebietes traf, erhellt aus einer
Urkunde Ludwigs des Deutschen, in welcher die Landschaft zwischen Main
und Regnitz „terra Slavorum" genannt wird, dann aus den vielen,
zum Teil längst aufgedeckten Wendengräbern bei Tüchersfeld, Auffeß,
Treunitz, Voigendorf, Löhlitz, Moggast, Wohlmuthshüll usw. Prebitz,
Löhlitz, Schosseritz, Trebitz (Trägweis), Kühlmitz (Kühlenfes), Neuschlitz,
Zwernitz (früherer Name für Sanspareil), Treunitz, Windischgailenreuth
(früher Windheim), Herzogwind, Moggast, Gößmitz, Trainmeusel,
Schretz, Trockau, Teuchatz, Eschlipp, Hohenpölz, Tiefenpölz, Höhen=
schwärz, Draindorf, Windhof, Leibarös, Graisch u. v. a. sind Jurasied=
lungen slavischen (wendischen) Ursprungs. Aus der Menge der slavischen

Ortsnamen ist der Schluß zu ziehen, daß die Wenden nicht etwa als einzelne Kolonisten, sondern als Volksstamm eingewandert waren und von dem Lande Besitz genommen hatten, ferner, daß die Gegend vor ihrem Erscheinen nicht allzu dicht bevölkert sein konnte. Von einer gewaltsamen Vertreibung oder freiwilligen Auswanderung der Wenden aus den von ihnen besetzten Gebieten meldet uns die Geschichte nichts. Sie werden also wohl allmählich germanisiert worden sein, indem man mehr und mehr fränkisches, wohl auch bajuwarisches Volk unter sie mischte und ihnen dadurch deutsche Sprache und Kultur beibrachte. So gingen Slaven und Germanen schließlich ineinander auf. Dem aufmerksamen Beobachter wird aber kaum entgehen, daß gerade bei der Jurabevölkerung heute noch Spuren der beiden Rassen deutlich zutage treten. Bei einem Teile derselben treffen wir mittelgroße, untersetzte Gestalt, mehr runden Schädel, breites, kurzes Gesicht, starke Backenknochen, wenig hohe Stirne und schwarze oder schwarzbraune, straffe Haare. Ihr ganzer Typus verrät auf den ersten Blick einen mehr oder weniger starken Einschlag slavischen Blutes. Der andere Volksteil zeichnet sich hiergegen durch größeren Körperwuchs, längliche Schädel- und Gesichtsbildung, helle, d. i. graue oder blaue Augen und hell- bis dunkelblonde Haare, mit einem Worte durch seine germanische Rasse aus. Mancherlei wendische Gebräuche haben sich bei der Jurabevölkerung bis heute erhalten. Selbst in der Behandlung des Bodens beim Feldbau finden sich noch slavische Spuren (Wendenbeete).

Feindliche Brüder

Zwei Sagen

I.

In der Nähe des Dörfchens Moritz, am Wege nach Muggendorf, treffen wir im Steingeklüfte eine ansehnliche Grotte: das Geisloch, auch Geiskirche genannt. Darin hausten vor vielen hundert Jahren, zur Zeit des Faustrechts, zwei Brüder, die als schlimme Wegelagerer weit und breit bekannt und gefürchtet waren. Von den Felsennadeln des Moritzer Berges oder dem nahen Adlersteine lauerten sie den Kaufleuten auf. Größere Handelszüge und solche mit sicherem Geleit ließen sie wohlweislich unbehelligt passieren. Erspähten sie jedoch hin und wieder einzelne Reisende, so eilten sie auf Schleichwegen zu Tale und stürzten sich von ihrem Hinterhalt, der für solche Zwecke vorbereitet war, auf die ahnungslos des Weges Kommenden. Gar mancher, der sich zur Wehr setzte, wurde kalten Blutes „abgemurkst". Galt doch den zwei verwegenen Gesellen ein Menschenleben soviel wie nichts. Beutebeladen kehrten sie gewöhnlich zu ihrem hochgelegenen Verstecke zurück. Einmal war ihnen der Zufall besonders hold. Nebst einer größeren Summe Geldes fielen ihnen bedeutende Schmucksachen aus Edelmetall in die Hände. Beim Verteilen des Raubes kamen die Habgierigen, wie schon so oft, in Streit. Diesmal aber ärger denn je zuvor. Jeder sah sich benachteiligt und warf dem anderen die gröbsten Schimpfworte und fürchterlichsten Drohungen an den Kopf. Mit gezückten Messern stürzten die Rasenden schließlich aufeinander los und stießen sich die Mordwaffen gleichzeitig tief in die Brust. Erst nach Monaten fand man zufällig ihre fast verwesten Leichname und mit diesen die Schätze, die in allen Winkeln der Felsengrotte aufgestapelt lagen. —— Die Höhle stand seitdem bei der Bevölkerung im Verrufe. Einsame Wanderer wollen zu gewissen Zeiten klägliches Stöhnen aus ihr vernommen haben. Natürlich waren es die Geister der zwei feindlichen Brüder, die nicht zur Ruhe kommen konnten, da sie vergeblich nach ihren Schätzen suchten.

II.

Zwischen Waischenfeld und Doos, jenseits der Wiesent, erhebt sich auf schwindelnd hoher Felsenzinne die alte Ritterburg Rabeneck mit ihrer auf vorgeschobener Dolomitkante thronenden Bartholomäuskapelle, dem einstigen Schloßkirchlein. Der Burgherr hatte zwei Söhne. Sie waren die letzten Sprosse des ehedem so weit verzweigten Geschlechts und in brüderlicher Liebe einander sehr zugetan. Immer sah man beide gesellig vereint, nur selten einen allein, so daß von ihnen die Rede ging, sie hingen zusammen „wie die Kletten". Mit einem Male jedoch war dieses innige Verhältnis gelöst. Der eine mied den anderen. Wo sie nur konnten, gingen sie einander aus dem Wege. Ging dies nicht an, dann maßen sich gar oft ihre Blicke, als seien sie die schlimmsten Feinde. Die Ursache dieser beklagenswerten Entzweiung war das ahnungslose Edelfräulein auf der nahen Guttenburg, zu dem beider Brüder Herzen fast gleichzeitig in heißer Liebe entbrannten. — — Eines Tages trat der ältere Bruder vor den jüngeren hin und sprach gesenkten Blicks: „So kann es nicht mehr weitergehen. Wir stehen beide am Ende unserer Kraft. Der Zweikampf entscheide, wem die Maid gehöre. Ich erwarte dich heute beim ersten Eulenschrei auf der Burgwiese drunten am rauschenden Fluß." — — Der Mond warf seinen silbernen Schein in das enge Wiesenttal. Neben dem Flusse standen zwei Ritter in gleißender Wehr. Schwert und Schild legten sie beiseite. Keiner wollte Bruderblut vergießen. Ein Ringkampf nur sollte die Entscheidung bringen. Der wogte lange hin und her, denn beide waren zähe, durch fortgesetzte Übung kampfgewandte Männer. Da fühlten sie plötzlich den Boden unter ihren Füßen weichen. Keiner hatte im Streite der Nähe des Flusses geachtet. Der nahm die Brüder auf und gab sie nimmer los. Es ertranken mit ihnen die zwei letzten Glieder ihrer Sippe.

Die versunkene Kapelle von Wüstenstein
Sage

Nicht ganz halbwegs zwischen Behringersmühle und Wai= schenfeld liegt im wildromantischen Wiesenttale das den Touristen wohlbekannte Gasthaus Doos. Wenige Schritte ab= seits „fällt" die Aufseß, einen hübschen Wasserfall bildend, in die etwas tiefer gelegene Wiesent. Biegen wir hier in das schmale, liebliche Aufseßtal ein, so erreichen wir, an der Kuchenmühle vorüber, den Rechberg und den „Tölz" zur Linken, nach etwa 6 km das zum Teil reizend am Steilgehänge liegende Dorf Wüstenstein. Vom Tale aus sind deutlich die Reste der einstigen, schon 1327 den „Aufseßern" zugehörigen Burg sichtbar. Fast mitten in ihren Ruinen erhebt sich neben Pfarr= und Schulhaus das schöne, spitztürmige Kirchlein der Gemeinde.

In das stille, friedliche Tal der Aufseß waren 1430 von Holl= feld her die Hussiten eingefallen. Brennende Dörfer, zerstörte Burgen und zerstampfte Felder bezeichneten allenthalben den Weg, den sie genommen. Mit Zittern sahen die Bewohner von Aufseß und Wüstenstein den Fanatikern, die überall die furcht= barsten Grausamkeiten verübten, entgegen. Soweit wie möglich vergruben sie ihre Habe und flüchteten in die Wälder, Felsen= klüfte und Höhlen der Umgebung. Die nur schwach verteidigte Burg Aufseß nahm die zügellose Kohorte im ersten Ansturm. Das Gebäude ging, bis auf den Wartturm, mit dem ganzen Dorfe in Flammen auf. Das gleiche Schicksal ereilte Wüstenstein.

Wer dort nicht rechtzeitig geflüchtet, mußte unter entsetzlichen Martern sein Leben lassen. Am Ende des Dorfes, am sogenannten Tümpfel, stand ein altes, in hohen Ehren gehaltenes Kirchlein. Es sollte schon vor langer, langer Zeit für die bekehrten Slaven erbaut worden sein. Gegen dieses Heiligtum richtete sich die besondere Wut der haßerfüllten Eiferer. Mit Sturmbäumen und Feuerbränden fielen sie über dasselbe her. Doch ehe noch ihr Fuß die geweihte Stätte betrat, war — so berichtet die Sage — das Kirchlein vor den Augen der Frevler, von ihren Mordhänden unberührt, in den Erdboden versunken.

Als die Wüteriche nichts mehr zu zerstören hatten, zogen sie weiter, und nach und nach wagten die Dörfler sich wieder aus ihren Verstecken hervor. Aber sie fanden neben verkohlten Leichen nur Brandstätten und Schutthaufen, von ihrem lieben Kirchlein nicht einmal diese. Es war spurlos verschwunden. Nur der „Tümpfel", neben dem es stand, schien ihnen viel größer.

Wenn Herbstwinde, so schließt die Sage, durch das Land fegen und die gelben Blätter von den Bäumen jagen, hört man nicht selten aus der Tiefe ein leises, wimmerndes Klingen und Tönen. Es ist das Glöcklein der versunkenen Kapelle. — Der Tümpfel aber heißt heute noch „Glockentümpfel".

Das Fischwasser von Rabeneck

Sage

An der oberen Wiesent, kaum $3^{1}/_{2}$ km von Waischenfeld entfernt, begegnet der Wanderer dem uralten Bergschlosse Rabeneck. Bei einer Biegung des vielfach gewundenen Tales tritt es ihm, auf hohe Felsen zur Linken des Flusses gestellt, plötzlich wie mit einem Zauberschlage vor die Augen.

Der nun Schönbornsche Besitz war ehemals zwischen den Familien von Schlüsselberg und Rabenstein geteilt, ging jedoch 1347 teilweise und zu Anfang des 18. Jahrhunderts ganz an das Hochstift Bamberg über. Im Bauernkriege wurde die Burg ausgeraubt und niedergebrannt. Die als Ruinen aufragenden Mauern des südlichen Schloßtraktes zeugen noch heute von diesem traurigen Ereignis.

M. J. Willen, Hochfürstlich Brandenburgischer Pfarrer zu Creußen, sagt in seinem Aufsatze: „Das Teutsche Paradeiß in dem vortrefflichen Fichtelberg" *, von dem Bergschlosse und seiner Umgebung folgendes: „Man sihet darinnen eine feine Schloß=Capelle, und unten am Waßer eine vornehme Mühl, dann in dem engen Thoßgrund große Felß=Klüfft und Hölen, sonderlich die sogenannte Geiß=Kirche und das Kühloch, in welchem Grund man zur Krigszeit nicht allein sicheren Aufenthalt, sondern jederzeit die besten Forellen und andere Fische haben kan, weil jederman, vom Thoß=Einfall an biß zum Dörfflein Bergnersmühl, ein freyes Fischrecht hat, er mag gleich einheimisch oder frembde seyn."

Keinerlei Urkunde gibt uns Aufschluß über die Entstehung dieses „freyen Fischrechts" im Wiesentflüßlein zwischen Rabeneck und Behringersmühle, das tatsächlich bestanden haben soll. Hören wir deshalb, was die Sage darüber zu erzählen weiß:

Ein Burgherr von Rabeneck hatte mit anderen deutschen Rittern am vierten Kreuzzuge teilgenommen. Schon über zwei

* Abgedruckt im Archiv für Geschichte und Altertumskunde von Oberfranken, 1884.

Jahre war er abwesend. Kein einziges Lebenszeichen von ihm erreichte die auf der einsamen Burg bangende Gattin. Da wagte sie kaum mehr zu hoffen, den Eheliebsten je wiederzusehen, und verfiel in tiefe Traurigkeit. Eines Tages jedoch kehrte der schon Totgeglaubte zur größten Freude der Seinen auf sein Felsennest zurück. Der von schweren Sorgen befreiten, glücklichen Gattin überreichte er zwei prächtige, mit Goldfäden durchwebte und glitzernden Steinen besetzte Handschuhe, die er in des lateinischen Kaiserreichs Hauptstadt am Bosporus für sie erworben hatte ...

Wiederum war der Eheherr mit seinen Reisigen, diesmal in kaiserlichen Diensten, der Heimat ferne. Die Gemahlin wartete seiner auf der so still gewordenen Burg. Traumverloren schweiften eines Tages ihre Blicke von der vorgeschobenen, steil zum Felsentale abstürzenden Bastei in die Weite. Während die Einsame mit ihren Handschuhen spielte, gedachte sie des geliebten Mannes, der ihr die kostbare Gabe vor Jahren mitgebracht aus fremden Landen. Da entriß ihr ein heftiger Windstoß einen der Handschuhe und wehte ihn hinab ins Tal. Drunten fiel er mitten in das vorübergluckfende Bergflüßlein. Noch sah die Erschrockene, wie ihn die Wellen rasch zu Tale trugen. Aber bald war er ihren Blicken entschwunden.

In ihrer Bestürzung wußte sich die Burgfrau zunächst keinen Rat. Dann gelobte sie, falls der Handschuh wieder in ihren Besitz gelangen sollte, das Wiesentflüßlein dem Fischfange völlig freizugeben, und zwar in erster Linie zu Nutz der armen Hörigen ringsum. Die Herrenmühle zu Füßen der Burg und jene Flußstelle talabwärts, wo der Handschuh gefunden würde, sollten die Grenzmarken des Freiwassers sein. Nun erst sandte die wieder hoffende eilige Boten zu Tal, dem glücklichen Bringer des Fundes eine fürstliche Gabe verheißend.

Das Flüßlein hatte den Handschuh bis zur Behringersmühle entführt. Dort war er an einem Erlengebüsch, das weit ins Flußbett hineinreichte, hängen geblieben und vom Knappen des Müllers aufgefischt worden. So gelangte das Kleinod wieder zurück in den Besitz seiner Herrin ...

Mit Staunen hörte der Burgherr bei seiner Heimkunft von dem seltsamen Ereignisse. Gerne bestätigte er das Gelöbnis seiner Gemahlin und ließ es verbriefen und besiegeln.

* * * * *

So und ähnlich berichtet die Sage über das freie Fischwasser von Rabeneck. Es scheint noch bestanden zu haben, als Pfarrer Willen im Jahre 1692 sein „Teutsches Parabeiß" verfaßte. Wie lange es ihn überlebte, wissen wir nicht, sondern nur so viel, daß heutzutage außer dem Eigentümer, Pächter oder sonst Berechtigten niemand mehr das Wiesentflüßlein, auch nicht zwischen Rabeneck und Behringersmühle, befischen darf, gleichviel ob er „frembde oder einheimisch sey".

Die Zwerge im Wohnsgehaiger Hügel
3 Sagen

Vom Fränkisch=Schweiz=Städtchen Waischenfeld führt ein gut gangbarer Weg, an der bekannten Förstershöhle vorbei, über Zeubach, Kugelau und Neusig in etwa 1½ Stunden hinauf zum Dorfe Wohnsgehaig mit der danebenliegenden, kahlen, sattelförmigen, in alten Zeiten auch „Wonneburg" genannten

Neubürg. Vom Orte aus ist die mit Steingeröll besäte Kuppe (587 m), die die heimische Bevölkerung gewöhnlich Wohnsgehaiger Hügel nennt (auch die Bezeichnung „Sauhügel" war früher nicht selten), bald erstiegen. Der Berg soll dem Gotte Wodan geweiht gewesen sein. Er bietet umfassende Aussicht über das ganze nördliche Frankenland. Ein bequemer Rundgang auf der Rasenfläche am Rande der Hochplatte zeigt uns gegen Süden einen Teil des Ahorngrundes mit dem Schlosse Adlitz, das Zeubachtal mit den eingangs genannten Ortschaften und das Schmierbachtälchen mit Löhlitz. Im Hintergrunde treten besonders Gößweinstein und Wichsenstein hervor. Gegen Osten erblicken wir außer vielen reichbewaldeten Höhenzügen nur das Dörfchen Glashütten und das Forsthaus Altenhimmel. Um so mannigfaltiger ist das Bild, das sich unserem Auge gen Norden entrollt. Vor uns liegt der Hummelgau mit seinen stattlichen Ortschaften und gesegneten Fluren. Hinter ihm erhebt sich die Wagnerstadt Bayreuth mit dem besonders hervortretenden Festspielhause. Den Abschluß bilden die Riesen des Fichtelgebirges: Ochsenkopf, Schneeberg und Waldstein. Im Westen zeigt sich der ganze Jurazug von der Langen Meile bis zum Kordigast. Aus der Zahl der Ortschaften heben sich die Schlösser Greifenstein und Freienfels, der Aussichtsturm bei Aufseß und die Burgruine Plankenstein besonders ab.

* * * * *

Neben Hohenmirsberg ist Wohnsgehaig der einzige Höhenort der Fränkischen Schweiz mit laufendem Wasser. Nur wenige Meter unter dem plateauartigen Berggipfel treten mehrere kleine, beständig fließende Quellen hervor, die ihr Dasein dem undurchlässigen Ornatenton, auf welchem die Werkkalke liegen, verdanken. Diese Quellen bringt die Sage mit Zwergen in Verbindung, die in den verschiedenen Klüften und Hohlräumen des Berges wohnten. Das eine Rinnsal heißt heute noch Zwerglesbrunnen. „Aus ihm floß drei Tage lang Blut, so oft eines der Wichtelmännchen im Berge starb." Hören wir, was die Sage von ihnen zu berichten weiß.

a

Eines Tages stand der Schäfer, der seit Jahren seine Herde an den Hängen des „Wohnsgehaiger Hügels" grasen ließ, vor einem tiefen Felsenspalt, den er nie zuvor gesehen hatte. Obwohl ihm die Sache nicht geheuer schien, gab er seiner Neugierde nach und drang in den Berg ein. Da sah er zu seinem großen Erstaunen um eine niedrige Felsplatte eine Schar Zwerglein sitzen, die emsig mit kleinen Hämmern glitzernde Steine zerschlugen. Schnell wollte er umkehren. Aber er sah sich bereits entdeckt. Die Bewohner der Höhle waren über den Eindringling nicht besonders erstaunt, sondern luden ihn ein, bei ihnen Platz zu nehmen. Hierauf bewirteten sie ihn reichlich mit Speise und Trank. Beim Abschiede schenkten sie ihm ein weißes Linnen in der Größe eines Tischtuches und sagten: „Hast du Hunger und Durst, so breite dieses Tuch aus, gleichviel wo. Alles wird sofort darauf sein, was du dir wünschest zu essen und zu trinken, gleichviel was. Aber das eine beherzige wohl: Laß von der Kraft, die das Tuch hat, keinem Menschen etwas verlauten, gleichviel wem!" Dann geleiteten sie ihn zum Berge hinaus. — Der Schäfer verlangte von seinem Weibe nie mehr Speise und Trank. Auch sah ihn sonst niemand irgendwo etwas zu sich nehmen, was nach der landläufigen Redensart Leib und Seele zusammenhält. Und doch rundeten sich die Körperformen des scheu und geheimnisvoll gewordenen Mannes mehr und mehr. Aus Angst und Neugierde zugleich drang seine Frau so lange in ihn, bis er ihr in einer schwachen Stunde das Mysterium des Tuches verriet. Zugleich wollte er der Zweifelnden das Unglaubliche seines „Tischlein deck dich" vor Augen führen, breitete das Linnen aus und äußerte seine Wünsche. Doch siehe — das Tuch blieb zum erstenmal leer. Es hatte seine wunderbare Kraft für immer verloren. Raschen Fußes eilte unser guter Schäfer dem Berge zu, sich durch die Zwerge beraten zu lassen. Aber solange er auch suchen mochte, er konnte den Eingang zur Höhle nicht mehr finden.

b

Die Zwerglein des „Wohnsgehaiger Hügels" waren menschenfreundliche, arbeitsame Geschöpfe, die sich den Bewohnern der Nachbarschaft auf alle mögliche Weise nützlich zu machen suchten. Besonders in der Schöchtleinsmühle gingen sie zur Nachtzeit viel aus und ein. Wenn der Müller mit den Seinen schlief, reinigten und netzten sie das Mahlgut, zogen die Schützen am Wasserwerke hoch, setzten die Mühle in Gang, mahlten das Getreide und füllten die Mehlsäcke. Dabei vergaßen sie keineswegs das „Metzen" für den Müller. Am Morgen war das „Tagewerf" gewöhnlich vollbracht, und der zufriedene Schöchtleinsmüller wußte, wem er das zu danken hatte. Der neu gedungene Knecht aber kam gar bald hinter das Tun und Treiben der fleißigen Kobolde. Er legte sich auf die Lauer und tat ihnen insgeheim vielen Schabernack an. Da mieden die Zwerge die Mühle und ließen sich nicht mehr sehen.

c

In grauer Vorzeit stand auf dem "Wohnsgehaiger Hügel" eine mächtige Ritterburg. Der Ziehbrunnen in der Mitte des Hofes war "schier unergründlich". Unter der Burg aber, tief unten in einer Höhle hauste seit langer, langer Zeit ein Völklein munterer Zwerge. Einzelne derselben wurden bald da, bald dort gesehen. Der Schäfer hatte sogar zu und ab mit ihnen gesprochen. Guten Menschen zeigten sie sich überhaupt sehr zugetan. Böse mieden sie. In größerer Zahl gingen sie nur nachts aus. Mancher verspätete Wanderer kreuzte, wenn sie ins Dorf, auf das Feld oder in den Wald zogen, ihren Weg. Sie suchten sich überall nützliche Beschäftigung. Nicht selten fand der Bauer, wenn er morgens an seine Arbeit gehen wollte, diese schon getan. Als Lohn holten sich die Zwerglein des Sonntags, wenn die Bäuerinnen in der Kirche waren, Knödel aus den am Herdfeuer stehenden Töpfen. Die Frauen ließen es ruhig geschehen, freuten sich sogar darüber, wenn die kleinen Diebe es nicht zu arg trieben, d. h. nicht zu viele Knödel nahmen. — Eines Tages hörte der Schäfer, der am Bergeshang unfern seiner Herde im Grase lag, aus dem Berge wildes Kampfgetöse, Klagen und Stöhnen. Dann war alles still. Die Zwerge waren in Streit geraten und hatten sich gegenseitig umgebracht. Aus den Quellen am Bergesfuße floß fast eine Woche lang blutgefärbtes Wasser. Auch das des Ziehbrunnens im Schlosse auf dem Berge droben war von Blut gerötet. Von den Wichtelmännchen aber sah und hörte man niemals wieder etwas.

* * * * *

Bliebe noch die Deutung des Namens „Sauhügel". Auch diese ist uns möglich „an der Hand" der Sage. Letztere meldet, „daß Cunigundis, die heilige Königin, hier in der Nähe, als noch dichter Wald die Gegend bedeckte, sich in Jagdlust ergötzte und die hohe Neuburg ihre Wonneburg nannte, von der sie das Land der Slaven weithin überschaute". Als sie einstens zum Berge mit auf die Jagd gezogen, „soll sie daselbsten eine Herde Säu erblicket und richtig ausgezehlet haben". Von da an wurde die „Wonneburg" vielfach (besonders in alten Beschreibungen) „Sauhügel" genannt, wenn auch der derbe Name heutzutage seltener an unser Ohr klingt.

Das Irrglöcklein auf dem St. Gangolfsturm zu Hollfeld
Sage

Allabendlich um die zehnte Stunde ertönt vom Turm der St. Gangolfskirche zu Hollfeld ein helles Glöcklein über die Fluren des Wiesent= und Kainachtales, um späte Wanderer auf den rechten Weg zu führen. Über die Entstehung dieser schönen Sitte berichtet die Sage folgendes:

Als die Gegend ringsum noch dichte Wälder deckten, machten drei Schwestern, Töchter des Schloßherrn zu „Holuelde", einen Ausflug in den kainachaufwärts gelegenen Forst. Bald ließen sie den sichern Pfad zur Seite und drangen tiefer in des Waldes Dunkel ein. Vieles und Neues nahm hier ihr ganzes Interesse gefangen: das lieblich leuchtende Moos und der in voller Schöne prangende Blumenflor; hier ein seltsam gestalteter Fels oder die über Steingeröll huschende Echse; dort, zwischen fernen Bäumen sichtbar, friedlich äsendes Wild; von Busch und Baum bezaubernder Jubel zahlreicher Vögel; aus dem Buchenkamp im Kainachgrund der Wildtaube verführerisches Lachen und der immer gern gehörte Ruf des Kuckucks. Kein Wunder, wenn den Mädchen jegliches Gefühl für Richtung und Zeit verloren ging und sie in unwiderstehlichem Drang nur vorwärts hasteten. Inzwischen aber hatte sich der Himmel mit dunkelgrauen Wetterwolken überzogen, und in der Ferne rollten dumpfe Donner. Jetzt erst dachten die Erschrockenen an den Weg und das Daheim. Dieses war so fern, und jenen hatten sie schon längst verloren. Mit jedem Schritte irrten sie nur tiefer in des Waldes Verlassenheit hinein. Über dem Baumgewirr erhob sich ein säuselnder Wind. Der wuchs in rasender Schnelligkeit zum Sturm, ja zum Orkan. Der Bäume Wipfel schwankten hin und her. Dann bogen sich ächzend auch ihre schlanken Leiber. Eine Regenflut, untermischt mit Hagelkörnern, prasselte nieder, schlug Blätter und Zweige vom Geäst und peitschte den Waldboden wild auf. Zuckende Blitze durchfuhren die Luft, schlugen mit furchtbaren Donnerschlägen in Bäume und Felsen. Dazu heulte der Sturmwind in allen Tönen. Eines jener gefürchteten Gewitter, die im Gebirge so rasch, ja oft unversehens kommen, hatte sich mit all seinen Schauern und Schrecken über den vor wenigen Minuten noch so friedlichen Forst entladen. Die drei Mädchen aber kauerten, angstvoll aneinander geschmiegt, am Boden und meinten, ihr letztes Stündlein sei gekommen. Endlich legte sich der Aufruhr der Natur. Die Verirrten suchten nach Weg und Steg, doch vergeblich. Ungehört verhallten alle ihre Hilferufe. Als die Nacht hereingebrochen war und am Himmel die ersten Sternlein auf=

leuchteten, warfen die verlassenen Mädchen in ihrer Seelenangst sich auf die Kniee und flehten unter heißen Tränen zu Gott um Errettung aus so großer Not. Während die Armen noch beteten, vernahmen sie, einer Stimme vom Himmel gleich, die leisen, halb verwehten Töne eines fernen Glöckleins. Mit freude- und dankerfülltem Herzen folgten sie der süßen, lockenden Stimme. Nach geraumer Zeit drangen aus der Richtung, der sie zustrebten, auch menschliche, doch unverständliche Laute an ihr Ohr. Bald aber meinten sie, aus den verschiedenen Zurufen ihre Namen herauszuhören. Gerettet! Der Vater selbst war mit den Knechten ausgezogen, die Verirrten zu suchen. Freudig führte er die Wiedergefundenen der bangenden Mutter zu. Aus Dankbarkeit für die Errettung ihrer Kinder stiftete der Schloßherr im Verein mit seiner Gemahlin auf den Turm der Gangolfskirche ein Glöcklein, das verirrte Wanderer zur Nachtzeit auf den rechten Weg führen soll.

* * * * *

Ähnliche Sagen über das „Irrglöcklein" finden wir für Seßlach, Schlüsselfeld, Teuschnitz, Hersbruck, Langenzenn, Aub usw. Es sind dies Orte, die im Mittelalter mit Mauern umgeben waren, bzw. heute noch mit solchen umgeben sind. Das nächtliche Läuten dürfte für die damaligen Bewohner nichts anderes als das Zeichen gewesen sein, daß die Schließung der Tore bevorstand. Der Gebrauch ist, als auf Stiftungsbriefen beruhend, mit in unsere Zeit herübergenommen worden, ohne daß er freilich seinem ursprünglichen Zwecke noch dient. Das Volk aber, das für alles seine Erklärung sucht, hat aus dem nächtlichen Läuten das „Irrglöcklein" geschaffen.

Die Burkardiskirche zu Oberailsfeld
Lokalgeschichtliches und Sage

Von Behringersmühle, dem Mittelpunkte der Fränkischen Schweiz, führt ein neugebautes Sträßchen im engen, felsenumschlossenen Ailsbachtale aufwärts gen Oberailsfeld. Den Besuchern der über Deutschlands Grenzen hinaus bekannten Sophienhöhle bei Rabenstein (Neumühle) ist das stattliche Pfarrdorf mit seiner schmucken Burkadiskirche wohlbekannt. Das erste Gotteshaus des Ortes soll eine jener vierzehn sogenannten Slavenkirchen gewesen sein, die Karl der Große und Ludwig der Fromme bei Einführung des Christentums im Gebiete der Moin- und Ratanzwinidi (Main- und Regnitzwenden) errichten ließen. Zweifellos erwiesen ist dies jedoch nicht. Kurze Zeit war das Gotteshaus eine Filiale von Kirchahorn, seit 1474 aber wieder eigene Pfarre. Im 16. Jahrhundert drangen die durch die Reformation allenthalben entfachten Unruhen auch in das stille Ailsbachtal. Einer alten Volkssage gemäß soll Dr. Martin Luther, wahrscheinlich von Bayreuth herkommend, zu Kirchahorn und Oberailsfeld geweilt und dort wie hier dem zuströmenden Volke gepredigt haben. Als er auf der Kanzel der alten Burkardiskirche stand und die Gemeinde seinen Worten lauschte, soll ein altes Weibchen in die Kirche gekommen sein, zum Predigtstuhl emporrufend: „Martin, mach daß du weiterkommst. Die Waischenfelder sind im Anzug. Sie wollen dich gefangennehmen!" Luther beendete sofort den Vortrag und reiste mit seinem Begleiter gen Muggendorf ab. Oberailsfeld und auch Kirchahorn blieben vorläufig katholisch.

Auf dem Lande setzte sich die Lehre Luthers besonders in jenen

Ortschaften fest, wo ritterlicher Einfluß vorherrschte. Das war besonders in Kirchahorn der Fall. Die Herren von Rabenstein stellten hier 1566, also immerhin erst geraume Zeit nach Luthers sagenhafter Anwesenheit, einen gewissen Nikolaus Beßler als ersten protestantischen Prediger auf. Auch für Oberailsfeld hatten sie kurzerhand einen Prädikanten bestellt. Zwar mußte letzterer 1567, da er auf Befehl des Bischofs Veit II. verhaftet werden sollte, fliehen und wieder einem katholischen Geistlichen Platz machen, aber die Rabensteiner verschafften mit bewaffneter Faust ihrem Willen Geltung. Oberailsfeld erhielt wieder einen Prediger und blieb protestantisch bis 1597. In diesem Jahre forderte Bischof Neidhart die Herren von Rabenstein auf, den evangelischen Pfarrer von Oberailsfeld zu entfernen und einen katholischen vorzuschlagen. Als dies nicht geschah, setzte der Bischof am 4. März 1598 ohne weiteres einen solchen dort ein. Aber schon am 27. April rückten die Herren von Rabenstein mit 60 Reitern und 100 Mann zu Fuß in Oberailsfeld ein, erbrachen die Kirche und übergaben sie wieder dem protestantischen Geistlichen. Wenige Tage darauf erschienen die Bambergschen Beamten von Waischenfeld und Pottenstein, nahmen die Kirche in Besitz, verhafteten Pfarrer und Kirchner und führten beide gefangen nach Waischenfeld. Darüber beschwerte sich Georg Werner von Rabenstein am 16. Juni 1598 bei dem Bischofe. Er verlangte Rückgabe der Kirche und Freilassung der Gefangenen. Endlich einigte man sich am 8. Mai 1608 zu einem Vertrage, nach welchem die Herren von Rabenstein für sich und ihre Nachkommen das Patronatsrecht über die Pfarrei Oberailsfeld an den Bischof abtraten. Der Bischof dagegen anerkannte das Besetzungsrecht der Herren von Rabenstein über die Pfarrei Kirch=

ahorn und versprach, den ihm von den Genannten vorgeschlagenen Geistlichen Augsburgschen Bekenntnisses fernerhin jeweils bestätigen zu wollen. So war der Streit, der viele Jahre hin und her wogte und die Gemüter nicht zur Ruhe kommen ließ, aus der Welt geschafft. Oberailsfeld blieb endgültig katholisch, Kirchahorn dagegen bei der neuen Lehre, der es sich zugewandt hatte.

* * * * *

Im Laufe der Zeit wurde das alte Burkardiskirchlein zu Oberailsfeld ziemlich baufällig, für die an Seelenzahl mehr und mehr sich vergrößernde Pfarrgemeinde auch zu beschränkt. Man ging deshalb in der zweiten Hälfte des 18. Jahrhunderts daran, die jetzige stattliche Kirche zu bauen. Gleich zu Anfang der Arbeiten geschah etwas ganz Seltsames. Als man nämlich den Grund zu den Fundamenten aushob, so erzählt der Volksmund, stieß man auf ein großes Lager gebrannten, abgelöschten Kalkes, der ohne weiteres zur Bereitung des Mörtels verwendet werden konnte. Er soll zur Herstellung des ganzen Gebäudes bis zum Dache ausgereicht haben, so daß der Baukasse ein erkleckliches Sümmchen erspart blieb. 1760 war der Bau vollendet. Man ging sofort an die Einrichtung des Kircheninneren. Da fehlte es an manchem, auch an Heiligenstatuen, die nun mal in ein katholisches Gotteshaus gehören. Zu Kirchahorn hatte man seiner Zeit, als die Rabensteiner die neue Lehre einführten, die Kirche, soweit es anging, ihres Schmuckes entledigt. Da standen und lagen manche Heiligenbilder vereinsamt auf dem Kirchenboden oder im Beinhause hinter dem Friedhofe. In letzterem lehnte unter anderen auch eine Statue des hl. Nikolaus, schön geformt, nur in der

Fassung etwas verblaßt. Die würde, so sagten einige Oberails=
felder, ausgezeichnet in unsere neue Kirche passen. Probieren
wir sie halt einmal, meinten andere. Und so ward denn der
hl. Nikolaus nächtlicherweile von Kirchahorn geholt und, wie
gesagt: probeweise im Chore der Burkardiskirche neben der
Sakristeitüre hingestellt. Und siehe, er paßte. Man ließ ihn des=
halb dort stehen. Ob auf diese oder ähnliche Weise auch andere
Nummern aus dem ehemaligen Heiligenbestande der Kirch=
ahorner Pfarre nach Oberailsfeld herunterkamen, ist nicht be=
kannt geworden, aber möglich.

Auf dem linken Nebenaltare der Burkardiskirche steht eine
schöne Statue der hl. Muttergottes mit dem Jesukinde. Dieses
Bild hat seine Geschichte. Es stammt aus dem Bayreuthischen
und kam, wie der Volksmund erzählt, auf folgende Weise nach
Oberailsfeld. Ein Altertümeraufkäufer, Reitschmied genannt,
fuhr viele Jahre mit seinem Wagen im Lande herum. Er war
auch in Oberailsfeld gut bekannt. Eines Tages kam er nach Bay=
reuth, wo er in einem Wirtshause einstellte. Der Sicherheit
wegen räumte er die „Siebensachen", darunter eine Mutter=
gottes=Statue, die er in einem Dorfe nahe der Stadt gekauft
hatte, vom Wagen und stellte sie in eine Ecke des Pferdestalles.
Mitten in der Nacht soll nun aus diesem bitterliches Kinder=
weinen gedrungen sein. Als die Hausbewohner und der ge=
nannte Reitschmied ganz betroffen die Stallung betraten, hörten
sie wohl nichts mehr, meinten aber, als ihr Blick auf die Mutter=
gottes=Statue fiel, im Antlitze des Jesukindes einige Tröpflein,
wie vergossene Tränen, schimmern zu sehen. Wie ein Flugfeuer
verbreitete sich die Kunde von dem Geschehnis im Bayreuther
Lande. Als sie nach Oberailsfeld drang, beschloß man, die Statue

zu erwerben. Es geschah. Sie schmückt nun den nach ihr benann=
ten Marienaltar des Gotteshauses.

In den 1890er Jahren wurde das Innere der Burkardiskirche
vollständig renoviert, wobei die Altäre und Statuen neue Fassung
erhielten. Sie erscheint nun als ein Schmuckkästlein, an dem alle
Pfarreiangehörigen und die vielen Fremden, die sie besuchen,
ihre Freude haben können.

Die steinerne Katze von Oberailsfeld

Sage

Wer im Felsgewirr bei Oberailsfeld etwas genauer Nach=
schau hält, dem fällt in der Nähe des Dorfes, kaum 500
Schritte von ihm entfernt, ein Dolomitgebilde auf, dessen Spitze
einer Katze in ruhender Stellung nicht unähnlich sieht. Schon
von alters her nannten die Leute diesen Felsen die „steinerne
Katze" und knüpften an ihn folgende Sage:

In Oberailsfeld lebte vorzeiten ein armes, tugendhaftes Mäd=
chen. Vater und Mutter waren ihm längst gestorben. Einsam
wohnte die Elternlose in einem kleinen Hüttchen am äußersten
Ende des Dorfes. Nur eine zugelaufene Katze teilte mit ihr die
armselige Behausung. Bei harter Arbeit, die die Waise um ge=
ringen Lohn verrichtete, wuchs sie mit den anderen Mädchen des
Dorfes auf. Keine von ihren Altersgenossinnen aber kümmerte
sich viel um sie. Dagegen hatte der Sohn des reichen Leiten=
bauern schon seit langem ein Auge auf das stille, brave Mädchen
geworfen. Er war im Gegensatz zu seinem protzigen Vater ein
ruhiger, wackerer Bursche und meinte es aufrichtig mit seiner

Liebsten. Sie und keine andere sollte sein Eheweib werden. Dem
widersetzten sich indes die Eltern auf das entschiedenste. Von
einer armen Schwiegertochter wollten sie nie und nimmer etwas
wissen. Übrigens hatten sie schon längst für ihren „Jungen", ins=
geheim natürlich, die passende Braut ausgesucht. Daß ihnen bei
der Wahl einzig und allein der Geldsack Maßstab war, focht sie
weiter nicht an, und die Meinung anderer galt ihnen nur wenig.
„Sie hatten's ja" und brauchten nach niemandem etwas zu
fragen. Doch dachten die Schlauen nicht an den harten Kopf
ihres „Jungen". Letzterer zeigte sich in seiner Liebe zu dem
armen Mädchen ebenso unerschütterlich wie die Eltern in ihrer
Abneigung gegen eine vermögenslose, wenn auch noch so brave
Schwiegertochter. Wer sollte in diesem Kampfe Sieger bleiben?
Um mit der Sache rasch zu Ende zu kommen, beschloß der Vater,
den nach seiner Meinung ungeratenen Sohn auf einige Jahre
in die Fremde zu schicken. Dort würde er sich schon die „Dumm=
heit" aus dem Kopfe schlagen. Die Mutter war mit dem Plane
einverstanden, und beide setzten den Tag der Abreise fest. Für
die Liebenden kamen nun Stunden bitterften Herzeleids. Hieß
es doch Abschied nehmen für lange, lange Zeit, vielleicht für
immer! Bevor das Mädchen dem Scheidenden Lebewohl sagen
wollte, kniete es daheim in seinem Kämmerlein nieder und
flehte mit tiefster Inbrunst zu Gott um Hilfe. Und diese kam.
Sogar auf ganz sonderbare Weise. Die Katze, für die die Arme
seit Jahren so liebevoll gesorgt hatte, sprang vom Ofen herab,
umschmeichelte die Knieende, lief zur offenen Türe, kehrte zurück,
drückte ihren Körper aufs neue an die Betroffene und gab ihr so
zu verstehen, daß sie folgen möge. Die tat es. Die Katze lief vor=
aus zum nahen Walde und kletterte dort auf einen der vielen

Felsen. Behend stieg das Mädchen nach. Am Gipfel angelangt, fand es in einer Vertiefung, nur mit wenig Moos bedeckt, einen großen Haufen blanker Goldstücke. Damit füllte die freudig überraschte ihre Schürze und stieg eilends wieder ab. Die Katze aber konnte sie nirgends mehr sehen. Alles Rufen und Locken nach ihr war vergebens. Traurig über den Verlust des lieben Tieres wandte das Mädchen noch einmal den Blick zum Gipfel des eben verlassenen Felsens. Da wurde es zu seiner größten Bestürzung gewahr, daß dieser die Körperform der verschwundenen Katze zeigte. So war denn die treue Hausgenossin, nachdem sie ihrer Pflegerin den Weg zum Glück gezeigt hatte, zu Stein geworden! .. Der Verbindung des braven, auf so seltsame Weise reich gewordenen Mädchens mit dem Bauernsohne stand nun nichts mehr im Wege. Die Eltern gaben, zumal der Geldsack der Schwiegertochter statt der „weißen" sogar „gelbe Vögel" barg, gerne zur Hochzeit ihre Einwilligung. Diese fand auch bald statt. Die Verbundenen lebten eine Reihe von Jahren in Glück und Zufriedenheit. Sie sind längst gestorben, auch ihre Kinder und Kindeskinder. Aber noch immer blickt vom nahen Felsen herab auf das traute Dörflein „die steinerne Katze von Oberailsfeld".

Wie die Namen „Hummelgau" und „Hummelbauer" entstanden

Sage

Von Bayreuth, der Kreishauptstadt Oberfrankens, führt eine Nahbahn durch den nördlichsten Teil der Fränkischen Schweiz nach dem schön gelegenen Amtsgerichtsstädtchen Holl-

feld. Nahezu halbwegs berührt sie das stattliche Dorf Mistelgau, den Hauptort des nach ihm benannten Mistel= oder Hummel=
gaues. Letzterer umfaßt den größten Teil des Mistelbach= und Truppachgebietes und reicht südwärts bis zur Neubürg, zu dem Glashüttener Walde und dem 600 m hohen Kulmberge, nach der Markgräfin Sophie Friederike Wilhelmine, der Schwester Friedrichs des Großen, auch Sophienberg genannt. Im Norden bezeichnen seine Grenzen die bewaldeten Höhen um Donndorf, die „Hohe Buche" bei Tröbersdorf und der Rappersberg unweit Schönfelds. Die ganze zwischenliegende Landschaft ist teils eben, teils leicht gewellt oder hügelig, sehr fruchtbar und, abgesehen von den vielen Weilern und kleinen Dörfchen, mit 24 zum Teil stattlichen Siedlungen bedeckt. Diese Landschaft also ist der in ganz Franken bekannte und berühmte Mistel= oder Hummelgau. Er war ehedem dicht von Wenden bevölkert. Bei dem Orte Mistelgau öffnete man schon um die Mitte des 18. Jahrhunderts wendische Grabhügel, die ersten im Gebiete der Fränkischen Schweiz. Auch die heutigen Bewohner zeichnen sich durch Sitten, Körperformen, Sprache und Tracht auffallend aus, und man ist leicht geneigt, in ihren Physiognomien die slavische Abkunft zu erkennen. Nach anderer Meinung sollen die Hummelbauern aus Niedersachsen stammen und von dort in die Bayreuther Gegend versetzt worden sein.

Über die Entstehung der Namen „Hummelgau" und „Hum=
melbauer" berichtet das Archiv für Geschichte und Altertums=
kunde von Oberfranken (Band 16) folgendes: „Den Mistel=
gauern zu Ehren haben die Steinmetzen ein Hummelnest an die St. Stephanskirche zu Volsbach im Ahorntal angehauen. Denn als dieselbe erbaut wurde und die Mistelgauer als dienstwillige

Nachbarn dazu Steine führen halfen, ging unter jenen die unbedachtsame Rede: die Mistelgauer fliegen früh aus und führen zu wie die Hummeln. Sofort wurde ein Hummelnest zum Wahrzeichen dessen einem Steine eingebildet, so folgender Zeit den Mistelgauern zum Spott ausgeschlagen, den sie nur nicht von jedermann ertragen können, sondern an denen, die so viel mit Hummeln stochern, empfindlich zu rächen pflegen, und zwar nicht unbillig."

Nach der Meinung der Umwohner verhält es sich mit der Herkunft der Namen „Hummelgau" und „Hummelbauer" etwas anders. Im Bereiche des Mistelgaues herrschte einst zur Sommerszeit anhaltend schlechtes Wetter. Da schon das Ernteergebnis des Vorjahres durch ungünstige Witterungseinflüsse weit hinter den gehegten Erwartungen zurückstand, waren die Bauern tief bekümmert. Einer wollte gehört haben, in Nürnberg wohne ein Wettermacher, der schon vielen aus der Klemme geholfen habe. Sofort beschlossen sie, den Klugen dorthin zu senden, schönes Wetter einzukaufen. Der reiste noch am gleichen Tage ab. Im alten Noris verwies man den nach dem Wettermacher Fragenden lächelnd in die nächste Apotheke. Auch da verstand man einen Spaß und gab dem Bäuerlein um lächerlich wenig Geld ein Schächtelchen mit, das er aber ja nicht vorzeitig öffnen dürfe. Froh reiste unser Mistelgauer heim. Als die Bauern das „schöne Wetter" in der Nähe sehen wollten und den Behälter nur ein ganz klein wenig öffneten, flog eine Hummel mit lautem Summen heraus und davon. Die Erschrockenen liefen ihr nach und schrien: „Im Mistelgau bleiben! Im Mistelgau bleiben!" Und das Wetter blieb im Mistelgau. Schon am nächsten Tage klärte sich der Himmel, am übernächsten lachte die Sonne, dann auch in den folgenden Tagen und so ganze Wochen hindurch. Die Ernte war schön und gut wie seit langem nicht. Von der Zeit an aber heißen der Mistelgau „Hummelgau" und der dortige Landwirt „Hummelbauer".

Auf Sankt Kunigundis Spuren
Legenden
I.

Das Archiv für Oberfranken (1871) enthält eine Arbeit des H. von Aufseß aus dem Jahre 1830, betitelt „Historischer Spaziergang von St. Rupert bis Rothenpühl"*. Dieser teilt über die Anwesenheit der heiligen Kaiserin Kunigundis im Gebiete der heutigen Fränkischen Schweiz folgendes mit: „Die Kapelle des heiligen Rupertus (bei Obernsees) mit ihrem wundertätigen Brunnen, wohin noch heute (1830!) der gläubige Landmann mit Opfer wallt, ist wohl die älteste der Kapellen des Oberlandes, unleugbar anfangs zur Einführung des Christentums, dann im Jahre 1439 zum zweitenmal erbaut und später durch wohlmeinende Erneuerungssucht ihrer deutschen Schönheit beraubt, von welcher nur noch im Inneren einige wenige Spuren übrig sind. In Stein gehauene Wappen aus der Zeit ihrer zweiten Erbauung deuten auf die alten Bauherrn, worunter die von Aufseß, deren Wappen erkennbar ist, gewesen sein mochten. Ist es nicht bloß Sage, daß Kunigundis, die heilige

---

* Der Aufsatz hat folgende Fußnote: „In Eile am 21. Juni 1830 als Wegweiser für den durchreisenden König Ludwig I. von Bayern zusammengetragen von H. v. Aufseß."

Königin, hier in der Nähe, als noch dichter Wald diese Gegend bedeckte, sich in Jagdlust ergötzte und die hohe Neubürg ihre Wonneburg nannte, von der sie das Land der Slaven weithin überschaute, so möchte der Schluß nicht zu gewagt sein, daß die alte Ruperts=Kapelle ein Denkmal aus jener Zeit sei und hier an klarer Quelle die königliche Jägerin oft im Schatten ausgeruht habe von den Ermüdungen gefahrvoller Jagdfreuden, zuletzt hier aber den Heiden zur Seligkeit ihrer Seelen eine heilige Stätte errichten ließ, wo das heilige Sakrament der Taufe aus dem Wunderbrunnen allem Volke gespendet wurde."

* * * * *

Was H. von Aufseß über der heiligen Kaiserin Anwesenheit in der Obernseeser Gegend hier andeutet, erzählt ausführlicher eine Legende, die ungefähr so lautet:

Im Dorfe Truppach am Flüßchen gleichen Namens, zu Füßen der Neubürg, lebte in grauer Vorzeit ein adeliges Geschlecht, das sich nach seinem Wohnsitze schrieb. Einer dieser „Herren von Truppach" soll als Kämmerer in Diensten Sankt Kunigundis gestanden sein. Da die Kaiserin als große Freundin des Weid= werks bekannt war, machte ihr Hofherr sie auf die ergiebigen Jagdgründe seiner Heimat aufmerksam und bot ihr sein Schloß Truppach zum Aufenthalte an. Zur Freude des Höflings ging die Kaiserin auf den Vorschlag ein und zog bald darauf mit einem kleinen Jagdgefolge nach Truppach. Von hier aus durchstreifte sie die tiefen Waldgründe nach edlem Wild und kam wiederholt zur Neubürg. Diesen weitschauenden Jurariesen gewann Kuni= gundis besonders lieb. Oft und gerne ließ sie von seiner Kuppe den Blick hinüberschweifen in das vornehmlich von Slaven be=

siedelte Fluß- und Bergland der Wiesent. Zweimal sollen zum besonderen Ergötzen der Kaiserin die Hetzhunde an den Hängen der Neubürg Herden wilder Schweine aufgescheucht haben *. Auf dem Heimwege ruhte die Jagdgesellschaft gewöhnlich in der Nähe des heutigen Dorfes Obernsees mitten im dichten Walde an einer kühlen, laut plätschernden Quelle aus. Letztere gefiel der Kaiserin so gut, daß sie sich entschloß, über den klaren Born zum Heile der in der Mehrzahl noch heidnischen Slaven ein Kirchlein erbauen zu lassen. In diesem sollen dann viele Heiden durch das heilige Sakrament der Taufe dem Christentum zugeführt worden sein.

Der Aufenthalt der heiligen Kunigundis in Truppach, so erzählt die Legende weiter, endete nicht so erfreulich, als er begonnen. Der Gastgeber der Kaiserin, ihr Kämmerer, verklagte seine Herrin bei ihrem hohen Gemahl und zieh sie fälschlich der Untreue. Nach Beweisung ihrer Unschuld durch die Feuerprobe vor dem Bamberger Dome (1016) rief die hohe, hehre Frau dem Verleumder und Ehrabschneider voll heiliger Entrüstung zu: „Gott verzeihe dir die schwere Schuld, die du auf dich und dein Geschlecht geladen. Aber nie mögen mehr als drei deiner Sippe zugleich den Harnisch tragen!" Der Kaiserin Wort ging in Erfüllung. Die Geschichte derer von Truppach bezeugt, daß zu keiner Zeit mehr als drei Sprossen den Rittername trugen. Schon gegen Ende des 14. Jahrhunderts erlosch die Familie für immer.

Die heilige Kaiserin Kunigundis aber zeigte sich noch nach ihrem Tode dem trauten Kirchlein in den stillen Juragründen

* Daher der Name „Sauhügel". Vgl. letzten Absatz von „Die Zwerglein im Wohnsgehaiger Hügel".

unfern der Neubürg anhänglich. Denn — so klingt die Legende aus — „nur ihr ist es zuzuschreiben, daß die Quelle heilkräftig wurde und so viele hilfesuchende und vertrauensbeseelte Landleute an sich zog".

Nachschrift: Etwa 1 km östlich von Obernsees, dort, wo die Tröbersdorfer und Frankenhager Straße zusammentreffen, erhebt sich die zur Pfarrei Obernsees gehörige Rupertskapelle, mit einem kleinen, längst offen gelassenen Friedhofe und niedrigem Mäuerlein umgeben. An letzteres ist ein Häuschen angebaut, in dem ein kühler Born aus der Erde sprudelt.

Sagen knüpfen an historische Ereignisse an. Warum sollte also über diesem „heilkräftigen Quell" nicht schon vor der „Rupertskapelle" ein vielleicht hölzernes Kirchlein gestanden sein, dessen Erbauung mit der Person der hl. Kaiserin Kunigundis in irgendwelcher Beziehung stand? Es dürfte dies um so mehr anzunehmen sein, als die Entstehung der Rupertskapelle in das Jahr 1080 verlegt wird. Man baute eben an Stelle des verfallenden oder bereits verfallenen Holzkirchleins ein massives Gotteshäuschen. Über des letzteren Urheberschaft gehen die Meinungen auseinander. In einer Obernseeer Pfarreibeschreibung wird Bischof Rupert (1075—1102) als Erbauer der Kapelle bezeichnet. Nach anderer Ansicht soll diese von eingewanderten bajuwarischen und fränkischen Ansiedlern erbaut und nach dem hl. Rupertus, ersten Bischof von Salzburg († 717), der besonders in Bayern dem Christentume Eingang verschaffte und in einer großen Anzahl von Kirchen als Patron verehrt wurde, benannt worden sein. 1479 und 1710 wurde die Kapelle erneuert und vielleicht auch erweitert. Sie steht heute noch in großen Ehren.

II.

Neben dem Spitale in Pottenstein erhebt sich ein schmuckes Kirchlein: die Kapelle der hl. Kunigundis. Die Zeit ihrer Erbauung ist in Dunkel gehüllt. Zweifellos liegt sie aber vor dem 15. Jahrhundert. Bereits im Jahre 1410 wurde in der Kapelle eine Meßpfründe gestiftet und die Urkunde hierüber am 12. April durch den Generalvikar Nikolaus Zilling im Auftrage des Fürstbischofs Albrecht (1398—1421) bestätigt. 20 Jahre später zeigte sich die heilige Kaiserin den ihrem Schutze anvertrauten Bewohnern Pottensteins auf höchst wunderbare Weise dankbar. Von Böhmen her waren 1430 die Hussiten in Franken eingefallen und sengend und brennend bis Bamberg vorgedrungen. Fürstbischof Friedrich III. mußte ihren Abzug mit 12 000 Gulden erkaufen. Während sich das Haupttheer der Fanatiker hierauf Nürnberg zuwandte, drangen kleinere Haufen, überall plündernd und mordend, seitwärts bis Ebermannstadt, Waischenfeld und Pottenstein vor. Die Bewohner des letztgenannten Städtchens wurden, wie uns eine Legende übermittelt, auf wunderbare Weise vorm sicheren Verderben gerettet. Während nämlich in der Nacht von Montag auf Dienstag in der Woche nach Septuagesima alles in tiefem Schlafe lag, fingen die Glocken der St. Kunigundiskapelle plötzlich an Sturm zu läuten. Die bestürzten Bewohner fuhren aus den Betten und liefen, nur notdürftig bekleidet, auf den Straßen zusammen. Das Kunigundiskirchlein fanden sie, obwohl das Geläute fortdauerte, verschlossen. Als man es öffnete und nachsah, ließ sich keine „Menschenseele" darin entdecken. Auf einmal aber, man wußte nicht wie und durch wen, war allenthalben die Schreckenskunde verbreitet, die Hussiten seien von Waischenfeld her nach Pottenstein zu im Anzuge. Schnell retteten die zu Tode erschrockenen Einwohner sich und ihre Habe in die feste Burg und setzten diese, so gut es in der Eile ging, in Verteidigungszustand. Als die Feinde dann gegen Morgen wirklich angerückt kamen, fanden sie nur leere Häuser, die freilich mit wenigen Ausnahmen ihrer Wut zum

Opfer fielen. Die hohe Felsenburg jedoch berannten sie vergeblich.

So hatte also die hl. Kunigundis über ihre Schutzbefohlenen in Pottenstein gewacht. Zum Andenken an dieses Ereignis wurde alljährlich am Dienstag nach Septuagesima unter allgemeiner Beteiligung, besonders auch der Zünfte, die „Hussitenprozession" abgehalten. Erst zu Anfang des 19. Jahrhunderts kam man von diesem Gebrauche ab.

III.

Die heilige Kaiserin Kunigundis starb am 3. März 1039 im Kloster Kaufungen, wo sie ihre fünfzehn Witwenjahre in Zurückgezogenheit und Abtötung „wie eine der geringsten Schwestern" verlebte. Ihr Leichnam wurde ihrer Anordnung gemäß nach Bamberg überführt. Der Leichenzug ward von einem Gefolge Vornehmer begleitet. Das Volk strömte von allen Seiten scharenweise herbei, um die Hülle der Mutter der Armen zu begrüßen. Mütter trugen ihre Kinder auf den Armen. Kranke und Gebrechliche suchten und fanden bei ihr wunderbare Hilfe. Nach der Beisetzung in der Domkirche zu Bamberg erfolgten an ihrem Grabe zahlreiche Gebetserhörungen. Auch aus unserer engeren Heimatlandschaft, dem nördlichen Juragebiete, sind eine ganze Reihe verbürgter Wunder, die Gott durch die heilige Kaiserin geschehen ließ, überliefert worden. Es seien nur einige derselben hier angeführt:

„Eine Frau aus Elrin (Tiefenellern) legte ihr Kind, das noch nicht vierzig Tage alt ohne Taufe gestorben war, auf das Grab der hl. Kunigundis und flehte weinend sie um Hilfe an. Da wurde das Kind lebendig. Ganz Bamberg war Zeuge dieses Wunders." —

„Ein ähnliches Wunder erfuhr ein dreijähriger Knabe im Dorfe Grevenberc (Gräfenberg). Er war in einem schlammigen Weiher von Morgen bis Abend erstickt gelegen, wo ihn Weiber unter Flachsbüscheln fanden und herauszogen. In Begleitung einer jammernden Menge wurde er nach Hause gebracht. Die Eltern wehklagten die ganze Nacht hindurch. Am Morgen kam der Priester zur Beerdigung. Das umstehende Volk, das von den Wundern der hl. Kunigundis gehört hatte, rief sie um Hilfe an. Da fing der Knabe an, den Ringfinger zu bewegen, und war nach einer Stunde ganz gesund. Dies bezeugte der Priester bei der Stola, acht Ritter mit einem Eide und eine Menge des Volkes." —

„Geheilt wurde eine Stumme von Sahsendorf (Sachsendorf) und ein Stummer von Stadelhofen (beide Ortschaften bei Gößweinstein gelegen). Da der letztere es unterließ zu danken, verlor er die Sprache wieder. Man brachte ihn neuerdings nach Bamberg. Aber schon auf dem Wege dorthin redete er." —

„Nachdem sich der Ruf (von den Wundern am Grabe der hl. Kaiserin) in der Nachbarschaft Bambergs verbreitet hatte und von verschiedenen Orten die Kranken herbeiströmten, erlangte ein Lahmer vom Schlosse Giech nach kurzem Gebete sehr schnell die Gnade der Heilung. Ebenso eine edle Frau von der Burg Waischenfeld, welche unmäßige Schmerzen litt." —

Die größere Zahl der einwandfrei bezeugten Wunder sind aufgenommen in die „Handschrift des Lebens der heiligen Kunigundis", nun im Besitze der Ratsbibliothek zu Leipzig. Die oben an erster und zweiter Stelle verzeichneten Gebetserhörungen, dann das in der Legende über die Befreiung der Einwohner Pottensteins aus drohender Hussitengefahr erzählte Wunder gehören zu ihnen. —

Am 3. April 1200 wurde die Kaiserin durch Papst Innocenz III. heilig gesprochen.

Die heilige Elisabeth in Pottenstein
Legende

In einem Talkessel der Fränkischen Schweiz, auf allen Seiten von starren Felskolossen und grünen Bergeshängen, deren Scheitel zum Teil dunkle Nadelwälder decken, umgeben, liegt lieblich hingebettet das Städtchen Pottenstein. Den malerischen Ort überragt gen Osten ein steiler, teilweise überhängender, aus mächtigen Dolomitplatten aufgebauter Berg mit einer alten Burg, die der Siedlung den Namen gab. Der feste Edelsitz bestand schon vor mehr denn tausend Jahren und war einstmals im Besitze der Fürstbischöfe von Bamberg. Hinter der Pfarrkirche führen 367 Stufen zu ihm empor. Zunächst gelangen wir zum Hause des Torwarts, von da in einem gedeckten Treppenaufgange in den Burghof. Die Räume des zweistöckigen Hauptgebäudes sind neu eingerichtet. Der Blick von diesem hinab aufs Städtchen, das in die Berge förmlich eingekeilt erscheint und sich an die schirmende Wand des Burgfelsens wie hilfesuchend anschmiegt, sowie nach Süden ins Weihersbachtal ist äußerst reizvoll, die Fernsicht jedoch wegen der umliegenden, zum Teil höheren Bergesrücken ziemlich beschränkt. Südwestlich des

Hauptgebäudes erhebt sich das frühere, nun leerstehende Rüsthaus. Bischof Otto, der Heilige, wohnte öfters auf dem ihm lieb gewordenen Schlosse. Er stiftete 1112 im Orte die Pfarrei zum hl. Bartholomäus. Ihre eigentliche Bedeutung für die breiteren Schichten der Bevölkerung erhielt die Felsenburg durch den historisch bezeugten Aufenthalt der heiligen Elisabeth, Landgräfin von Thüringen. Als diese edelste aller Dulderinnen (ihre kurze Lebens- und Leidensgeschichte siehe unten!), die je auf einem Fürstenthron gesessen, nach dem Tode ihres Gemahls, des 1227 zu Otranto in Unteritalien auf einem Kreuzzuge verstorbenen Landgrafen Ludwig von Thüringen, von ihrem Schwager Heinrich Raspe aus der Wartburg vertrieben und ins größte Elend erbarmungslos hineingestoßen wurde, suchte sie mit ihren Kindern Zuflucht bei ihrem Oheim, dem Fürstbischofe Egbert von Bamberg. Dieser wies der erst Einundzwanzigjährigen, heimatlos und im größten Elend Umherirrenden seine Burg Pottenstein zum Witwensitze an. Es war zur angehenden Sommerszeit, als Elisabeth mit ihren Kindern Hermann, Sophie und Gertrud, sowie den zwei treuen Dienerinnen Guda und Isentrud unter sicherem Geleit von Bamberg her über Forchheim unsere Heimatlandschaft, die heutige Fränkische Schweiz, zum erstenmal betrat und damit dem schönen Stückchen Gotteserde eine hehre Weihe gab. Nach beschwerlicher Tagesreise langte gen Abend die kleine Karawane auf den westlichen Vorhöhen Pottensteins an. Jenseits des Talkessels ragte die stille Felsenburg in den Abendhimmel, umschmeichelt von den letzten Strahlen der scheidenden Sonne, der Nahenden gleichsam zurufend: „Willkommen, tausendmal willkommen, du Edle! Ich freue mich, dich bergen zu dürfen in meinen Mauern! Fern will ich halten von dir und den lieben Deinen die Feinde, die nagende Sorge, das Ungemach! Finde Ruhe nach den grausamen Tagen des Kampfes in meinem sicheren Schoße!" So begrüßt hielt die „große", heilige Elisabeth ihren Einzug auf Pottenstein. Dort lebte sie, ein echt deutsches Weib und Vorbild aller wahren Frauenwürde und edlen Frauenlebens, fast sechs Monate, und Segen heftete sich an jeden ihrer Schritte. Wie einst von der Wartburg aus, so verrichtete Elisabeth auch hier ungezählte Werke der Liebe und Barmherzigkeit. Sie ging, mit Gaben reich beladen, in die Hütten der Armen, labte und letzte die Kranken und spendete Trost und Hilfe allen Elenden und Verlassenen. Die einzige Erholung, die sich Elisabeth gönnte, waren stille Wanderungen durch die Täler und über die Höhen der Umgebung Pottensteins. Isentrud und Guda waren bei solchen Unternehmungen ihre steten Begleiterinnen. Auf einer dieser Fahrten kamen die drei Frauen eines Tages nach Gößweinstein und besichtigten, nach Beendigung ihrer Andacht im Gotteshause, das etwa 100 Jahre zuvor der Schlüsselberger Konrad zu Ehren Sanct Trinitatis hatte erbauen lassen, die schöne Umgebung des Ortes. Von einem plötzlich ausbrechenden Gewitter überrascht, suchten die Geängstigten Unterstand in einer Felsengrotte am Fuße der „Ludwigshöhe" unfern des „Ölberges", um hier das Ende des heftig einsetzenden Regens abzuwarten. Zum Gedächtnisse an diese Begebenheit nennt der Volksmund die kleine Felsenhöhle, in der 1890 ein Monument der Heiligen aus Untersberger Marmor Aufstellung fand, „Elisabethengrotte".——— Elisabeth war wiederholt von ihrem Oheime nach Bamberg eingeladen worden und konnte es nicht vermeiden, mit dem dortigen fürstlichen Hofleben in Berührung zu kommen. Allein ihr Sinn war nicht mehr auf welt=

liche Vergnügungen gerichtet. Freudig kehrte sie deshalb immer wieder nach ihrem trauten Pottenstein in den stillen Jurabergen zurück, wo sie nur Gott, den geliebten Kindern und „ihren Armen" lebte. Der Kinder wegen, welche die ihrer Geburt und Stellung entsprechende Bildung erhalten und höfische Sitten kennen lernen sollten, drang der Fürstbischof wiederholt, jedoch vergeblich, in seine Nichte, sich aufs neue einem deutschen Fürsten zu vermählen. Selbst der verwitwete Kaiser Friedrich II., zu dem der Ruf ihrer Tugendhaftigkeit, ihres Edelmutes und ihrer Schönheit gedrungen war, sandte den Grafen Schwarzburg nach Pottenstein und ließ durch ihn um Elisabeths Hand anhalten. Trotz eifrigster Befürwortung seitens des Bischofs war ihre Antwort auch diesmal eine verneinende. „Der Kaiser möge mir nicht zürnen. Untrennbares bindet mich auf ewig an meinen toten Gemahl: das Gelübde keuscher Witwenschaft bis zum Tode." So lautete der Bescheid, den Graf Schwarzburg für den Kaiser antgegennahm. — — — Gar bald schlug für Pottenstein die Stunde, da die heilige Elisabeth die ihr so lieb gewordene Burg, den trauten Ort und ihre vielen Armen für immer verlassen sollte. Die thüringischen Kreuzfahrer, des verstorbenen Landgrafen Gebeine mit sich führend, näherten sich auf ihrer Rückkehr in die Heimat der Stadt Bamberg. Ritter Walter von Varila war vorausgeeilt, dem Bischofe Egbert ihre Ankunft zu melden. Dieser zog sofort dem Zuge entgegen. Varila aber sandte er nach Pottenstein, die Landgräfin-Witwe nach Bamberg zu geleiten. Und so schied die engelgleiche Dulderin für immer aus unseren heimatlichen Bergen. Der Sarg mit den Überresten des Landgrafen war schon aufgebahrt, als Elisabeth nach ihrer Ankunft in Bamberg den Dom betrat. Sie sank vor dem Schreine nieder und schrie vor Schmerz und Weh laut auf: „Mein trauter Gemahl, so kehrst du mir wieder!" Ringsum im dichtgefüllten Kirchenschiffe vernahm man lautes Weinen und Schluchzen. — —

Pottenstein, dem es vergönnt war, die edle Landgräfin monatelang beherbergen und ihre große Mildtätigkeit fühlen zu dürfen, ehrte ihr Andenken dadurch, daß es dem Namen der Heiligen ein Spital baute, welches heute noch besteht. Und wie in Pottenstein, so schuf das Andenken und Beispiel der Heiligen in allen Gauen unseres deutschen Vaterlandes unermeßlich viel Gutes. Viel Not und Elend wurden und werden in ihrem Namen gelindert, viele Tränen getrocknet, Hospitäler gestiftet und Vereine gegründet. So blickt die große, heilige Elisabeth voll unendlicher Milde und Hoheit aus dem tiefsten Mittelalter in unsere Gegenwart herein.

Kurzgefaßte Lebens- und Leidensgeschichte der hl. Elisabeth. Die hl. Elisabeth war geboren 1207 als Tochter des Königs Andreas II. von Ungarn. Als vierjähriges Mägdlein wurde sie Ludwig, dem elfjährigen Sohne des Landgrafen Hermann von Thüringen und seiner Gemahlin Sophie, verlobt. Auf die Wartburg verbracht, erblühten beide, Ludwig und Elisabeth, wie zwei Blumen, die mitten in der Sonne stehen. Schon in ihrer Kindheit war es Elisabeth eine wahre Herzensfreude, Almosen unter die Armen verteilen zu dürfen. 1221 fand die Vermählung des jungen Paares statt. Nun sie Landesfürstin war, konnte Elisabeth noch mehr denn früher Werke der Barmherzigkeit üben. Tag für Tag stieg sie hinab ins Tal, milde Gaben unter dem Mantel tragend, die sie „ihren" Armen bot, obwohl ihr nicht verborgen blieb, daß die Hofleute, besonders aber Landgräfin Sophie, ihre allzugroße Wohltätigkeit nicht gerne sahen. Auf einem solchen Gange traf sie eines Tages ihr Gemahl. Er fragte, was sie trage. Da Elisabeth meinte, auch er sei mit ihrem Tun nicht zufrieden, antwortete sie, einer plötzlichen Eingebung folgend, zögernd und errötend: „Rosen". Der ungläubige Gemahl lüftete ihren Mantel und sah statt der vermuteten Gaben wirklich Rosen. Ein großes Wunder war geschehen! — — — Kurze Zeit darauf folgte Landgraf Ludwig dem Kaiser Friedrich II. auf einem Kriegszuge nach Italien. Mißwachs und Teuerung suchten während seiner Abwesenheit Thüringen heim. Das ganze Volk seufzte unter den Qualen einer entsetzlichen Hungersnot. Da zeigte sich Elisabeth so recht als eine Helferin der Armen. Sie öffnete die landgräflichen Vorratskammern und verteilte alles unter die Notleidenden. Heinrich Raspe, Ludwigs ältester Bruder, verklagte die Wohltäterin bei ihrem heimgekehrten Gemahl und zieh sie der größten Verschwendung. Dieser erwiderte: „Lasset doch meine Elisabeth Gutes tun. Solange sie die Wartburg und Eisenach nicht verschenkt, bin ich's wohl zufrieden!" — — — Für Elisabeth nahten schwere Tage. Ihr Gemahl hatte sich zum Kreuzzug ins Heilige Land gelobt. Als hätte ein Blitzstrahl sie geblendet, so wurde die Edle von dieser Eröffnung getroffen. Sie ahnte Entsetzliches für ihren Gatten und für sich. Ludwig bestellte seinen Bruder Heinrich Raspe zum Landesverweser. Dieser schwur, Elisabeths Recht und das der Kinder zu wahren und ihnen ein Schützer zu sein in allem. Dann nahm der Landgraf Abschied von seinem Weibe, von den lieben Kindern, seiner Mutter und allen Getreuen. — — — Unter unsagbaren Schwierigkeiten war das Kreuzheer bis Otranto am Adriatischen Meere vorgedrungen. Dort befiel den Landgrafen ein heimtückisches Fieber, das ihn nach wenigen Tagen (am 9. September 1227) dahinraffte. Dem geliebten Weibe in der Heimat hatte Ritter Walter von Varila den letzten Gruß zu überbringen. Der tat es schweren Herzens. Die Nachricht vom Tode des geliebten Gatten schmetterte Elisabeth förmlich zu Boden. Ihr Leben schien geknickt wie das einer Blume, die ein Keulenschlag getroffen. Aber noch mehr des Leids sollte über die Arme kommen! Trotz seines Schwures keimte in Heinrich Raspes Seele der Gedanke, von Thüringen Besitz zu nehmen und Elisabeth samt ihren Kindern von der Wartburg und aus dem Lande zu vertreiben. Einer seiner Freunde, Herr von Gleichen, bestärkte ihn in diesem teuflischen Entschlusse. Er erbat sich und erhielt Vollmacht, Elisabeth sofort aus der Burg zu entfernen. Ohne Verzug wurde nun die Ärmste mit ihren Kindern hinausgestoßen in die schwarze Nacht, hinaus in Regen, Sturm und Kälte, in Jammer, Elend und Not. Die beiden treuen Kammerfrauen Guda und Isentrud gingen mit ihr. Bei armen Leuten außerhalb Eisenachs fanden die Vertriebenen den

Winter über in einer schlechten Kammer Unterkunft. Im Frühjahre wan=
derten sie gen Kitzingen in Franken. Dort winkte ihnen im Kloster der
Benediktinerinnen, dessen Äbtissin Mechthild eine Tante Elisabeths väter=
licherseits war, die ersehnte Ruhe. Inzwischen hatte auch ihr Oheim
mütterlicher Seite, Fürstbischof Egbert von Bamberg, von Elisabeths
großer Bedrängnis gehört. Er bat sie, sein Schloß in Pottenstein zu be=
ziehen. Dort werde er für sie und ihre Kinder sorgen. (S. nun die obige
Legende!) — — — — — — — — — — — — — — — — —
Von Bamberg begleiteten Elisabeth und die Kreuzritter den Sarg mit
des Landgrafen Gebeinen nach Thüringen. Heinrich Raspe verbot ihnen
den Eintritt in „sein" Land. Die Ritter, Varila und Graf Schwarzburg
an deren Spitze, brachen indes bald seinen starren Sinn. Ungehindert
ging der Zug durch das Gebiet der Stadt Eisenach nach Reinhardsbrunn.
In der dortigen Benediktinerabtei nahm die liebe, heilige Elisabeth Ab=
schied von ihrem Gemahl. In ihrer und der Kinder, der Landgräfin=
Mutter und vieler, vieler Leidtragenden Gegenwart wurde dann der Sarg
in die stille Gruft der Klosterkirche versenkt. — — — Heinrich Raspe hatte
sich wegen seines Eidbruches vor dem Gerichte der freien Ritter zu ver=
antworten. Im Namen des Kaisers forderte Graf Schwarzburg von ihm
Rechenschaft. Raspe verweigerte sie höhnisch und spielte sich als den recht=
mäßigen Herrn des Landes auf. Nichts vermochte den Verstockten zu be=
wegen, weder der drohende Bannstrahl des Papstes, noch die Acht des
Kaisers, noch der Fluch seiner Mutter. Da nahte sich ihm Elisabeth, an
der Hand ihre zwei ältesten Kinder. Auf ihrem Antlitze strahlte Sanft=
mut, Liebe und Verzeihung. Sie legte für ihn, ihren Todfeind, Fürbitte
ein, er möchte nicht zu hart verurteilt werden. Sie sinne ja nicht auf Rache,
sondern wolle nur das Recht ihrer Kinder. Bei diesen Worten, dem milden
Klang der sanften Stimme blickte Raspe auf, und es brach die Eisrinde,
die sein Herz umschloß. Er stürzte vor der Heiligen nieder und bat sie um
Verzeihung, die ihm gern und freudevoll zuteil wurde. — — — Elisabeth
lebte nun mit ihren Kindern wieder auf der Wartburg. Raspe war gütig
und liebreich gegen alle. Nach Jahresfrist bat Elisabeth den Schwager,
ihr einen Ort anzuweisen, wo sie ganz den Werken der Gottseligkeit und
Nächstenliebe leben könnte. Dieser bestimmte ihr Marburg als Leib=
gedinge. Dort lebte die edle, engelgleiche Frau, losgelöst von allem Irdi=

schen, ganz dem Himmel bis zu ihrem am 19. November 1231 erfolgten seligem Tode. Am Pfingstfeste des Jahres 1235 wurde Elisabeth vom Papste Gregor IX. zu Perugia heilig gesprochen. Ihre Gebeine harren in der ihr zu Ehren erbauten Sankt Elisabethkirche zu Marburg der Auferstehung.

Sankt Otto in Pottenstein
Legende

Bischof Otto, der Heilige, stand dem Fürstbistume Bamberg von 1102 bis 1139 als Oberhirte vor. Zu den damaligen fürstbischöflichen Besitzungen gehörten neben vielen anderen auch die Fränkischen-Schweiz-Orte Pottenstein, Gößweinstein, Büchenbach, Michelfeld, Lindenhardt, Gräfenberg, Königsfeld, Obertrubach und Kirchehrenbach. Für die erstgenannte Siedlung, Pottenstein, hatte der Bischof eine ganz besondere Vorliebe. Er wohnte, wie alte Historiker berichten, oft auf der dortigen Burg und wurde deshalb nicht selten „Otto von Bothenstein" genannt. Bischof Otto, dem die Entstehung oder doch Erweiterung der ersten Pottensteiner Kirche zugeschrieben wird, stiftete daselbst eine Frühmesse, dann 1112 die Pfarrei zum heiligen Bartholomäus.

In demselben Jahre war Otto von Pottenstein aus Zeuge eines bedeutsamen Wunders. Dem Bischofe war nämlich hinterbracht worden, die Kirche in Büchenbach, kaum zwei Stunden von Pottenstein entfernt, verwahre Reliquien von großen Heiligen. Unter zahlreicher priesterlicher Begleitung zog er dorthin, um diese zu besichtigen und sie zugleich an einen würdigeren Ort — als solchen hatte er wahrscheinlich die abgebrannte und

1110 durch ihn wieder hergestellte Domkirche zu Bamberg im
Auge — zu verbringen. Die Reliquien waren in einer Bleikapsel
eingeschlossen und diese im Altarstein geborgen. Niemand, wer
es auch versuchte, vermochte den bleiernen Behälter auch nur von
der Stelle zu bewegen. Als darauf der Bischof mit zitternden
Händen selbst den Hebel ansetzte, floß aus einer Ritze des Ge=
fäßes Blut. Die Aufregung über dieses offenbare Wunder, dann
die tiefe Reue über sein Unterfangen, das ihm nun freventlich
erschien, warfen den Bischof, kaum nach Pottenstein zurück=
gekehrt, für längere Zeit aufs Krankenlager. Um seine Tat zu
sühnen, faßte er den Entschluß, der Bischofswürde zu entsagen
und sich als einfacher Mönch ins Kloster des heiligen Michael zu
Bamberg zurückzuziehen. Als er daranging, sein Vorhaben aus=
zuführen, und alle seinen unbeugsamen Willen erkannten, nahm
ihm zunächst der Vorsteher des Klosters, Abt Wolfram, das Ge=
lübbe unbedingten Gehorsams ab. Gleich darauf befahl er ihm,
kraft dieses Gelübdes die Last des Pontifikats weiter zu tragen.
Dem mußte sich der Bischof fügen.

* * * * *

Am 3. Januar 1117 war das Kloster des heiligen Michael zu
Bamberg, wie Chronisten melden, „durch ein Erdbeben zu=
sammengefallen". Bischof Otto machte sich daran, den Wieder=
aufbau sowohl des Klosters als auch der Kirche unverzüglich in
die Wege zu leiten. Während er in seinem lieben Pottenstein
weilte, schritten die Erneuerungsarbeiten auf dem Michaelsberge
rüstig voran. Da traf eines Tages, von Bamberg gesendet, der
Kämmerer Erbo bei dem Bischofe in Pottenstein ein und brachte
die für diesen nichts weniger als erfreuliche Botschaft, der Wei=

terbau sei ins Stocken geraten, weil es an Geld mangle. Da in der Tat die fürstbischöfliche Kasse, besonders durch die vorausgegangenen kostspieligen Erneuerungsbauten des St. Jakob-Stiftes und der Domkirche, ganz erschöpft war, von dritter Seite aber Mittel nicht in Aussicht standen, gab Bischof Otto ohne Bedenken von seinem Eigengut sofort 100 Mark Silbers und drängte Erbo zur eiligen Rückkehr nach Bamberg. Der traf noch an demselben Abend dort ein. Mit Ottos Opfer konnte der Bau weitergeführt werden. Im Sommer 1121 waren Kirche und Kloster des heiligen Michael, da inzwischen auch aus anderen Quellen namhafte Baugelder zuflossen, aus ihrem Schutte neu erstanden.

* * * * *

Auf den Monat August 1121 war die feierliche Einweihung von Sankt Michael angesetzt worden. Otto aber lag zur großen Betrübnis des ganzen Bistums in seiner Burg Pottenstein schwer krank darnieder. Innig flehten die Gläubigen zu Gott um Errettung des Bischofs vom Tode. Ihr Gebet fand Erhörung. Ein wohltätiger Schlaf umfing den Kranken. Im Traume sah er an seinem Bette einen engelgleichen Jüngling stehen. Der beglückwünschte ihn zur Genesung und sang mit himmlischer Lieblichkeit den Antiphon: „In das Haus des Herrn werden wir frohlockend einziehen." Der Bischof erwachte. Und, o Wunder, er fühlte sich kräftig und frisch, als wäre er niemals krank gewesen. Sofort ließ er seinen Kaplan Sifrid rufen. Dem erzählte er das Traumgesicht und seine Heilung. Auch befahl er, das wunderbare Ereignis schleunig dem Abte Wolfram in Bamberg zu melden. Er solle alles zur Weihe von Sankt Michael bereit halten. Diese fand auch am 1. September 1121 unter Entfaltung des größten kirchlichen Pomps durch den Bischof statt. Die zur Feier in großer Zahl herbeigeströmten Gläubigen aber dankten Gott für die so wunderbare Heilung ihres vielgeliebten Oberhirten.

Der Schmied von Pottenstein
Legende aus dem Dreißigjährigen Krieg

Als der Dreißigjährige Krieg deutsche Lande verwüstete, blieben auch der Fränkischen Schweiz Drangsale allerlei Art nicht erspart. Kroaten und Schweden suchten sich an Mordbrennereien zu überbieten. Die Greueltaten, die sie überall verübten, machten ihren Namen für lange Zeit zum Inbegriff aller Schrecken. Im Februar 1632 erschien in Pottenstein ein Abgesandter des schwedischen Generals Horn, der den dortigen Pfleger mit seinen Unterbeamten, dann die Vögte von Gößweinstein und Leyenfels, sowie den Kastner von Waischenfeld nach Bamberg beschied, wo sie sich dem Schwedenkönige verpflichten sollten. Die Aufgeforderten folgten dem Befehle nicht, sondern ließen zurücksagen, man werde es nach ihren geleisteten Eiden wohl begreiflich finden, wenn sie nicht kämen. Wenige Tage darauf stellte sich dafür eine Kohorte Schweden ein. An einem Winterabend nämlich, so erzählt die Legende, verbreitete sich in Pottenstein zum Entsetzen aller die Kunde, die Schweden seien schon in Gößweinstein und würden wohl am nächsten Morgen auch Pottenstein heimsuchen. Schnell versammelten sich die Männer bei der Schmiede an der Püttlach und hielten Rat, was zu tun sei. Manche meinten, man solle den Feinden einige be=

herzte Männer entgegenschicken und eine freiwillige Steuer anbieten, damit sie das Städtchen verschonen. Dem widersetzte sich aber der Schmied mit aller Entschiedenheit. Es sei eine Schande und eines deutschen Mannes nicht würdig, rief er, vor hergelaufenem Gesindel auf den Knieen um Gnade zu flehen. Den Mordbrennern müsse man vielmehr die Fäuste zeigen, dann habe man vor ihnen Ruhe. Übrigens sei, wie er eben aus zuverlässigem Munde erfahren, die Schar, die Gößweinstein brandschatze, nicht gar zu groß, der Weg aber, auf dem sie von der Höhe ins Städtlein heruntersteigen müßten, steil und eng. Da könne man der Bande, zumal von seiner Schmiede aus, schon mit Erfolg entgegentreten. Einmal mit blutigen Köpfen zurückgeschlagen, würden sie kaum wagen, wieder zu kommen. Höre man doch schon allenthalben, Tilly ziehe von Süden her mit einer schlagfertigen Armee gegen Bamberg, um das Bistum von den ungebetenen Gästen zu säubern. Diese kernigen Worte des unerschrockenen Mannes flößten allen Mut ein, und man beschloß, sich bis zum äußersten zu verteidigen. Während Frauen, Kinder und Greise in die Kirche eilten, um vor dem Allerheiligsten Nachtwache zu halten und sich und das Städtchen dem Schutze der Gottesmutter zu empfehlen, bereiteten die Männer alles zum Kampfe vor. Wer eine Feuerbüchse sein eigen nannte, brachte sie herbei. Es waren deren aber nur wenige. Viele kamen mit Äxten, Mistgabeln, Sensen und Dreschflegeln. Diese Wehr schien nicht ausreichend und auch nicht zuverlässig genug. Der Schmied wußte auch hierin Rat. In seiner Werkstätte, sprach er, liege eine Anzahl Eisenstangen. Er wolle sie mit Hilfe des einen oder anderen zuspitzen und das scharfe Ende in der Esse glühend erhalten. Das gebe vortreffliche Lanzen, mit denen man den Schweden „die

Seele aus dem Leibe kitzeln könne". —— So verging die Nacht. Beim ersten Morgengrauen stiegen dichte Nebel aus dem Püttlachtale und legten sich wie undurchsichtige Schleier über das bangende Städtchen Pottenstein. —— Horch! Von der Höhe herab vernehmen die Lauscher unten bei der Schmiede erst das Geräusch schwerfälliger Schritte, dann einzelne windverwehte Laute, hierauf deutlichere Stimmen näher und näher kommender Männer. Es sind die Schweden! Der Nebel hält ihnen das Städtlein verborgen. Deshalb steigen sie so sorglos zu Tale, lachend und scherzend. Und diese Sorglosigkeit ist ihr Verderben. Schon nähern sie sich dem ersten Hause außerhalb der Stadtmauer, der Schmiede. Da stürzen plötzlich aus dem dichten Nebel dunkle Männergestalten auf die Überraschten, in den Händen Äxte, Hämmer, Sensen und glühende Eisenstangen. Im Nu liegt die erste Reihe der Schweden am Boden. Entsetzt fliehen die anderen, so schnell es geht, den Berg hinan. Unter lautem Schreien folgen die Pottensteiner nach, allen voran der Schmied, eine riesige Zange mit glühendem Schnabel in der Faust. Er bringt bis zum Fahnenträger und entreißt ihm das Panier. Der setzt sich zur Wehr. Ein fürchterlicher Schlag mit der Zange, und er windet sich am Boden. Andere brüllen vor Schmerz laut auf. Ihre Leiber sind mit den glühenden Eisenstangen der Pottensteiner in unangenehme Berührung gekommen. Alle meinen, die Teufel mit ihren Marterwerkzeugen seien aus der Hölle gestiegen. Nach nur wenigen Minuten ist jeder Widerstand geschwunden. Was nicht tot den Boden deckt, befindet sich auf eiligster Flucht. Die Pottensteiner aber haben nicht ein einziges Opfer zu beklagen. —— Von allen Seiten begrüßt und umjubelt zogen die sieghaften Männer mit der eroberten Schweden=

fahne in Pottenstein ein. Sie lenkten ihre Schritte zur Kirche, um Gott und seiner heiligen Mutter aus tiefstem Herzen zu danken für die so wunderbare Errettung der Stadt und ihrer Bewohner. Der Schmied stand von diesem Tage an bei der ganzen Gemeinde in hohem Ansehen. Bescheiden aber wies er jedes Lob von sich und gab die Ehre einzig und allein dem lieben Gott und seiner heiligen Mutter. Darum schenkte er auch das Banner, das er den Schweden entrissen, der Kirche in Pottenstein, die es lange Zeit treulich verwahrte (1887 jedoch an das Museum in München verkaufte).

Die steinerne Jungfrau bei Pottenstein
Sage

Vom Ostende des Städtchens Pottenstein leiten weiße Marken in das ruhige, liebliche Tal der oberen Püttlach mit seinen mannigfachen Spazierwegen, lauschigen Ruheplätzen und weitschauenden Aussichtspunkten. An der nördlichen Talwand, gleich hinter den letzten Scheunen des Ortes, beginnt der Aufstieg zum „Prüll", einer über zweihundert Hektar großen Staatswaldung mit vielerlei Pfaden, von denen der sogenannte „Kirchenweg" nach dem einsamen Dörfchen Prüllsbirfig führt. Betrachten wir den herrlichen Forst vom Talwege diesseits der Püttlach aus, so fällt uns an der jenseitigen „Prüllsleite", gegenüber der letzten Mühle, ein steil abstürzender Fels auf, der allenthalben die „steinerne Jungfrau" genannt wird. Der Volksmund knüpft an ihn folgende Sage:

Vor langer, langer Zeit deckte der dunkle Forst „Prüll" nur die Hälfte seiner jetzigen Fläche. Der Rest bestand aus Weiden und fruchttragenden Feldern. Glückliche Besitzer des Gutes waren der Bauer Florian und sein Weib Veronika, die ihre Behausung dort, wo Wald und Ackerland sich berührten, aufgeschlagen hatten. Sie nannten nur eine Tochter, Martina, ihr eigen. Kaum zwanzigjährig, ging auf sie der große Besitz über. Vater und Mutter waren nämlich rasch nacheinander einer tückischen Krankheit erlegen. Zeigten sich bei dem Mädchen schon in seiner Kindheit zum Schmerze der rechtschaffenen Eltern unausrottbare Keime häßlichen Geizes, so vertiefte sich dieses Laster bei der fortan sich selbst Überlassenen mehr und mehr und artete in eine schier grenzenlose Habsucht aus. Das ganze Sinnen und Trachten Martinas galt nur noch der Mehrung ihres Besitzes. Gegen Arme und Notleidende zeigte sie eine kaum zu überbietende Hartherzigkeit. Das Gesinde hielt es selten länger als ein Jahr bei ihr aus und da nur bei doppelten und dreifachen Löhnen. Die ganze Umgebung brach jeglichen Verkehr mit ihr ab. Bettler und Hilfesuchende mieden den ungastlichen Hof, wußten sie doch, daß sich ihrer eher ein Stein erbarme als des reichen Mädchens Herz....

Im Lande war Mißwachs eingetreten. Zudem konnte die magere Ernte wegen anhaltender Nässe nicht eingebracht werden, so daß das wenige Getreide auf den Feldern verfaulte. Es entstand schreckliche Teuerung und große Not. Das Simra Korn galt 60 Gulden (gegen 1 bis 1½ Gulden in normalen Zeiten). Gerste mußte noch viel teurer bezahlt werden. Allenthalben buk man Brot aus Hafermehl, Kleie und Baumrinde. Auch von diesem konnten viele Arme oft acht bis vierzehn Tage lang keines erhalten.

Auf dem Prüllshofe herrschte kein Mangel. Die Getreideböden waren von der ergiebigen Ernte des Vorjahres noch gut

bestellt. Auch lieferten Vieh= und Geflügelställe reichliche Er=
träge. Martina hätte, wie einst der ägyptische Joseph, ihre Vor=
ratskammern öffnen und die hungernde Umgebung mit den
allernotwendigsten Lebensmitteln beglücken können. Doch weit
gefehlt! Wohl gab sie von ihren Vorräten, aber nur zu unerhör=
ten Wucherpreisen. Arme, die sie um eine Brotrinde angingen,
wies die Hartherzige erbarmungslos von der Schwelle, hetzte
wohl auch die Hunde auf sie, wenn die fast Verhungernden nicht
weichen wollten . . .

Eines Tages befand sich das Mädchen auf dem Wege gen
Pottenstein. Die Mägde trugen Körbe, gefüllt mit Lebensmitteln
aller Art. Ein Knecht folgte mit dem Wagen, darauf Hülsen=
früchte und Sonstiges verladen waren. Dies alles hoffte Mar=
tina, wie schon so oft, zu unerhörtem Preis an den Mann zu
bringen. Als sie aus der Waldung trat und die Prüllsleite herab=
steigen wollte, sperrte eine Schar hungernder Bettler ihr den
Weg. Mit rauhen Worten wies das Mädchen sie zurück. Da trat
aus der weichenden Menge ein bleicher Mann. Ein zerrissener
Mantel umhüllte seine hagere Gestalt. Nur mühsam hielt er sich
an einem Stabe aufrecht. Der sprach, den hilfeheischenden Blick
auf Martina gerichtet, mit schwacher, bebender Stimme: „Habe
Erbarmen, Mädchen, und gib mir ein wenig von dem, was die
Dirnen in den Körben tragen. Ich habe großen Hunger und
werde dir in Ewigkeit dafür danken." „Hinweg mit dir, du Fre=
cher," rief Martina mit lauter Stimme. „Du bekommst keinen
Bissen. Lieber lasse ich alles in die Püttlach werfen. Für Bettler
habe ich nichts übrig!" „Und doch bitte ich noch einmal, gib mir
ein wenig zu essen," flehte der Arme mit demütiger Gebärde.
Das Mädchen aber hatte schon den Knecht herbeigerufen, den

Aufdringlichen aus dem Wege zu schaffen. Da reckte dieser sich jäh empor und rief mit drohender Stimme: „Schon lange währt dein schändlich Tun und Treiben. Auch heute hast du wiederum bewiesen, daß dein Herz so hart ist wie der Felsengrund, auf dem du stehst. Nun ist es Zeit, daß die Strafe dich ereilt. Nicht nur dein Reichtum, mit dem du so manche Not hättest lindern, so manche Träne trocknen können, soll dir genommen, du selbst, deren Herz schon Stein ist, sollst in Gestein verwandelt werden!" Kaum war das letzte Wort verhallt, zuckte ein Blitz vom Himmel, und ein mächtiger Donnerschlag folgte. Als die Umstehenden: die Armen und das Gesinde, sich von ihrem Schrecken erholt hatten, war der bleiche Sprecher, der kein anderer war als der liebe Heiland selbst, verschwunden. Dort aber, wo das hartherzige Mädchen vom Prüllshofe gestanden, ragte ein starrer Fels empor, der heute noch zu sehen ist und die „steinerne Jungfrau" genannt wird ...

Das Prüllsgut fiel in Ermanglung jeglicher Erben dem Landesherren: dem Fürstbischofe von Bamberg, zu. Die Gebäude wurden eingelegt, die Weiden und Felder aufgeforstet. 1803 ging der herrliche Waldkompler bei der Säkularisation der geistlichen Güter und Stifte an den bayerischen Staat über, dem er heute noch gehört.

Das „Wütende Heer" bei Kirchenbirkig
Sage

Das „Wütende Heer" (d. h. Wodans Heer) ist ein im deutschen Volksglauben nachts mit Tosen, Jagdrufen und Hundegebell durch die Lüfte, über Wälder, Felder und Ort=

schaften ziehendes Geisterheer, eigentlich Wodan und sein Gefolge. Es wird in manchen Gegenden auch „Wilde Jagd", „Wilder Jäger" oder „Nachtgejaid" genannt. Die Sagen vom „Wütenden Heer" sind zahlreich und weit verbreitet, mannigfaltig im einzelnen, jedoch übereinstimmend in den Grundzügen, entsprungen aus uraltem Dämonenglauben. Ihren Zusammenhang mit der Göttersage beweist der in Niederdeutschland übliche Ausdruck „Wode jaget", d. h. Wodan jagt durch die Lüfte. Wie Wodan zu Rosse gedacht wurde, bekleidet mit dunklem Mantel und breitem Hute, so erscheint auch der „Wilde Jäger", angetan mit wehendem Mantel und tief ins Gesicht gezogenem Schlapphute, zu Pferde, begleitet von Geistern Verstorbener, die oft ohne Kopf oder in grauser Verstümmelung einherziehen. Wehe dem Vorwitzigen, der den „Wilden Jäger" anruft oder in das Jagdgeschrei einstimmt! Sicher bringt es ihm Schaden oder gar Verderben! Nur wer sich schweigend zu Boden wirft, entgeht der Gefahr. Wenn auch das Erscheinen des „Wilden Jägers" nicht an eine bestimmte Zeit geknüpft ist, so zeigt er sich doch mit besonderer Vorliebe in den „Zwölf Nächten", d. i. in der durch mancherlei abergläubische Vorstellungen und Bräuche ausgezeichneten Zeit von Weihnachten bis Dreifönig, die dem großen Julfeste der Germanen voranging und namentlich dem Sturm- und Totengotte geweiht war.

* * * * *

Auch bei Kirchenbirkig, einem Fränkischen=Schweiz=Dorfe an der Straße Pottenstein=Betzenstein, von ersterem Städtchen 4, von letzterem 8 km entfernt, hat sich das „Wütende Heer" zu nächtlicher Stunde oft gezeigt, besonders in zwei Feldmarkungen: bei der sogenannten Büttnersmarter * im Flurbezirk „Waldmann", dort, wo der Verbindungsweg Kirchenbirkig=Sachsendorf das Föhrenholz erreicht, dann am Wege von Kirchenbirkig nach Trägweis an der „Trewitzer Marter" in der Feldabteilung „Mistfleck". Wie der Volksmund erzählt, haben gar manche verspätete Wanderer an den genannten Stellen das „Wütende Heer" über sich hinwegziehen hören. Der um 1900 verstorbene alte Schustersthomas von Kirchenbirkig behauptete bis an sein Lebensende, in jüngeren Jahren mehrmals Zeuge des seltsamen Vorganges gewesen zu sein. Einstmals arbeitete er bei einem Bauern in Trägweis auf der Stör und kehrte spät abends nach Kirchenbirkig zurück. Als er die Trewitzer Marter passierte, hörte er in den Lüften das „Wütende Heer" mit Sausen und Brausen, Ächzen und Heulen, Halloh und Hussa, Gekläffe, Blöken und Brüllen, Peitschenknallen und Flintengeknatter herankommen und über sich hinwegjagen. Schnell warf sich der Erschrockene auf die Erde und vergrub das Gesicht ins Gras des Wegrandes. Die Neugierde war indes größer als seine Furcht. Er drehte ein ganz klein wenig den Kopf und schielte in die Luft, um vom „Wilden Jäger" doch auch etwas zu sehen. Da traf ihn eine wahre Wasserflut von oben, so daß der gute Thomas völlig durchnäßt, wie „ein aus der Hülle gezogener Pudel", nach Hause kam . . .

Des weiteren erzählt der Volksmund von einem Bauern, Kober geheißen, der sich eines Abends auf dem Heimwege von Gößweinstein nach Kirchenbirkig befand. Als er den Wald bei der „Büttnersmarter" verlassen hatte und in die nun folgende

---

* Bildstock, Betsäule.

Hohlgasse eingebogen war, setzte mit einem Male in der Richtung Süd=Nord, d. i. von Trägweis nach Siegmannsbrunn, unter Tosen und Geschrei, Pferdewiehern und Hundebellen das „Wütende Heer" über ihn weg. Kaum hatte er sich zu Boden geworfen, so war der ganze Spektakel auch schon vorüber. Es kam ihm vor, als ob der „Wilde Jäger" mit seinem Gefolge in den nächsten Hecken am Waldessaume spurlos verschwunden wäre. Nun hörte aber der betroffene Mann vom südlichen Gehänge der Gasse her das klägliche Wimmern eines Kindes. Er trat näher und fand zu seinem größten Erstaunen ein Bübchen, nur mit dünnem Hemdlein angetan, zwischen den Schlehenstauden hängen. Behutsam löste er das arme Würmchen von seinen Fesseln und wollte es in die Arme schließen. Das Kind aber entschlüpfte diesen wie ein glatter Aal und verschwand dem Walde zu in der Luft. Nach der Volksmeinung sei es ein ohne geistige Wiedergeburt abgeschiedenes Büblein gewesen, das zum Gefolge des „Wilden Jägers" gehörte, denn „dieser führe nicht selten die ungetauft verstorbenen Kinder mit sich".

Der unterirdische See bei Hohenmirsberg
Sage

Oberhalb des Pfarrdorfes Hohenmirsberg erhebt sich, 614 m über dem Meere, ein langgestreckter, kahler, nach allen Seiten sanft abfallender Höhenrücken: die „Platte". Sie gilt als zweithöchster Punkt der Fränkischen Schweiz und bietet eine umfassende Fernsicht. Die ganze Frankenlandschaft, die ihren Namen Helvetien entlieh, dann die Nürnberger, Bamberger,

Koburger, Bayreuther und Amberger Gaue sowie die dahinter=
liegenden Gebirgszüge sind wie eine Karte vor uns ausgebreitet.
Nur der bezaubernde Vordergrund mit seinen Burgen und
Ruinen, Schluchten und Talrinnen, Felsenschroffen und bewal=
deten Dolomitkuppen, wie ihn zum Beispiel der Adlerstein bietet,
fehlt hier fast ganz, da die meisten derartigen Punkte wegen ihrer
allzu großen Entfernung nicht genügend hervortreten.

Das dicht am Fuße der „Platte" gelegene Dorf Hohenmirs=
berg hat neben Wohnsgehaig den großen Vorzug, ergiebige und
beständig fließende Quellen zu besitzen, die es einem örtlichen
Wasserhorizonte * verdankt. Zwischen den die „Platte" auf=
bauenden oberen Schwamm= und tiefer liegenden Werkkalken
befindet sich nämlich eine undurchlässige, etwa 2 m mächtige
Mergelschicht, die den versickernden Niederschlägen eine Grenze
setzt und das Wasser zum seitlichen Abflusse zwingt. So kommt es,
daß am Gehänge der „Platte", besonders bei dem Dorfe Hohen=
mirsberg, nach dessen Seite die mergelige Schicht sich etwas zu
neigen scheint, verschiedene Quellen hervorbrechen, und zwar in
einer Stärke, daß sie, gefaßt oder durch Röhren in laufende
Brunnen geleitet, das Dorf jahraus jahrein mit bedeutend mehr
als der eigentlich benötigten Wassermenge versehen. Die große
Ergiebigkeit der Quellen läßt sich durch ein einfaches Rechen=
exempel leicht erklären. Der breite, sanft gewölbte Höhenrücken
bietet den Niederschlägen eine vorzügliche Aufsaugfläche. Neh=
men wir seine Ausdehnung nur zu 50 ha, die Jahresregenschicht
der Fränkischen Schweiz zu 63 cm und das die oberen Schwamm=
kalke durchsickernde Niederschlagswasser zu $1/3$ seiner Gesamt=

---

* Wasserhorizont ist die Grenze zwischen einer wasserdurchlässigen und
einer undurchlässigen Formationsschicht.

menge an (⅓ wollen wir verdunsten und ⅓ oberflächlich ver=
rieseln lassen), so ergibt sich ein Wasserquantum von jährlich
rund 100 000 cbm, das zum großen Teile von der undurch=
lässigen Mergelschicht aufgehalten und als Quellen zum seit=
lichen Abfluß gezwungen wird.

* * * * *

Der Wasserreichtum der „Platte" gab wohl den Anlaß zur
Sage von einem unterirdischen See, wie sie der Volksmund auch
vom Staffelberge erzählt. Nach dieser Sage sei der ganze Höhen=
rücken der „Platte" hohl und berge einen großen See, also einen
natürlichen Wasserbehälter. In diesem lebe ein riesiger, goldener
Fisch, der, um Platz zu haben, seine Schwanzflosse im Rachen
halten müsse. Lasse er diese einmal los, dann würden durch den
gewaltigen Schlag die Bergwände bersten, die unterirdischen
Wassermassen zu Tale stürzen und alles Land ringsum über=
fluten und verwüsten, wobei Menschen und Vieh zugrunde
gingen. Nach dieser Katastrophe aber nahe für die wenigen Über=
lebenden und das kommende Geschlecht eine bessere Zeit.

* * * *

Dieser und jener will in der Fischsage sowohl des Staffel=
berges wie der „Platte" Anklänge an die nordische Mythologie
des „Jüngsten Tages" oder Weltunterganges (an die in der Edda
erzählte „Götterdämmerung") erkennen, wobei nach mancherlei
Vorzeichen Loki seine Fesseln sprengt und an der Seite der Mid=
gardsschlange, welche sich giftspeiend aus dem Meere erhebt und
die Erde mit Wasser überschüttet, gegen die Götter zieht. Der
Himmel geht in Flammen auf, und die Erde versinkt ins Meer.

Alle Götter gehen zugrunde. Nur Vidar und Vali überleben den Kampf und regieren die wiedererstandene Welt. Ein neues goldenes Zeitalter bricht an.

Der Ahn der Freiherren von Groß auf Trockau
Sage

Als 1029 zur Zeit Konrads II., des Saliers, im Osten des Reiches die Polen unter Mieczislaw in die Lande zwischen Elbe und Saale eingefallen waren und, wie gewöhnlich, alles mit Feuer und Schwert verwüsteten, sandte der Kaiser ein Heer unter dem Grafen Günther von Schlüsselberg gegen sie. An der Seite der Polen kämpften die Wenden. Aus deren Reihen trat, als sich die feindlichen Heere gegenüberstanden, ein Riese und forderte den deutschen Anführer, Günther von Schlüsselberg, zum Zweikampfe auf. Der nahm ihn an. Bald sank der Riese trotz seiner Kraft schwer verwundet zu Boden. Noch im Falle rief er dem Grafen zu, seiner zu schonen. Er erkenne den Christengott und wolle sich taufen lassen. Günther übte Gnade. Auf seinen Wink verbrachten die Nächststehenden den Verwundeten in des Feldherrn Zelt. Erst nach Wochen war der Heide wieder soweit hergestellt, daß der feierliche Taufakt an ihm vollzogen werden konnte. Er erhielt den Namen Günther und wurde fortan wegen seines riesenhaften Wuchses Günther Groß genannt. Der Schlüsselberger schenkte ihm seine Freundschaft und nahm ihn mit nach Franken. Dort saß Groß in kurzer Zeit als Ministerial auf einer der Schlüsselbergschen Burgen im Gebiete der heutigen Fränkischen Schweiz. Er diente in Treue seinem Herrn, brachte es zu großem Ansehen und zeichnete sich besonders bei allen Gelegenheiten durch Mut und Tapferkeit aus. Konrads II. Nachfolger, Kaiser Heinrich III., verlieh ihm deshalb ein adeliges Wappen. Schon im Kampfe mit Günther von Schlüsselberg hatte Groß einen mit Reiherfedern gezierten Helm und einen blauen Schild getragen. Der vom Kaiser verliehene Wappenschild war halb blau, halb weiß. Darüber stand ein Helm mit je einem weißen und blauen Büffelhorn, die von außen mit vier Reiherfedern besteckt waren. Die blaue Farbe deutete des Geadelten früheres Heiden=, die weiße das angenommene Christentum. Die Hörner sollten auf Groß' Stärke, die Reiherfedern aber auf dessen Tapferkeit hinweisen. Dies ist heute noch das Wappen der Freiherren von Groß; nur zieht sich durch den Schild ein roter Querbalken. Der soll dem Wappen beigefügt worden sein, als ein Nachkomme des Günther Groß auf dem ersten Kreuzzuge unter Vergießung seines eigenen Blutes im Kampfe gegen die Sarazenen dem Herzoge Gottfried von Bouillon das Leben rettete...

Im Laufe der Zeit verbreitete sich das Geschlecht der Große mehr und mehr, und es entstanden verschiedene Linien, die sich die Namen ihrer Burgen, auf denen sie wohnten, beilegten. So entstanden die Große von Rabenstein, von Christans, von Pferdsfeld und von Trockau. Letztere allein blühen noch heute.

Das Windloch bei Elbersberg
Sage

Auf der Hochfläche zwischen Pottenstein und Pegnitz liegt das uralte Pfarrdorf Elbersberg, in früheren Zeiten Elwinsberg, Altmannsberg und Ettweinsberg (d. i. Berg eines Albuin oder Albwin) genannt. Der Ort fällt dem Wanderer schon von ferne durch seinen abgestumpften, massigen Kirchturm auf. Etwa 3 km nordwestlich der Siedlung, gegen die Steilabfälle des oberen Püttlachtales zu, finden wir das sogenannte „Windloch", eine der schönsten Dolinen * der Fränkischen Schweiz. Seinen Namen erhielt der durch eine natürliche Erdsenkung (einen „Erdfall") erschlossene unterirdische Hohlraum von dem darin herrschenden Luftzuge, der, besonders an windigen Tagen, sehr bemerkbar sein soll.

In dieses „Windloch", das von der Bevölkerung mit abergläubischer Scheu als Sitz böser Geister ängstlich gemieden wurde, hatte sich vor langer, langer Zeit ein mit Gott und der Welt zerfallener Räuber und Mörder geflüchtet. Er war aus dem bayerischen Nordgau, dessen Grenzen von Weidenberg her ungefähr über Creußen, Lindenhardt, Pegnitz und Bronn nach Obertrubach usw. verliefen, herübergekommen und so den Häschern, die sich seit Monaten an seine Fersen geheftet hatten, entgangen. Die Kunde seiner Anwesenheit setzte die Bewohner von Elbersberg und der ganzen Umgebung in nicht geringe Erregung. Man vermutete den gehetzten Verbrecher in den nahe gelegenen, dunklen Forsten, und niemand wagte sich deshalb nach Eintritt der Dämmerung über den Ortsbereich hinaus. Da verbreitete sich eines Tages das Gerücht, eine Jungfrau von Pegnitz wäre

---

* Im Juragebiet trifft man häufig die sogenannten „Erdfälle" oder trichterartigen Vertiefungen (Senkungen), die durch Einsturz unterirdischer Hohlräume entstanden sind. Manche dieser Trichter sind von einer Größe, daß die nachstürzenden Stein- und Erdmassen die entstandene Öffnung nicht zu schließen vermochten. Solche Erdfälle mit offenen Röhren nennt man Dolinen.

auf dem Wege nach Pottenstein, wo sie von Verwandten erwartet wurde, verschwunden. In Willenreuth habe man das Mädchen noch gesehen. Von da an sei jede weitere Spur verwischt. Alle dachten sofort an den aus dem Nordgau geflüchteten Verbrecher. Jedoch mochte niemand den Gedanken aussprechen. Als es aber galt, mit den von Pegnitz gekommenen Spähern nach der Verlorenen zu suchen, machten alle Männer des Dorfes sich mit auf die Beine. Vergeblich durchstreifte man Flur und Wald, Abgründe und Felsgeklüft. Das verrufene Windloch freilich hatten die Elbersberger sorgfältig umgangen. Da fand ein Bursche in dessen Nähe einen zierlichen, fast neuen Frauenschuh. Der lenkte die Sucher auf der Vermißten Spur. Die Pegnitzer Häscher, beherzte Männer, drangen in die „Erdhöhle" ein und fanden nicht nur das verloren geglaubte, arme Mädchen, sondern auch seinen Entführer. Der Veruchte wurde ergriffen und der Obrigkeit überantwortet, die ihm nicht weniger als 193 Mordtaten nachzuweisen vermochte. Zu Nürnberg ward dann der Verurteilte auf einer Kuhhaut zum Richtplatze geschleift, mit glühenden Zangen gezwickt, gerädert und verbrannt.

Das Kreuz am Windloche bei Elbersberg

Sage

Vor einigen hundert Jahren erhob sich dicht neben dem Windloche bei Elbersberg * ein hohes Kreuz. An dessen Fuß lehnte ein wirkliches und wahrhaftiges Totengerippe. Niemand wußte, wie dasselbe hingekommen, noch wagte jemand es zu

---
* Siehe die vorhergehende Sage.

entfernen, da, wie einige sagten, der Höhlengeist damit in Beziehung stehe. Einmal geschah es doch. Aber der Frevel hatte die traurigsten Folgen.

Am Silvesterabend saßen die Burschen des Dorfes im Wirtshause und überboten sich, wie dies gewöhnlich zu geschehen pflegt, in prahlerischen Aufschneidereien. Jeder wollte der stärkste, kühnste, furchtloseste unter allen sein. „Meine ganze Barschaft gehört dem, der das Totengerippe vom Windlochkreuze noch an diesem Abend herein in die Wirtsstube bringt," schrie des reichen Möllerbauern Veitl, seinen mit Kreuzern und Batzen feist gespickten Lederbeutel herausfordernd auf den Tisch werfend. Alle wurden kleinlaut. Niemand mochte sich das Geld verdienen. Da erhob sich des Wirtes Magd, ein armes Ding, von der Ofenbank und sprach, sie wolle das Verlangte wagen. Einige rieten ab. Das Mädchen aber eilte in die Winternacht hinaus und kam nach etwas mehr als einer Stunde mit dem Skelette auf dem Rücken zur Stubentür herein. Zum Entsetzen aller warf sie den „Totenmann" auf den Tisch mitten unter die Kannen und Krüge, daß es „nur so klapperte" . . .

Nicht um des Mädchens Mut weiter zu erproben, sondern mehr aus Sorge, das Knochengerüst loszuhaben, boten die Burschen der Magd eine gleich große Summe, wenn sie das gruselige Gerippe wieder an seinen alten Platz verbrächte. Die ließ es sich nicht zweimal sagen, nahm das Skelett auf den Rücken, kreuzte die Knochenarme über ihre Brust und trat neuerdings den Weg an. Die Last schien ihr aber diesmal mit jedem Schritte schwerer zu werden. Unter Aufbietung ihrer letzten Kraft kam sie endlich keuchend und schweißbeladen am Windlochkreuze an. Dort ereignete sich etwas Entsetzliches. Die Knochenarme gaben das

Mädchen nicht mehr frei. Die harten Finger krallten sich tiefer in seine Brust, und mit einem grauenhaften Schrei fiel die Frevlerin zu Boden ...

Als die Dirne so lange nicht zurückkehrte, wurde den leichtfertigen Burschen angst und bange. Endlich machten sie sich mit Laternen auf den Weg, die etwa Verirrte zu suchen. Sie fanden sie entseelt unter dem Kreuze am Windloche, das Haupt zurückgesunken neben den höhnisch grinsenden Totenschädel, die Brust noch umklammert von den dünnen, harten Armen des Knochenmannes ...

Beide, Mädchen und Totengerippe, erhielten auf dem Kirchhofe zu Elbersberg eine gemeinsame Stätte zur letzten Ruhe.

Der Reefträger von Elbersberg mit dem Freitagsbrote

Sage

Der alte Stöckelsmartin von Elbersberg, der schon seit vielen Jahren die Dörfer ringsum mit dem Reef* auf dem Rücken abging und Butter, Schmalz, Eier u. dgl. kaufte, um die Ware mit mäßigem Gewinn in Pegnitz oder Bayreuth wieder an den Mann zu bringen, kam auf seinem mühsamen Gange einmal spät abends zur Einöde Altenhof. Die Bäuerin lud ihn zum Übernachten ein, da sie erst am anderen Tage in aller Frühe ausbuttern könne. Der Martin hatte nichts zu versäumen und suchte

---

* Korb oder kastenartiger Behälter, der mittels zwei Bändern wie ein Graskorb oder eine Butte auf dem Rücken getragen wird.

sich darum auf dem Schindelofen ein bequemes Lager. Dort schlief er bald ein. Mitten in der Nacht weckte ihn das Knarren einer Türe. Er konnte nun folgendes beobachten: Die Bäuerin stellte das Butterfaß mitten in die Stube und füllte es aus verschiedenen Töpfen mit Milch. Hierauf langte sie vom Wandbrettchen über der Kammertür ein kleines Büchschen herunter, mit dessen Inhalt, einer Art Salbe, sie den „Butterstecken" bestrich. Nach wenigen Stampfern blieb derselbe, wie in einem dicken Brei, im Fasse stecken. So schnell war die Milch zu Butter geworden. Als die Frau in die Küche eilte, Schüsseln zu holen, kroch Martin vom Ofen herab und nahm rasch einen Teil der Salbe zu sich. Im Nu war er wieder auf seinem Lager und tat, als ob er fest schliefe. Am Morgen eilte er mit der gekauften Butter auf kürzestem Wege Elbersberg zu. Er konnte es kaum erwarten, die Salbe daheim zum eigenen Vorteile auszuprobieren, und sagte ohne weitere Begrüßung zu seiner Frau, sie solle schnell das Butterfaß mit Milch füllen. Er machte es nun geradeso wie die Altenhofbäuerin, und siehe, nach einigen Stampfern war auch sein „Rührfaß" voll Butter. Im selben Augenblick öffnete sich die Stubentür. Ein Mann, trotz Spätsommerzeit die Pelzmütze tief ins Gesicht hereingezogen, trat ein und fragte, ob Martin ihm etwas abkaufen wolle. Nach barscher Verneinung griff der Fremde nach dem ominösen Fette, das in Papier gewickelt auf dem Tische lag und sprach: „Dann braucht ihr auch meine Buttersalbe nicht!" Martin vertrat ihm den Weg. Der Fremde aber faßte den zu Tode Erschrockenen am Kopfe und versuchte, ihm den Hals umzudrehen. Wie von einer Natter gestochen fuhr er jedoch zurück und rief voll grimmiger Enttäuschung: „O weh, ich kann dir nichts an=

haben. Du haſt ein Freitagsbrot in der Taſche!" Als der Ein=
dringling bei ſeinem raſchen Abzuge die Türſchwelle überſchritt,
ſahen Martin und ſeine Frau, daß er „einen Pferdefuß nach ſich
ziehe". Martin fand wirklich in der Taſche ſein Brot, das er
am Abend zuvor auf dem Altenhof zu eſſen vergeſſen hatte.
Dieſem Verſäumnis dankte er die Erhaltung ſeines Lebens.
Die Butterſalbe aber war mit dem „Pferdefüßigen" ver=
ſchwunden.

* * * * *

Die „Freitagsbrote" waren, wie der Name ſagt, Brote, die
am Freitag gebacken wurden. Sie ſchützten jeden, der ſie bei ſich
trug, vor Teufelsſpuk und, wie aus vorſtehender Sage zu er=
ſehen, viel Ärgerem. Die Freitagsbrote ſpielen in Sagen der
Elbersberger und Pottenſteiner Gegend eine beſondere Rolle.
Dafür noch zwei Beiſpiele: Auf dem Sturzacker bei Elbersberg
überfiel der Teufel einen Mann, den er jedoch nicht bezwingen
konnte, da er ein Freitagsbrot in der Taſche trug. Erſt als ihm
dieſes im Kampfe entfiel, vermochte ihm der Teufel den Hals
umzudrehen. — Auf dem ſteilen Felsvorſprung neben dem Pot=
tenſteiner Schloſſe rang ein Burgknecht mit dem Teufel. So=
lange der Bedrohte ſein Freitagsbrot bei ſich hatte, vermochte
er die Anfälle des „Böſen" leicht abzuwehren. Als es ihm aber
entfiel, ſtürzte ihn der Höllengeiſt in die Tiefe, wo der Be=
dauernswerte bald darauf mit gebrochenem Genicke gefunden
wurde.

Die Elfen bei Elbersberg

Zwei Sagen

Die Elfen oder Elben spielen in alten deutschen Sagen eine nicht unbedeutende Rolle. Sie sind nach dem Glauben des germanischen Heidentums Geister niederen Ranges von kleiner, menschlicher Gestalt, Verkörperungen der vielgeteilten Naturkräfte, deren Erinnerung noch die heutige Volksmeinung lebendig bewahrt. Die Lichtelfen waren weibliche Wesen von wunderbarer Schönheit und anmutiger Gestalt. Sie liebten Musik und Tanz, waren den guten Menschen freundlich gesinnt und geleiteten sie wie Lichtstrahlen auf allen ihren Wegen. Ließ man sie nach ihrem Gefallen gewähren, störte man sie nicht im frohen Reigenspiel oder im wohligen Bade, so zeigten sie sich auf mancherlei Weise dankbar. Ganz besonders waren sie den Frauen und Mädchen zugetan. Die Schwarzelfen dagegen waren mißgestaltete, zauberkundige und boshafte Zwerge, denen es viel Vergnügen machte, die Menschen irre zu führen und ihnen sonstigen Schabernack anzutun. Sie lebten in Höhlen und Klüften. Menschen, die ihnen irgendeinen Dienst erwiesen, zeigten sie sich gefällig, schenkten ihnen wohl auch von den Schätzen, die sie in ihren Felsenwohnungen aufgehäuft hatten. Wehe aber dem, der ihren Zorn auf sich geladen. Er konnte sicher sein, über kurz oder lang auf irgendeine Weise ihre grimmige Rache zu fühlen.

* * * * *

Im Felsgewirr um Elbersberg trieben neckische Schwarzelfen ihr ausgelassenes, ja boshaftes Spiel. Vor langer, langer

Zeit war der Müller von Unterhauenstein zu seinem Schwäher *
nach Elbersberg auf die Knochen ** geladen worden. Gegen
Abend machte er sich dorthin auf den Weg. Als er am Heiligen=
stege, dort, wo die obere Püttlach in scharfem Knie ihre südliche
Richtung verläßt und sich westwärts gen Pottenstein wendet, das
Gehänge des Hollenberger Waldes bestieg, fing es bereits an
stark zu dunkeln. Der Müller hatte den Weg schon oft unter den
Füßen, achtete deshalb nur wenig auf Richtung und Ziel, war
aber, ehe er sich dessen versah, gründlich in die Irre gegangen.
Es deuchte ihm, als käme er nach mühseligem Umhersteigen in
den verworrenen Felsenwegen immer wieder an die alte Stelle
zurück. Um sich bemerkbar zu machen, fing er an zu rufen, und
siehe, sofort kam Antwort aus dem Föhrenkamp jenseits des
„wilden Grabens". Unter großer Anstrengung, doch froh, ein
menschliches Wesen zu treffen, kletterte er hinüber. Aber ver=
gebene Mühe! Der Helfer in der Not ließ sich nirgends erspähen.
Aufs neue rief der Verirrte und erhielt wieder Antwort, aber
sonderbar, diesmal von der entgegengesetzten Seite. Er brach
dorthin auf, erhielt wieder Zuruf von drüben und wurde so
stundenlang herumgehetzt, ohne den rechten Weg zu finden. Da
nun auch der leuchtende Mond sich mitleidlos hinter dunkles Ge=
wölke schob, sank der völlig Erschöpfte neben einem schützenden
Dolomitgewände ins Moos und schlief ein. Er träumte von
Schweineschlachten und dampfenden Wurstkesseln, vom Eß= und
Zechgelage im Schwäherschen Hause und von boshaften Schwarz=
elfen, die ihm, dem Hungrigen und Durstigen, den Weg dorthin
verlegten. Gegen Morgen erwachte der Arme und fand, daß er
dicht am Wege, kaum zehn Minuten vom Heiligensteg, kampierte.

* Schwiegervater. ** Schlachtfest (Schlachtschüssel).

Scheu lenkte er die Schritte dem heimatlichen Herde zu und schlich sich, dort angekommen, in die Kammer. Auf seines Weibes Frage, wie es ihm beim Schlachtfest in Elbersberg gefallen, meinte er etwas verstört, es sei recht schön und „unterhaltlich" gewesen, nur komme es ihm vor, als habe er einen Kreisel im Kopfe. Lächelnd riet die Gute, den „Kreisel" — sie hielt diesen für einen echten und rechten „Katzenjammer" — auszuschlafen. Erst nach Jahr und Tag gestand der Müller seinem Weibe das „Erlebnis mit den Schwarzelfen" im Hollenberger Walde.

* * * * *

An einem heißen Sommertage sandte der Schulzenmichel von Elbersberg seine Tochter Margret in die Schütter * zum Vetter Müller. Sie sollte fragen, wann der Vater das Brotmehl abholen könne. Die Maid kam gerade hin, als die Base das Mittagsgericht: Hefenklöße ** und gekochte Zwetschgen, zu Tische brachte. Natürlich mußte das Bäschen mithalten ***. Dann legte die Müllerin für ihre Schwester, Margrets Mutter, einige der übriggebliebenen Hefenklöße auf ein sauberes Wischtüchlein †, knotete die Ecken zu einem Bündelchen und gab es dem Mädchen mit. Rüstig stieg die Dirne bergan. Als sie auf der Höhe des Steilgehänges den Föhrenwald verließ, setzte sie sich am Wegrande nieder, ein wenig zu verschnaufen. Das Bündelchen lag neben ihr im Grase. Nach wenigen Minuten war die Müde, wohl infolge der drückenden Hitze, eingenetzt ††. Plötzlich weckte

---

* Schüttersmühle. ** Hefenkuchen, in Form von dicht aneinandergereihten Klößen in einer Blechpfanne gebacken. *** mitessen.

† Taschentuch.

†† eingeschlafen.

sie ein schlürfendes Geräusch. Ein kleines, häßliches Männchen mit langem, grauem Barte und aufgekrempeltem Spitzhute machte sich an ihrem Bündelchen zu schaffen. Der Schrecken war Margret so in die Glieder gefahren, daß sie sich nicht zu rühren vermochte, und so konnte sie blinzelnden Auges beobachten, wie der Schwarzelfe, denn ein solcher war das Zwerglein, dem zusammengeknoteten Tüchlein einen Hefenkloß entnahm, dafür etwas anderes hineinlegte und schnellen Fußes dem Tale zu im Felsgewände verschwand. Nun fuhr die Dirne empor, griff nach dem Bündelchen und floh. Letzteres kam ihr aber viel schwerer vor. Beim Nachsehen fanden sich darin einige Steine von gelber Farbe, die sie achtlos auf den Weg warf. Daheim erzählte das geängstigte Mädchen ihr sonderbares Erlebnis den Eltern. Als die Mutter das Bündelchen aufknüpfte, fand sie nebst den Hefenklößen einige glitzernde Klümpchen und Körner, die sich als reines Gold erwiesen. Die weggeworfenen Steine aber fanden sich, solange Vater, Mutter und Tochter auch danach suchten, nimmer wieder.

Die Frauenhöhle bei Egloffstein

Sage

Wenige Minuten von Egloffstein, im hochgelegenen Dolomitgewände links der Truppach, begegnen wir einem herrlichen Felsentor und nach wiederum einigen Minuten einer ziemlich umfangreichen Grotte: der Frauenhöhle. An diese knüpft sich folgende Sage:

Zur Zeit der Ungarneinfälle ward auch die Gegend um Egloffstein wiederholt schwer heimgesucht. Die wilden Reiterscharen verwüsteten die Felder, überfielen die menschlichen Sieblungen, raubten sie aus und legten sie in Schutt und Asche. Wer nicht rechtzeitig in die nahen Wälder oder Felsenklüfte entkam, um den war es in der Regel geschehen.

So flüchteten auch ein wohlhabender Bauer samt seinem Weibe, das als sehr geizig und hartherzig verschrien war, in die Felsengrotte des hinteren Rabenstein, heute Frauenhöhle genannt. Mit Lebensmitteln hatten sie sich reichlich, ja auf viele Wochen hinaus, versehen. Nach einiger Zeit wagte der Bauer sich zum erstenmal vorsichtig aus seinem Versteck. Er wollte erkunden, wie es draußen stünde, ob die Feinde wieder abgezogen und eine baldige Rückkehr in Haus und Hof möglich sei. Während seiner Abwesenheit kam ein alter Bettler, in Lumpen gekleidet und müde auf einen Stab gestützt, zur Höhle. Das verbleichte Haupthaar hing ihm in zerwühlten Strähnen über das abgemagerte, mit tiefen Furchen bedeckte Antlitz. Flehentlich bat er die Frau unter Tränen um ein Stückchen Brot. Er habe schon seit Tagen nichts genossen und sei dem Hungertode nahe. Das hartherzige Weib aber schnitt ihm mit rauhen Worten die Rede ab. Sie habe nichts und leide selbst seit langem große Not. Er möge sie unbehelligt lassen und geeigneteren Orts sich Speis' und Trank erheischen. Nochmals hob der dem Tode scheinbar Nahe mühsam an, sie möge sich um Gottes Barmherzigkeit willen seiner erbarmen. Er wolle ja mit einer verschimmelten Krume schon zufrieden sein. Als ihm auch diese hohnvoll abgesprochen, reckte der Fremdling — es war der Höhlengeist in Bettlergewand — sich blitzenden Auges empor und rief, daß es aus den Klüften schaurig widerklang: „Nimm meinen Fluch, verruchtes Weib. Ist schon dein Herz von Stein, so werde auch du selbst und

alles, was du haſt, zu Stein!" Kaum war das letzte Wort ver=
hallt, erfolgte ein ſchrecklicher Donnerſchlag. Das Weib und alle
ſeine Vorräte an Lebensmitteln und Sonſtigem, die es in den
Höhlenklüften aufgeſtapelt hatte, waren in hartes Geſtein ver=
wandelt zum abſchreckenden Beiſpiel für alle, die, ſelbſt in Über=
fluß lebend, ſich doch der Nächſten Not nicht erbarmen wollen. —
Noch heute kann man die Frau und ihren Hausrat mit etwas
Phantaſie in den Steingebilden der Felſengrotte, die darum
Frauenhöhle heißt, wiedererkennen.

Die Fackeljungfrauen bei Gräfenberg
Sage

Die Fackeljungfrauen, ſo meldet die Sage, wohnen in der
Erde. Nur wenn die volle Mondſcheibe am Himmel leuch=
tet, erwachen ſie und ſteigen zu mitternächtiger Stunde, am
liebſten auf verborgenen Waldwieſen, aus ihrem Reiche empor.
Stört ihr fröhliches Spiel der geringſte Laut eines neugierigen
Menſchen, ſo verſchwinden ſie mit gellendem Schrei. Den Lau=
ſcher aber hetzen feurige Hunde in ſein größtes Unglück: den
Wahnſinn. Dies lehrt uns das Schickſal des armen Wendelin,
von dem nachſtehend erzählt werden ſoll.

* * * * *

Am Rande einer fjordartigen Einbuchtung des oberen Schwa=
bachtales, die ein klares Wäſſerlein, Kalfach genannt, durchrieſelt,
liegt maleriſch ſchön hingebettet das 1200 Einwohner zählende
Amtsgerichtsſtädtchen Gräfenberg. Kaum eine Viertelſtunde

westlich davon findet sich das Dörflein Guttenburg. Hier lebte vor langer, langer Zeit in einem windschiefen Häuschen eine alte, kinderlose Witwe, die sich schlecht und recht durch Kräutersammeln und mit dem, was barmherzige Menschen ihr zukommen ließen, ernährte.

Landsknechte, die mit ihren Weibern in der Gegend herumstreunten, legten eines Tages neben das Häuschen der Kräuterlise — so wurde die Witwe von alt und jung genannt — ein kleines, nur wenige Monate altes Büblein und gingen ihres Weges. Die Alte dachte, sorgt Gott für mich, so wird er auch dieses armen Würmleins eingedenk sein, nahm es liebreich auf und zog es groß. Zur Erinnerung an ihren verstorbenen Mann nannte sie den Knaben Wendelin.

Der schwarzlockige Bub wuchs heran und wurde zur Freude der Ziehmutter ein gewandter, kräftiger Bursche. Als solcher hütete er zunächst die Gänse der Bauern, rückte aber bald wegen seiner Anstelligkeit zum Schweinehirten des Dorfes vor. In dieser Eigenschaft lernte ihn ganz zufällig der Pfleger des Städtleins Gräfenberg kennen. Er nahm den strammen Jungen, der ihm gefiel, als Schäfer in seine Dienste und war mit ihm wohl zufrieden.

An den Sonntag-Abenden eilte Wendelin, sobald er seine Schafe versorgt hatte, nach Guttenburg zu seiner Pflegemutter, wo er sich's, wie früher, auf der Ofenbank bequem machte. Da redeten sie von allerlei. Im Laufe des Gespräches fragte die Kräuterlise so nebenbei, wo er in letzter Zeit seine Schafe hütete. Wendelin nannte die Waldwiese hinter dem Weinberg (heute „Schönersruh" geheißen). Da schrak das Weib zusammen und rief: „Was, dort, wo die Fackeljungfrauen tanzen?" Sofort setzte es aber, seine Unvorsichtigkeit erkennend, beruhigend hinzu: „Na, brauchst nicht bange sein. Die lassen sich nur nachts sehen. Da liegst du ja geborgen in deinem Bette!" — —

Am Abend des folgenden Tages, als die Bewohner des Hauses im ersten Schlummer lagen, schlich Wendelin behutsam aus des Pflegers Wohnung, verließ das Städtchen durchs Egloffsteiner Tor, bog links ab und eilte auf wohlbekanntem Pfade der Waldwiese zu. Bald stand er am Rande des Pinselwäldchens. Dicht zu seinen Füßen lag in seichter Talmulde der vom Mondschein übergossene Wiesgrund. Drüben dehnten sich die Schatten des dunklen Forstes. Aus dem Tale zur Linken aber leuchteten in voller Schöne die stattlichen Gebäude des Weißenoher Klosters mit ihren weiß gestrichenen Wänden herauf. Sachte trat der Erwartungsvolle einen Schritt zurück und ließ sich im Haselgesträuch nieder, doch so, daß ihm von den Vorgängen auf der Wiese nichts entgehen konnte.

Drunten auf dem Turm der Klosterkirche hörte er deutlich die mitternächtige Stunde künden. Kaum war der letzte Schlag verhallt, da hoben sich aus dem Wiesgrund weiße Elfengestalten empor, angetan mit duftigen Schleiergewändern, Blumen im aufgelösten Haare und sprühende, zauberische Helle verbreitende Fackeln in den Händen. In ihrer Mitte aber schwebte die Königin. Deren Kleid war wie aus Mondstrahlen gewebt, ihre Stirne mit einem gleißenden Goldreifen geschmückt, darin ein Diamant saß, aus dem bei jeder Bewegung helle Flammen zu züngeln schienen. Ein herrliches Blumengewinde in den Händen, drehte sie sich anmutig und hold lächelnd nach allen Seiten, während die reizenden Nixen sie im Ringeltanz umschwebten.

Wendelin war ob dieser überwältigenden Pracht und Schön-

heit wie von Sinnen. Ohne es zu wollen und zu wissen, hob
seine Brust ein tiefes, tiefes Stöhnen grenzenloser Bewunde=
rung. In demselben Augenblick erscholl von der Wiese her ein
gellender Schrei. Der Fackelglanz erlosch. Die Elfengestalten
waren wie zerronnen. Nur einige zerrissene Nebelstreifen krochen
langsam zum hohen, dunklen Forst empor. Aus diesem aber
stürzte ein Rudel fletschender Hunde mit grün funkelnden Lich=
tern und feurigen Zungen und hetzte kläffend hinter dem flüch=
tigen Buben drein. Schweißbeladen und keuchend erreichte er
die Hütte seiner Pflegemutter. Vor der Türe fiel er mit einem
kurzen Schrei wie tot zu Boden.

Erschrocken fuhr die alte Kräuterlise aus ihrem leichten Schlafe
und eilte vor das Haus. Dort sah sie ihren Liebling an der
Schwelle liegen. Unter Aufbietung all ihrer Kraft zog sie den
Bewußtlosen in die Stube, bereitete ihm ein weiches Lager und
suchte ihn mit stärkenden Tränklein, die sie, so rasch es ging, aus
ihren heilkräftigsten Kräutern zusammenbraute, zu beruhigen.
Doch vergebens. Das hitzige Fieber schüttelte den Körper des
Armen immer ärger. Am Morgen eilte die Ratlose zu Wendelins
Herrn, dem Pfleger, diesem ihr Leid klagend. Der schickte den
Bader zum Aderlaß. Aber auch dieses Allheilmittel verfing bei
dem Kranken nicht, ebenso die Mixtur, die der Quacksalber ver=
schrieb. Am Ende seiner Weisheit angelangt, meinte er kopf=
schüttelnd, dem Wendelin sei überhaupt nicht mehr zu helfen.

Diese Offenbarung drückte die alte Frau schier zu Boden. Sie
hatte den Buben, den sie großgezogen, von Herzen lieb. Traurig
ließ sie sich neben seinem Lager nieder. So blieb sie sitzen bis zum
Abend. Als der Mondschein durch die kleinen Fensterscheiben ins
Stübchen drang, geschah etwas Entsetzliches. Wendelin, am gan=

zen Leibe zitternd, sprang in die Höhe, warf sich mit verzerrtem Gesichte auf den Stubenboden, kroch auf Händen und Füßen wild umher und begann unter heftigem Zähnefletschen zu bellen und zu heulen wie ein toller Hund. Der Schrecken warf die alte Kräuterlise zu Boden. Ein Schlagfluß endete ihr armseliges Leben. Wendelin aber stürmte hinaus in die Nacht. Niemals mehr sah und hörte.man etwas von ihm.

Wirnt von Gravenberch (Gräfenberg)
Lokalgeschichtliches und Sage

Betreten wir das schöne Städtchen Gräfenberg durch das Egloffsteiner Tor, so fällt uns gleich linker Hand das Rathaus mit seinem „Nürnbergschen" Erker, am unteren Ende des Marktplatzes aber ein dreistöckiges, massiges Gebäude mit kleinen Bogenfenstern, spitzem Dachgiebel und großer Wetterfahne auf: das alte Schloß der „Wolfsberger". An seiner Frontseite ist das Wappen des Geschlechts: drei Wolfsangeln und ein Helm mit Kreuz und Fahne auf liegendem Felde, angebracht. Eine Inschrift daneben kündet, daß einst in diesem Hause die „Grafen" von Wolfsberg wohnten.

Ein Grafengeschlecht dieses Namens hat es nun freilich in der Fränkischen Schweiz nie gegeben, sondern nur „Freie von Wolfsberg", welche ihren Sitz auf der 10 km entfernten Burg Wolfsberg im Trubachtale hatten, von der heute nur noch Ruinen vorhanden sind. Auch die vielfach verbreitete Ansicht, als hätten eben diese „Wolfsberger" für treue Dienste vom Kaiser „auch" die Herrschaft Gräfenberg übertragen erhalten, besteht zu Unrecht.

Die Sache liegt vielmehr umgekehrt. Im Städtchen Gräfenberg saß vom 12. bis zum 14. Jahrhundert eine eigene Familie, die „Ritter von Gräfenberg", an welche zu Ende des 13. Jahrhunderts durch Erbvertrag, Heirat oder Kauf die ganze Hinterlassenschaft der „Freien von Wolfsberg" überging. Möglich auch, daß „die Gräfenberger" als vormalige Dienstmannen und Lehensleute der „Freien von Wolfsberg" nach dem Aussterben der letzteren im 13. Jahrhundert in deren erledigte Besitzungen einrückten. Die Gräfenberger wurden nun nach ihren neuen Besitzungen und auch deshalb, weil sie vielfach auf Wolfsberg wohnten, „auch" Wolfsberger genannt. Daher die irreführende Benennung des Gräfenberger Schlosses.

Wie ist nun die falsche Meinung von einem Geschlechte der „Grafen von Wolfsberg", das es, wie gesagt, nie gegeben hat, entstanden? Mit dem reichbegüterten Conrad von Gräfenberg erreichte das Geschlecht (der Gräfenberger!) seinen Höhepunkt. Derselbe Conrad erwarb die Bürgerschaft der Reichsstadt Nürnberg. Aus diesem Anlaß nahm er den Bürgernamen Graf (Abkürzung des ritterlichen Namens „von Gräfenberg") an und nannte sich fortan kurzweg Conrad Graf. Selbstverständlich blieb er im Besitze seiner Güter „auf dem Gebirge". Er wählte zu seinem vorübergehenden „Landaufenthalt" mehr die Burg Wolfsberg als jene zu Gräfenberg, vereinigte deren Namen mit seinem Bürgernamen und nannte sich „der Grafe zu Wolfsberg". Als „Cunradus dictus Graue de Nürenberg" findet er sich 1308 und als „Chunrat der Grave von Wolfsberg" 1320 beurkundet. Aus dem „Conrad Graf zu Wolfsberg" machten „Geschichtskundige" einen „Grafen Conrad zu Wolfsberg" — und das Grafengeschlecht war fertig.

Als erste Vertreter der "Ritter von Gräfenberg" erscheinen im Jahre 1172 Sigehard und Wiritto de Grevenberc in einer Urkunde des Klosters Weißenohe (Looshorn II S. 478). Der an zweiter Stelle genannte "Wiritto" ist kein anderer als "Wirnt von Gravenberch", der in der deutschen Literaturgeschichte wohlbekannte höfische Dichter des Mittelalters, der Verfasser eines großen Heldengedichtes, betitelt "Wigalois, der Ritter mit dem Rade", welches lange Zeit ein beliebtes Volksbuch in Deutschland geblieben ist. Der Held der Dichtung, Wigalois, ist Gaweins Sohn. Wundergürtel, Zauberbrücken, Augenverblendungen, Riesen und Drachen bilden neben guten Lehren eines Vaters an den Sohn das Gerüst der Erzählung, deren Inhalt kurz folgender ist: Ein unbekannter Artusritter fordert seine Genossen auf, ihm einen Wundergürtel abzugewinnen. Er besiegt alle, führt Gawein, des Königs Neffen, mit sich fort und vermählt ihn mit seiner Nichte Florie. Aus dieser Ehe geht ein Sohn, Wigalois, hervor. Doch vor der Geburt des Sohnes verläßt Gawein die Gattin, zieht auf Abenteuer aus und gilt in der Heimat für verschollen. Als Wigalois herangewachsen, offenbart er der Mutter seinen Herzenswunsch, Ritterabenteuer zu bestehen und seinen Vater Gawein zu suchen. Er legt seines Oheims Wundergürtel an, zieht fort, gelangt nach ruhmreich bestandenen Abenteuern an Artus' Hof, findet Aufnahme in des Königs Tafelrunde und erhält den Ritterschlag. Tag und Nacht beschäftigt ihn der Gedanke an den vermißten Vater, und doch ist ihm dieser so nahe. Sitzen ja beide, Vater und Sohn, ahnungslos als Ritter an Artus' Tafel gegenüber und haben bereits innige Freundschaft geschlossen. Wigalois leistet der schönen Fürstentochter Larie von Korntin gegen Roaz Hilfe und gewinnt dadurch deren Neigung.

Ein durch ihn erlöster Geist offenbart ihm, daß der neugewonnene Freund der Tafelrunde sein Vater sei. Von Glück beseelt und doch noch voller Zweifel, erzählt Wigalois dem vermeintlichen „Freunde" von sich und seiner Heimat. Da erkennt auch der Vater den Sohn, und froh kehren beide zurück zur sehnenden Gattin und Mutter. Am Tage des Wiedersehens führt Wigalois der überglücklichen Mutter auch seine Braut, die holde Fürstin Larie von Korntin, zu.

In den biographischen Mitteilungen über den Dichter zeigen sich verschiedene Ungenauigkeiten. So bestehen für die Annahme, Wirnt von Gravenberch habe seine Jugend im letzten Viertel des 12. Jahrhunderts als Edelknabe am Hofe des Herzogs Berthold IV. von Meran († 1204) verbracht, keinerlei Gründe. Die einzige Belegstelle im „Wigalois" (Vers 8061 mit 64) beweist nichts weiter, als daß er bei dem Tode eines Herzogs von Meran (wohl des Genannten) zugegen war. Erscheint Wirnt bereits 1172 als Zeuge in einer Urkunde (s. oben), so kann er zu Ende des 12. Jahrhunderts nicht mehr in seiner ersten Jugend gestanden und Edelknabe gewesen sein. Auch die Angabe, Wirnt erscheine in einer Urkunde vom Jahre 1217 neben Otto von Trupach usw. als Zeuge, ist irrig. Die fragliche Urkunde (Looshorn II S. 615) enthält die Zeugennamen Eberhart de Frensdorf, Ailbrecht Wirt und Otto de Trupach. „Wirt" ist aber hier nicht Vorname (zu welchem der „Ortsname" Gravenberch ja schließlich gedacht werden könnte), sondern der Beiname des Ailbrecht, der als Albrecht de Wirtesberg oder Albrecht der Wirt in Urkunden wiederholt vorkommt und ein Angehöriger der Familie von Wirsberg war. Vielleicht gab der Zeugenname „Otto von Trupach" Anlaß, in dem Namen „Ailbrecht Wirt" den Gräfernberger „Wirnt" zu vermuten — wegen der vermeintlichen Nachbarschaft. Der Familienname „Trupach" ist aber nicht das Obertrubach bei Gräfenberg bzw. Wolfsberg, sondern das weit entfernte Truppach bei Bayreuth. Ferner steht fest, daß der Dichter bereits um die Mitte des 12. Jahrhunderts geboren wurde und über das erste Viertel des 13. Jahrhunderts hinaus noch lebte. — Wir sehen, so vielfach die philologische Forschung sich mit dem Dichter des „Wigalois" auch beschäftigte, die historische Wahrheit ist dabei zu kurz gekommen.

Über Wirnt selbst gibt uns „Kuonrat von Wirzeburc" († 1287 zu Basel) in seinem allegorisierenden Gedicht „der werlde lon" einigen Aufschluß. Konrad schreibt Wirnt von Gravenberch „höhere Bildung seiner Zeit" zu. Er ging in ausgewählter Kleidung, hatte eine kinderreiche Familie, oblag gerne der Jagd, war ein Freund des Brett- und Saitenspiels und — der ritterlichen Sitte seiner Zeit entsprechend — mit dauernder Treue den Frauen hold. Dann erzählt er von unserem Dichter folgendes sagenhafte Erlebnis:

Wirnt von Gravenberch sieht als Symbol der Welt ein Weib (Frau Welt) in kostbarem Aufzug und wunderbarer Schönheit. Als es sich aber wendet, erblickt er die häßliche, erschreckende Kehrseite: einen Rücken, bedeckt mit Aussatz, Kröten, Nattern und giftigem Gewürm. Über diese Erscheinung ganz entsetzt, entsagt der Ritter für immer dem verführerischen Treiben der Welt, scheidet von Weib und Kindern und heftet das rote Kreuz auf sein Gewand. In schwerer Kriegsfahrt gen Palästina (1228), in Kampf, Entbehrung und Einsamkeit büßt er das frühere leichtfertige Leben.

Wirnts „Erscheinung" ist bildnerisch dargestellt in einer aus dem 13. Jahrhundert stammenden Statue an einem nördlichen Außenpfeiler (dem vierten von Westen her) der Sebalduskirche zu Nürnberg: ein schönes Weib mit auf dem Rücken geöffnetem Gewande, das die Schlangen, Würmer und Kröten von oben bis unten erkennen läßt. Auch am Wormser Dom soll nach Lindemanns Literaturgeschichte des Künstlers Meißel „Frau Welt" in ähnlicher Weise festgehalten haben.

Dafür, daß Wirnt von Gravenberch als Kreuzzugsteilnehmer in die Heimat zurückkehrte, wie es Konrad von Würzburg in seinem „Der Welt Lohn" anzunehmen scheint, fehlen jegliche historische Beweise.

Die Entstehung des Heldengedichtes „Wigalois" verlegt die Forschung übereinstimmend in das erste Viertel des 13. Jahrhunderts, den Ort „dessen Geburt" in das alte Schloß zu Gräfenberg. An diesem ist auch eine darauf bezügliche Inschriftentafel angebracht.

Die Wirntsche Dichtung wurde zu Anfang des 16. Jahrhunderts in deutscher Prosa gedruckt, dann ins Dänische und Isländische, später ins Französische und Englische übersetzt. 1819 veranstalteten Benneke, 1847 Pfeiffer eine Ausgabe des Wigalois in mittelhochdeutscher Sprache. Das Werk ist und bleibt wegen seiner reichen, erhabenen Gedanken, wegen der tief ausgeprägten Vaterlandsliebe, die sich wie ein roter Faden durch die ganze Dichtung schlingt, wegen der trefflichen Zeichnung der Charaktere, der herrlichen Schilderungen und der „zutraulich anheimelnden", nicht selten kindlich naiven Sprache ein beachtenswertes Wahrzeichen aus der Jugendzeit deutscher Dichtung.

Im Jahre 1890 setzte die Bürgerschaft Gräfenbergs ihrem berühmt gewordenen Landsmanne, dem Dichter Wirnt, ein sinnvolles Denkmal, indem sie den Marktbrunnen mit einer Ritterstatue befrönte. Sie stellt Wirnt von Gravenberch dar in voller Wehr, die Hellebarde in der Rechten, in der Linken den Schild, den Blick gerichtet auf seine Geburtsstätte, das alte „Schloß der Gräfenberger".

Der Teufelstisch auf dem Eberhardsberge bei Gräfenberg

Sage

Südöstlich des Städtchens Gräfenberg erhebt sich der nach Igensdorf und Dachstadt ziemlich steil abfallende, 535 m hohe Eberhardsberg. Er bietet unvergleichliche Blicke in das dörferreiche obere Schwabachtal, sowie auf das Massiv des langgestreckten Leyerberges und trägt an seinem mit Föhrenwald bestandenen Gehänge ein eigenartiges Felsgebilde von bedeutender Größe: eine mächtige Dolomitplatte auf massigem Steinwürfel. Das Ganze hat die Form eines riesigen Tisches und wird deshalb vom Volke mit dem Namen „Teufelstisch" bezeichnet.

In der Nähe dieses wunderlichen Gebildes, besonders bei Stöckach, Igensdorf, Dachstadt, Pommer und Walkersbrunn öffnete man derzeit viele altheidnische Grabhügel, die reiche Funde aus der jüngeren Hallstattperiode (der Bronze-Eisenzeit) ergaben. Damit war der Nachweis erbracht von der Besiedlung der Gegend in vorgeschichtlicher Zeit. Daß ein Naturgebilde wie „der Teufelstisch" von den Urbewohnern unbeachtet blieb, ist nicht leicht anzunehmen. Es dürfte ihnen vielmehr zu heidnischen Kultzwecken, als Opferstein oder Opferaltar, sehr willkommen gewesen sein, dies nicht nur seiner Form, sondern besonders auch seiner Lage wegen, die einen weiten Blick in die ganze Gegend, besonders über die Gräberfelder in den Talgründen gestattete. So ist auch die Sage zu verstehen, wenn sie am „Teufelstische" zu gewissen Zeiten die Opfer weheklagen läßt, die fanatische Heidenpriester ihren Götzen hinschlachteten.

Bei Einführung des Christentums baute man gewöhnlich an die Opferstätten der Heiden Kirchen. Orte, die dem Irrtum gedient, wurden auf diese Weise geheiligt. Waren die Opferplätze ungelegen, so daß auf ihnen Kirchen und Kapellen nicht errichtet werden konnten, dann bezeichnete man sie, um die Bekehrten davon abzuschrecken, als teuflisch, verhert, oder von gefährlichen Tieren bewohnt. Die Namen Teufelshöhle, Teufelsloch, Teufelsholz, Hölle, Herenküche, Bärengrund, Wolfsgrube tragen heute noch Höhlen, Klüfte, Gehölze und abgelegene Flurteile der Fränkischen Schweiz, jedenfalls Orte, an denen sich der heidnische Götzenkult am längsten zu behaupten vermochte. Und so ist eben auch aus dem Opferstein am Eberhardsberge ein „Teufelstisch" geworden, aus der sonst so beliebten und gerne besuchten Opferstätte ein verrufener Ort. Ob derselbe fortan auch gemieden wurde? Diese Frage läßt sich nicht ohne weiteres bejahen, da fast bis in unsere Zeit herein zur Sommersonnenwende an der ehemaligen Opferstätte die „Teufelskirchweih" gefeiert wurde, ein Fest, zu dem alt und jung der weitesten Umgebung sich einfand und das unleugbar als ein Nachklang vorchristlichen Kults zu betrachten war. Erst um die Mitte des 19. Jahrhunderts ist dieser letzte Rest aus heidnischer Vorzeit verschwunden.

* * * * *

Auch die Sage läßt uns, wie in so vielen anderen Fällen, bei der Deutung des eigenartigen Riesentisches nicht im Stiche. Freilich erzählt sie uns dessen Ursprung in ihrer Weise. Nach ihr habe sich Ritter Kuno, Schloßherr zu Gräfenberg, bei einem wüsten Gelage unter zustimmendem Gejohle seiner Zechkumpane beim Teufel zu Tische angeboten, gleichviel wo, nur nicht in den vier Wänden seiner eigenen Behausung. Geraume Zeit danach — der Ritter hatte des frevlerischen Scherzes längst vergessen — erschien bei ihm ein unbekannter Bote und überbrachte dem nun doch Erschrockenen die Einladung Satanas zu einem Schmause um Mitternacht auf dem nahen Eberhardsberge. Wohl oder übel mußte der Schloßherr, wollte er nicht als Feigling gelten, dem Rufe folgen. An Ort und Stelle angekommen, sah er den Höllenfürsten gerade den Tisch aus umherliegenden Felstrümmern zurecht machen. Kaum fertig, war im Augenblick die Platte mit Speisen und Getränken aller Art beladen, und mit einer Handbewegung lud der Gastgeber den Gast zum Mahle, das stehend und stillschweigend eingenommen wurde. Am Schlusse desselben schlug der Ritter, einer plötzlichen Eingebung folgend, das Kreuz zum Dankgebete. Damit hatte er sich das Leben gerettet, denn Luzifer stieß einen fürchterlichen Fluch aus und verschwand, Schwefeldämpfe hinterlassend, in den Lüften. Die sonderbare Tafel aber steht heute noch am gleichen Orte und heißt mit Recht „der Teufelstisch".

Der Burgvogt von Hilpoltstein
Sage

An der Straße von Nürnberg nach Bayreuth, etwa eine Stunde nordöstlich von Gräfenberg, liegt der 600 Einwohner zählende Marktflecken Hiltpoltstein, überragt von einer stattlichen Burg, die 1329 durch den Vertrag von Pavia an die bayerischen Herzoge und Pfalzgrafen Rudolf und Rupprecht überging. Das Gebäude besteht aus zwei kraftvoll wirkenden, durch einen Querbau verbundenen Flügeln und bietet köstliche Nah- und Fernblicke zu den Höhen und Tälern der schönen Umgebung.

Die Entstehung der Burg wird auf einen Ministerialen des bayerischen Nordgaues, einen Ritter Hilpolt von Stein, zurückgeführt. Die Sage zeichnet ihn als einen gastfreundlichen, wohltätigen Mann und milden Gebieter. Fahrende Kaufleute und sonstige Wanderer fanden bei ihm stets Schutz und herzliche Aufnahme. Das gerade Gegenteil seines Herrn war der Burgvogt, ein finsterer, mürrischer Geselle, der wohl seinem Gebieter treu, aber mit sonst niemandem, ja mit sich selbst nicht immer gut war.

Als Kaiser Friedrich II. im Jahre 1228 die deutschen Fürsten und Ritter zu einem Kreuzzuge ins Heilige Land aufbot, folgte auch Hilpolt dem kaiserlichen Rufe. Während seiner Abwesenheit sollte der Vogt Burg und Güter verwalten und, so lautete der ausdrückliche Befehl, den Hörigen (Untertanen) ein guter Freund und wohlmeinender Berater sein.

Auf der sonst so geräuschvollen Burg wurde es nun einsam und still. Der jedes menschlichen Verkehrs abholde Vogt zog sich mehr denn je von seiner Umgebung zurück. Ein eingefleischter Jäger, trieb es ihn Tag für Tag hinaus in den grünen Forst, mit Armbrust und Jagdspieß des Wildes Fährte zu folgen. Zur Bewachung der Burg schloß er kalten Blutes mit dem Teufel einen Pakt. Dieser hatte in Gestalt eines Lindwurms Tor und Zugbrücke zu hüten, jeden, der sich zu nahen wagte, mit einem Feuerstrom aus weit geöffnetem Rachen in die Flucht zu schlagen.

So verging Jahr um Jahr. Kaiser Friedrich war längst mit den Resten seines Heeres aus fernen Landen zurückgekehrt. Hilpolt aber, der geliebte Burgherr, blieb verschollen.

Eines Abends sahen die Hörigen des Dörfleins über der Burg einen grellen Feuerschein und bald darauf eine mächtige Lohe, die hoch zum Himmel emporschlug. Als sie näher eilten, wurden sie Zeugen eines entsetzlichen Vorganges. Der Burgvogt lag im Kampfe mit dem Höllengewürm. Dieses erwürgte sein Opfer, riß es in Stücke und verschwand unter Zischen und Fauchen mit der Seele des Unglücklichen durch die Luft, dem Hohenstein zu, in einer gerade heraufziehenden schwarzen Wolkenwand.

In demselben Augenblick sprengte ein geharnischter Ritter auf weißem Streitrosse von Kappel her ins Dorf. Erschrocken wich das Volk zurück, erkannte aber gleich darauf in dem Ankömmling trotz des verwilderten Haupt- und Barthaares Hilpolt, den geliebten, längst tot geglaubten Schloßherrn. Dieser war im März 1229 mit dem Kaiser in Jerusalem eingezogen, wohnte als Zeuge dessen Selbstkrönung in der hl. Grabeskirche bei, geriet aber dann in sarazenische Gefangenschaft, aus der er erst vor Jahresfrist durch die Deutschordensritter wieder befreit wurde. Nun war er gerade zu rechter Zeit gekommen, von seiner Burg zu retten, was noch zu retten war. Freudig gingen ihm die Dorfbewohner beim Löschen des Brandes wie bei der späteren Erneuerung des

Schlosses an die Hand, wußten doch alle, daß nach einer Reihe grauenvoller Jahre wieder bessere Stunden für sie schlagen würden. Und sie hatten sich nicht getäuscht. Der edle Burgherr war ihnen auch fortan ein treuer Beschützer und großer Wohltäter. Alle liebten ihn wie einen Vater.

Das „Irrlicht" von Wildenfels
Sage

In der südöstlichen Ecke der Fränkischen Schweiz, zwischen Betzenstein und Hiltpoltstein, von diesem 3, von jenem 6 km entfernt, erheben sich auf dicht bewaldeter Bergeskuppe die Überreste der ehemaligen Burg Wildenfels. Sie bestehen nur noch aus Teilen der Umfassungsmauern und einer weithin sichtbaren Turmwand. Erstere lassen auf die einstige Größe und Bedeutung des kühn angelegten Felsennestes schließen, welches zu Anfang des 12. Jahrhunderts von den „bayerischen" Herren von Wildenstein (das Geschlecht der „fränkischen" Wildensteiner hatte seinen Stammsitz bei dem Dorfe Wildenstein zwischen Stadtsteinach und Presseck) erbaut wurde. Nach ihrer Burg nannten sich diese bayerischen Wildensteiner nicht selten „Herren von Wildenfels". Nachdem das Geschlecht abgegangen war, kam die Burg in den Besitz der Leutersheimer. Christoph von Leutersheim verkaufte sie 1500 an die Gebrüder Konrad und Friedrich von Pelecken, diese 1511 um 1300 Gulden (nach anderen Quellen um 3000 Gulden) an die Nürnberger, welche daselbst ein Pflegamt errichteten. Ende Mai 1525 wurde die Burg von den aufrühreri=

schen Bauern fast völlig niedergebrannt. Nur ein paar Räume, die fortan der nürnbergische Pfleger bewohnte, blieben übrig. 1553 fielen im markgräflichen Kriege auch diese wenigen Reste in Schutt und Asche. Die Ruine bietet entzückende Aussichten in die bergige, mit dunklen Wäldern bedeckte Landschaft, der viele hellschimmernde Siedlungen und eine Reihe teils erhaltener, teils gebrochener Ritterburgen entragen. Dem Fuße des Ruinenberges schmiegt sich das kleine Dörfchen Wildenfels traulich an.

Inmitten der Ruine befindet sich neben einigen ganz oder halb zerfallenen Gewölben das sogenannte „Wirrlesloch", ein ziemlich großer Hohlraum, an welchem sich folgende Sage knüpft:

In Wildenfels lebte vorzeiten eine aus der Hersbrucker Gegend zugewanderte Bäuerin, ein geiziges und böses Weib. Sie führte den Spitznamen „die alte Funkin". Nach dem Tode ihres Mannes hatte sie den kleinen Besitz bis auf das ziemlich gut erhaltene Häuslein verkauft und lebte fortan ganz allein. Sie pflegte mit den Ortsgenossen keinerlei Umgang, ließ sich nur selten sehen, und niemand konnte sagen, ob und was sie eigentlich arbeite. Schon mehrmals hatte man die Böse bei groben Diebstählen erwischt. Waren die Bauern tagsüber auf den Feldern, so schlich die Funkin in die leeren Wohnungen und nahm mit, was ihr gerade in die Hände kam. Auch sonst schädigte sie die Ortsbewohner, wie und wo sie nur konnte. Manche hielten die Alte, ob mit Recht oder Unrecht sei dahingestellt, sogar für eine Drude (Hexe). Als ihr Treiben den Dörflern zu bunt wurde, ließen sie einen als Zauberer verschrienen Mann kommen. Der sollte der Funkin etwas „antun". Und siehe, „Beelzebub trieb den Teufel aus". Am

anderen Tage hieß es nämlich, die Funkin sei verschwunden.
Und sie blieb verschwunden. Aber sonderbar! Von der Zeit an
trieb ein „Irrlicht" droben in der Ruine und deren Umgebung
seinen Spuk. Ein Betzensteiner Bauer war spät abends noch in
Wildenfels und schickte sich an, nach Hause zu gehen. Außerhalb
des Dorfes sah er vor sich ein Flämmlein schweben, das sich in
der Richtung fortbewegte, die auch er einschlagen mußte. Ohne
weiteres folgte er demselben — sechs volle Stunden lang, zuletzt ziemlich steil bergauf. Dann verschwand das Licht. Der irre-
geleitete Mann mußte wohl oder übel den grauenden Morgen
erwarten, denn er wußte nicht, wo er sich befand. Als es dämmerte, saß er — vor dem Wirrlesloch in der Ruine Wildenfels.
Ebenso erging es Leuten, die von Wildenfels nach Spies, von
Reipertsgsee nach Stierberg und von Hiltpoltstein nach Gro-
ßengsee wollten. Auch sie — und noch manche andere — führte
„das Irrlicht" auf die Ruine Wildenfels. Als die gruselige Geschichte allenthalben bekannt wurde, ging man dem Lichte aus
dem Wege. Gesehen wurde es aber in dunklen Nächten bald von
diesem, bald von jenem noch geraume Zeit. Daß es der irrende
Geist der alten Funkin sei, stand natürlich bei allen fest. Niemand dachte daran, den Spuk der lebendigen Funkin zuzuschreiben. In einer nebligen Herbstnacht wurde das wandernde Licht
ganz in der Nähe der Ruine zum letztenmal gesehen. Von da an
blieb es verschwunden. Der Geist der Drude war eben, so meinte
man, auf irgendeine Weise erlöst worden. Man atmete deshalb
förmlich auf und traute sich wieder zur ängstlich gemiedenen
Ruine. Beherzte Burschen drangen sogar in das Wirrlesloch ein,
kehrten aber, so rasch sie konnten, mit bleichen Gesichtern zurück.
In der mit Hausrat mancherlei Art ziemlich wohnlich eingerich=

teten Höhle lag nämlich der Leichnam der tot geglaubten Junkin, die allem Anscheine nach erst vor wenigen Stunden verschieden sein mußte, denn neben der Entseelten stand eine verrostete, eiserne Laterne mit brennender Talgkerze: das „Irrlicht" von Wildenfels.

Am Sagenborn
der Fränkischen Schweiz

Sagen, Legenden und Lokalgeschichtliches
aus den Jurabergen

Von

Karl Brückner
Hauptlehrer in Gößweinstein

Neue Folge

Faksimile der Ausgabe von 1929 im Verlag des
Antiquariat Murr Bamberg

Inhaltsverzeichnis

	Seite
1. Gründung der Stadt Forchheim	9
2. Forchheim und „Pontius Pilatus"	11
3. Der „Schwarze Tod" in Forchheim	13
4. Die Forchheimer Hundsbrücke	18
5. Geschichtliches über Forchheim	21
6. Die Nonnen auf der Ehrenbürg und dem Reifenberg	32
7. Der verborgene Schatz auf der Ehrenbürg	36
8. Das Hunnengrab bei Heiligenstadt	39
9. Der Hunnenstein	42
10. Der steinerne Ritter bei Streitberg und anderes	44
11. Der Raubritter Eppelein von Gailingen (3 neue Sagen)	48
12. Weihnacht in der Baumfurter Mühle	54
13. Wie Graf Gozwin zum Christentum bekehrt wurde	62
14. Die „Kappel" bei Hundshaupten	66
15. Die Feuerprobe	68
16. Des verschollenen Hieronymus von Egloffstein Heimkehr	71
17. Die „Wanderkapelle" bei Walkersbrunn	74
18. Die Lindelburg	77
19. Die Christnachtäpfel	79
20. Vom Holzfrala, He-Männle und Hankerle	83
21. Die letzten Rabensteiner	86
22. Die Nikolauskapelle bei Rabenstein	94
23. Lokalgeschichtliches von Kühlenfels	98
24. Konradin, der letzte Hohenstaufe, in Kühlenfels	99
25. Der Schwarzelse im Kühlenfelser Schloßkeller	102
26. Der feurige Mann bei Kühlenfels	103
27. Das wütige Heer bei Waidach	104
28. Lindenhardt in Sage und Lokalgeschichte	106
29. Warum Neuhaidhof früher „Pelzdorf" hieß	113
30. Wie das Dorf „Spänfleck" zu seinem Namen kam	115
31. Lokalgeschichtliches über Aufseß	117
32. Ursprung des Namens Aufseß	119
33. Die Pfauenfedern im Wappen derer von Aufseß	120
34. Kaiser Heinrich II. in Aufseß	121
35. Das Aufseßer Halsgericht	122

Seite

36. Die Hussiten in Auffeß 124
37. Der Ritter Christoph Ludwig von Auffeß 127
38. Die Grunerin zu Mistelbach 129
39. Der Buchstein 133
40. Lokalgeschichtliches von Thurnau 135
41. Der Feuersegen 136
42. Die „redenden Steine" von Berndorf 138
43. Der Rackenstein bei Thurnau 140
44. Wie der Weiler Putzenstein zu seinem Namen kam . . . 141
45. Lokalgeschichtliches von Buchau und Umgebung . . . 143
46. Das Meßgewand 144
47. Das Marienbild 145
48. Das Steinkreuz bei Dörfles 146
49. Die vier Kreuzsteine hinter dem Hirschkopf . . . 147
50. Das „Grafenloch" bei Görau 148
51. Der „Banner" von Brücklein bei Neudrossenfeld . . . 150
52. Lokalgeschichtliches von Hollfeld 155
53. Wie die St. Salvatorkirche zu Hollfeld entstand . . . 161
54. Episode aus der schlimmen Schwedenzeit 166
55. Der Staffelberg und seine Umgebung 170
56. Der unterirdische See im Staffelberg 173
57. Die Zwerge im Staffelberg und anderes 175
58. Des Staffelbergs Heiligtum und seine Hüter . . . 179
59. Die Ritterburg hinter dem Staffelberg 189
60. Die fromme Magd zu Horsdorf 190
61. Der steinerne Hochzeitszug 191
62. Die Getreideähren 192
63. Frankenthal=Vierzehnheiligen 193
64. Die Heimsuchungen Weismains im 30jährigen Kriege . . 208
65. Legendäre Episoden aus der schlimmen Schwedenzeit . 216
66. Weismains Belagerung im Siebenjährigen Kriege . . 219
67. Des letzten Meraners Tod auf Niesten 225
68. Die Spinn= oder Rockenstube 228
69. Von allerlei mysteriösen Begebenheiten 235
  I. Das Totengeläute 236
  II. Die zerbrochenen Flaschen 238
  III. Der Tod als Totengräber 239
  IV. Der zersprungene Wärmteller 240
  V. Die Leichenarie 241
  VI. Des Sohnes „Heimkehr" 242
  VII. Die Hellseherin Wilhelmine von Schauroth . . 245
  VIII. Der Sarg vor dem Bette 246

	Seite
70. Hexenglaube — Hexenwahn	250
71. Allerlei Spuk- und Pöpelsgeschichten	262
I. Der Forchheimer Rathauspöpel	263
II. Pottensteiner Pöpelsgeschichten	264
III. Aufseßer Pöpelsgeschichten	267
IV. Von Markfteinverfeßern	270
V. Von „Feuermännern"	271
72. Spitznamen Fränkischer Schweiz-Orte	274
I. Die „Pfalzgrafen" und die „Kuckuck"	274
II. Die Fröschknicker	275
III. Die Hungerleider	275
IV. Die Säustecher	276
V. Die Eulenböck	277
VI. Die Haberochsen	277
VII. Die Pletschen	278
VIII. Die Schmalzkübel	278
IX. Die Esel	279
X. Die Sackfundis	280
XI. Die Teppichleger	281
XII. Die Zeiserlfänger	282

Vorwort

Fortgesetzte Schürfarbeit nach dem Sagenschatz des nördlichen Jura und seiner Ausläufer zeitigte reiches Ergebnis. In verhältnismäßig kurzem Abstande kann deshalb der zweite Band des so freundlich aufgenommenen Büchleins folgen. Für die Hinweise und Mitteilungen, die dem Herausgeber von „Einzelnen" zukamen, sei an dieser Stelle wärmstens gedankt. Dank vor allem dem Historischen Verein von Oberfranken für zuvorkommendste Überlassung einschlägiger gedruckter wie ungedruckter Archivalien seiner reichhaltigen Bücherei.

Gößweinstein, Weihnacht 1922*).

Der Herausgeber.

---

*) Der Verfasser hat die 2. Folge des „Sagenborn" kurz vor seinem am 11. Juni 1923 erfolgten Tode bearbeitet.

Forchheim in Sage und Geschichte

Vorbemerkung

Forchheim bezeichnet das Haupteingangstor zur Fränkischen Schweiz von Westen her. Seit unvordenklichen Zeiten, schon lange, lange bevor ein Schienenweg gelegt war, stand unser Gebirgsländchen mit der Stadt in regster Verkehrsbeziehung. Auch die Geschichte spann Fäden, die den alten Königshof mit seinem Hinterlande, dem Jura, unlösbar verknüpften. Erfolgte doch, um nur eines hervorzuheben, die Verbreitung der christlichen Lehre, deutscher Sprache und Sitte auf den unwirtlichen, der Hauptsache nach von Slaven bewohnten Jurahöhen in erster Linie von der villa regia Foracheim aus. Schon dies allein wird wohl genügen, Forchheim und die Fränkische Schweiz in einem Atemzuge nennen zu dürfen. Wir glaubten uns deshalb berechtigt, vorliegender Sammlung, deren Kreis ja eigentlich etwas enger gezogen ist, auch Sagen und chronistische Daten Forchheims einzureihen.

1. Gründung der Stadt Forchheim

Sage

Die Geschichte vermag uns nur zu berichten, daß Forchheim neben Hallstadt und Scheßlitz zu den ältesten Siedlungen Oberfrankens zählt. Wann, durch wen und wie die ersten Wohnstätten daselbst entstanden, so fährt sie fort, kann nicht genau ermittelt werden. Nur so viel steht fest, daß schon die Merovinger, noch mehr aber die Karolinger die Bedeutung der Örtlichkeit sehr zu würdigen wußten...

Wo die Geschichte versagt, da springt in der Regel die Sage für sie ein. So auch hier. Der Volksmund erzählt uns von der Gründung Forchheims „klipp und klar" folgendes:

Auf einem der nahen Juraberge wohnte ein reicher Dynast. In Abwesenheit des Vaters verließ dessen Töchterlein die Burg, sich in deren Umgebung, die es noch so wenig kannte, zu ergötzen. Entzückt lauschte die Maid der Vöglein Lieder, schaute die blumige Au und erhorchte des Flusses geheimnisvolles Murmeln. Dann betrat die Neugierige den Wald, den kühlen, schier unabsehbaren Föhrenwald, der die weite Ebene deckte und den sie schon so oft geschaut von des Vaters hohem Felsenschlosse. Aber gar bald irrte der Unerfahrenen Fuß. Verloren gingen ihr Zeit und Richtung. Statt einen Ausweg zu finden, lief sie mit jedem Schritte tiefer in das Waldes Dunkel hinein. Daher auch alles Rufen vergebliche Mühe! Erschöpft sank die Arme, als bereits die Sternlein am Himmel aufleuchteten, neben dem Stamme eines gestürzten Baumes nieder und schlief ein.

Erst am folgenden Morgen fand der geängstigte Vater mit den Knechten nach langem Suchen das Mägdlein. Zum Dank für seines Töchterleins Errettung ließ der Graf an derselben Stelle, wo es gelegen, eine Kapelle erbauen und darin das Bild der Himmelskönigin aufstellen.

Um das traute Kirchlein aber siedelten sich nach und nach Hörige an und legten so den Grund zur Stadt Forchheim.

Die Deutung des Namens Forchheim steht mit dieser Sage im Einklang. Er wurde 805 erstmals als „Foracheim" beurkundet und ist abgeleitet von forhe = Föhre, bedeutet also ein „Heim im Föhrenwald".

2. Forchheim und „Pontius Pilatus"

Sage

In alten Annalen ist zu lesen, Pontius Pilatus, der römische Landpfleger in Judäa, der, von der Unschuld unseres lieben Heilandes überzeugt, ihn dennoch dem Judenvolke zur Kreuzigung hingab, sei von deutscher Herkunft gewesen. Sein Vater wäre ein mächtiger Fürst am Rhein gewesen. Wegen Brudermordes des Landes verwiesen, mußte er fliehen. Auf der Flucht sei er nach Forchheim gekommen und hier längere Zeit verblieben ...

Eine Sage aus dem 14. Jahrhundert, niedergelegt in der Klosterchronik von Petershausen, bezeichnet Forchheim selbst als den Geburtsort des Pilatus. Sein Vater habe Ato, seine Mutter Pila geheißen, und aus beider Namen sei sein eigener entstanden ...

Eine Waldabteilung in der Nähe der Stadt Forchheim (bei Burk) hieß vor Zeiten „Pilatusin" oder „Pilatushölzchen". Dort stand an der Ecke eine alte Föhre: der „Pilatusbaum" oder „Galgenföhrling". Im Flurbezirke Hausen liegen Grundstücke, die heute noch den Namen „Pilotes" tragen. Auch erzählt der Volksmund, dortselbst sei eine von Pilatus erbaute Stadt gestanden, nach des Landespflegers unseligem Richterspruch aber in die Erde versunken. Habe sich das Dorf dereinst so vergrößert, daß ein Hahn in den „Pilotes" (den erwähnten Flurteil) gehen könne, so werde er die Turmspitze wieder ausscharren, und die Stadt des Pilatus werde sich von neuem erheben ...

Daß die Forchheimer Pilatussage weit zurückreicht, läßt ein Stein der einstigen Festungsmauer erkennen, in den die Worte eingemeißelt waren:

Vorchemii natus est Pontius ille Pilatus,
Teutonicae gentis, crucifixor omnipotentis.

(Zu Forchheim ist geboren jener Pontius Pilatus, der, aus deutschem Geschlechte, gekreuzigt hat den Allmächtigen) . . .

Später finden wir Pilatus und andere Germanen als Geiseln auf dem Wege nach Rom. Den Forchheimern habe er, so erzählt der launige Chronist, als „unwiderlegbares Zeugnis seines dortigen Aufenthalts" eine aus Bast geflochtene, nach anderen Aufzeichnungen eine tuchene Hose zurückgelassen, die man noch in späten Jahrhunderten im alten Zeughause gut verwahrte und Neugierigen zeigte. Moder und Motten sollen „leider" das „wichtige Beweisstück" vernichtet haben . . .

Von Rom floh Pilatus, nachdem er sich eines neuen Mordes schuldig gemacht hatte, in die Gegend des Schwarzen Meeres. Hier erwarb er sich durch seine tapferen Kriegstaten um das römische Reich so große Verdienste, daß ihn der Kaiser als Landpfleger nach Palästina berief . . .

Nach des lieben Heilands Kreuzigung bei seinem kaiserlichen Herrn in Ungnade gefallen und nach Rom zurückberufen, endete Pilatus, von Gewissensbissen gepeinigt, durch Selbstmord im Kerker. Man warf den Entseelten in den Tiberstrom, fischte ihn aber wieder heraus, da der Fluß in große Wallung geriet und den vorüberfahrenden Schiffen gefährlich wurde.

Andere Chronisten melden, Pilatus sei nach Gallien verbannt worden und habe sich in Lyon entleibt. Als man seinen Leichnam der Rhone übergab, stieß ihn diese unter Blitz und Donner ans Ufer zurück. Endlich versenkte man des Unseligen Leib in einen kleinen Alpensee, der ihn willig aufnahm.

Die Seele des harten, ungerechten Landpflegers aber läßt die Sage bis auf den heutigen Tag als bösen Wettergeist im Pilatusberge am Vierwaldstättersee hausen.

Nachschrift: Band 16 I des Archivs für Geschichte und Altertumskunde von Oberfranken enthält S. 105 folgende aus dem Jahre 1692 stammende Notiz: „Mameranus in Itim. Caroli V f. 12 Trasybulus in Vita G. Ludovic. a Seinsheim I 2 f. 116 und Sabellicus wollen (d. h. „meinen"), daß Pontius Pilatus, der Römische Landpfleger, unter welchem Christus, der Herr, gelitten, von Forchheim bürtig gewesen, und von ihm noch ein Berg und etliche Äcker den Namen sollen behalten haben". — Auch hierdurch dürften Alter und Verbreider obigen Sage bezeugt sein.

Nach Oetter sei Pontius Pilatus zu Forchheim bei Dietheim im Speiergau geboren, welcher Ort nun „Fors" heiße und lange vor Christi Geburt, zur römischen Provinz Gallia belgica gehörig, existiert habe.

Natürlich wird das fränkische Forchheim gern auf die ihm zugedachte zweideutige Ehre verzichten, Vaterstadt jenes römischen Landpflegers zu sein, den nach ungerechter Verurteilung des Gottessohnes Gewissensbisse zum Selbstmord trieben.

3. Der „Schwarze Tod" in Forchheim
Legende

Im Jahre 1635 war auch in Forchheim, nachdem sie „so viele andere Orte des Landes durchkrochen", die Pest oder der „Schwarze Tod", die schrecklichste Geißel des ganzen Abendlandes, zum Ausbruch gekommen. Schon im Frühjahre flog, wie der Volksmund erzählt, der allerorts gefürchtete „Pestilenzvogel" [1] über die Stadt, „schrecklich Un-

---

[1] Der gefleckte Fliegenschnepper.

heil kündend". Und bald darauf begann „der große, geschwinde Sterb".

Schon nach wenigen Monaten betrug die Zahl der erbarmungslos Dahingerafften weit über tausend. Viele flohen den Ort und verschleppten damit die Keime des Todes hinaus in die noch seuchenfreien Dörfer. Ihr Leben retteten sie damit nicht, bedrohten vielmehr das vieler, vieler anderer. Die Zahl der Zurückgebliebenen wurde kleiner von Woche zu Woche, ja von Tag zu Tag. Zu Beginn des Monats Oktober sollen von der ganzen Einwohnerschaft nur noch sieben Mann übrig gewesen sein.

Wie anderwärts die Heimgesuchten taten, so nahm auch „das kleine Häuflein" Forchheimer seine letzte Zuflucht zum heiligen Sebastian. Stand doch dieser in allen Landen als Patron der Pestkranken „gerade jetzt" in hohen Ehren. Wie sein Leib dereinst durch Pfeile rasch getötet ward, so raffte die Pest oft schnell, dem Pfeilschuß gleich, das blühendste Leben dahin, zahlreiche Pestbeulen, Pfeilschußwunden ähnlich, am starren Körper hinterlassend.

Die sieben Überlebenden in Forchheim veranstalteten von der altehrwürdigen Pfarrkirche aus zu Ehren des heiligen Sebastian eine Bittprozession durch die Straßen der verödeten Stadt und gelobten, diese alle Jahre zu wiederholen, sofern sie von der furchtbaren Seuche verschont blieben. Ein Mann schritt voraus mit wehender Fahne. Vier trugen die Statue des Heiligen. Die zwei übrigen, in tiefe Andacht versunken, folgten. Während dieses erschütternden Bittganges sollen nach dem Volksmunde noch zwei der sieben Leute sterbend zusammengebrochen sein. Die anderen fünf aber, die nach Sankt Martin zurückkehrten, genasen.

Das war die erste Forchheimer Sebastiansprozession. Sie wird, dem Gelöbnisse getreu, seit 1635 alljährlich am Sonntag nach Sebastiani unter reger Anteilnahme des Volkes abgehalten.

※   ※   ※

Dem Pestjahre 1635 (vielleicht auch einem frühzeitigeren: 1349 oder 1425) dürfte die volkstümliche Redensart entstammen: „Der sieht aus wie der Tod von Forchheim". Sie war in Forchheims Umgebung sehr verbreitet, auch in der Herzogenauracher Gegend, selbst in Nürnberg und Hof.

Man bezeichnete mit „dem Tod von Forchheim" eine abgemagerte Gestalt mit vorgebeugtem Oberkörper, eingefallenen Wangen, vorstehenden Backenknochen, spitzer Nase und „hohlen" Augen, also jedenfalls einen Menschen aus Tagen des Elends, Leidens und Sterbens, aus jenen furchtbaren Zeitläufen, da die Pest über größere und kleinere Gebiete Deutschlands vernichtend ihre Geißel schwang.

Nach Anderer Meinung sei der „Tod von Forchheim" auf gesundheitswidrige Zustände der Stadt in früheren Zeiten zurückzuführen, vor allem auf den ehemaligen Stadtweiher. Dieser soll in der Tat ein „Orkus" gewesen sein, „der in seinem Schlund all das aufnehmen mußte, was jenseits von gut und sauber war". Ein Chronist schreibt: „Die aus dem Teich beständig aufsteigenden Dünste sowie die schädlichen Emanationen der darinnen faulenden Tiere und vegetabilischen Substanzen verunreinigten die Atmosphäre in hohem Grade".

Dieser Weiher mag freilich in schlimmster Weise die Gesundheit der mehr und mehr zunehmenden Bevölkerung beeinträchtigt haben. Fürstbischof Franz Ludwig von Erthal gebot deshalb in den 1780er Jahren, diesen schädlichen Tümpel auszutrocknen und aufzufüllen. So entstand an seiner Stelle der heutige schöne „Paradeplatz" mit seinen schattenspendenden Lindenreihen. Auch ließ der Bischof die Straßen pflastern und den durch die Stadt fließenden unsauberen „Seelgraben" in einen Kanal fassen. Dies tat er nicht zur Verschönerung des Stadtbildes, obwohl es in hohem Maße eine solche wurde. Er wollte vielmehr die Ursachen der so häufig auftretenden Epidemien wirksam bekämpfen.

* * *

Nachschrift: Die Pest, auch „Schwarzer Tod", Sühl, Stirbo, pestilentia und pestis genannt, suchte schon seit den frühesten Zeiten (530 n. Chr.) das ganze Abendland oft und schwer heim. 1175 raffte sie in Franken Tausende und Tausende hinweg. 1346 begann der „Schwarze Tod" seinen Vernichtungszug von den Seehäfen Messina und Marseille aus, erreichte 1349 das Bamberger Gebiet, wütete daselbst mehrere Jahre und entvölkerte ganze Gegenden, so daß fremde Ansiedler herbeigerufen werden mußten. 1437, 1462 und 1494 fielen in Nürnberg Tausende und Abertausende unter seinen Hieben. 1482 mußten in Hof an einem Tage 32 Wägen voll Leichen zum Begräbnisplatze gebracht werden. 1495 suchte die Pest Bayreuth heim. Man beschloß dort eine feierliche Prozession zum Bilde der heiligen Jungfrau in Mangersreuth, um Abwendung des Elends zu erflehen. Da jedoch zu befürchten stand, die Seuche möchte bei der Zusammenkunft so vieler Menschen nur noch weiter verbreitet werden, verbot Kunz von Wirsberg, Ritterhauptmann auf dem Gebirge, die Wallfahrt. 1505, 1542, 1554, 1584, 1593, 1598 und 1602 hielt die Pestilenz in Hof, 1553, 1585, 1595, 1602 und 1634 in Bayreuth, 1602 und

1632 in Kulmbach, 1634 in Creußen und 1635 in München=
berg grausige Ernten. 1611 drang sie erstmals in Bam=
berg ein. 1634 hatte sie dortselbst ihr Hauptquartier. In
diesen Zeiten des Schreckens und der Tränen, so be=
richtet der Chronist, standen in allen Städten die Ge=
schäfte still und waren die Schulen geschlossen. Nur die
Totenkarren rasselten in den Straßen. — Anfangs hielt
man die Juden, welche die Brunnen und Flüsse ver=
giftet haben sollten, als die Verursacher der Pest. Aus
diesem Wahn heraus, zuerst im Württembergischen ge=
sät, wuchs furchtbare Frucht: die allenthalben mit Mord
und Brand einsetzende Verfolgung der Judenschaft. —
Daneben betrachtete man Gottes Zorn als Ursache der
unerhörten Sterbensnot. Sogenannte „Pestbilder" aus
damaliger Zeit stellen Gott Vater dar, wie er, auf Wol=
ken thronend, Pestpfeile auf die sündige Menschheit
schleudert. — Wieder andere meinten, die Gestirne be=
sonders die Planeten Mars und Saturn, auf Gottes
Befehl unheilvoll zu einander gestellt, seien, begünstigt
durch Erdbeben, Nebel, Sümpfe, Winde und Unflat,
die Erreger des Pesthauches, der sich rächend auf die
Menschheit stürze. — Man unterschied zwei Formen der
Krankheit: die Lungenpest mit Fieber, Entzündung
und blutigem Sputum, die gewöhnlich schon nach drei
Tagen den Tod brachte, und die Beulen= oder Bubonen=
pest mit eiternden Drüsenanschwellungen, die in der
Regel nach acht Tagen die Auflösung herbeiführte. —
Nachdem der „Schwarze Tod" 1703 zu Regensburg noch
etwa 600 Opfer gefordert hatte, ging seine Herrschaft mit
dem Jahre 1730 in Deutschland zu Ende.

4. Die Forchheimer Hundsbrücke
Sage

Dem Marktplatze zu Forchheim schließt sich nordwärts die Alleestraße an. Von ihr leitet rechter Hand die sogenannte „Hundsbrücke" über den „Fluß" (rechten Wiesentarm) zur Wiesentstraße. Diese Brücke verdankt ihren besonderen Namen folgendem sagenhaften Ereignisse:

Ein lustiger „Bruder Straubinger" befand sich auf der Walz von Norddeutschland, allwo er sich durch fleißige Arbeit einige Taler erübrigt hatte, in seine bayerische Heimat.

In der alten Bischofsstadt Bamberg angekommen, hielt er gleich im ersten Wirtshause, das sich mit seinem großen Blechschilde aufdringlich bemerkbar machte, Einkehr. Mit Speis' und Trank gelabt, lauschte er am Tischlein neben der Türe still und beschaulich der lebhaften Gespräche der Zecher.

Da übertrat ein neuer Gast die Schwelle: ein hagerer Mann mit rotem Bart, Hakennase und finsteren Augen, einen krempenlosen Spitzhut mit Hahnenfeder auf dem Haupte.

Der setzte sich neben den Fremden und begann nach üblichem Woher — Wohin mit ihm zu disputieren. Bald zog er aus der Innentasche seines Wamses ein Kartenspiel, mischte und teilte aus. Mehr gezwungen denn „aus freien Stücken" machte unser Handwerksbursche mit. Und das Glück war ihm lange hold. Dann aber schlug es um. Mit einem Male. Nicht nur die gewonnene Summe, auch sein sauer erspartes Eigengut ging dahin. Fast bis auf den letzten Groschen. Mißmutig schaute er drein, als der andere das viele Geld einstrich.

Der Rotbartige aber tröstete ihn, indem er sprach: „Heute noch werde ich dir Geld und Gold verschaffen, mehr als du nötig hast." Dann ging er ohne Gruß davon.

Der Handwerksbursche kampierte während der Nacht auf einer Holzbank in der Wirtsstube. Es mochte zwölf Uhr sein, da öffnete sich die Tür und herein trat der Rotbart. Stumm winkte er dem erschrockenen Burschen, ihm zu folgen. Der tat es. Tat es mit unwiderstehlichem Drange. Der andere führte ihn zur Martinskirche. Dort stand eine Leiter vor dem geöffneten Fenster. „Steig ein", raunte der Versucher ihm zu, „und hole dir so viel du kannst, aber schnell!" Der Gewissenlose gehorchte. Er erbrach die Opferstöcke und den Tabernakel, füllte die Taschen mit Geld, barg die Monstranz in ein Tuch und verließ das so schändlich beraubte Gotteshaus durch das Fenster, wie er gekommen. Kaum hatte er von der untersten Sprosse aus den Fuß zur Erde gesetzt, da schlug die Turmuhr des neuen Tages erste Stunde. Rotbart und Leiter waren in diesem Augenblicke verschwunden.

Der Handwerksbursche verließ die Stadt so schnell er konnte und wanderte gen Forchheim. Als der Morgen graute, fiel ihm mit Schrecken ein, die geraubte Monstranz berge ja noch die heilige Hostie. Er knüpfte sein Bündel auf, öffnete das goldene Gefäß mit zitternden Händen und legte den heiligen Leib des Herrn in ein nahes Weizenfeld. Dann ging er weiter.

Am gleichen Tage kamen die Schnitter, den reichen Erntesegen einzuheimsen. Es fiel ihnen auf, daß am Ende des Ackers, ganz nahe der vorüberführenden Straße, ein Bienenschwarm geschäftig hin und her flog. Sie traten näher, wurden aber von den aufgeregten Bienen in die Flucht getrieben. Dies wiederholte sich mehrere Male.

Des Weges kam zufällig der Pfarrherr ihrer Gemeinde. Der wollte sehen, was es hier gäbe. Und siehe, die Bienen wichen zurück und ließen ihn ungehindert das Grundstück betreten. Auf der Stelle aber, wo die Immen so geschäftig zu= und abgeflogen waren, sah der Priester die heilige Hostie in einem zierlichen, zartgelben Wachsrahmen, den die kleinen Künstler, die nun sonderbarerweise in alle Winde zerstoben waren, schützend um sie gelegt hatten. Der Betroffene nahm den heiligen Leib des Herrn in seine Hände und trug ihn, gefolgt von den betenden Schnittern, heim ins Gotteshaus.

Indessen hatte der Handwerksbursche Forchheim erreicht. Dort aber ereilte ihn Gottes strafende Hand. Kaum war er nämlich in die Stadt eingetreten, so sprangen ihm aus allen Häusern und Gassen kläffende Hunde entgegen. Raschen Schrittes flüchtete er in die Alleestraße, sah aber auch dort vom Marktplatze her eine wütende Meute auf sich losstürzen. Das gleiche Schauspiel bot sich dar, als der Unselige in eine Seitengasse einbog, um über die Wiesent= brücke zu entkommen. Die Hunde des jenseitigen Stadtteils verwehrten ihm zähnefletschend und heulend die Flucht. So sah der Gotteshausschänder mitten auf der Brücke sich von einem undurchdringlichen Wall grimmiger Bestien ein= geschlossen, die ihn in Stücke zu zerreißen drohten.

Der Höllenlärm lockte eine Anzahl Bürger herbei. Die vermuteten in dem Burschen sofort einen Verbrecher, erhiel= ten jedoch auf ihre Frage, was er bei sich trage, eine aus= weichende Antwort. Da entriß ihm ein Beherzter das Bündel und enthüllte zum höchsten Erstaunen aller die gol= dene Monstranz. Mit Wut fiel die Menge über ihn her und schleppte den Ruchlosen vor den Richter, der ihn nach kurzem Verhör einstweilen hinter Schloß und Riegel setzen ließ.

Dort drückte der Bursche während der folgenden Nacht schlaflos sein hartes Lager. Um die zwölfte Stunde hörte er das Kerkerfenster klirren und hinter den Eisenstäben zeigte sich des Rotbarts Gesicht. Der rief ihm höhnend zu: „Deine Seele ist mir verfallen. Bald werde ich sie zur Höllenfahrt abholen!"

Nun erst erkannte der Kirchenräuber, daß sein Verführer kein anderer sei als der Teufel selber. In Verzweiflung löste er seines Felleisens Schnur und erhängte sich.

Als am Morgen der Richter den Beschuldigten zur weiteren Vernehmung vorzuführen befahl, fand man nur noch seine Leiche.

Die Brücke aber, auf der den Gottlosen sein Geschick ereilte, heißt bis auf den heutigen Tag die „Hundsbrücke".

5. Geschichtliches über Forchheim

Im südlichen Teile des ehemaligen Radenzgaues, in fruchtbarer Ebene, dort, wo die Wiesent sich mit der Regnitz vereinigt, liegt die heutige unmittelbare Stadt Forchheim. Als eine der ältesten Niederlassungen unserer fränkischen Heimat sind an ihr fast vierzehnhundert Jahre reicher Wandlungen vorübergerauscht.

Schon die Merovinger, die um 530 das Thüringerreich zertrümmert und die Regnitzlandschaft erobert hatten, siedelten in der Gegend fränkische Leute an. Auch dürfte auf sie die Gründung des gewiß ins 6. Jahrhundert hinaufreichenden Königshofes, der villa regia, zurückzuführen sein. Derselbe erlangte für die Kultur der ganzen Landschaft, besonders unter den Karolingern, außerordentliche Bedeutung.

Karl der Große, der sich schon 793 in Forchheim aufhielt und dessen günstige Verkehrslage erkannte, legte daselbst zu Beginn des 9. Jahrhunderts einen Warenstapelplatz an, bestimmt für die Güter der deutschen Kaufleute, die von Norden her über das heutige Franken mit den Donauländern in regstem Handelsverkehr standen. Sie hatten auch, laut kaiserlichem Befehle, ihre Waren in Forchheim auszulegen und feilzubieten. Dagegen war ihnen der Verkauf von Waffen aller Art an die Slaven, die zwar von den Franken unterjocht, aber noch nicht zum Christentum bekehrt und deshalb immer noch gefürchtet waren, strenge verboten.

Zur Erleichterung des Handelsverkehrs hatte der Kaiser die berühmte „Nordsüdstraße" anlegen lassen: von Bardowick[1]) über Magdeburg und Erfurt durch den Itzgrund zum Main- und Regnitzgebiet, von da am Hetzlas (Leyerberg) entlang über Brand, Unterschöllenbach, Lauf, Hersbruck,

---

[1]) Bardowick = eine der ältesten Siedlungen Norddeutschlands, an der Ilmenau im preußischen Regierungsbezirk Lüneburg gelegen, zur Zeit Karls des Großen und auch später sehr wichtiger Handelsplatz, 1189 von Heinrich dem Löwen zerstört. Als dieser durch Kaiser Friedrich Barbarossa überwunden und auf sieben Jahre deutschen Landes verwiesen worden war, suchte er im Frühling 1182 auf seiner Ausreise nach England zu Bardowick um ein Nachtlager nach. Die Bürger aber verschlossen die Tore und verhöhnten ihn von der Mauer herab auf schmähliche Weise. Da drohte er ihnen mit geballter Faust, wenn das Glück sich ihm wieder zuwende, wolle er sie außer Stand setzen, je wieder einen Fürsten zu beleidigen. Als er 1189 aus seiner Verbannung zurückkehrte, erstürmte er das feste Bardowick, ließ die Mauern schleifen, die Gräben ausfüllen und die Häuser niederbrennen. An Stelle der einst so mächtigen Stadt entstand später nur mehr ein kleiner, unbedeutender Flecken.

Lauterhofen, Kallmünz und Regensburg bis Lorch²) im heutigen Oberösterreich.

Die Straße mied das damals noch unbedeutende „Castell Babenberg" der Überschwemmungen und vielen Sümpfe wegen und leitete, unter östlicher Umgehung des Hauptsmoorwaldes (damals ein mit Eichen und Buchen bewachsener Urwald), von Hallstadt über Bruckertshof, Krammersfeld, Marquardsburg (Schloß Seehof), Schweizerei, Pödeldorf, Naisa, Geisfeld, Amlingstadt (von da Abbiegung zur Flußübergangsstelle Saßanfahrt), Buttenheim und Eggolsheim nach Forchheim. Hier wie in Hallstadt waren zur Sicherung des Verkehrs ständige Wachen errichtet, erstere 805 unter dem Befehle eines Edlen Adulf, letztere unter dem eines Grafen Madalgoß.

Außerdem führte von Forchheim ein sogenannter Königsgüterweg über die „Lange Meile" (Kalteneggolsfeld, Teuchaß, Tiefen- und Hohenpölz) zur villa regia Königsfeld (damals Cunniggeshof benannt), eine Hochstraße über den Steigerwald gen Würzburg und ein uralter Handelsweg durch das Wiesenttal in die Bayreuther Lande und nach Böhmen.

So war denn Forchheim nicht nur eine wichtige Etappe für den Durchgangsverkehr, es wurde auch Brennpunkt des Handels mit allen umliegenden von Thüringern, Bajuwaren, Franken, Sachsen und Slaven bewohnten Gebieten: dem Radenzgau, Volkfeldgau, Chegau, Iphigau, Rangau, bayerischen Nordgau und Egergau.

Mit der Bedeutung als Verkehrs- und Handelsplatz ging des Ortes hervorragende Kulturtätigkeit zu damaliger

---

²) Lorch = Siedlung in Oberösterreich, Bezirkshauptmannschaft Linz, an der Mündung der Enns in die Donau gelegen, einer der wichtigsten militärischen Punkte der Römer in diesem Gebiete, bereits unter Kaiser Marc Aurel als Kolonie Laureacum gegründet.

Zeit Hand in Hand. Als Königshof förderte Forchheim in erster Linie die rasche Urbarmachung, Bebauung und Besiedlung des noch unwirtlichen Umlands. Er war als solcher aber auch ein starkes Bollwerk gegen das von der Saale und dem Fichtelgebirge her in immer größeren Massen vordrängende Slavenvolk, dann eine vorzügliche Stätte zur Verbreitung deutscher Sprache, Sitte und der christlichen Religion.

Die Anfänge der alten, dem heiligen Martin von Tours geweihten Kirche reichen, wie die Gründung des Königshofes selbst, ins 6. Jahrhundert, also in die Zeit der Merovinger, zurück. Diese wählten gerne den volkstümlichen Heiligen Galliens für neue Kirchen und Kapellen als Patron, und wo immer in unserem Heimatlande ein Gotteshaus diesem geweiht ist, dürfen wir annehmen, daß es schon die Merovinger — oder nach ihnen die Karolinger — gegründet hatten. Hiezu zählen im Bereiche des Königshofes Forchheim noch die Kirchen zu Eggolsheim und Troschenreuth sowie die Kapelle im Altstädter Friedhofe bei Erlangen.

Von der villa regia Forchheim aus, wo sich im Laufe der Zeit ein zahlreicher Klerus gesammelt hatte, begann, unterstützt von den Königshöfen Hallstadt und Königsfeld, mit Hilfe der fränkischen Beamten und Adeligen die Christanisierung des Radenzgaues, ostwärts bis über Pegnitz hinaus, nach Norden bis an die Abhänge des Fichtelgebirgs.

Kein Wunder, wenn bei dieser Bedeutung Forchheims daselbst die Reichskleinodien[1]) verwahrt lagen, die fränkischen

---

[1]) Zu ihnen zählten: 1. die heilige Lanze (ehemals im Besitze der Kaiserin Helena, war sie an König Rudolph von Burgund, von diesem an Kaiser Heinrich I. übergegangen), 2. die goldene Spange, 3. der purpurne Mantel, 4. das Schwert, 5. die Krone der alten Könige, 6. das Szepter.

Kaiser glänzende Reichsversammlungen abhielten, mit den Fürsten des Landes zur Beratung der Reichsinteressen zusammentrafen und ihre Truppen gegen die Reichsfeinde hier sammelten.

Kaiser Ludwig der Deutsche weilte viermal in Forchheim, Kaiser Arnulf (Herzog von Kärnthen), der 887 daselbst auf den Thron erhoben wurde, fünfmal. Ihm huldigten hier Gesandtschaften der Elbe- und Oderslaven wie der Dänen. Selbst die Königin von Niederburgund erschien am Forchheimer Hofe.

Im Jahre 900 ward Arnulfs Sohn, Ludwig das Kind, hier gekrönt — die erste Kaiserkrönung in deutschen Landen.

In Forchheim vollzog sich, nachdem es 902, 903, 905 und 906 große Reichstage geschaut, 911 nach Aussterben der Karolinger in Deutschland die Wahl Konrads I. von Franken zum deutschen König und damit ein Ereignis weltgeschichtlicher Bedeutung: die Errichtung des deutschen Königtums.

918 ließ Konrad I. Wälle um Forchheim aufwerfen und diese mit Balkenwerk befestigen. Damit war die Erweiterung des Ortes so gut wie abgeschnitten. Bamberg und Nürnberg, um jene Zeit noch unbedeutende Siedlungen, war dagegen die Möglichkeit gegeben, sich nach und nach zu bedeutenden Handelsplätzen auszubilden.

Heinrich dem Finkler, Konrads Nachfolger, wird die weitere Befestigung des Ortes mit einfachen Mauern (hinter den Wällen) und vier Toren zugeschrieben.

961 hielt Kaiser Otto I., der Große, vor seinem zweiten Zuge nach Italien in Forchheim einen Reichstag ab. Auch sein Nachfolger, Otto II., weilte 976 in dessen Mauern.

Forchheims Glanzperiode währte bis zum Beginn des 11. Jahrhunderts. Erst das Aufblühen Nürnbergs, noch mehr die Gründung des Bistums Bamberg durch Kaiser

Heinrich II., den Heiligen, brachten Wandel in die Verhältnisse des so berühmt gewordenen Ortes.

Im Jahre 1007 fand die Einverleibung des Königshofes mit seinem ganzen Gebiete in die Dotationen des neuen Bistums statt. Damit hörte Forchheim auf, Königsgut zu sein. Es wurde statt dessen Besitztum des jeweiligen Bischofs von Bamberg.

Wie Nürnberg den Handel an sich gezogen, so hatte nun die neue Bischofsstadt das Bekehrungswerk an den Slaven übernommen, die immer noch, besonders im nördlichen Teil des Bistums und auf den Jurahöhen, starr an ihren heidnischen Gebräuchen festhielten und in verschwiegener Nacht gar manche Opferfeuer für Swantowit, ihren Götterkönig, entzündeten.

Im Jahre 1040 zog Kaiser Heinrich III. den Königshof Forchheim mit allen seinen Gütern und Dörfern wieder an sich und ließ ihn durch seinen Dienstmann Otinant verwalten. Ein Streit zwischen ihm und dem Bistum Bamberg soll der Grund hiezu gewesen sein. Erst sein Sohn und Nachfolger, Heinrich IV., ließ sich durch das dringende Ersuchen der Erzbischöfe von Mainz und Köln sowie der zu Hersfeld versammelten Großen des Reiches 1062 bewegen, den Königshof mit allen seinen Zugehörungen dem Bistum Bamberg wieder zurückzugeben.

Nur noch zweimal war die ehemalige villa regia Schauplatz glänzender Fürstenversammlungen: 1077, als die Großen des Reiches mit dem Gesandten des Papstes Gregor VII. die Absetzung Heinrichs IV. und die Aufstellung des Herzogs Rudolph als Gegenkönig berieten, und 1149, da der Hohenstaufenkaiser Konrad III., mit seinem Kreuzheere aus Palästina zurückgekehrt, daselbst den letzten „Fürstentag" veranstaltete.

Dann wurde es still in Forchheims Mauern, fast hundert Jahre lang. 1246 aber überfiel „mitten im Frieden" der Gegenkönig Heinrich Raspe von Thüringen den Ort und zerstörte die alte, ehrwürdige Kaiserpfalz bis auf den Grund.

Besonders verdient um Forchheim machten sich aus der Reihe der Bamberger Fürstbischöfe Lupold von Bebenburg und Lambert von Brunn. Ersterer verwandelte am 3. Februar 1354 die Martinskirche in ein Kollegialstift[1]) für Weltgeistliche mit einem Propste, einem Dechant und acht Chorherren, das sie bis 1803 blieb[2]). Letzterer kaufte die auf der Stätte der früheren Kaiserpfalz entstandenen Wohngebäude an, ließ sie niederlegen, gegen Ende des 14. Jahrhunderts daselbst eine feste Burg errichten — die „fürstbischöfliche Residenz" oder „Bischofspfalz" — und sie nach Art der damaligen Burgbauten mit Mauern und Gräben umgeben[3]). Unter seinem Vorsitz fand in dieser neuen „Pfalz" 1399 eine Versammlung deutscher Fürsten statt, die über die Absetzung König Wenzels, der sich durch seine Trägheit, Trunksucht und Grausamkeit (Tod des heil.

---

1) Es sollte anfangs ein Stift für die Augustiner werden. Da sich jedoch der Klerus widersetzte, errichtete der Bischof ein solches für betagte Seelsorger, dessen Kanoniker in der sogenannten Pfaffengasse wohnten.

2) Das Stift wurde durch die Säkularisation aufgehoben; die Geistlichen, ihrer Funktionen entsetzt, erhielten eine entsprechende Abfindungssumme.

3) Die alte, 1246 zerstörte Kaiserpfalz bestand aus der steingebauten Königswohnung und dem mehr „hölzernen" Meierhof. Erstere enthielt neben einer Kapelle die Räumlichkeiten für den Herrscher und seine Hofbeamten. Der mit ihr in Verbindung gestandene Meierhof diente, wie schon der Name sagt, landwirtschaftlichen Zwecken und enthielt die Unterkunftsräume für das niedere Personal. Das Ganze, umgeben von Wall und Graben, stand an Stelle der heutigen „Bischofspfalz" (des alten fürstbischöflichen Schlosses).

Johannes von Nepomuk) im ganzen Reiche verächtlich gemacht hatte, berief. Bischof Lambert behielt sich auch, als er 1399 auf das Bistum Bamberg verzichtete, „sein liebes Schloß" nebst der Stadt Forchheim sowie dem „Castell Reuth" auf Lebenszeit zur Nutznießung vor, starb aber schon nach einem halben Jahre.

Wie er, so weilten auch seine Nachfolger oft und gerne in der „Bischofspfalz", besonders zu unruhigen Zeiten. Als Bischof Anton 1433 wegen des Immunitätsstreites gegen das Kloster Michelsberg von den Bambergern gewaltsam vertrieben wurde, flüchtete er zunächst nach Giech, dann nach Forchheim. Hier sammelte er eine starke Macht und zog 1435 an deren Spitze gen Bamberg, die Bewohner, die inzwischen das Kloster Michelsberg zerstört hatten, zur Vernunft zu bringen. Er zwang sie auch zum Gehorsam und ließ eine Anzahl Bürger mit dem Schwerte strafen.

Im Herbste 1524 lehnte die Gemeinde Forchheim die weitere Entrichtung des Zehnts ab und verlangte vom Bischof Weigand Wald=, Wild= und Fischwasserfreiheit. Da eine gütliche Übereinkunft nicht zu erzielen war, zog der Bischof mit bewaffneter Macht gen Forchheim, züchtigte die Widerspenstigen mit gebührender Strenge und stellte Ruhe und Ordnung wieder her.

An dem nach Ostern 1525 ausgebrochenen Bauernaufstand nahmen die Forchheimer, eingeschüchtert durch die schlimmen Erfahrungen des vorausgegangenen Jahres, keinen Anteil. Deshalb wurden auch Amt und Stadt, als über die Straf= und Entschädigungsgelder verhandelt wurde, „wegen treuer Ergebung und Ruhe" von aller Pön freigesprochen.

Sehr schwer wurde Forchheim im Markgräflerkriege heimgesucht. Am 12. Mai 1552 war Markgraf Albrecht mit seinen nach Beute lüsternen Söldnerscharen ins Fürstbis=

tum eingedrungen. Nachdem er sich aus Bamberg 80 000 Gulden „herausgeholt" hatte, zog er gen Forchheim und forderte die durch den Kommandanten Klaus von Egloffstein verteidigte, aber nach alter Art nur mangelhaft befestigte Stadt zur Übergabe auf. Während die Bürgerschaft auf dem Stadthause beriet, was zu tun sei, ließ der Markgraf die Tore sprengen, seine Soldaten eindringen und die Wohnungen plündern. Überdies forderte er noch eine Brandschatzung von 30 000 Gulden. Bischof Weigand von Redwitz, aus Bamberg verjagt, hielt sich während dieser Ereignisse abwechselnd in Forchheim und auf der Feste Rosenberg bei Kronach auf.

Diese kriegerische Heimsuchung veranlaßte die Fürstbischöfe, das nahe der Grenze gegen die Markgrafenschaft Ansbach-Bayreuth gelegene Forchheim mehr und mehr zu befestigen. Dabei fand das Stadtgebiet insofern eine bedeutende Erweiterung, als die außerhalb der alten Mauern gelegenen Vorstädte in die eigentliche Stadt einbezogen und das Ganze mit neuen, starken Festungswerken umschlossen wurde. Es bauten:

Georg IV., Fuchs von Rügheim, 1557 die Wallmauer;
Veit II. von Würzburg 1552 und 1561 die zwei Basteien neben dem Sattlertor, 1567 das Reuther Tor, 1570 das alte Nürnberger Tor und die Nürnberger Torbastei;
Johann Georg I. von Gibelstadt 1578 das Sattlertor;
Johann Philipp von Gebsattel 1608 die Reuther Torbastei.

Die Befestigung der Stadt mit starken Mauern, Bastionen, Gräben und Wällen gereichte dem Hochstifte im Dreißigjährigen Kriege zum höchsten Nutzen. Bei dreimaliger Belagerung vermochte Forchheim den Schweden erfolgreichen

Widerstand zu leisten. Als die Feinde 1632 nach vergeblicher Anstrengung, die Feste zu erstürmen, bei dem Dorfe Reuth die Wiesent abgraben und dadurch der Stadt das Wasser entziehen wollten, wurden sie durch einen kühnen Ausfall der Belagerten vertrieben. Mehrere Gefangene sollen bei lebendigem Leibe in das bereits ausgehobene neue Flußbett, noch heute unter dem Namen „Schwedengraben" bekannt, begraben worden sein.

Ein Jahr darauf, 1633, versuchten die Schweden wieder, Forchheim in ihre Gewalt zu bekommen. Dem Herzoge Bernhard von Weimar, so schreibt der Chronist, sauste vor den Mauern eine Kanonenkugel dicht am Kopfe vorüber. Da zog der Held des Dreißigjährigen Krieges einfach seinen Hut und rief den Bürgern ehrfurchtsvoll zu: „Ich danke euch, ihr Forchheimer, daß ihr mich so freundlich empfangen habt!" Einige Tage später aber war er während der Nacht mit seinen Truppen in aller Stille abmarschiert. Ebenso vergeblich war die dritte Belagerung im Jahre 1634.

Auch nach dem Dreißigjährigen Kriege wurde die Befestigung Forchheims durch die Fürstbischöfe fortgesetzt und verstärkt. So bauten:

Philipp Valentin 1655—56 die zwei Valentinibasteten und 1662 die Dreikirchenbastei;

Peter Philipp von Dernbach 1672—77 das Nürnberger Torwerk;

Marquard Sebastian 1683 die Neuwerkbastei;

Lothar Franz von Schönborn 1698 das neue Nürnberger Tor;

Friedrich Karl von Schönborn 1740—46 das Reuther Torvorwerk (vollendet 1747 durch Johann Philipp Anton von Frankenstein).

Demgemäß vermochte sich die Stadt im Siebenjährigen

Kriege, besonders 1758 und 1762, auch gegen die Angriffe der Preußen zu behaupten.

Im August 1797 lagerte General Lefebre vor Forchheims Mauern. Von 1799 bis 1801 war die Festung bald in den Händen der Franzosen, bald in jenen der Österreicher.

Im Jahre 1803 endlich fiel Forchheim mit dem Fürstbistume Bamberg der Krone Bayerns zu. 1833 wurde es seiner Eigenschaft als Festung entkleidet.

Seit 1870 entwickelte sich Forchheims Handel und Gewerbe in ungeahnter Weise. Mehr und mehr industrielle Unternehmungen taten sich auf. Mit dieser industriellen Entwicklung gingen die stetige Zunahme der Bevölkerung und die Ausbreitung der Stadt Hand in Hand. Ein großer Teil der Festungsmauern, besonders nach Osten und Süden hin, mußte weichen. Neue Straßenzüge wurden angelegt. Moderne Straßenteile entstanden. Weitere Bebauungspläne sind aufgestellt.

1889 ist Forchheim unmittelbare Stadt geworden.

Die Nonnen auf der Ehren=
bürg und auf dem Reifenberg

Sage

Das untere Wiesenttal beherrschen zwei mit Heiligtümern bekrönte Berge: im Süden die Ehrenbürg mit dem alten Walburgiskirchlein, im Norden der Reifenberg mit seiner hellschimmernden Nikolauskapelle.

An Stelle der letzteren erhob sich vor langer, langer Zeit die Stammburg der Reifenberger, eines schon zu Anfang des 13. Jahrhunderts erloschenen Reichsherrengeschlechtes. 1151 wird ein Reginoldus de Reifenberc beurkundet. Eber=
hard und Reinhold, die letzten ihrer Sippe, begleiteten Fried=
rich Barbarossa auf dessen Fahrt ins heilige Land. Nach deren frühem Tod fiel Reifenberg ans Fürstbistum, später pfandweise an Eberhardt von Schlüsselberg. 1319 finden wir als bambergschen Burghutarii auf der Feste einen Alman von Hetzelsdorf, 1348 einen Otnant von Eschau. Über den Untergang des Felsennestes fehlt jede urkundliche Nachricht.

Ungleich wuchtiger als der Reifenberg steigt die lang=
gestreckte, in ihrer Mitte stark eingesattelte Ehrenbürg am Südrande des Tales jäh empor. Als ein treuer Wächter scheint der allein stehende Berg dem eigentlichen Jurazuge vorgelagert, gleich seinem Zwillingsbruder weiter droben im Norden: dem Staffelberge. In seiner Einsattelung trägt der bis zu 532 Meter über dem Meere emporstrebende Berg=
riese ein uraltes Kirchlein, der heiligen Walburgis, Schwester des heiligen Willibald, ersten Bischofs von Eichstätt, geweiht. Beide, so meldet die Geschichte, wetteiferten als treue Ge=
hilfen des heiligen Bonifazius nicht nur die Lehre des Evan=

geliums, sondern auch die Segnungen der christlichen Kultur in Bayerns fruchtbaren Gefilden zu verbreiten. Ihre Tätigkeit mag sich von Eichstätt her bis in unsere Landschaft erstreckt haben, so daß die Walburgiskapelle gleichsam als nördliche Grenzmarke ihres Bekehrungswerkes zu betrachten ist. Das jetzige Kirchlein erbauten an Stelle der früheren Holzkapelle die Herren von Wiesenthau, denen der Berg zu eigen war und die bis 1814 den Kirchenschutz ausübten. Am Feste der Kirchenpatronin (1. Mai) gingen aus den umliegenden Pfarreien große Wallfahrten zur altehrwürdigen Kapelle. Von diesem frommen Brauche ist man längst abgekommen. Nur der Gottesdienst in dem sonst vereinsamten Heiligtum, der seit Jahren auf den ersten Sonntag des Wonnemonds verlegt wurde, hat sich erhalten. Ihm schließt sich auf dem weitgedehnten Tafelrücken der bekannte „lustige Jahrmarkt" mit „Volksfest" an, zu dem alljährlich Tausende von Gästen aus der nahen und fernen Umgebung „wallen".

Von beiden Stätten, Ehrenbürg und Reifenberg, erzählt man sich in den umliegenden Dörfern mancherlei Sagen, deren schönsten eine die von den Nonnen ist.

Nach dem Volksmunde wohnten nämlich auf den zwei Bergen in stiller Abgeschiedenheit Klosterfrauen. Die mieden jeden Umgang mit dem Volke so viel sie konnten. Unter sich aber, das heißt von Berg zu Berg, standen sie in regem Sprechverkehr. Trotz stundenweiter Entfernung vermochten sie gegenseitig ganz leicht mit einander zu reden, so wie etwa zwei Nachbarsfrauen über den trennenden Garten= zaun hinweg. Auch von Bamberg her, über die „Lange Meile", vernahmen sie das klägliche Wimmern des Arme= sünderglöckleins so deutlich, als schalle es vom nächstge= legenen Dörflein zur Bergeshöh herauf. Stets hielten sie dann ein in ihrer Arbeit, für das Seelenheil des in der fernen Stadt zum Richtplatz geführten Verbrechers ein Vaterunser betend.

Eines Tages waren die Nonnen auf beiden Bergen mit dem Aufhängen der Wäsche rege tätig. Dazu benötigten sie weder Pfahl noch Leine. Sie hoben die Stücke einfach in die Luft, wo sie ohne jede Stütze hängen blieben. Wie immer so auch heute. Da tönte mit einem Male über den Berg= wald das Bamberger Sünderglöcklein. Es sagte die Reifen= berger Schwester hinüber zur Ehrenbürgerin: „Horch! Drinnen in der Stadt wird schon wieder einer zum Richt= platze geführt." „Wird's halt verdient haben", lautete die unwirsche Gegenrede. Und beide vergaßen das übliche, sonst mit so großer Andacht gesprochene Vaterunser. Zum ersten Male! Da fuhr am Berggehäng herauf, über Rasen= land und Wald, ein heftiger Windstoß. Der riß, hier wie dort, mit Wucht die Wäschestücke herab und wirbelte sie wild umher. Dann Ruhe wie zuvor. Erschrocken griffen die Nonnen zu, die noch feuchten Linnen wieder in die Luft zu heben. Doch vergebene Mühe! Sie blieben nimmer ohne Stütze hängen. Auch in der Folge nicht. Überhaupt nie mehr. Ebenso war die Zwiesprach von Berg zu Berg un= möglich geworden.

Die Frauen erkannten es als Strafe Gottes und bereuten ihre Herzenshärte, dies um so mehr, als ihnen gar bald die Kunde ward, jener Arme, dem sie das fürbittende Geden= ken versagten, sei in tiefster Reue, wie selten einer, aus dem Leben geschieden und habe noch im letzten Augenblick die zu= schauende Volksmenge um das Almosen eines Vaterunsers für seine Seele gar herzlich gebeten.

* * *

Eine andere Sage behandelt den gleichen Stoff in etwas abweichender Weise. Sie lautet ungefähr so:

Einst stand auf der Ehrenbürg (soll wohl heißen „auf dem Reisenberg") eine Burg, die nach dem Tode der Eltern auf deren drei wunderschöne Töchter überging. Letztere erfreuten sich der Gunst eines überirdischen Wesens, das ihnen mehrere wunderbare Gaben verliehen hatte. Die hervorragendste derselben war diese: Ließen die Schwestern ihr Leinenzeug waschen, so mußten sie solches nicht, wie es bei gewöhnlichen Menschenkindern der Fall ist, zum Trocknen an einem Seile aufhängen — nein! Sie durften es nur in die Luft werfen. Dort blieben die Wäschestücke ohne sichtbare Stütze hängen und zwar so lange, bis sie trocken waren. Dann fielen sie von selbst wieder herab.

Schon lange hatten die drei Schwestern sich dieser Gabe erfreut, als ein Dorf drunten am Bergesfuße schwer heimgesucht wurde — ob durch Feuers= oder Wassernot, läßt die Sage dahingestellt.

Zwei der Schwestern eilten mit dem Burggesinde ungesäumt und hilfsbereit zu Tale. Die dritte und jüngste aber lachte der Bedrängten Not und meinte, es sei ihnen recht geschehen, sie hätten es nicht besser verdient.

Da entzog der gute Geist der Schadenfrohen für immer seine Huld und die damit verbundenen Gaben, während ihre Schwestern dieselben zeitlebens genossen.

Der verborgene Schatz auf der Ehrenbürg

Sage

Schon in altersgrauer Zeit erzählte man sich, im süd=
westlichen Gehänge der Ehrenbürg, ob Schlaifhausen,
befinde sich eine Höhle, in der ein großer Schatz verborgen
liege. Ganz nahe stehe ein Fichtlein und nebenan ein
Wacholderstrauch. Unter letzterem liege der Schlüssel, mit
dem die Höhle zu erschließen sei. Wer den fände, der könne
leicht zu unermeßlichem Reichtum gelangen. So viele aber
nach dem Schlüssel suchen mochten, es fand ihn keiner. Auch
vom Fichtlein und Wacholderbusch war nirgends eine Spur
zu entdecken.

Der alte Schustersmartin zu Wiesenthau hatte einen Lehr=
buben, gebürtig aus Leutenbach. Der war wohl kein Licht,
aber willig und arbeitsam. Als leichtgläubig bekannt,
banden ihm seine Kameraden die schnurrigsten Dinge auf.
Er nahm alles für bare Münze. Diese Tatsache war auch
dem Schustersmartin, der gerade kein Spaßverderber war,
nicht verborgen geblieben.

Als der Lehrbub eines Sonntags in der Frühe den
Meister bat, seine Eltern in Leutenbach aufsuchen zu dürfen,
setzte dieser eine wichtige Miene auf und sprach: „Gut, es
mag sein. Aber merke dir wohl: Du nimmst deinen Weg
über die Ehrenbürg. Ob Schlaifhausen siehst du am Gehänge
ein Fichtlein stehen und daneben einen Wacholderbusch.
Darunter liegt der Schlüssel, mit dem du die Höhle rechter
Hand, deren Eingang dir vor Augen liegt, leicht aufsperren
kannst. Darinnen steht eine Truhe, angefüllt mit gleißenden
Goldstücken. Nimm davon, so viel du kannst. Geh nun mit
Gott!"

Der Lehrbub machte sich nach einem gedehnten „Ja" auf den Weg. Schmunzelnd und kopfschüttelnd über dessen Beschränktheit schaute der Meister ihm nach.

Der Knabe, ein „Sonntagskind", kam an die bezeichnete Stelle. Schon von ferne sah er das Fichtlein wie grüßend sein Haupt wiegen. Unter dem Wacholderbusch fand er, genau wie der Meister sagte, einen Schlüssel, blitzblank, als sei er eben hingelegt worden. Mit dem erschloß er die Tür zur Höhle und stand staunend vor der goldgefüllten Truhe. Daneben saß eine Frau. Die nickte ihm freundlich zu und ermunterte ihn, zu nehmen, so viel er mit beiden Händen greifen könne. Der Knabe tat es und füllte mit den Goldstücken seine Taschen. Dann eilte er — nicht zu seinen Eltern nach Leutenbach, sondern zurück zu seinem Meister.

Der machte freilich große Augen, als ihm der Junge die Goldfüchse auf den Tisch warf, und fragte staunend: „Ja, Bub, ist denn alles so gewesen, wie ich dir sagte? Hast du das Fichtlein und den Wacholderbusch und den Schlüssel, nach denen schon so viele vergeblich gesucht, wirklich gefunden?"

Nach kurzer Bejahung packte der Meister seinen Lehrjungen bei der Hand und eilte mit ihm dem Berge zu, meinend, sie wollten vom Golde holen, was noch zu holen sei, denn wer wisse, wann wieder einmal die Türe zur Höhle offen stehe.

Aber beide, Meister und Lehrbub, fanden nichts mehr, so lange sie auch suchen mochten: weder Fichtlein, noch Wacholderstrauch, noch Schlüssel, noch Höhle. Alles war vom Erdboden weggeblasen. Und so blieb es bis auf den heutigen Tag.

* * *

Nach einer anderen Sage liege auch in der Nähe der Walburgiskapelle, dort, wo die Dolomitenwände steil zum Tale abstürzen, ein hohles Loch, kurz „Hulluch" genannt. Darin sei ein großer Kasten mit Gold verwahrt. Der Teufel selbst aber bewache in Gestalt eines schwarzen Hundes diesen Schatz, dem bis jetzt noch niemand habe „beikommen" können.

* * *

Auf der Ehrenbürg soll sich in vorchristlicher Zeit eine Kultstätte des altgermanischen Kriegsgottes „Er" befunden haben. Nach Einführung des Christentums in unseren Gauen errichteten die Priester an Stelle des heidnischen Opferaltars ein Kirchlein und weihten es der heiligen Walburgis[1]).

Die Legende läßt letztere selbst vorübergehend auf der Ehrenbürg weilen. Die heilige Frau habe dort einmal eine goldene Sichel (nach anderen Quellen eine goldene Pflugschar) in die Luft geworfen, die dann eine zeitlang in derselben hängen geblieben, hierauf zu Boden gefallen und tief in die Erde eingesunken sei. Die Stelle aber, so erzählt der Volksmund, habe noch niemand gefunden, wie denn die Sichel „überhaupt nur durch eine Gluckhenne wieder ausgescharrt werden könne".

---

[1]) Siehe die vorhergehende Sage.

Das Hunnengrab bei Heiligenstadt

Sage

Vom Fränkischen = Schweiz = Städtchen Ebermannstadt führt eine Nahbahn über Gasseldorf in das anfänglich ziemlich breite, dann mehr und mehr sich engende Tal der Leinleiter, berührt das Pfarrdorf Unterleinleiter, das romantisch gelegene Örtchen Veilbrunn und endet bei dem schönen Marktflecken Heiligenstadt, in früheren Zeiten „Lutherisch=Hallstadt" genannt, wohl zum Unterschiede von „Katholisch=Hallstadt", dem alten fränkischen Königshofe bei Bamberg.

In der Nähe des Fleckens erhebt sich ein hoher Erdhügel, den bis 1905 ein offenbar nur mit großer Mühe hinaufgewälzter Dolomitblock krönte. Von alters her bezeichnet der Volksmund die Stätte als „Hunnengrab" und knüpft an sie folgende Sage:

Zu Beginn unserer christlichen Zeitrechnung lebte um Heiligenstadt herum ein germanischer Volksstamm, genannt die „Rodrizen". Eine Fürstentochter desselben, Ildico mit Namen, habe sich durch große Anmut und bezaubernde Schönheit ausgezeichnet.

Als nun die Hunnen 444 n. Chr. unter König Attila oder Etzel, der Gottesgeißel, auf ihrem Zuge gen Frankreich auch unsere Gegend berührten, fiel das lüsterne Auge eines Großen in Etzels Gefolge von ungefähr auf Ildico. Hingerissen von deren unwiderstehlichem Liebreiz, begehrte der Hunne die Germanenmaid zur Frau. Die weigerte sich entschieden. Auch ihre Sippschaft und der ganze Stamm. Der Fürchterliche aber zwang unter den wildesten Drohungen die Jungfrau zur Ehe. Da griff in ihrer Verzweiflung

die Germanin zum Mordstahl und stieß ihn dem Verab=
scheuten zu tiefst ins Herz.

Was aus der mutigen Fürstentochter geworden, ver=
schweigt uns die Sage. Der Getötete aber soll von seinen
Kriegern in den noch heute als „Hunnengrab" bekannten
Erdhügel bestattet worden sein.

* * *

Auch Zwerge bringt der Volksmund mit der genannten
Stätte in Verbindung. Es sollen, freilich vor langer, langer
Zeit, Wichtelmännchen in einer Höhle, die der aufgeworfene
Erdhügel deckt, gehaust haben.

Dieser und jener, so berichtet die Sage, sah sie zu spät=
abendlicher Stunde ihre Schlupfwinkel verlassen und nach
Arbeit suchen. Sie waren nämlich sehr fleißig und machten
sich den Menschen nützlich, wie und wo sie nur konnten: in
Hof und Garten, Feld und Wald. Einige, die in der Nacht
vom Samstag zum Sonntag geboren, also bevorzugte
„Sonntagskinder" waren, wollten mit den Gnomen zu und
ab sogar gesprochen haben.

Als Teuerung und Hungersnot das Land heimsuchten,
verließen die Zwerglein die Gegend für immer. Wohin sie
gezogen, weiß niemand zu sagen.

* * *

Im Juni 1905 ging man daran, das „Hunnengrab" bei
Heiligenstadt zu öffnen. Es stellte sich heraus, daß die Ruhe=
stätte offenbar jene eines schwedischen Offiziers war. Man
stieß zunächst auf Knochenreste eines Pferdes und einige
Eisenteile, in größerer Tiefe auf Menschenknochen und eine

fast vollständige Rüstung. In dem zur Faust geballten linken Eisenhandschuh fand sich der Rest eines Flugblattes. Der rechte Arm mit dem Schwerte lag gestreckt neben dem Körper. Ein kleiner Metallschild am Helme zeigte einen Adler mit zwei Speeren in den Klauen. Die Lanze hatte eine vergoldete Spitze. Schließlich fanden sich einige Geldstücke mit dem Brustbilde Gustav Adolfs, deren Wert nicht feststellbar war, da sich die Erde tief ins Metall eingefressen hatte. Es handelte sich allem Anschein nach um einen Reiteroffizier, der hier, vielleicht auf dem Rückzuge nach der Schlacht bei Fürth, sein Ende gefunden hatte.

Mit der Öffnung des Grabes ist die schöne Illusion von seinem vermeintlichen „Hunnen"-Inhalte verschwunden.

* * *

Vielleicht steht mit dem Ende, das der schwedische Reiter bei Heiligenstadt gefunden, die Sage von der dortigen Schulstiftung in Verbindung. Der Ort sollte nämlich im Dreißigjährigen Kriege wegen Ermordung eines schwedischen Soldaten gebrandschatzt werden und es war schon ein Reitertrupp dorthin auf dem Wege. Begreiflicherweise geriet darob die Bevölkerung in große Aufregung. Da kam dem Lehrer ein rettender Gedanke. Er zog mit den Schulkindern der zur Brandschatzung ausgesandten Abteilung bis zum Traindorfer Brunnen entgegen und rührte durch Absingen eines ergreifenden Kirchenliedes das Herz des feindlichen Befehlshabers so, daß er nicht nur die befohlene Bestrafung unterließ, sondern noch hundert Gulden für arme Schulkinder stiftete. Freudigen Herzens kehrten Lehrer und Schüler ins Heimatdorf zurück und kündeten den bangenden Einwohnern den guten Ausgang ihres gewagten Unternehmens. Das Geld soll den Grundstock zur Heiligenstadter Schulstiftung gebildet haben.

Der Hunnenstein
Sage

Zwischen Streitberg und Gasseldorf erhebt sich rechts des Tales ein hochstrebender Tafelberg mit steil aufsteigender, breiter Dolomitkrone, die von fern gesehen, dem altersgrauen Gemäuer einer mächtigen Burgruine gleicht. Von der Straße aus gabelt wenige Minuten unterhalb Streitbergs ein Fußsteig zu diesem vielbesuchten Höhenpunkte ab. Er bietet hervorragende Aussicht über einen großen Teil der Fränkischen Schweiz, ins Wiesent= und Leinleitertal, in die Bamberger Gefilde und auf die Erlanger Höhen. Der Volksmund nennt den Berg „Hunnenstein" und weiß von ihm folgende Sage zu erzählen:

Als das weltberüchtigte asiatische Volk, die Hunnen, unter ihrem blutdürstigen König Attila im 5. Jahrhundert unserer Zeitrechnung Europa und Deutschland überschwemmten, durchzogen sie verheerend auch die stillen Täler des Jura[1].

Einem Edlen aus „Etzels" Gefolge gefiel es im Tale der „grünen Wiesent" so wohl, daß er den Entschluß faßte, aus dem Heere zu treten und sich mit Weib und Kind hier eine neue Heimat zu gründen.

Hoch droben auf des genannten Berges Höhe baute der Edeling mit Hilfe seiner Gefolgsmannen eine Wallburg aus Holz und Erde und lebte still und zufrieden im Kreise der Seinen.

Wie der Fremdling geheißen, wie lange er hier hauste und welches seines Geschlechts ferneres Schicksal gewesen, darüber läßt uns die Sage völlig im Dunkeln . . .

---

[1] Siehe die vorhergehende Sage.

Viel später, etwa im 12. Jahrhundert, so berichtet der Volksmund weiter, faßte ein Edler aus dem uralten Geschlechte der Auffeß den Entschluß, an derselben Stelle, auf der das längst verschwundene Hunnen=Castell gestanden, eine mächtige Steinburg erbauen zu lassen und sie zu Ehren seines Lieblingssohnes „Ottostein" zu nennen.

Schon waren alle Vorkehrungen getroffen und die Arbeiten begannen. Aber der Bauherr hatte die Rechnung ohne den Geist des hunnischen Vorbesitzers gemacht. Der zürnte über des Auffeßer Vorhaben und warf jede Nacht wieder ein, was tags zuvor die vielen Werkleute mit Mühe aufgerichtet hatten. So mußte denn der Bau nach unzähligen mißlungenen Versuchen endlich für immer aufgegeben werden und der Berg behielt seinen alten Namen „Hunnenstein" bis auf den heutigen Tag.

Der steinerne Ritter bei Streitberg und anderes

Sagen

Wie im Alpenlande und seinem winzigen Abbilde, der Fränkischen Schweiz, die erfinderische Sage „die allmähliche Trennung von Berg und Tal den wuchtigen Schritten eingeborener Riesen zuschreibt, die überall, wo die junge Erde weich und plastisch war, den bildsamen Boden zu bequemen Steigen und Paßgängen umstampften", so finden wir dort in himmelanstrebenden Kalkbergen, hier in schroffen Dolomiten zu formlosem Gestein erstarrte Menschen. Ist es im Berchtesgadener Land der grause König Watzmann, den ob seiner Freveltaten aus der Erde sprühendes Feuer samt Weib und Kindern in Berge umwandelte, so stehen heute, wo sie vor vielen hundert Jahren ihr Geschick ereilte, der „steinerne Ritter" und der „steinerne Schäfer", dieser mit seiner ganzen Herde, unweit Streitbergs.

* * *

Auf hoher Felsenburg daselbst verspricht vor langer, langer Zeit ein kühner Rittersmann sich des Schloßherrn Töchterlein. Dann zieht er, dem Kaiser Lehensdienste leistend, mit diesem fort ins ferne Land. Beim Abschied steckt er der schönen Braut zum Unterpfand ein Ringlein an den Finger. Mit Lorbeeren hofft er in kurzer Zeit sich zu krönen, mit Myrthen seine Maid.

Monde, ja Jahre schwinden ohne Kunde aus dem fernen Osten. Längst ist der Kaiser zurück mit seinem Heere. Der Bräutigam aber bleibt verschollen.

Tief trauert des Streitbergers Tochter um den Ersehnten. Immer schmückt ihren Finger der Ring. Tag und Nacht. Es schien, als gäbe er ihr Kraft das Schwere zu ertragen.

Andere Männer werben um die Maid. Denn sie ist gar hold in ihrer Jugend. Oft rät die Mutter, den Mann, der offensichtlich seiner Braut vergessen, zu streichen aus dem Sinn. Sie möge einem anderen Bewerber die begehrte Hand zum Bunde reichen.

Da endlich gibt die Tochter nach. Aber mit dem Lächeln einer Dulderin. Es folgt das neue Eheverlöbnis. Der Hochzeitstag wird festgesetzt . . .

An einem wonnigen Frühlingsmorgen lacht die Sonne vom blauen Himmel. Der Flieder blüht. Balsamischer Duft liegt überm Land. Vom Felsenschlosse herab naht sich der Hochzeitszug dem Kirchlein. Fröhlich schmettern die Vögel ihre Lieder in die Luft. Hell klingen dazwischen die Glöcklein der Kapelle.

Da steht abseits vom Wege, todtraurigen Blicks, ein bleicher Wandersmann: der verlassene Bräutigam. Dichter Staub deckt sein Gewand. Nach langer, mühevoller Fahrt aus fernem Land, wo er in grausamer Gefangenschaft so lange schmachten mußte, ist er zurückgekehrt. Zu spät! Die Braut schreitet an eines anderen Seite zum Traualtar.

Diese hebt, sie kann dem inneren Drang nicht widerstehen, das Auge. Beider Blicke hängen aneinander. Es strauchelt ihr Fuß. Sie erbleicht, hebt die Hand zum Herzen und bricht unter lautem Schmerzensruf zusammen.

Entsetzen ergreift den Schwarm der Gäste. Der Bräutigam aber vermutet in dem staubbedeckten Manne einen bösen Zauberer. Mit erhobener Hand tritt er vor ihn hin und schleudert einen fürchterlichen Fluch auf dessen Haupt.

Im Augenblick verwandelt die mitleidige Natur den Ver=

wünschten zu Gestein. Heute noch steht am Wege vom Dorf zur Burgruine die schlanke Felsensäule: der steinerne Ritter von Streitberg.

* * *

Am Gehänge zu Füßen der Streitburg liegen um einen ragenden Dolomit Felstrümmer in wildem Gewirr. Der Volksmund nennt sie den „steineren Schäfer und seine Herde."

Ein Hirt weidete hier vor grauen Zeiten auf grünem Rasenland seine Schafe. Von Osten her, über den „Hundsrück" ob Muggendorf, zog ein schweres Wetter. Eilig schoben die blau=grauen Wolkenballen sich näher und prasselnder Regen, untermischt mit Hagelschrot, peitschte die eben noch so friedliche Au und den von würzigen Gerüchen durch= kochten Wald. Dazu zickzackten aus dem Wolkenschwarm fahle Blitze. Mächtige Donner mit knatterndem und pol= terndem Getöse erschütterten die Erde.

Da stieß der Schäfer gegen das göttliche Walten einen schrecklichen Fluch aus. Doch kaum war der den sündigen Lippen entflohn, hatte Gottes Strafgericht den Ruchlosen schon ereilt. Ein Blitzstrahl traf ihn und seine Herde und verwandelte Mensch und Tiere zu Gestein.

Jahrhunderte sind seitdem dahin und langsam stieg der Wald zu Tal. Als mahnender Fels aber steht immer noch inmitten seiner Herde der „steinerne Hirt".

* * *

Bei Streitberg jagt das „wilde Heer" durch den Wald. Vor Jahren wankte ein Jägersmann, der über den Durst getrunken hatte, des Nachts gen Muggendorf.

Als er an die Muschelquelle kam, sauste das wilde Heer über ihn weg. In den Lüften ein Toben, Brausen und Rauschen! Hoi, hussa, hoooh! Hui, holla! Piff, paff, huhu! Hetz, hetz, hetz! Es war ihm, als flögen schwarze, abenteuerlich gestaltete Wolken in rasender Eile am Himmel dahin. Doch können fliegende Wolken kläffen und bellen wie bissige Hunde, krächzen wie Raben und Eulen, wiehern wie ungestüme Rosse, schreien, pfeifen, klappern und lärmen wie hundert Jägersknechte auf wahnsinniger Hetzjagd? Zitternd lag der Muggendorfer am Boden, das Antlitz im taufrischen Grase. Als er sich erhob, waren die Folgen der Nacht verflogen. Ernüchtert setzte er seinen Heimweg fort.

* * *

Zwischen der Ruine Streitburg und dem pavillongeschmückten Galgenberg zieht sich nordwärts eine tiefe Schlucht mit fast senkrechten Felswänden hin: das Schauertal.

Unter den vielen Felstrümmern und Klippen strebt eine von weitem sichtbare Dolomitpyramide empor, die auf schwachem Fuße ein schweres, vorgeneigtes Haupt trägt. Das Landvolk nennt sie den größten „Markstein des heiligen römischen Reiches". An dem Felsblock soll nämlich die Grenzmarkung zwischen dem ehemaligen Bamberger und Bayreuther Gebiete angebracht gewesen sein. Kühn hebt sich der Koloß hervor. Mancher Sturm brauste an ihn vorüber. Aber immer noch hält er Wacht, obwohl der Lauf der Geschichte seine Bestimmung längst überholte.

Der Raubritter Eppelein von Gailingen in der Fränkischen Schweiz

Sagen

Den acht „Eppelein=Sagen" im erften Band der Samm=
lung seien hier drei weitere angefügt.

1. Eppeleins Kirchenritt gen Muggendorf

Bei all seiner Gottlosigkeit versäumte der berüchtigte
Wegelagerer, so er sich auf seiner Burg „Tremaus"
aufhielt, selten einen Sonntagsgottesdienst in Muggendorf.
Der Weg aber, den er von dort in die nicht mehr als eine
halbe Stunde entfernte Kirche nahm, sei, wie der Volks=
mund berichtet, ein geradezu ungeheuerlicher gewesen. Der
Tollkühne sprengte von seiner Burg aus über die Felder
bis zum äußersten Absturze der Talwand, Hochstein (jetzt
Frauenstein) genannt. Auf dem mächtigen, oben abgeplat=
teten Felsen nahm er mit dem Rosse einen Anlauf und
setzte in kühnem Sprunge über Tal und Fluß. Immer sei
er bei diesem halsbrecherischen Unterfangen samt Pferd
wohlbehalten am jenseitigen Ufer angelangt. Daß keiner
seiner Knappen es je gewagt dem Herrn und Gebieter auf
dieser Bahn zu folgen, läßt sich denken. Sie wählten stets
den steilen Fahrweg, der auch heute noch von Trainmeusel
an der dicht bewaldeten Talwand hinab zum Wiesentfluß
und über diesen nach Muggendorf führt. Eines Tages aber
hatte der Ritter einen überaus kühnen und verwegenen
Burschen in seine Dienste genommen. Der vermaß sich
seinen Kameraden gegenüber hoch und teuer, das Wagestück

so gut wie sein „Meister" vollführen zu können. Kurz entschlossen bestimmte er gleich den nächsten Sonntag zur Probe seines Mutes. Als Eppelein, wie schon so oft, Abgrund und Fluß glücklich übersetzt hatte, drückte auch der prahlerische Knecht dem Pferde die Sporen in die Flanken und zwang es zu einem gewaltigen Anlaufe. Fest saß der Teufelskerl im Sattel, doch „der Zauber" fehlte. Roß und Reiter zerschellten elendiglich am felsigen Fuß der Talwand.

2. Eppelein und die Bauersfrau

Einstmals hatte Eppelein, wie schon so oft, mit seinen vierzehn berüchtigten Spießgesellen einen Nürnberger Warenzug überfallen und reiche Beute gemacht. Nicht zufrieden damit, beraubte er seine Opfer auch der Gewandung, so daß die Armen barfuß und im wehenden Hemde dem nächsten Städtlein zuflüchteten.

Die Kunde von diesem neuesten Stücklein verbreitete sich mit Windeseile über das ganze Gebirg. Während die einen sich darüber ergötzten, schüttelten die andern bedenklich den Kopf ob der verwegenen Einfälle des tollen Buschkleppers. Dieser selbst empfand unbändige Freude seinen lieben Nürnbergern wieder einmal tüchtig mitgespielt zu haben.

Wenige Tage darauf erbat sich der Ritter bei der Bäuerin eines Juragehöfts einen Trunk Wasser. Die Frau stand eben am Herdfeuer Butterschmalz auszukochen. Eppelein ließ sich mit ihr in ein Gespräch ein und fragte, ob sie schon von dem neuesten Streich gehört, den der „Tramausler" den Nürnberger Pfeffersäcken gespielt.

„Ei freilich hab ich von dem Schandwerk g'hört", erwiderte das zungenfertige Weib, das den Ritter nicht erkannte. „Dieser Eppelein is a nasser Bursch. Für den wär

ka Galing¹) z' hoch. Aber der verdient ja net amal an
solch'n, a net die Schnur, womit er d'ran aufz'knüpf'n wär.
Den muß amal der Schinder mit sein'm Karrn hol'n. Ich bi
froh, daß ich noch nichts mit ihm z' tun g'habt hab. Ich hab
den Kranketskerl überhaupt noch net amal z' G'sicht kriegt!"

„So ... Du hast den Eppele noch gar net g'sehn?", ent=
gegnete dieser, dem bei des Weibes frechen Worten die
Zornesröte zu Gesicht gestiegen. „Da sollst ihn gleich kennen
lernen!" Dabei griff er zu und steckte der Bäuerin rechte
Hand hinein in das siedende Schmalz, so daß die zu Tode
Erschrockene ein gellendes Schmerzensgeschrei ausstieß.

Darauf entfernte sich der Ritter, indem er spöttisch
meinte: „Fragt dich irgendwer, so sagst, der Eppele hat's
getan. Verzähl aber auch, warum!"

3. Die Entführung

Eppelein war nicht nur ein „hart gesottener" Feind der
Nürnberger, er hatte auch die verschiedensten Händel mit
fast allen seinen Nachbarn. Einst glaubte er sich von dem
Herrn auf Neideck beleidigt. Ohne weiteres kündete der
Tollkopf diesem Fehde an. Ob es Eppelein an Mut oder
Leuten gebrach, die durch Natur und Kunst so starke Feste
seines vermeintlichen Feindes anzugreifen, ist nicht bekannt.
Sein rohes Gemüt gab ihm ein Mittel ein, die eingebildete
Beleidigung viel empfindlicher zu rächen denn durch Be=
lagerung oder Überfall.

Seiner teuflischen List gelang es, die edle Hausfrau des
Herrn auf Neideck aus dem sicheren Bereiche ihrer Burg
zu locken, als sie nur mit einer ihrer vertrauten Diener=
innen begleitet war. Er selbst lauerte mit einem Knappen

---

¹) Galgen.

im nahen Walde auf sein Opfer. Als die Dame erschien, faßte er sie, warf ein Tuch über deren Kopf, so daß sie weder schreien noch sich bewegen konnte, hob sie vor sich aufs Roß und sprengte mit der kostbaren Beute seinem damaligen Wohnsitze Gailenreuth[1] zu. Weinend und händeringend brachte die Dienerin die Unglücksbotschaft auf Neideck.

Eppelein schloß die Geraubte in eine Kammer, deren einziges Fenster über einer hohen, jäh abstürzenden Felswand sich öffnete und jedenfalls seiner Lage wegen unvergittert war. Diese edle Frau bat und flehte um ihre Freiheit. Da ihr der Entführer aber nur mit Spott und Hohn begegnete, schwieg sie voll ruhiger Hoheit und vertraute nebst Gott ihrem sie über alles liebenden Gemahl, der schon Mittel und Wege finden werde, sie aus diesen unwürdigen Fesseln zu befreien.

Herr von Neideck schäumte vor Wut über den unerhörten Schimpf, die Gattin gleichsam unter seinen Augen zu entführen, und schwur dem Räuber blutige Vergeltung. Im ersten Zorn und Schmerz beschloß er seine Mannen und Lehensleute aufzubieten, Gailenreuth zu stürmen und, nachdem er die Gefangene befreit, die Burg dem Erdboden gleich zu machen. Bei ruhigerer Überlegung aber dünkte es ihm ratsamer List gegen List zu setzen. Schon die nächsten Stunden boten die günstigste Gelegenheit zur Ausführung seines Planes.

In der Verkleidung fahrender Sänger und gehüllt in große Mäntel ritten die Neidecker und ein gewandter, zuverlässiger Knappe durch die stille Nacht dem Walde zu, der des Räubers Burg umgab. Hier verbargen sie die

---

[1] Ob Eppelein in Wirklichkeit je auf Burg Gailenreuth wohnte, ist geschichtlich nicht erwiesen.

Rosse hinter einer Felswand und schlichen sich dicht bis an das Schloßgemäuer. Dort griff der Ritter zur Laute. Kaum hatte er den Saiten einige Akkorde entlockt, öffnete sich oben leise ein Fenster und ein Stein, mit weißem Tüchlein umhüllt, fiel zu seinen Füßen nieder. Erstaunt wand er den Blick nach oben und erkannte im Mondschein die Gestalt seines Weibes, wie es sich mit aufgelöstem Haar weit aus dem Fenster bog und händeringend um Rettung zu flehen schien. Schnell gab er sich durch die Weise eines gar oft in trauten Abendstunden mit der geliebten Gattin gesungenen Liedes zu erkennen. Nachdem der letzte Ton verklungen, sah der Ritter die Gefangene droben auf der Brüstung des Fensters knien, einen Blick zum Himmel, einen zweiten in die Tiefe sendend. Dann hörte er seinen Namen rufen mit dem Zusatze: „Ich komme!"

Namenloses Entsetzen bemächtigte sich des Ritters. Doch schnell gefaßt, griff er zu seinem und des Knappen Mantel, legte beide übereinander, und vier Männerfäuste spannten sie unter Aufbietung aller Kraft über die Erde aus. Die edle Frau erkannte sofort des Gatten Absicht. Mutig setzte sie zum Sprunge an und stürzte in die Tiefe. Nun lag sie, bewußtlos zwar, doch unverletzt auf den rettenden Gewändern, die den zarten Körper aufgefangen und vor grausigem Zerschellen bewahrten.

Ungestüm riß der Ritter die Ohnmächtige in seine Arme und trug die teure Last wie im Fluge zur Felswand, wo die Rosse harrten. Dann enteilte er mit der Geretteten, so schnell er konnte, dem Bereiche der unheimlichen Burg.

Noch während des Rittes erwachte die edle Frau am Herzen des Gemahls zu neuem Leben und erzählte dem Hocherfreuten, mit welcher List der freche Räuber ihrer habhaft wurde . . .

In der Mitte des 19. Jahrhunderts noch zeigte man zu Gailenreuth das Zimmer, in welchem die Neidecker Burgfrau gefangen gehalten worden war, sowie das Fenster, aus dem sie glücklich entsprungen. Der betreffende Schloßteil wurde, da baufällig, 1854 abgetragen und an seiner Stelle die jetzige „Terrasse" errichtet, die so herrliche Blicke ins Tal und auf die gegenüberliegenden Dolomitwände bietet.

* * *

Die oben erzählte Freveltat war eine der letzten, die Eppelein verübte. Bald darauf schlug seine letzte Stunde. Über des kecken Wegelagerers Gefangennahme berichtet der Chronist folgendes: Abermals unternahm Eppelein einen Rachezug gen Nürnberg. Allein von den Nürnbergern verfolgt und bei Postbauer umzingelt, ereilte ihn Gottes strafende Hand. Auch jetzt hätte er sich durch einen Sprung über einen tiefen Hohlweg retten können; allein sein Unstern wollte, daß gerade in dem Augenblick, als er darübersetzte, ein altes Weib mit einem Schubkarren am jenseitigen Rande des Weges vorüberfuhr. Das Roß prallte an dem Karren ab, scheute und stürzte, sich überschlagend, mit seinem Reiter in den Hohlweg zurück, wo man sich bei Eppeleins Betäubung seiner leicht bemächtigte. Es ist bekannt, daß er nach kurzem Prozesse zum Tode verurteilt und zu Neumarkt mit dem Rade hingerichtet wurde.

Weihnacht in der Baumfurter Mühle

„Einer, der seine Heimat suchte und endlich fand"

Sage

Vor Jahren wanderte ein Knabe, er mochte zwölf Jahre zählen, wiesentaufwärts und kam gegen Abend zur Baumfurter Mühle. Dort blieb er vor Müdigkeit dicht am Wege liegen. „Lieber Gott", so betete der Arme, „erbarme dich doch deines kleinen Martin. Elternlos irre ich in der Welt umher und suche meine Heimat. Dort in der Mühle wohnen gewiß gute Menschen. Mache, daß sie sich meiner erbarmen!"

Da trat hinter der Hecke, wo er gesessen, ein zehnjähriges Dirnlein hervor und fragte mitleidsvoll den Knaben, was ihm fehle. Der erwiderte, daß ihm alles fehle: Vater, Mutter, Heimat, Speise, Trank und ein schützendes Plätzlein, worauf er sein Haupt legen könne. Er habe großen Hunger und sei die letzten Nächte im Freien schier erfroren. Da lief das Mägdlein ins Haus zum Vater.

Der Müller Blümlein war ein reicher und wegen seiner Rechtschaffenheit in Muggendorf, Engelhardsberg, Gailenreuth, Gößweinstein, ja in der ganzen Gegend, geachteter Mann. Er lebte zwölf Jahre in glücklicher Ehe, hatte aber vor einigen Monden sein liebes Weib verlieren müssen. Eine Schwester, Witwe und kinderlos, besorgte ihm jetzt das Hauswesen und versah an Kätchen, so hieß des Müllers einziges Töchterlein, Mutterstelle.

Das Mädchen kam eben, als der Vater nach vollbrachter Tagesarbeit sich in den Lehnstuhl setzen wollte, hereingesprungen und rief: „Ach, Vater! Draußen ist ein armer Junge, der beinahe verhungert. Darf ich ihm ein Brot bringen?" „Nicht nur Brot, Kind. Bitte die Base auch um eine Schale Milch!" Freundlich dankte Kätchen und blieb stehen. „Vater, der arme Junge." „Nun?" „Er mußte schon viele Nächte im Freien schlafen und hat so arg gefroren. Magst du ihn heute nacht nicht in die Mühle kommen lassen?"

Nachdem der Vater auch die Erfüllung dieser Bitte zugesichert, sprang Kätchen fort und holte den Knaben herein.

Der Müller vernahm nun des armen Jungen Leidensgeschichte. Vor Jahren hatten seine Eltern die Heimat verlassen und waren in das weit entfernte, fremde Polenland gezogen, dort ein reichlicheres Auskommen zu finden. Als Bettler erreichten sie das Ziel ihrer Wünsche. Bettler sollten sie bleiben. Denn sie fanden nicht, was sie gesucht, sondern nur Enttäuschung, Elend und Not. Gram und Kummer zermürbten den Vater und bereiteten ihm nach kurzem Krankenlager ein frühzeitiges Ende. Allein stand nun die Mutter mit dem Buben in der fremden Welt. Sie arbeitete um schmale Kost und ermahnte ihr Kind immer und immer wieder, fleißig zu beten und auf Gott zu vertrauen. Aber gar bald brach auch ihr das Herz. Vor ihrem Hinscheiden nahm sie dem Knaben das heilige Versprechen ab, seine liebe, alte Frankenheimat zu suchen und sich dort redlich zu ernähren. Dann schloß die Arme ihre müden Augen . . .

Feuchten Blicks sah Kätchen auf zum Vater. Der verstand die stumme Bitte seines Kindes und sprach: „Setz dich her, mein Bub, und iß. Kannst auch heute nacht in der

Mühle schlafen. Das Weitere können wir ja morgen be=
sprechen."

Und der Knabe blieb in der Mühle. Für lange Zeit. Er
wurde Müllerbursche und Meister Blümlein hatte es nicht
zu bereuen, den anstelligen, treuen und arbeitsamen Jungen
aufgenommen zu haben. Die Base schloß ihn gar bald wegen
seiner Bravheit in ihr Herz. Auch sonst mochte ihn jeder=
mann im Hause gerne leiden. Am liebsten freilich hatte ihn
Kätchen. War sie es doch, die für ihn Unterkunft erbeten
hatte . . .

So vergingen mehrere Jahre. Eines Nachmittags war
Martin im Garten neben der Mühle beschäftigt. Kätchen
kniete am Flusse einige Wäschestücke zu fleien. Da stürzte
die Unvorsichtige kopfüber in die an dieser Stelle tiefe und
reißende Wiesent. Sofort sprang Martin nach, erhaschte
das Mädchen noch vor den verderbendrohenden Wasser=
rädern und brachte es unter Aufbietung all seiner Kraft
glücklich ans Land. Starr vor Schreck stand der herbeige=
eilte Vater. Die besonnene Base aber trug die Bewußtlose
ins Haus und brachte sie sogleich zu Bette. Nach wenigen
Tagen schon hatte Kätchen die Verkältung, die das unfrei=
willige Bad zur Folge hatte, überwunden und war lustiger
und fröhlicher denn je zuvor . . .

Wiederum schwanden Jahre dahin. Martin war längst
Mühlknappe geworden und Kätchen zur holden Jungfrau
erblüht. Beider Anhänglichkeit hatte, ohne daß es ihnen in
der Unschuld des Herzens auffiel, tiefere Wurzeln geschlagen
und innige, reine Zuneigung gezeitigt. Keines von beiden
aber ahnte, wie bald ihres Schicksals entscheidende Stunde
schlagen sollte.

Kätchens zwanzigster Geburtstag war gekommen. Nach=
dem der Vater, wie gewöhnlich, seine Tochter reich beschenkt,

sprach er zu ihr: „Kind, es wird Zeit, an deine Versorgung zu denken. Was meinst du denn zu Vetter Heinz? Ich will es dir nur gestehen, sein längerer Besuch im vorigen Monat war von mir herbeigeführt. Ihr solltet euch einander besser kennen lernen. Na, wie steht es denn?"

Kätchen war bei dieser Rede erst rot, dann todblaß geworden, schlug die Hände vor's Gesicht und sank wie betäubt auf den nächsten Stuhl.

Verärgert über dieses sonderliche Gebahren, verließ der Vater die Stube, mit der Schwester draußen in der Küche die Sache weiter zu beraten. „Heinz ist nicht der Rechte für unser Kätchen", meinte diese. „Ich wollte darauf wetten, den Martin hat sie lieber." „Was?" schrie der Müller, „da sollte doch gleich — nein! — daraus kann nichts werden! Seid ihr denn toll?"

Indes schlich die tief betrübte Maid in den Garten. Dort traf sie Martin. Der wollte ihr eben die ersten Veilchen pflücken. „O, Martin, wäre ich doch tot", schluchzte die Arme. „Ich soll den Heinz heiraten!" Der Angeredete stand wie erstarrt. Nur mühsam brachte er endlich todtraurig die Worte hervor: „So muß ich denn wieder hinaus in die weite Welt und meine Heimat suchen!" Da fiel Kätchen Martin um den Hals und schrie vor Schmerz laut auf.

Beide hatten alles um sich vergessen und nicht des Müllers Kommen gehört. Der stand drohend hinter ihnen und zürnte: „So ist es also wahr, was die Base meinte! In meiner Tochter Herz hast du dich geschlichen, Undankbarer! Nun aber fort aus dem Hause! Und du", wandte er sich zu der Tochter, „gehst in deine Kammer!" ...

Des anderen Morgens trat Martin, das Reisebündel auf dem Rücken, in die Stube Abschied zu nehmen und für alle Wohltaten, die ihm zuteil geworden, sein letztes Vergelt's

Gott zu stammeln. Nur der Müller war zugegen. Der reichte ihm nicht unfreundlich, aber ernst die Hand und wünschte ihm gutes Fortkommen draußen in der Welt. Die Base ließ sich nicht sehen. Die Trennung fiel ihr zu schwer. Feuchten Auges und grollend über ihres Bruders Härte hatte sie sich in ihr Kämmerlein zurückgezogen.

So verließ Martin das Haus. Drunten an der Schneidmühle erwartete ihn Kätchen. Unter Tränen fiel sie dem Geliebten um den Hals. Der löste sich sanft los und sprach schluchzend: „Leb wohl, Kätchen. Erst droben im Himmel werden wir uns wiedersehen!" Da drückte die Maid einen seidenen Beutel, gefüllt mit den Talerstücken, die sie vom Vater nach und nach erhalten, in des Scheidenden Hand.

Während Martin sich weigerte das Geschenk anzunehmen und es in Kätchens Hände zurücklegen wollte, war der Müller herzugetreten. Zornig entriß er ihm den Beutel, schüttete dessen Inhalt auf den Boden, füllte das kleine Säckchen mit Sägespänen und reichte es Martin mit den Worten: „Wenn diese Späne Geld geworden sind, magst du wiederkommen und um meiner Tochter freien. Eher nicht!" Hastig griff Martin nach dem Beutel, steckte ihn zu sich und eilte nach einem letzten Blick auf Kätchen, der sagen sollte: „Bau auf mich, ich komme wieder!" von dannen.

Blümleins Wunsch, Martin möge draußen in der Welt ein gutes Fortkommen finden, ging in Erfüllung. Wegen seines ruhigen Wesens und außerordentlichen Fleißes hatte jeder Müller, bei dem er in Arbeit trat, den hübschen, wackeren Knappen gerne. So schaffte Martin zunächst in Forchheim, dann in Bamberg, und schon manches harte Talerstück wanderte in den Seidenbeutel, den er wie einen Talisman treulich behütete.

Hierauf wanderte Martin mainabwärts und zum Rhein.

In allen größeren Orten fand er reichlichen Verdienst und sein Geldsäckchen füllte sich mehr und mehr. Je zufriedener seine Meister mit ihm waren, desto mehr klagten allerorts die Dirnen über den netten Burschen. Jammerschade! Er hatte kein liebendes Herz! Jeder Gelegenheit mit Mädchen zusammenzukommen, wich er aus. Und nahte sich ihm dreist das eine oder andere, so drehte er ihm unwillig den Rücken . . .

So mochten fünf Jahre vergangen sein. Martin sah die Zeit gekommen vor den Müller Blümlein hinzutreten und um dessen Tochter freien zu dürfen. Schon lange zog ihn die Sehnsucht mit tausend unsichtbaren Fäden zu seiner Käte. Also wanderte er wieder mainaufwärts zurück ins traute Frankenland. Auf Weihnacht gedachte er das liebe Baumfurt zu erreichen . . .

Auf der Mühle im Wiesenttale stand es indessen nicht zum besten. Der eigensinnige Vater wollte seine Tochter durchaus dem Heinz aufzwingen, den sie aber nicht leiden mochte. Sie konnte ihren Martin nicht vergessen und hoffte felsenfest auf seine Rückkehr.

Da schämte sich der Müller und meinte, das sehe gerade aus, als ob er nicht mehr Herr im Hause sei. Er wurde still und mürrisch.

Kätens Sehnsucht nach dem Verstoßenen aber wuchs mit jedem Tage. Zuletzt wurde das arme Mädchen krank. Eine Woche lang rang es mit dem Tode. Seine kräftige Natur und wohl auch die Hoffnung auf Martin halfen ihm das Schlimmste überwinden.

Der Vater bereute nun seine Starrköpfigkeit und wünschte selbst, der Martin möchte wieder zur Stelle sein. Seiner Tochter tat er alles, was er deren Augen abzusehen vermochte . . .

Es kam der heilige Abend. Käte und die Base, die dem Mädchen immer treu und tröstend zur Seite gestanden, schmückten den Christbaum. Der Müller, behaglich in seinem Stuhle lehnend und der wieder flinken Hände seiner genesenen Tochter sich freuend, sah zu und schmauchte sein Pfeifchen.

Als die Base das letzte Kerzlein am reich gezierten Baume angezündet, schlug mit einem Male der Hofhund an. „Wer wohl heute noch so spät kommen mag?" Mit diesen Worten ging Blümlein hinaus, öffnete die Türe, gebot dem treuen Wächter des Hauses Schweigen und — stand sprachlos und mit offenem Munde vor Martin. Dann aber schloß er diesen in die Arme und drückte ihn schier zu Tode. Mit den Worten: „Da bring ich euch jemand zum Christkind!" schob er den Wiedergekommenen vor sich zur Stubentür hinein.

„Martin, mein Martin!", schrie Kätchen überglücklich. „Dich hat wirklich das liebe Christkind gesandt!" Dann flog sie an seinen Hals und wollte nimmer von ihm lassen.

Martin aber trat vor den Müller und sprach, indem er aus seinem Wams den vollen Seidenbeutel zog und auf den Tisch legte: „Ich bin gekommen, werter Meister, euch beim Wort zu nehmen. Aus den Sägespänen, die ihr mir gegeben, ist blankes Geld geworden, verdient auf redlichste Weise: durch nimmermüdes Schaffen. Wollt ihr mir nun euere Tochter zum Weibe geben?"

Der Müller winkte ab, indem er meinte: „Auch ohne jeden Pfennig würdest du sie bekommen." Dann führte er sein Kind Martin zu und sprach: „Seid glücklich bis an euer Lebensende!"

Da kniete Martin vor dem Christbaum nieder, hob seine Augen gen Himmel und rief: „Mutter, o Mutter! Endlich, endlich habe ich meine Heimat gefunden!"

Alle weinten: Kätchen, die Base und auch der Müller, dieser seit langer, langer Zeit wieder zum ersten Male.

Durch das stille Zimmer aber schwebte ein Engel aus lichten Höhen, die Hände über die vier glücklichen Menschen breitend und kündend: „Ehre sei Gott in der Höhe und Friede den Menschen auf Erden, die eines guten Willens sind!"

Wie Graf Gozwin auf Gozwinstein zum Christentum bekehrt wurde

Sage

Am nördlichen Rande des von der Wiesent, Püttlach und Trubach umklammerten Hauptplateaus der Fränkischen Schweiz, fast unmittelbar über dem Wiesenttale, thront auf steiler Felsenhöhe wie ein sorgsamer Wächter der umliegenden Lande Burg Gößweinstein. Zu ihren Füßen breitet sich nach Osten und Süden der Marktflecken gleichen Namens mit seiner alt- und weitberühmten Wallfahrt aus.

Die Geschichte verlegt die Entstehung des Felsennestes in das Jahre 1071 und bezeichnet als dessen Erbauer einen Grafen Gozwin, den Sprossen eines uralten, dem Schlosse Falkenburg zwischen Aachen und Mastricht entstammenden Geschlechts, das in seinem Wappen einen Löwen führte, durch Heirat in Franken begütert wurde und daselbst vom 10. bis zur Mitte des 12. Jahrhunderts blühte.

Urkundlich begegnen wir dem Namen „Gozwinesten" erstmals im Jahre 1124.

Der Volksmund freilich verlegt den Anfang der Burg und des Fleckens in eine frühere Zeit, da noch das grausige Heidentum auf den Jurahöhen herrschte, man dem Götterkönige Swantowit Opferfeuer entzündete und in den Zischlauten der wendischen Sprache Gebete zu ihm murmelte.

So war denn auch der Burgbegründer Gozwin der Sage nach ein eifriger Heide, der von seiner Väter Glauben nicht lassen wollte, auch dann, als schon viele Standesgenossen auf den umliegenden Edelsitzen dem Christentume huldigten.

Zu letzterem zählte der Herr auf Neideck. Er lebte mit Goswin in freundnachbarlichem Verhältnisse und ließ kein Mittel unversucht, den sonst durch und durch rechtschaffenen Mann und kühnen Recken von der Erhabenheit der christlichen Lehre zu überzeugen. Doch all sein Mühen wollte nicht die gewünschten Früchte tragen.

Bei einem eigens hiezu unternommenen Besuche auf Goswinstein redete der Neidecker dem Freunde wiederum eindringlichst zu dem Heidentum zu entsagen und die christliche Lehre anzunehmen, von deren Wahrheit und Vortrefflichkeit er selbst sich mit jedem Tage mehr überzeugte.

Doch der Goswinsteiner blieb verstockt. Statt des ersehnten Begreifens verriet er maßlosen Zorn über die vermeintliche Zudringlichkeit, verbat sich jede weitere Einmischung in seine Seelenangelegenheit und warf dem Freunde, der es doch so gut gemeint, den Fehdehandschuh vor die Füße.

Ruhig nahm der christliche Ritter die Herausforderung an, verabredete mit dem nunmehrigen Gegner Zeit und Ort des Zweikampfes und ritt mit seinen zwei Knappen gesenkten Hauptes, im Herzen tiefes Weh ob der völligen Verkennung seiner Absicht, nach Hause. Höhnisch rief der Goswinsteiner ihm nach, ganz gewiß der frömmste und eifrigste Christ zu werden, so er überwunden vor seines Gegners Füßen liege.

Der Spötter glaubte sich um so mehr des Sieges gewiß, als er von seltener Körperstärke und ein vorzüglicher Fechter war. Der Neidecker dagegen war nur von kleiner Gestalt und wegen seiner friedsamen Gemütsart im Zweikampf wenig geübt. Er hatte seither alle Streitigkeiten, soweit es sich mit seiner Ehre vertrug, ohne Blutvergießen beizulegen gesucht.

Der für den Waffengang bestimmte Morgen graute. Pünktlich trafen sich die Gegner mit ihrem Gefolge am gewählten Ort. Mit allen in jener Zeit gebräuchlichen Feierlichkeiten begann der Kampf. Doch welch ein Wunder! Kaum hatte das christliche Schwert mit dem heidnischen sich gekreuzt, da stand der riesenstarke Gozwin, wie von einer höheren Macht berührt, ohne im geringsten verletzt zu werden, erstarrt vor seinem Gegner. Er fühlte sich plötzlich aller Kraft und alles Mutes verlustig, ließ sein Schwert sinken und erklärte sich außerstande den Kampf fortzusetzen. Dann warf er die Waffe weg, umarmte seinen Gegner und gelobte ihm bei seiner Ritterehre den christlichen Glauben anzunehmen, der ihn so sichtbar besiegt habe.

Und Graf Gozwin hielt Wort. Bald empfing er die Taufe. Zum Gedächtnisse seiner wunderbaren Bekehrung erbaute der von der Wahrheit der christlichen Lehre Überzeugte zu Füßen der Burg eine Kapelle[1]) und legte auch den Grund zu dem Flecken, der noch heute so deutlich an seinen Namen erinnert.

* * *

Die Grafen Gozwin besaßen das Castrum Gozwinstein bis 1112. Am 27. April dieses Jahres beurkundete Kaiser Heinrich V. dem Bamberger Bischof Otto dem Heiligen den Erwerb der Feste.

Obwohl die Gozwin auch in den nächsten Jahrzehnten noch in manchen Urkunden genannt werden, erscheinen sie doch nie mehr in Verbindung mit dem Namen Gößweinstein.

---

[1]) Die Kapelle wurde der Sage nach zu des Grafen Konrad I. von Schlüsselberg Zeiten von einer heidnischen Sachsenschar niedergebrannt. Siehe „Gründung der ersten Gößweinsteiner Kirche" in Band I der Sagensammlung.

1134 und 1137 ist die Rede von einem Gozwin von Trimberg und 1150 von einem Gozwin von Höchstadt. Dieser gründete im Vereine mit seinem Sohne, dem Pfalzgrafen Hermann, zubenannt „von Stahleck", das Kloster Münchaurach. Hermann von Stahleck war der letzte Sproß der fränkischen Gozwin. Seine Ehe mit Gertrud, Schwester Kaiser Konrads III., war kinderlos. Wegen einer Fehde mit dem Bischofe von Mainz verurteilte ihn sein kaiserlicher Neffe, Friedrich Barbarossa, Weihnachten 1155 in Worms zur sogenannten „Harneschcarre". Hermann mußte, gleich seinen Mitschuldigen, barfuß in der Winterkälte einen Hund eine Meile weit auf dem Rücken tragen. Durch diese Strafe heilsam erschüttert, gründete er auf seinem Gute Bildhausen mit Unterstützung des Abtes von Ebrach ein Zisterzienserkloster, zog sich in dieses zurück und starb daselbst schon im folgenden Jahre (20. September 1156).

Die "Kappel" bei Hundshaupten

Sage.

Von Pretzfeld aus wandern wir durch begrünte Auen im fruchtbaren Trubachtale aufwärts gen Egloffstein. Bergher, zur Rechten wie zur Linken, grüßen hochgelegene Tannenforste mit überragendem Steingewänd, steile Hügelhänge und Rasenland. Wir berühren die in reich tragenden Fluren eingebetteten Dörfer Wannbach und Unterzaunsbach. Wenige Minuten talaufwärts winkt jenseits des rauschenden Flüßchens das kleinere Oberzaunsbach herüber. Es bildet den Eingang in ein kurzes, engpaßartiges Seitental mit steilem Gehäng, aus dem der Hüttengraben hervorbricht und seine Wasser nahe der Siedlung mit jenen der Trubach vereint. Ein Blick von der Straße hinüber in die kaum tausend Meter lange Schlucht, die ein Fahrweg durchzieht, zeigt uns im Hintergrund auf steilem Dolomitgewände das Schloß Hundshaupten, Stammsitz derer von Hund. Das Felsennest wurde 1412, da sich dessen Bewohner "ungebührlicher Strauchritterei schuldig machte", von den Nürnbergern zerstört. Wieder aufgebaut, ereilte es 1525 im Bauernkriege das gleiche Geschick. Gegenwärtig ist es Eigentum eines Herrn von Pöllnitz.

Hinter dem Schlosse breitet sich das nach Hetzelsdorf eingepfarrte Örtchen Hundshaupten aus. In seiner Umgebung treffen wir eine niedrig bewaldete Fläche und auf dieser einen — man möchte fast glauben, durch Menschenhand aufgeworfenen — Hügel, die "Kappel" genannt. Ihn soll vor Zeiten eine Kapelle bekrönt haben; daher sein Name. Über deren Entstehung teilt uns die Sage folgendes mit:

Zwei Brüder, Landwirtssöhne von Hundshaupten, gerieten hier vor langer, langer Zeit bei der Arbeit wegen eines geringfügigen Umstands in Streit. Da keiner nachgeben mochte, arteten ihre Verwünschungen in Drohungen und diese in Tätlichkeiten aus. Es versetzte einer dem anderen mit dem Arbeitsgeräte, das er eben in Händen hatte, gleichzeitig einen tödlichen Streich. Leblos stürzten beide nebeneinander nieder und wurden nach langem Suchen, im Blute schwimmend, von ihren Angehörigen gefunden.

Zur Sühne des zweifachen Brudermordes ließen die beklagenswerten Eltern am Orte der Schreckenstat eine Kapelle erbauen. Wann und wie diese wieder verschwand, darüber läßt uns die Sage im unklaren. Vielleicht fand sie schon zur Reformationszeit oder im Dreißigjährigen Kriege ihr Ende. Möglich auch, daß nach Aussterben der Gründerfamilie sich niemand mehr fand das kleine Kirchlein zu unterhalten und es so nach und nach verfiel.

In einer gewissen Familie Hundshauptens soll sich indes doch das Andenken der Schreckenstat — laut einer alten, handschriftlichen Aufzeichnung — bis über die Mitte des 19. Jahrhunderts erhalten haben, und zwar auf folgende seltsame Weise:

Der jeweilige Vater führte jeden seiner Söhne, sobald er das zehnte Lebensjahr erreichte, hinaus auf den Hügel, wo die Kapelle stand, und erzählte ihm die grausige Mordgeschichte in allen ihren Einzelheiten, so wie er sie überliefert erhalten hatte. Zum Schlusse gab er eine eindringliche Mahnung zur Sanftmut, Eintracht und Verträglichkeit und „schöppelte" den Jungen dreimal tüchtig bei den Ohren, auf daß ihm das Gehörte um so besser im Gedächtnisse bleibe.

Die Feuerprobe

Sage

In dem Dorfe Hundshaupten und seiner näheren Umgebung war bis ins 19. Jahrhundert herein der feste Glaube verbreitet, ein Feuer, von Zigeunern an noch so gefährlicher Stelle entzündet, könne ohne deren Willen nicht weiter um sich greifen, also keinerlei Schaden verursachen. Derselbe war veranlaßt worden durch eine auffallende Begebenheit aus der Zeit, bevor die Zigeuner die bayreuthischen Lande wie das Hochstift infolge einschneidender Verordnungen meiden mußten. Die Sage weiß darüber folgendes zu erzählen:

Nach Hundshaupten kam alle paar Jahre ein und dieselbe Zigeunerhorde und nistete sich stets in der Scheune eines gewissen Bauern ein — ohne lange zu fragen, auch ohne Widerrede seitens des Besitzers. So soll es schon seit unvordenklichen Zeiten gewesen sein, wenn immer das Wandervolk auf seinen Zügen die Gegend berührte. Woher es dieses ausgesprochene Recht für sich beanspruchte, wußte niemand zu sagen. Aber es bestand.

Einmal mißbrauchten die ungeladenen Gäste die Vergünstigung in gröblicher Weise, indem sie in der Scheune, auf offener Dreschtenne, in nächster Nähe der Stroh- und Heuvorräte, zum Abkochen ihres Mittagsessens Feuer anmachten. Das war dem Anwesensbesitzer, der es sofort gewahrte, denn doch zu viel. Voll Angst und Zorn lief er hin, der Horde den Frevel zu verbieten und sie aus seinem Anwesen zu jagen. Ruhig hörte das Haupt der Zigeuner zu, wie der Bauer sein gefährdetes Eigentum verteidigte und erbot sich, ebenso ruhig, zu beweisen, daß das Feuer, so sein Volk anzünde, ohne dessen Willen nicht weiterzugreifen vermöge.

Der Häuptling nahm eine Schütte Stroh aus dem nebenan liegenden Pansen und stellte sie aufrecht auf die Dreschtenne. Dann griff er zum Feuerzeuge, zündete drei Ähren in der Mitte des Bündels an und murmelte darüber einen kurzen Zauberspruch. Die Ähren brannten lichterloh und der aus dem Stroh emporsteigende Rauch verriet, daß auch die Halme im Innern der Schütte fortglimmten. Neugierig und ängstlich umstanden der Bauer und verschiedene seiner Familie, die herbeigelaufen kamen, das Strohbündel und fürchteten, das Feuer müsse jeden Augenblick in heller Lohe emporzüngeln und die Scheune in Brand stecken. Allein es kam nicht so. Auch der aus dem Stroh steigende Rauch hörte mählich auf.

Nun ergriff der Zigeuner die Schütte, legte sie auf den Boden und öffnete sie vorsichtig. Zu aller Erstaunen zeigte sich, daß zwar die Halme der angezündeten drei Ähren ihrer ganzen Länge nach völlig verkohlt, die ihnen zunächst gelegenen aber nicht einmal angesengt waren.

Der Bauer, durch diesen Beweis beruhigt, ließ die Zigeuner fortan gewähren und redete ihnen in ihrem Tun und Treiben nichts mehr ein.

* * *

In einer viel späteren Zeit, etwa um die Mitte des 19. Jahrhunderts, nachdem die Zigeunerhorde längst nicht mehr nach Hundshaupten gekommen, mußte man die erwähnte Scheune wegen drohenden Einsturzes umbauen. Zugleich sollte sie, da das Bauerngut größer geworden war, erweitert werden und man verwendete hiezu einige Beete des anstoßenden Ackers. Als man hier den neuen Grund aushob, stießen die Arbeiter in etwa 1 Meter Tiefe auf ein männliches Skelett mit eingeschlagener Schädeldecke. Sachverständige erkannten aus der stark abweichenden Gesichtsbildung die Überreste unzweifelhaft als solche eines Zigeuners. Die in früheren Zeiten hier so oft lagernde Horde hatte also allem Anscheine nach einen ihrer Sippe erschlagen und unbemerkt an Ort und Stelle begraben.

Des verschollenen Hieronymus von Egloffstein Heimkehr
Lokalgeschichtliches und Sage.

Am Kreuzungspunkt des Gößweinstein=Gräfenberger Verkehrsweges mit der Trubachtalstraße begegnen wir, von saftig grünen Wiesen umgeben, den zwei kleinen Siedlungen Hammerbühl und Bärenthal. Von Westen her, kaum zehn Minuten entfernt, grüßen Dorf und Schloß Egloffstein freundlich herüber. Am Berggehänge gruppieren sich in malerischer Ordnung des Ortes Häuser. Darüber thront auf hohem Felsensitze, Dorf und Tal beherrschend, die alte Burg eines noch älteren Geschlechts und daneben das stumpfgetürmte, traute Kirchlein. Zur Rechten und Linken klettern an den steilgehobenen Talseiten üppige Buchenwälder empor, überragt von grauen, kühn geformten Dolomiten. Durch den mit strotzend grünen Wiesen über= deckten Talgrund windet sich das Silberband der forellen= reichen, munteren Trubach. Von einer Talwand zur an= deren spannt sich in hohem Bogen der blaue, lichtstrahlende Himmel, das Ganze zu einem einheitlichen, farbenprächtigen Bilde vollendend. Fürwahr „ein Eldorado der viel geprie= senen Fränkischen Schweiz".

* * *

Die Geschichte des Geschlechts derer von Eggolfstein ist so wechselvoll wie alt. Nach Aufzeichnungen des Klosters Kastel im Eichstättischen soll um das Jahr 975 durch Kaiser Otto II. ein aus Seeland eingewanderter Herzog für treu geleistete Dienste mit Gütern in Ostfranken belehnt worden sein. Zu dieses Herzogs Kampfgenossen habe auch der Ahn= herr der Egloffsteiner gehört, der für seine Heldentaten hin=

wiederum mit dem heutigen Egloffstein'schen Gebiete beschenkt worden sei. Während der Rittersitz schon 1100 erwähnt wird, erscheint als erster Namensträger des Geschlechts 1184 in einer Urkunde des Klosters Michelfeld ein Heinericus de Agilulfi. Spätere Nachkommen nannten sich nach ihren jeweiligen Besitzungen „von Stetebach", „von Liebenau" und „von Stolzenrode". Einer der Familie bekleidete das Amt eines Reichsschultheißen von Nürnberg. Zwei andere waren herorragende Kirchenfürsten: Leopold II. von Egloffstein (Bischof von Bamberg 1335—1343) und Johann von Egloffstein (Bischof von Würzburg 1400 bis 1411, zugleich Gründer der dortigen Universität). Gegen Ende des 16. Jahrhunderts war das Geschlecht dem Erlöschen nahe. Da ward die Ehe Sigmunds V. mit Hedwig von Schlieben mit acht Söhnen und drei Töchtern gesegnet. Dieser Sigmund von Egloffstein gilt als Stammvater aller Zweige der heute so weit verbreiteten Familie. — 1390 hatten die Egloffsteiner Bärenfels und den „Lewenstein" bei Leienfels zu Lehen. Von 1359 bis 1680 saßen sie auf „Gailenreuth." 1450 zogen die Nürnberger gen Egloffstein, brannten Schloß und Dorf nieder und erbeuteten „60 küe und viel schwein, pfert und geiß und etlich gefangene". Außerdem wurde die Burg noch zweimal gebrandschatzt: 1525 durch die aufrührerischen Bauern, 1553 von den beutegierigen Söldnerhaufen des Markgrafen Alcibiades.

* * *

Einen des Egloffsteinischen Geschlechts aus dem 16. Jahrhundert, Hieronymus, umkleidet die Sage mit einem gewissen Strahlenkranz. Er sei eine recht ritterliche, wagemutige Person gewesen, jeder Buschklepperei, der seine Standesgenossen im weiten Umland so ausgiebig huldigten, abhold. Sein Tatendrang trieb ihn fort von der heimischen Scholle.

Bald kämpfte er in den kaiserlichen Reihen, bald in jenen anderer deutscher Fürsten. Überall aber hörte man seinen Mut rühmen und erzählte von den tollkühnen Streichen, die er vollbracht, die wunderlichsten Mären. Dann hörte man nichts mehr von ihm. War er gefallen im schauerlichen Getöse irgend einer Schlacht? War er außer Land gegangen? Niemand vermochte es zu sagen. Während die Burgleute und Dienstmannen auf Egloffstein ihren gütigen, verschollenen Gebieter betrauerten, nahmen andere Glieder des Geschlechts von Schloß und Gütern Besitz, der unversehens in den Schoß gefallenen „Erbschaft" sich freuend ...

Etwa zwanzig Jahre später begehrte ein Ritter auf staubbedecktem Streitrosse, mit verbeultem Schild und Harnisch, Einlaß in die hohe Felsenburg Egloffstein. Nach Name und Woher befragt, wies man ihn als frechen Betrüger von hinnen. Hieronymus lebe längst nicht mehr. Schloß und Güter befänden sich seit vielen Jahren in Händen verwandter Glieder. Da überraschte der Heimgekehrte die Zweifler mit den Worten: „Geht in des Schlosses Dachgeschoß. Hinter dem Balken, so mit einem roten Kreuze gekennzeichnet, findet ihr mein Lieblingsschwert. Ich hab' es dort als Zeuge wohl verwahrt. Die Klinge trägt, von eigener Hand darauf geschrieben, meinen Namen, so auch Tag und Jahr, da ich vor etwas mehr denn zwei Dezennien hinausgeflohen in die weite Welt."

Die Verwandten fanden in der Tat das Schert. Dieses wie die Aufschrift ließen keinen weiteren Zweifel über die Persönlichkeit des Heimgekehrten zu. Man übergab ihm sein Eigengut und zog „betrübten Herzens" von dannen. Hieronymus aber lebte noch eine lange Reihe von Jahren und war den Burgleuten wie allen seinen Untertanen ein gütiger, sorgender Gebieter.

Die "Wanderkapelle" bei Walkersbrunn

Sage.

"Wanderkapellen" oder "Wanderkirchen" nennen wir jene Gotteshäuser, die ursprünglich an einem anderen Platze aufgeführt werden sollten, bei deren Bau jedoch der Sage nach bereits angefangene Mauerteile, Material, Handwerks= und Rüstzeug auf wundersame oder doch geheimnisvolle Weise an den nunmehrigen Standort des Gebäudes verbracht wurden.

Eine solche Wanderkirche befindet sich auch im Gebiete der Fränkischen Schweiz, bei Walkersbrunn, einem schon 1021 als "Waltgeresbrunnun" beurkundeten, etwas zerstreut, doch reizend im oberen Schwabachtale gelegenen Orte, etwa 4 Kilometer von Gräfenberg und 5 Kilometer von der Nahbahnhaltestelle Igensdorf entfernt.

Das Gotteshaus erhebt sich nordöstlich der Siedlung auf einer steilen Anhöhe des Talgehänges gen Kasberg zu und hieß von jeher "die Kapelle zu den heiligen Gräbern."[1] Ehedem eine Filiale von Kirchrüsselbach, wurde es schon 1438 zur selbständigen Pfarrei erhoben.

Als das Kirchlein vor langer, langer Zeit baufällig geworden war, sollte es abgebrochen und im Dorfe oder doch in dessen nächster Nähe neu aufgebaut werden.

Damit mochten jedoch, wie der Volksmund berichtet, die verschiedenen Heiligen, deren Gebeine in der Kapelle begraben liegen, nicht einverstanden sein. Dies zeigte sich auf folgende Weise:

---

[1] In alten Zeiten wurde der Ort Walkersbrunn selbst "Zu den Gräbern" benannt und zwar wegen "der vielen Heidengräber", die sich ringsum vorfanden.

Der Platz für die neue Kirche ward bestimmt, der Grund ausgehoben und reichliches Baumaterial nebst Handwerks= und Rüstzeug zur Stelle geschafft. Während der Nacht jedoch verschwand alles vom Bauplatze und fand sich des andern Morgens droben auf der Höhe, am Orte der alten Kapelle. Dieser geheimnisvolle Vorgang wiederholte sich noch mehr= mals, so daß schließlich die Dorfinsassen erkannten, Gott und die Heiligen wollten ihre Kirche nicht auf einer neuen Stelle, sondern auf der seitherigen, altehrwürdigen Stätte errichtet haben. Sie gaben nach und erbauten das Gottes= haus droben auf dem Berge, wo die seitherige Kapelle ge= standen und die Arbeit, der sich keine Hindernisse mehr in den Weg stellten, ging rüstig vonstatten.

* * *

Für die Vorlande der Fränkischen Schweiz sind noch mehrere derartige Wanderkirchen festgestellt worden.

Die Adelgundiskapelle auf dem Staffelberge sollte ur= sprünglich an einem anderen Orte erstehen: auf dem eine Stunde nordöstlich gen Langheim zu gelegenen „Alten Staf= felberge." Engel sollen zur nächtlichen Zeit immer wieder das zum Bau Benötigte auf den „Neuen Staffelberg" ob Staffelstein überführt haben[1]).

Die sogenannte Hankirche bei Prächting (Filiale von Ebensfeld), auf einem Hügel am Ostende der Siedlung ge= legen und auf diese schirmend herabblickend, wollten die Dörfler ursprünglich im Tale, und zwar am Eingange des Ortes, erbauen. Bald war ein gut Teil der Grundmauern aufgeführt. Am folgenden Tage jedoch war das Gemäuer samt allem Material und Werkgeräte verschwunden. Man fand es droben auf der Höhe östlich der Siedlung. Dies

---

[1]) Siehe „Sagen vom Staffelberge und dessen Umgebung".

wunderbare Geschehnis wiederholte sich noch zweimal. Dar=
aus erkannte das Volk, Gott wolle nicht im Tale, sondern
auf der Höhe sein Heiligtum errichtet haben und führte auch
dort das Werk ohne weiteren Zwischenfall zu Ende.

Die Kirche zu Sankt Johannis (früher Altentrebgast) bei
Bayreuth sollte auf dem „Heiligen Bühl" nahe dem Orte
erbaut werden: einem Sandsteinhügel, der wohl schon in
vorchristlicher Zeit als Opferstätte benutzt wurde und des=
halb „unrein" war. Was man bei Tag baute, so erzählt die
Sage, sei des Nachts immer wieder weggekommen und am
andern Morgen da, wo jetzt die Kirche steht, gefunden
worden.

Für die Kirche der Pfarrei Bindlach, 5 Kilometer nördlich
von Bayreuth, war als ursprüngliche Baustelle ein Hügel
bei Grottendorf in Aussicht genommen und mit den Bau=
arbeiten bereits begonnen worden. Über Nacht verschwan=
den auf geheimnisvolle Weise die Mauern und das gesamte
Material nebst Geräten an den jetzigen Standort des Got=
teshauses.

Zu guter Letzt wäre noch der ehemaligen Kapelle auf dem
Schießberge, einem zwischen Eggolsheim und Buttenheim
unmittelbar aus der Ebene aufsteigenden, bewaldeten Ge=
birgsstock, der gegenwärtig einen trigonometrischen Ver=
messungsturm trägt, zu gedenken. Die dortige Wander=
kapelle liegt freilich längst in Ruinen. Sie sollte nach der
Überlieferung des Volkes ehedem im Tale bei Unterstürmig
erstehen. So oft aber das Werk auch begonnen wurde, immer
wieder fanden sich Mauern, Steine und Geräte droben auf
der Bergeshöhe, wo denn auch schließlich der Bau seine Auf=
führung fand.

Die Lindelburg
Lokalgeschichtliches und Sage

Südlich der Ehrenbürg, kaum eine Stunde von dieser entfernt, steigt der langgestreckte Leyerberg kühn und majestätisch aus der anmutigen, dörferreichen Landschaft empor.

Dessen nördlichste und höchste Erhebung, der sogenannte Hetzlaser Berg, trug vor Zeiten eine stattliche Burg, Breitenstein geheißen, die das ganze Berggebiet bis hinauf gen Forchheim beherrschte.

An der Südspitze des Dolomitmassivs, fast rechtwinkelig nach Osten abbiegend, schließt sich dem Leyerberge der zur oberen Schwabach in sanfteren Hängen abfallende, dicht bewaldete Etzelberg an.

Dort, wo eine kleine Einsattelung den Zusammenhang der beiden Bergriesen bezeichnet, nordöstlich der schmucken Siedlung Großenbuch erhob sich ehemals ein starkes, schier unbezwingliches Felsennest: die Lindelburg.

Fürwahr die geeignetste Stätte zur Anlage eines Rittersitzes: im Tale der Schwabach, von Erlangen her der Verkehrsweg nach Gräfenberg und ins Oberland; von Forchheim herüber die uralte, karolingische „Nordsüd"- oder „Eisenstraße" in die Oberpfalz hinein bis nach Kallmünz und Regensburg; von Nürnberg herauf der Haupthandelsweg über Eschenau, Pegnitz und die Bayreuther Lande zum „hohen Norden"!

Welcher Schnapphahn hätte sich zur Ausübung seines leider nur gar zu oft recht unsauberen Handwerks besseren Ort erwählen können?

Und die Lindelburger verstanden ihr Geschäft. Verstanden es nur zu gut. Freilich waren sie vor Zeiten ehrbare Leute.

Aber das Beispiel der Nachbarn, durch Buschklepperei uner=
meßlich reich geworden, riß auch sie von den seither begange=
nen Pfaden echten Rittertums. Wie viele Nürnberger
Handelszüge sie ausgeraubt, wer vermag es zu sagen? Auch
des Landvolkes schonten sie nicht, beraubten Haus und Hof,
Stall und Keller, Speicher und Feld. Ohnmächtig, wie sie
waren, mußten die Armen alles schweigend über sich er=
gehen lassen.

Da kam das Jahr 1525. Es brachte den grimmen Bauern=
aufstand mit all seinen Mordbrennereien und sonstigen Greueln.

Auf die Lindelburg hatten es die so lange Geknechteten
besonders abgesehen, wähnten sie doch dessen Gewölbe gefüllt
mit dem seit Jahren geraubten Gelde und Kostbarkeiten
aller Art. Bald saß auf dem Felsenneft der „Rote Hahn."
Tore und Türen waren erbrochen, Stuben und Vorrats=
kammern geplündert. Zu den unterirdischen Räumen aber
fand keiner den Weg.

Der Volksmund sagt, das viele Gold und Geschmeide liege
heute noch in den tiefsten Verließen hinter eisernen Türen
und werde bewacht von einem schwarzen Hunde mit feu=
rigem Rachen und glühenden Augen. Den Schlüssel zu den
verborgenen Kammern aber hätten die Lindelburger, bei
Erstürmung des Felsenneftes durch unterirdische Gänge ent=
kommen, in die Schwabach geworfen.

Wer mag der Glückliche sein, der ihn findet und mit
seiner Hilfe den Schatz hebt?

*   *   *

Wie die Lindelburg, so wurden auch der Breitenstein am
Nordwestrande des Leyerberges sowie die östlich Neun=
kirchens gelegene Burg Schellenberg im Bauernkriege zer=
stört und dem Erdboden gleichgemacht. Keine derselben er=
stand je wieder aus ihrem Schutte.

Die Christnachtäpfel

Legende.

Von der Jerichorose (Anastatica hierochuntica), einer Pflanzengattung aus der Familie der Cruciferen, die häufig in Palästina, besonders an den Ufern der Toten Meeres in Erscheinung tritt, geht die Sage, sie erblühe in der Christnacht immer wieder auf's neue, auch wenn das Gewächs völlig ausgetrocknet und zu einer kugeligen, nestartigen Masse zusammengeschrumpft sei. Manche glaubten, dieses Wiederaufblühen werde bewirkt durch die Wunderkraft der heiligen Stätten, wo die Pflanze gedeihe.

Auch manches in Deutschland vorkommende Gewächs soll nach der Volksüberlieferung in der Christnacht plötzlich seine Blüten entfalten, so die Nies- oder Christwurz, auch Weihnachtsrose genannt (Helleborus), der Alraun, bekannter unter dem Namen Hexenwurz, da die Pflanze nach altem Volksglauben unverwundbar mache (Allium) und der Schwarzdorn (Prunus spinosa).

In Oberfranken, zumal im Gebiete der heutigen Fränkischen Schweiz, spielte in dieser Hinsicht der Apfelbaum manche Jahrhunderte hindurch eine besondere Rolle, „da er in der heiligen Nacht nicht nur blühe, sondern sogar Früchte trug". Solche Wunderbäume gab es freilich nicht allerorts, sondern nur in bestimmten Gegenden, wie die folgenden Aufzeichnungen ersehen lassen. Aus letzteren vermögen wir auch teilweise zu erkennen, mit welcher Überzeugung man vom frühesten Altertum an an diesen merkwürdigen Vorgängen festhielt.

Um die Mitte des 17. Jahrhunderts schrieb Pfarrer Johann Michael Dilher zu Gräfenberg in seinem Buche

„Betrachtungen des Lebens des Herrn Jesu und seiner Apostel", in dem Nürnbergschen Städtchen Gräfenberg stünden einige Bäume, die im Herbste reichlich getragen und dann wieder mitten in der Christnacht blühten und sofort kleine Äpfelein, etwa von der Größe einer Kirsche, zeitigten. Solche „Christäpfel", wie sie allgemein hießen, habe ihm der Pfleger von Gräfenberg 1661 am ersten Weihnachtsfeiertage, vorsichtig in Baumwolle eingewickelt, gesandt. Er habe die seltenen Früchte, an deren oberen Teile noch Reste der Blüten saßen, lange aufbewahrt und, obwohl verwelkt, aber noch gar wohl kenntlich, vielen Fremden zu deren Verwunderung gezeigt. Auch zwei Jahre später, 1663, habe ihm zu Weihnacht, bei allergrößter Kälte, nicht nur der genannte Pfleger, sondern auch sein (Dilhers) Confrater, der Pfarrer des Nürnbergschen Fleckens Hiltpoltstein, eine Meile von Gräfenberg gelegen, solche Äpfelein samt Zweigen von den Bäumen zugestellt.

A. Tille berichtet in seinem 1893 erschienenen Buche „Die Geschichte der deutschen Weihnacht", daß auch in dem eine Viertelstunde westlich von Gräfenberg gelegenen Dörfchen Guttenberg nach der Überlieferung um die Mitte des 17. Jahrhunderts die geheimnisvollen Weihnachtsäpfel gewachsen seien.

Eine alte, handschriftliche Aufzeichnung über Gößweinstein (Jahrzahl und Autor sind nicht angegeben) meldet: „Dieser Ort ist wegen denen sich allda befindlichen hohen Bergen und Stein=Felsen zwar etwas rauh anzusehen, jedoch geben alte Ducumenta, daß bey Gößweinstein, wie in dem Grund zu Eckolsheim, einstens die Baum=Früchten zwey=mal des Jahres zeitig worden. Fürnehmlich stunden etlich Apfelbaum wiederholentlich in der Christ=Nacht in Blühten und trugen winzig Früchtlein". Dieses in „alten Docu=

menta" erwähnte „Vorkommen der Christnachtäpfel" um Gößweinstein herum wird für den Aufzeichner der Notiz wohl der Grund gewesen sein, annehmen oder glauben zu dürfen, die Bäume hätten hierzulande „in früheren Zeiten" zweimal des Jahres Früchte getragen.

Außerhalb des Gebietes der Fränkischen Schweiz werden besonders zwei oberfränkische Orte genannt, woselbst derartige „Wunderbäume" vorgekommen seien: Bamberg und Bayreuth-Altstadt.

Unter dem 16. Januar 1426 schrieb Fürstbischof Friedrich III. von Aufseß an Nikolaus von Dinkelsbühl und erzählte ihm von zwei Apfelbäumen, die zu Bamberg in der Christnacht blühten und gleichzeitig Früchte brachten. Der Brief des Bamberger Bischofs soll noch vorhanden und in der Wiener Hofbibliothek zu finden sein.

Bezüglich der Stadt Bayreuth meldet 1680 Thomas Brown, in Altenstadt, einem Dorfe unweit der markgräflichen Residenzstadt Bayreuth, seien Apfelbäume gestanden, die in der Christnacht blühten und kleine Äpfelein hervorbrachten. Ein J. S. Rudolph habe über diese Altenstädter Christnachtäpfel eine kurze Abhandlung veröffentlicht.

* * *

Wie Franken, so hatten auch andere Gebiete und Länder ihre „floristischen Weihnachtswunder", wenn es auch nicht immer und überall Apfelbäume waren. Rudolph Reichhardt berichte 1911 in seinem „Die deutschen Feste in Sitte und Brauch": Nach dem Volksglauben blühe in Thüringen während der Christnacht am Zaun der Hopfen und am Hag der Schlehdornstrauch, in Tirol das Farnkraut, in Polen die Hasel und am Kyffhäuser die Wunderblume (Mirabilis), die ihre ganze Farbenpracht entfalte. Ja, der Glaube an das Lebendigwerden der Kräfte in Stamm und Zweig, der Beginn des inneren Wachstums der Pflanzen während der heiligen Nacht war im Mittelalter so verbreitet, daß Sebastian Frank 1567 in seinem „Weltbuch" schreiben konnte „Etlich sagen, es schlagen alle Bäume dise nacht auff."

Vom Holzfrala, He-Männle und Hankerle

Sagen

Vor Zeiten erzählten in der Gößweinsteiner, Morschreuther, Kleingesee und Kirchenbirkiger Gegend (wohl auch in anderen Gemeinden der Fränkischen Schweiz) die Großmütter ihren lauschenden Enkelkindern gar viel vom „Holzfrala". Sie schilderten es bald als gutes Wesen, das die Tugend belohne, bald als drohendes Weib, das dem Lasterhaften sehr gefährlich werde. Folgsamen und fleißigen Kindern sei es sehr gewogen. Sie ständen in seinem besonderen Schutze und würden von ihm auf mancherlei Weise beschenkt. Träge, Ungehorsame und Widerspenstige dagegen schleppe es ohne Gnade in seine dunkle Höhle drinnen im schaurig düsteren Felsgewirr des tiefsten Forsts. Da müßten sie ausharren, bis sie ernstliche Besserung zeigten.

Auch dem schwer arbeitenden Landvolke habe sich das „Holzfrala" stets dienlich erwiesen. Des Nachts suchte es Beschäftigung in diesem oder jenem Bauernhof, in der Mühle, im Garten, auf dem Felde, sogar an der Meilerstätte im Walde.

Da aber Neugierige zu nachtschlafender Stunde ihm „auflauerten" und mancherlei Schabernack antaten, habe das „Holzfrala" die Gegend für immer verlassen.

Das Gleiche erzählte man sich in Elbersberg, Willenreuth und den benachbarten Dörfern, aber nicht vom „Holzfrala", sondern von „Frau Holle". Hier hat man dieser sogar einen stattlichen Wohnsitz, den „Hollenberg", zur Verfügung gestellt.

Unser „Holzfrala" ist auch nichts anderes als Frau Holle, Holda oder Hulda (= die Freundliche), die altgermanische

Erdgöttin, die Göttin der Ehe und Fruchtbarkeit, die Überwacherin der häuslichen Geschäfte, besonders des Spinnens. Wie ihr Gemahl Wodan, fährt auch sie mit ihrem Gefolge durch die Lüfte, den Guten Glück, den Bösen Unheil bringend. Dadurch wird sie Segensgöttin der Erde und des Hauses.

* * *

Ein anderes Wesen, das vor Zeiten im Gebiete der Fränkischen Schweiz keine geringe Rolle spielte, war das „He=Männle". Es hielt sich in reich bewaldeten Gegenden auf, mit Vorliebe in der Umgebung des Leyer= oder Hetzelberges. Den Grundbesitzern war der „He" ein willkommener Hüter ihrer Wälder, den Holzdieben dagegen ein gefürchteter „Pöpel"[1]). Wagte sich ein Frevler zu tief in den Forst, dann kam sicher das Gespenst vom wilden Revier der Felsentürme, wo es Auslug hielt, herabgesaust und verfolgte den Holzdieb mit dem Rufe „He! He!" soweit es konnte. Wehe dem Vermessenen, der „sich beikommen ließ", den Ruf zu erwidern. Der leichtsinnige Bärmannsmichel aus dem Hirtenhause zu Letten tat es einmal und nie wieder. Kaum hatte er den Schrei nachgeäfft, so war es ihm, als führen hundert böse Geister mit Poltern und Gezänke, Ächzen und Heulen über ihn her. Sie hetzten ihn zum Wald hinaus und ließen von dem Armen erst ab, als er bleich vor Schrecken und bis auf den Tod ermattet strauchelnden Schritts sich dem Dörflein nahte ...

Anderswo, besonders in der Gegend zwischen Gößweinstein und Ebermannstadt, schreckte man die Holzdiebe ab, indem man behauptete, in diesem oder jenem Walde „watze"

---

[1]) Böser Geist.

es[1]). Nur mit großer Vorsicht nahten die Frevler dem betreffenden Grundstücke oder mieden es ganz. Am Fastnachtsdienstag aber wagte sich auch nicht der Allerverwegenste mit unlauterer Absicht in irgend ein Gehölz, da „jedermann wußte, zu dieser Zeit führte der Teufel das Forstamt."

* * *

Wo es Berge, Höhlen und Ruinen gibt, da fehlt es in der Sage nicht an verborgenen Schätzen. So auch in der Fränkischen Schweiz. Hier und dort soll im rauhen Geklüft neben gleißendem Golde edles Gestein in Menge verborgen liegen. Doch werde es, wo nicht von feurigen Hunden oder dem Höllenfürsten selbst, von häßlichen Zwergen, „Hankerle" genannt, wohl behütet. Die ließen keinen Menschen beikommen und wenn es doch je einer wagte, so geschähe es auf Kosten seiner Gesundheit, ja seines Lebens.

Einen besonders Neugierigen von Hungenberg, der im Felsgewirr des Ailsbachtales den verführerischen Schätzen nahe war, sollen die Hankerle mit solchen Mengen zerschlagener, scharfkantiger Bergkristalle beworfen haben, daß der Arme, schwer ins Auge getroffen, bald darauf erblindete.

Auch über die Herkunft dieser ganz besonderen Art Gnomen vermag uns der Volksmund Aufschluß zu geben — in seiner Weise. Die ersten slavischen Kolonisten, die unsere Gegend bewohnten, seien nach Unterwerfung durch die Germanen zu Zwergen verkümmert. Sie wohnten fortan in Höhlen und Berglöchern und wurden, zum Unterschiede von den „einheimischen" Wichtelmännchen und Elfen „Hankerle" genannt. Sie seien später ausgewandert, niemand wisse wohin.

---

[1]) Gehe ein Gespenst um.

Die letzten Rabensteiner

Lokalgeschichtliches und Legende

Von Behringersmühle führt ein Sträßchen durch das stille, felsenumschlossene Tal des Ailsbaches über Unter- und Oberailsfeld gen Neumühle. Linksseits über dem friedsamen Talgrunde erheben sich riesenhafte, geschichtete Wände grauweißen Gesteins. Bis zu 60 Meter Höhe streben sie unregelmäßig jäh empor. Auf ihren höchsten Zinnen thront majestätisch das zur Hälfte in Ruinen liegende Bergschloß Rabenstein, ehemals einer der stärksten Edelsitze der Fränkischen Schweiz.

Ein Anlagenweg führt von dem lauschigen Idyll der Neumühle hinauf vor das Tor der alten Feste. Der der Hochfläche zugekehrte Burgteil ist bewohnbar. Zwischen ihm und dem Plateaurande lag ein tiefer Graben mit Zugbrücke. Noch sehen wir die beiden Holzwellen, über die die Brückenketten surrten, im Frontgemäuer eingefügt. Die Verteidigungstürme an den Gebäudeecken sind verschwunden. Der gut erhaltene vordere Schloßteil birgt außer einigen Gelassen, die für den gegenwärtigen Besitzer, den Grafen von Schönborn-Wiesentheid, jederzeit bereit gehalten werden, die Wohnung des Verwalters. An diese Räume schließt sich der hoch gelegene, nach Norden offene Burghof an. Links erhebt sich der üppigumrankte Bergfried. Eine Reihe mächtiger Torbogen und Gewölbe, von der verläßigen Wehrhaftigkeit des einstigen Felsennestes zeugend, führen in den ältesten, seit 1635 in Ruinen liegenden östlichen Burgteil. An der Stelle, wo prächtige Hallen sich wölbten, ragt heute formlos und geborsten verwittertes Gestein, zu dessen Füßen die breiten, durchbrochenen Blätter des Farnkrauts leuchten. Im ehemaligen Bankettsaale, einem nun mit Blumen und Ziersträuchern bepflanzten Raum, gab 1830 Graf Erwin von Schönborn König Ludwig I. und Königin Therese, als die Majestäten bei der Reise durch den Obermainkreis auch die Fränkische Schweiz berührten, ein Festmahl. Von da führt ein Torbogen zum letzten Teil der weitläufigen Ruine, einem bis zum Rande des Felsens vorgeschobenen Gelasse. Hier sind Reste eines Turmes erkennbar. Die öden Fensterhöhlen bieten wunderbare Blicke in das schmale, eigenartig schöne, mit bizarrsten Felsgebilden ausgeschmückte Tal.

Tiefe Wehmut beschleicht uns beim Durchschreiten dieser mit Liebe und Sorgfalt gepflegten Reste einstiger Größe. Wir werden so recht an die Vergänglichkeit alles Irdischen gemahnt, und unwillkürlich drängen sich des Dichters Worte auf unsere Lippen:

„Trauernd denk ich, was vor grauen Jahren
Diese morschen Überreste waren:
Ein betürmtes Schloß voll Majestät,
Auf des Berges Felsenstirn erhöht."

* * *

Weder eine Urkunde noch ein sonstiges glaubwürdiges Schriftzeugnis übermittelt uns den Namen des Erbauers oder die beiläufige Entstehungszeit der Burg. Übereinstimmend betrachten die Forscher, die sich mit dem Gegenstande befaßten, als deren Urheber das in nächster Nähe seßhaft gewesene reichsherrliche Geschlecht der Waischenfelder, das vom Jahre 1122 bis ungefähr zum ersten Viertel des 13. Jahrhunderts beurkundet ist. Nachfolger in ihren Gütern und im besonderen der Burg Rabenstein waren die Schlüsselberger, ein Dynastengeschlecht, dessen Macht und Ansehen mehr und mehr wuchs und unter Konrad III., König Ludwigs des Bayern Freund, zu ungeahnter Blüte gelangte.

Der Name „Rabenstein" taucht erstmals gegen Ende des 12. Jahrhunderts auf. Wir finden einen „Eschuin de Rabenstein" neben anderen „Ministerialen" als Zeuge einer Urkunde des Jahres 1188. Die Rabensteiner waren aber keineswegs Besitzer der Burg, sondern bloße Burghüter und standen als solche jedenfalls zunächst in Diensten der Reichsherren von Waischenfeld, später in denen der Schlüsselberger. Den Namen „Rabensteiner" mögen sie wohl der in ihrer Obhut gestandenen Burg entlehnt haben. Erst später nannten sich die Rabensteiner „Ritter"[1]) und legten sich als Wappen einen Raben im Schilde bei.

Wir finden das „Geschlecht der Rabensteiner" als Dienst- und Lehensmänner auf der Burg Rabenstein — freilich mit mehreren Unterbrechungen — bis zum Jahre 1742, seit 1347 als Lehensleute der Burggrafen von Nürnberg bezw. Markgrafen von Bayreuth.

---

[1]) „Unfreie" Männer, auch „freie", die sich wegen geringen Besitzes nicht halten konnten, traten bei irgend einem Dynasten oder mächtigen Kirchenherrn in Dienst, ließen sich zum Schutze von Burgen verwenden (daher der Name Burghüter oder Burghutarii) und erhielten dafür Grundeigentum, auch Anteile der Burgen zu Lehen. Aus solchen „Dienstmannen" bildete sich mit der Zeit der sogenannte Dienstadel oder der Stand der Ministerialen. Auch diese Dienstmannen konnten zur Ritterwürde zugelassen werden — konnten den Ritterschlag empfangen, durch den sie Genossen des hohen Adels wurden. Während die meisten Dynastengeschlechter der Fränkischen Schweiz im 13. und 14. Jahrhundert verschwanden, traten die Ministerialen mehr und mehr in den Vordergrund und gelangten aus ihren untergeordneten Verhältnissen in oft ganz bedeutende Stellungen, oft sogar in den teilweisen oder völligen Besitz der von ihnen behüteten Burgen und Güter, wie wir dies bei den Rabensteinern sehen.

Der letzte des Geschlechts war Peter Johann Albrecht von und zu Rabenstein, Rabeneck, Weiher und Adlitz, „Kaiserlicher Wirklicher Rat, Brandenburgscher Ritterlehensgerichtsassessor und Ritterhauptmann des Kantons Gebirg". Er hatte den Schmerz, eine zahlreiche Nachkommenschaft, besonders zwei blühende, hoffnungsvolle Söhne, ins Grab sinken zu sehen.

* * *

Über den jähen Tod der zwei letzten Rabensteiner Sprosse geht folgende Legende:

Die zwei Jünglinge, sechzehn und vierzehn Jahre alt, die Hoffnung ihres Stammes, der Eltern Stolz und Freude, wurden auf das sorgfältigste erzogen. Herr von Rabenstein war selbst ihr Lehrer in allen ritterlichen Übungen, und wo die eigenen Kenntnisse nicht hinreichten oder es ihm an Zeit gebrach, traten gelehrte und geschickte Männer an seine Stelle. Schon vermeinte der Ritter seinen dem Aussterben nahen Stamm durch diese frischen Reiser neu verjüngt zu sehen, als das Verhängnis diese frohe Hoffnung auf ewig begrub.

An einem heißen Sommertage oblag der Freiherr mit seinen Söhnen dem edlen Weidwerke. Auf dem Heimwege erlaubte er ihnen, sich zur Erfrischung in einem Teiche des Talgrundes zu baden. Dies pflegten sie öfters zu tun, und da beide vortreffliche Schwimmer, auch sonst für ihr Alter überaus kräftig und abgehärtet waren, ließ sie der Vater ohne Sorge zurück. Er selbst eilte nach Hause zu seiner Gemahlin, die schon seit einigen Tagen krank im Bette lag.

Da die Junker lange ausblieben, ängstigte sich die Mutter. Der Gemahl beruhigte sie. Doch bald wurde auch er besorgt. Eben wollte er das Burgtor durchschreiten, den Söh-

nen entgegenzugehen, als ein Hirtenbub gelaufen kam und
unter Klagen und Tränen meldete, die beiden Junker seien,
nachdem sie eine Weile vergnügt im Wasser gespielt, auf ein=
mal untergegangen und nicht mehr zum Vorschein ge=
kommen.

Entsetzt stand der Vater. Doch wie von höherer Macht ge=
stärkt, raffte er schnell an Dienern und Bauern zusammen,
wen er fand, und eilte mit ihnen zur Unglücksstelle. Noch
im Fortgehen befahl er, seiner Gemahlin die Schreckensbot=
schaft zu verschweigen.

Bald fand man die Brüder: wie im Leben, so auch im
Sterben in inniger Liebe umschlungen. Kaum vermochte
man sie voneinander zu lösen. Die Diener trugen die Ver=
unglückten in ein entlegenes Zimmer des Schlosses. Ein
der Burgfrau wegen anwesender Arzt wandte alle möglichen
Wiederbelebungsversuche an, doch umsonst. Da sandte der
beraubte Vater einen Blick namenlosen Schmerzes zum
Himmel, sank wie betäubt auf einen Stuhl und bedeckte das
Antlitz mit den Händen.

Schwer wie das grauenvolle Verhängnis an sich drückte
den Ritter der qualvolle Gedanke, wie das Furchtbare seiner
kranken Gemahlin zu eröffnen sei. Nach einer bangen hal=
ben Stunde, in der er alle Grade des Schreckens durch=
kämpfte, erwachte er wie aus schwerem Traume und ein
lichter Gedanke schien die Nacht seiner Seele zu erhellen.
Froh, daß die anbrechende Dämmerung den Ausdruck seiner
Gesichtszüge mitleidig verhüllte, betrat er das Zimmer
seiner Gattin.

Die edle Frau reichte ihm beide Hände, die er sanft und
innig drückte. „Wo warst du wieder, teurer Gemahl, und
wo sind die beiden Knaben?", fragte sie, als er sich am Bette

niedergelassen hatte. Er erwiderte: „Die Knaben werden sich nach ihrem Bade wohl umkleiden. Ich selbst pflegte ermüdet einer kurzen Pause im Großvaterstuhl. Doch erschreckte mich ein banger Traum". Das Zittern seiner Stimme war der Kranken nicht entgangen, und so fragte sie verwundert: „Ein Traum? So erzähle ihn! Träume kommen oft von Gott".

Da begann der Ritter: „Mir war, als sähe ich unsere beiden Söhne tot aus einem Teiche ziehen. Der Schmerz darüber und der Gedanke an das Erlöschen meines Stammes drückte mir schier das Herz ab. Ich wollte dich aufsuchen, dir das Schreckliche zu künden. Da erwachte ich".

Ein Ausruf banger Ahnung entfloh den Lippen der Burgfrau. Doch fromm gefaßt, entgegnete sie: „Das verhüte Gott, daß dein Traum so traurig in Erfüllung gehe. Sollte je dies Schreckliche über uns kommen, so mögen Kirche und Arme unsere Kinder sein. Bei ihnen würde unser Andenken in Segen fortleben, auch wenn man dir längst Helm und Schild zerbrochen in die Gruft nachgesenkt hätte".

Der Ritter beugte sich näher zu seiner Gemahlin Ohr und stammelte leise: „Wohl gesprochen, teueres Weib; so geschehe denn Gottes Wille!"

Mit dem Ausdruck tiefsten Schmerzes fragte die Gattin: „So sind denn unsere Söhne wirklich tot, heimgegangen in so früher Jugend?"

„So ist's", sprach unter Tränen der Gemahl. „Vor einer Stunde hat man sie leblos aus dem Teich gezogen."

Da raffte sich die Fromme zusammen und hauchte mit vor Weh erstickter Stimme: „So möge sie Gott, rein von jeder Sünde, aufnehmen in sein Gnadenreich!"

Hierauf ließ die Burgfrau Licht bringen und die Burgleute zu sich bescheiden, daß sie mit ihr beteten. Der Ritter kniete zunächst an ihrem Bette. Alle weinten und schluchzten; denn jedweder im Schlosse hatte die guten und schönen Knaben lieb wie eigene Kinder.

Drei Tage später bewegte sich ein fast endloser Trauerzug von Burg Rabenstein gen Kirchahorn zur Familiengruft im Gotteshause. Schweigend und vom Schmerze tief gebeugt folgte der Vater den Särgen seiner letzten irdischen Hoffnungen.

Die Mutter überstand den herben Schicksalsschlag und genas wie durch ein Wunder. Beide aber, der Ritter und seine Gemahlin, blieben fortan der Welt und dem Leben erstorben, verbrachten den Rest ihrer Tage in Übungen des Gebetes und christlicher Nächstenliebe und bedachten in ihrem letzten Willen reichlich das Gotteshaus zu Kirchahorn, das sie auch restaurieren ließen, die Kapelle zu St. Nikolaus und die Armen des ganzen Umlands.

Rührend ist zu lesen, wie der alte Ritter seinem tiefen Kummer in Versen Ausdruck verlieh:

"Ach, das ist mir ein Todesstoß:
Ich lebe stamm- und erbenlos.
Ich sah die letzten Äste sterben
Und so den ganzen Baum verderben."

Vereinsamt und gramgebeugt starb Peter Johann Albrecht von Rabenstein als letzter seines Stammes, Helmes und Schildes am 19. Mai 1742.

* * *

Das in den 1820er Jahren mit fast allen Gebäuden des Dorfes abgebrannte Gotteshaus zu Kirchahorn zeigte an den Brüstungen der Emporen eine Anzahl Gemälde, die in ihrer Reihenfolge das düstere Gepränge eines Leichenzuges darstellten, der zwei mit Kränzen und Wappen verzierte Särge zur Gruft geleitete. Auf dem ersten Bilde sah man eine altertümliche, halb zerfallene Burg, auf dem letzten eine Kirche. Die Bilder stellten das Leichenbegängnis der zwei ertrunkenen Rabensteinschen Söhne dar und sollen auf Veranlassung deren Eltern angebracht gewesen sein.

*   *   *

Nach Aussterben der Rabensteiner fielen die Güter zu Rabeneck, Kirchahorn und Weiher als frei gewordene Bambergsche Lehen dem Fürstbistum heim. Fürstbischof Friedrich Karl von Schönborn verkaufte sie 1742 an seinen Bruder, den Grafen Rudolph Franz Erwin von Schönborn-Wiesentheid. Auch Rabenstein, das als Brandenburgsches Lehen dem Marktgrafen Friedrich ausgefolgt worden war, erwarb 1744 der eben genannte Graf, so daß die ganze vormalige Herrschaft der Rabensteiner an die Grafen von Schönborn gelangte, in deren Händen sie sich heute noch befindet.

Die Nikolauskapelle bei Rabenstein

Lokalgeschichtliches und Sage

Zwischen Kirchahorn und Rabenstein, über der in deutschen Landen und darüber hinaus berühmten Sophienhöhle, erhebt sich ein kleines, schmuckes Kirchlein, mit seinen weißen Mauern ins weite Umland grüßend: die Nikolauskapelle, 1515 als „Klaus=Kirchen", 1692 als „Nicolausstein" beurkundet.

Das Gotteshäuslein war ehemals Schloßkapelle der Ritter von Rabenstein, die daselbst 1566 die Reformation einführten. Die Rabensteiner taten viel zur Ausstattung der Kapelle. Sie enthält unter anderem eine mit dem Rabensteinschen Wappen geschmückte (leider nicht mehr spielbare) Orgel, einen uralten Altar und eine schöne Statue des hl. Nikolaus. Peter Johann Albrecht von Rabenstein, der letzte seines Geschlechts († 1742[1]), ließ kurz vor seinem Tode das Kirchlein innen und außen gründlich instandsetzen. Auch heute noch ist die Klausensteiner Kapelle ein Bestandteil des nun gräflich von Schönbornschen Rittergutes Rabenstein. In einer Beschreibung des Amtes Waischenfeld vom 15. April 1765 ist zu lesen: „Zu Rabenstein, einem Bayreuther mannlehnbaren Ritter=Gut, dem Herrn Grafen von Schönborn gehörig, mit einem Bergschloß bebauet, gehöret eine außer den Schloß=Mauern stehende Kapelle ad Sanctum Nicolaum, worinnen der Pfarrer zu Kirchahorn Augustanae confessionis das Jahr hindurch einigemal prediget."

* * *

---

[1] Siehe die vorhergehende Nummer: „Die letzten Rabensteiner."

Werfen wir einen Blick auf das Äußere des Klaussteiner Kirchleins, so fällt uns auf, daß sich des beschieferten Türmchens Kreuz um ein geringes zur Seite neigt. Dies sei — so sagen die Umwohner — seit unvordenklichen Zeiten der Fall und auf folgendes unheimliche Ereignis zurückzuführen:

Einst lebte in Oberailsfeld ein braver, fleißiger Knecht, der nicht nur bei seinem Dienstherrn sich großer Beliebtheit erfreute, sondern auch von den übrigen Ortsinsassen wegen seines ruhigen, bescheidenen Wesens „gern gelitten wurde." Manches Mägdlein des Dorfes hatte ein Auge auf den anstelligen Burschen geworfen, besonders aber eine Dirne, die auf der nahen Burg Rabenstein in herrschaftlichen Diensten stand. Sie bemühte sich mit allen Listen, des jungen Mannes Neigung zu gewinnen, doch vergeblich. Da verschwor sich die tief Gekränkte dem Teufel und versprach ihm, in der bevorstehenden Walburgisnacht am Hexentanz auf dem Spornagelberg bei Kirchahorn teilzunehmen, so der Höllenfürst den Widerspenstigen, der ihr überall aus dem Wege gehe, gleichfalls dorthin brächte. Der Teufel sagte zu. Zur bestimmten Stunde holte er den Knecht und fuhr mit ihm durch die Luft gen Kirchahorn. Unterwegs gab es ein heißes Ringen zwischen dem Entführten und Satanas. Mit Befriedigung sah deshalb dieser das Dach eines einsam stehenden Hauses durch der Maiennacht Halbdunkel heraufschimmern. Darauf ließ er sich mit seinem Opfer nieder zu kurzer Rast. Das Gebäude aber war das Klausensteiner Kirchlein. Mit beiden Händen hielt der fromme Knecht sich am Kreuze des Türmchens fest und ließ es nimmer los, als ihn der Teufel fortzureißen versuchte. Dabei verbog er es — „so wie es heute noch steht". Das Geräusch hatte den Klausner aus dem Schlafe geweckt. Der trat vor seine Hütte neben dem Kirch=

lein und ward im Mondenschein des Geräufes zwischen dem armen Burschen und dem „Bösen" gewahr. Unter Anrufung des dreieinigen Gottes und mit dem Zeichen des Kreuzes schlug er den Teufel in die Flucht, holte den Erschöpften, dessen Haar der Schrecken gebleicht hatte, vom Kapellendache herunter und stärkte ihn. Auf inständiges Bitten nahm des Kirchleins greiser Hüter den braven Knecht als Mitbruder in seine Klause auf. Der Rabensteiner Dirne Leichnam aber fand man tags darauf mit umgedrehtem Halse am Fuße des Spornagelberges bei Kirchahorn.

* * *

Verschiedene sind der Meinung, das Klausensteiner Kirchlein könne — mit mehr Wahrscheinlichkeit als das frühere Gotteshaus zu Oberailsfeld — eine der vierzehn Slavenkirchen gewesen sein, weil bei Erbauung der ersten christlichen Kultstätten mit Vorliebe hochgelegene Plätze ausgesucht wurden, auf denen die heidnischen Slaven ihren Göttern Opferaltäre errichtet hatten. Daß das Wiesentgebiet mit Wenden, die sich als Herren der Landschaft fühlten, dicht besiedelt war, ist geschichtlich bezeugt. Ebenso ist bekannt, daß die Christianisierung des zäh an seinen heidnischen Gebräuchen hängenden Sorbenvolkes, dessen trutziger Nacken nur mit Gewalt sich ins fränkische Zwingjoch beugen ließ, nicht anders als schrittweise, mit dem Kreuze in der einen Hand, dem Schwerte in der anderen, zu „erkämpfen" war. Selbst dann noch, als sie „öffentlich" die christliche Lehre angenommen, fanden sich die Widerspenstigen im Dunkel der Nacht an verborgenen Orten zusammen, dem verpönten Götterkult zu huldigen. Beständige und strenge Überwachung des „bekehrten" Sorbenvolkes war deshalb unabweisliches Gebot.

Ähnliche Vorstellungen mochten auch auf Viktor von Scheffel eingewirkt haben, als er in seiner „Frau Aventiure" von der Nikolauskapelle bei Rabenstein sang:

„Am Klausensteiner Kirchlein stand
Der Klausner in Gedanken
Und blickte sinnend in das Land
Der Wenden und der Franken.
Der Wende dacht, es wäre sein;
Wir nahmen's ihm als Sieger.
Auf jedem Berg ein schroffer Stein,
Auf jedem Stein ein Krieger!"

Kühlenfels

I. Lokalgeschichtliches [1]

Bei dem in Touristenkreisen wohlbekannten und vielbesuchten Luftkurorte „Schüttersmühle", nicht ganz 4 Kilometer südöstlich Pottensteins, mündet in das wildromantische Tal des Weiherbaches ein Seitentälchen von unberührter Naturschönheit: das sogenannte „Klumpertal". Zwischen Hotel und Mühle leitet in dieses der gezeichnete Pfad und führt über Mittel= und Klumpermühle rechts ab zum Dörfchen Kühlenfels mit seinem dreifach getürmten Felsenschlößchen gleichen Namens.

Der Ort war schon zu Anfang des 12. Jahrhunderts Bambergsches Lehen. Bischof Otto I., der Heilige, vermachte unter anderem den Zehnt zu „Kulmelins" der von ihm gegründeten Pfarrei Pottenstein.

Im 13. Jahrhundert soll der Ort — freilich nur der Sage nach — gleichwie die 25 Kilometer südlicher gelegene Burg Hohenstein hohenstaufischer Besitz gewesen sein und als solcher sich zuletzt in Konradins Händen befunden haben.

Im 14. Jahrhundert treffen wir das Gut im Eigentum der Mecher oder Meticher, einer Ministerialenfamilie der Bamberger Kirche, die zwei gekreuzte Gabeln im Wappen und auf dem Stechhelm einen Adlerflügel führte [2]. Deren letzter soll Gangolf Mecher gewesen sein.

1502 verkaufte dieser „Kumlos" an seine Oheime: Hans und Heinz von Rabenstein, die die Neuerwerbung zunächst

---

[1] Nach Friedrich Wachters (nun Pfarrherr in Hallstadt) „Geschichte des ehemaligen Pflegamtes und der Pfarrei Pottenstein sowie der Filiale Kirchenbirkig und des Herrschaftssitzes Kühlenfels."

[2] Nach H. Bauer, Geschichte der Stadt Pegnitz und des Pegnitzer Bezirks.

gemeinsam besaßen. Bei einer 1508 vorgenommenen Erbteilung jedoch fiel Kühlenfels samt Zugehörungen an den älteren Bruder: Hans von Rabenstein (zu Döhlau).

1525 wurde Kühlenfels ein Opfer des Bauernaufstandes. Hans von Rabenstein gab den erlittenen Schaden auf 1295 Gulden an, erhielt ihn auch nach und nach bis auf den letzten Pfennig ersetzt.

1563 verkaufte Hans Hektor von Rabenstein Kühlenfels an Lorenz von Guttenberg: Bambergscher Hofmarschall, fürstlicher Rat, Pfleger zu Scheßlitz und auf Giech, Oberschultheiß von Bamberg, Herr auf Kirchlauter — und nun auch solcher auf Kühlenfels.

Im Besitze des Guttenbergschen Geschlechts verblieb das Rittergut bis zum Jahre 1855. Als letzte Inhaber finden sich die fünf Söhne (Albert, Karl, Ottmar, Guido und Otto) Friedrichs von Guttenberg († 1842). Durch Vermählung deren Schwester Christina, Freiin von Guttenberg, mit Franz Karl von Druffel, einem Edelmann aus Münster, fiel die Gutsherrschaft 1855 in die Hände der westfälischen Familie von Druffel, in denen sie sich heute noch befindet.

2. Konradin, der letzte Hohenstaufe, in Kühlenfels

Sage

Eine uralte Sage überliefert uns, Konradin, der letzte Sproß des hohenstaufischen Geschlechts, habe zu wiederholten Malen auf dem Hofgute „Kulmelins" geweilt, so auch im Spätsommer, als man zählte nach unseres Herrn Erscheinen das 1267. Jahr. Sein Busenfreund Friedrich, des Markgrafen Hermann von Baden Sohn, und ein kleines Häuflein sonstiger Getreuer bildeten das fürstliche Gefolge.

Konradin, ein Jüngling von 16 Jahren, begabt mit ausnehmender Schönheit und dichterischer Phantasie, trug den kühnen Plan im Herzen, das reiche italienische Erbe seiner Väter: Neapel und Sicilien, wieder zu gewinnen — trotz aller Einwände und Tränen der besorgten, ahnungsvollen Mutter. Längst waren die nötigen Vorbereitungen hiezu getroffen. Ein Heer von 10 000 Mann stand zum Zuge über die Alpen bereit. Hier in der Einsamkeit der stillen Juraberge aber gedachte der junge Hohenstaufe sich zu sammeln zu schwerem Beginnen.

Eines Morgens ritt das kleine Häuflein, Konradin und Friedrich voran, auf schlecht gebahnten Pfaden gen Süden. Der Hohenstein, das nächstgelegene „Staufengut", war Reiseziel des Tags.

Gesenkten Haupts und ganz in sich gekehrt, das Antlitz sorgenschwer und traurig, saß Konradin im Sattel. Da meinte, verwundert über des sonst so frohen Jünglings Trübsinn, der Freund: „Scheinst einen schweren Kummer als Weggesell mit dir zu führen, mein Konradin. Was ist es, das dich so bedrückt?"

Der Angeredete hob das Haupt und sprach, seinem Falben die goldigschimmernde Mähne streichelnd: „So will ich's dir denn künden — der Freund dem Freunde. Ja, tief im Herzen trag ich schwere Sorge — um dich und mich. Doch erst seit wenigen Stunden. Verwichene Nacht war's, da hatte ich im trauten Kulmelins gar sonderlich Gesicht. An meine Lagerstätte trat ein Weib in schneeigem Gewand, den Blick so trauervoll und doch so zärtlichsüß auf mich gerichtet. Das bat mich eindrucksvoll und mit erhobenen Händen, nicht zu ziehen in's fremde, trügerische Land. Da lauere für dich wie mich unwendbar schmählicher Tod."

„Wird halt ein Traum gewesen sein, wie viele andere", versetzte drauf der Freund. „Sei guten Muts. Träumt man vom Tod, so kündet das gar oft ein langes Leben!" — Und froher ritt die kleine Schar des Wegs.

Gen Mittag winkte in der Ferne, von hoher Felsenzinne her, der stolze Hohenstein, als wollt er seinen lieben Herrn zu guter Einkehr freundlich grüßen.

Wenige Stunden drauf zog Konradin, den Freund zu seiner Seite, im alten Staufenschlosse ein. — — —

Des weiteren berichtet die Sage, Konradin habe in jener Nacht, da er auf dem Hohenstein geweilt, wahrscheinlich beeinflußt durch die warnende Erscheinung zu Kühlenfels, für alle Fälle sein Testament verfaßt. — — —

Wenige Wochen später, im Herbst des Jahres 1267, sehen wir Konradin und Friedrich an der Spitze eines Heeres über die Alpen ziehen, beide: der letzte Hohenstaufe und der letzte Babenberger[1]) mit gleichen Hoffnungen und gleichen Leiden dem gleichen Todeslose entgegenreisend.

Nachschrift: Am 20. Oktober gelangte Konradins Heer in Verona an und fand in der Lombardei viele, aber leider nicht ausdauernde Anhänger. Im Frühjahr 1268 erreichte Konradin Pisa und bald darauf Rom, wo ihn die ghibellinische Partei mit Jubel begrüßte. In der Schlacht bei Tagliacozzo (23. August) kämpfte Konradins Heer anfangs siegreich gegen Karl von Anjou, den Räuber seines italienischen Erbes, wurde aber schließlich durch Schlauheit und List überwunden. Konradin, Friedrich und andere fielen in Gefangenschaft, wurden zum Tode verurteilt und am 29. Oktober 1268 zu Neapel öffentlich enthauptet. Auf dem Blutgerüste nahm der letzte Hohenstaufe ergreifenden Abschied von seinen Todesgenossen und befahl seine Seele Gott.

---

[1]) Friedrich war durch seine Mutter, eine Nichte des letzten Babenbergers, nicht nur diesem Geschlechte verwandt, sondern auch Erbe von Österreich.

Sein letzter Gedanke galt der Mutter. Seine letzten Worte waren: „O Mutter, welches Leid bereite ich dir!" Laut auf schrie Friedrich, als er das Haupt seines Freundes fallen sah. Dann folgte auch er ihm in den Tod. — So endete das Haus der Hohenstaufen, dem an Größe und Glanz kein anderes Herrschergeschlecht zu vergleichen war. Mit ihm schwand die alte Herrlichkeit des deutschen Reiches.

3. Der Schwarzelfe im Kühlenfelser Schloßkeller

Volksmundliches

Im Kühlenfelser Schlosse, wahrscheinlich dem jetzigen Gebäude, das um das Jahr 1422 von den Mechern oder Metichern zu „Kulmelins" erbaut worden sein soll, befand sich vorzeiten, wie dies auch auf manchen anderen Rittersitzen der Fall zu sein pflegte, eine Bierschenke. Freilich hatten die Adeligen nur das Recht, für den eigenen Bedarf zu brauen, nicht aber das Bier an andere zu verkaufen oder gar in eigener Schankstätte „maßweise an Zecher zu verleitgeben". Doch was kümmerte sie dieses ausschließliche Privileg der Städte! Sie schenkten eben ihr Gebräu ungeniert jedermann aus, der davon begehrte. Nicht anders mochte es auf dem Kühlenfelser Schlosse gewesen sein — zum Ärger des nahen Städtchens Pottenstein, das sich in seinem uralten Rechte des „Bierverlags" schwer beeinträchtigt fühlen mußte. — — —

Nach alten Überlieferungen habe sich die Schloßschenke zu Kühlenfels stets eines flotten Betriebes erfreut. Keller und Trinkstube seien selten leer gewesen: diese an fröhlichen Zechkumpanen, jene an wohlgefüllten Fässern. Aber in den Kellerräumen war es nicht geheuer. Dort spukte ein Schwarzelfe[1]).

---

[1]) Vergleiche „Die Elfen bei Elbersberg" im I. Band der Sammlung.

Schon seit langen, langen Zeiten. Ein kleines, mißgestaltetes Zwerglein. Viele, ja alle, die in den Keller kamen, hatten es schon gesehen. Immer auf einem der biergefüllten Fässer. Lang wallte sein grauer Bart über die hochgewölbte Brust. Auf dem Kopfe saß ein breitkrempiger Spitzhut. Darunter sahen zwei grimme Äuglein hervor, in denen gelbe Flammen zuckten. Über jede Störung in „seinem Reiche" schien der Schwarzelfe empört. Denn haßerfüllte Blicke trafen die Eindringlinge. Dann verschwand er wie in Luft zerflossen. Beherzte konnten, so lange sie auch suchen mochten, keine Spur der Spukgestalt entdecken. Betraten sie jedoch, wenn auch nach nur wenigen Minuten, den Kellerraum aufs neue, so sahen sie den Elfen wieder auf diesem oder jenem Fasse wie auf einem Throne sitzen, grimmige Blicke werfen und wie zuvor verschwinden. — —

Zu Anfang des 19. Jahrhunderts, so erzählte der alte „Annela", der verstorbene Vater des jetzigen Kirchenpflegers zu Kühlenfels, mußte das alte Kellergewölbe wegen Schadhaftigkeit eingeschlagen werden. Seitdem ward das Spukmännlein nicht wieder gesehen. „Es soll mit verschüttet worden sein."

4. Der feurige Mann bei Kühlenfels
Volksmundliches

In Kühlenfels lebte vorzeiten ein alter Schmied. Der war ein „Wirtshaushocker". Besonders gerne suchte er die Bierschenke zu Kirchenbirkig auf. Gar oft wankte er von dort spät abends, mit einem Räuschlein beladen, den heimatlichen Penaten zu. Einmal, als er die Geländesenke zwischen den zwei Ortschaften erreicht hatte, fand er sich

nicht mehr zurecht. Es war stockfinster geworden. Wirklich
rabenschwarze Nacht. Zum „Verlaufen" wie geschaffen. Be=
sonders wenn man's im „oberen Stübchen" sitzen hatte! Da
ward es plötzlich hell um den Verirrten. Ein funkelndes
Männlein stand vor ihm und sagte, es wolle ihn heim=
begleiten. Des war der Schmied zufrieden. An der Haus=
türe angekommen, langte er in die Tasche und gab dem
wegkundigen, gefälligen Führer als Entlohnung einen
Pfennig. Der steckte ihn still zu sich und ging betrübt davon.
Dies wiederholte sich noch öfter. Einmal aber suchte der
Schmied in allen seinen Taschen vergeblich nach dem Pfen=
nig. Er hatte seine Barschaft „bis auf den letzten Knopf" in
der Schenke sitzen lassen. Da meinte er entschuldigend:
„Heute habe ich keine Münze. So sage ich halt für diesmal
‚Vergelt's Gott'!" Da tat das feurige Männlein einen
Freudenschrei und verschwand im Augenblick. Es ließ sich
seitdem nie mehr sehen. „Eine arme Seele war erlöst."
Der wackere Schmied aber trug von da an noch manches
Räuschlein ohne so billige Begleitung von Kirchenbirkig
heim nach Kühlenfels.

5. Das wütige Heer bei Waidach[1]

Volksmundliches

Kaum 10 Minuten südlich des Dorfes Kühlenfels erhebt sich
wie ein hinausgeschobenes Vorwerk das kleine, von
Laubwerk dicht umrankte Örtchen Waidach. Bereits gegen
Ende des 15. Jahrhunderts Sitz eines Forstaufseherpostens,
im 17. und 18. solcher eines hochfürstlich Bambergschen Wald=

---

[1] Siehe auch: Das „Wütende Heer" bei Kirchenbirkig im I. Band
der Sammlung.

bereiters, wurde die Siedlung 1808 zu einer bayerischen Revierförsterei, 1885 aber zu einem inzwischen nach Betzenstein verlegten Forstamte erhoben.

Südlich Waidachs dehnt sich ein herrliches Waldrevier aus, genannt „die Schön." Dorthin begab sich einstmals — so berichtet der Volksmund — kurz vor Weihnacht der Holzhauer Z., sich „auf billige Weise ein Christbäumchen zu erstehen." Als er fast die Waldung erreicht hatte, jagte das „Wütenchör" (wütiges Heer) mit Hundegebell und Peitschenknallen, Sausen und Brausen, Schreien und Heulen über ihm weg. Der zu Tode Erschrockene warf sich auf die Erde und verbarg sein Gesicht im Grase des Wegrains. Da fiel neben ihm etwas zu Boden: ein nagelneues Häcklein[1]). Der Mann nahm es, als der Lärm in den Lüften verstummte, zu sich und betrat den dunklen Forst. Dort hieb er mit dem Häcklein, zu dem er auf so sonderbare Weise gekommen, ein junges Fichtlein ab. Beim letzten Schlage traf er sein Bein. Der kleinen Verletzung nicht achtend, eilte er mit dem gefrevelten Christbäumchen heim.. Nach einigen Tagen jedoch verschlimmerte sich die Wunde. Trotz aller Salben wollte sie nicht heilen. Da gab ihm ein erfahrener Mann, dem er sein Erlebnis mit dem „Wütenchör" erzählt hatte, den Rat, das Häcklein dorthin zu legen, wo er es aufgehoben. Der Holzhauer tat es. Und abermals sauste der „Wilde Jäger" unter schrecklichem Getöse in der Luft dahin. Wie Flintengeknatter und Rüdengeheul klang es, dann wieder wie Schimpfen, Blöken und Wiehern. Als sich der Geängstigte vom Erdboden erhob, war das Häcklein verschwunden. Nach wenigen Tagen aber schon schloß sich des Mannes Beinwunde und heilte rasch ab.

---

[1]) Kleines Beil zum Holzhacken.

Lindenhardt

Sage und Lokalgeschichtliches

Am Südrande des weitgedehnten Lindenhardter Forstes mit seiner vielbesuchten Rotmainquelle, 9 km nördlich von Pegnitz und 6 km westsüdwestlich von Creußen, liegt der uralte, stattliche Marktflecken Lindenhardt, erstmals im Jahre 1125 als „villa Lindinharde", dann 1216 als Lintenhart, 1394 als Linttenhard, 1412 als Lyntenhart und 1545 als Liendenhardt beurkundet.

Über die Ableitung des Namens bestehen zwei Meinungen. Im Mittelhochdeutschen bedeutet „hart" soviel wie Wald. Es ist also sehr wahrscheinlich, daß der Siedlungsname von dem deutschen Worte „Linde" stammt, demnach soviel wie „Zum Lindenwald" besagen will. Linden mit gewaltigen Stämmen gibt es in dortiger Gegend ja heute noch genug. Auch Lang leitet in seinem „Opuscula historica" den Namen ab „a tiliarum copia, qua propinqua silva abundabat (= von der Menge der Lindenbäume, wovon der nahe gelegene Wald voll ist). — Das Geographisch=historische Handbuch von Bayern (1898) dagegen bringt für 1125 die Namensform „Lindrachard". Diese wäre im ersten Teile mit dem mittel=hochdeutschen „lintdrache" oder „lintrache" = „Lindwurm" zu erklären und würde auf „Lindwurmwald" deuten. Auch das Siegel der Marktgemeinde führt einen Lindwurm im Wappenschilde[1]).

Eine uralte Sage, 1852 handschriftlich hinterlegt beim Historischen Verein für Oberfranken, berichtet über die Her=

---

[1]) A. Ziegelhöfers und Dr. G. Heyß „Die Ortsnamen des ehemaligen Fürstentums Bayreuth (Archiv v. Oberfr. 1920).

kunft des Namens Lindenhardt „in ihrer Weise" folgendes: „Der Name des Marktfleckens Lindenhardt, eines der ältesten Orte Oberfrankens, soll von einem Drachen oder Lindwurm herrühren, welcher einst in der Gegend, als sie noch ganz mit Wald bedeckt war, sein Unwesen trieb und von einem kühnen christlichen Ritter, dessen Name aber die Sage vergessen hat, erlegt wurde. Er errichtete auf der Stelle, wo ihm die Heldentat gelungen, aus Dankbarkeit eine Kapelle. Der Wald lichtete sich und bald stand ein Dorf um das Kirchlein gereiht, Lindrachard genannt." „Freilich ist es seltsam", heißt es in der Handschrift weiter, „daß die Legende von der Heldentat des heiligen Georg, deren Schauplatz bekanntlich nach England verlegt wird, sich auf oberfränkischem Boden zu wiederholen scheint. Daß der Flecken von der Sage seinen Namen hat, erhellt aus dessen ältester Benennung, unter welcher er schon im Jahre 1125 in der Geschichte vorkommt. Noch jetzt (1852) sieht man als Wahrzeichen in der Kirche links des Altares das Bild eines Lindwurms aus Stein gehauen, das das Gedächtnis des hier Hausenden bewahren soll. Als das erste Kirchlein der schnell wachsenden Gemeinde zu enge wurde, stiftete Otto der Heilige, Bischof von Bamberg, eine größere Kirche dahin."

Aus einer weiteren legendären Überlieferung[1]) erfahren wir: „Es sei die frühere Kapelle vor Jahrhunderten wegen der vielen Wallfahrten zu klein geworden und habe vergrößert werden müssen. Als man den Grund gegraben, sei ein Lindwurm aus der Erde gesprungen und habe den Maurer Fritz Hungenberger getötet. Darauf habe man den Lindwurm mit Spießen und Heugabeln umgebracht, die Haut abgestreift und sodann ausgefüllt in einem großen Kasten auf-

---

[1]) Archiv von Oberfr. 1875.

gestellt, verschlossen und verwahrt. Wer den Lindwurm sehen wollte, mußte einen Groschen dem Gotteshause geben, alsdann sei ihm die Kirche geöffnet worden. Der Kasten sei, wenn man in die Kirche gegangen, rechter Hand an der Wand zu finden gewesen." Diese Nachricht entnahm der von 1724 bis 1759 zu Lindenhardt angestellte Kantor Georg Schramm einem Manuskripte der Pfarrakten, in welchem der 85jährige Ortsinsasse Johann Kern Obiges mit dem Beifügen bekundete, sein Großvater Ulrich Kern, der im gottbegnadeten Alter von 103 Jahren gestorben sei, habe die Haut des Lindwurms noch gesehen.

Trotz dieser zwei „Lindwurmsagen" und des „Wappenbildes" der Marktgemeinde werden wir nicht fehl gehen, wenn wir den Namen Lindenhardt „Zum Lindenwald" deuten.

* * *

Obwohl im weiten Umlande viele Slaven saßen, was die Ortsnamen Creez, Schreez, Leups, Prebitz, Zips, Schwürz, Creußen u. a. zur Genüge bekunden, ist Lindenhardt selbst deutschen und zwar bajuwarischen Ursprungs. Es stand auch schon in ältester Zeit unter der Hoheit des ehemaligen bayerischen Fürstenhauses.

Schon frühzeitig hatte sich nämlich in der Nähe Creußens ein Wittelsbachsches Besitztum gebildet, indem Kaiser Heinrich V. seinem Freunde und Jugendgenossen, dem Pfalzgrafen Otto III. von Wittelsbach, der ihm im Kriege und Frieden wichtige Dienste geleistet, die Reichsdomäne im „Creußener Forst", d. i. einen Teil der Herrschaft Creußen, das Hofgut Lindenhardt nebst anderen Gütern, dazu Schloß und Wald von Frankenberg, zunächst zu Lehen und am 14. April 1125 zu Eigen gab, woraus dann das Amt Eschenbach-Frankenberg gebildet wurde.

Da Lindenhardt Bestandteil dieser Wittelbachschen Besitzung war, haben als dessen ursprüngliche Herren die bayerischen Pfalzgrafen und späteren Herzoge zu gelten. Daneben mögen auch Ritter[1]) und andere angesehene, dem Adel gleichgestellte Männer[2]) in Lindenhardt gewohnt haben, ohne aber „die Herren desselben" gewesen zu sein.

Während Creußen schon 1251 an die Burggrafen von Nürnberg kam, blieb Lindenhardt im Besitze der Bayernherzoge bis zum Beginn des 15. Jahrhunderts.

Kaiser Karl IV. hatte als König von Böhmen neben vielen Städten, Burgen, Dörfern, Gütern und Forsten (größtenteils von der Oberpfalz) auch „Lyntenhart", dieses als Bestandteil des Amtes Eschenbach-Frankenberg, zugesprochen erhalten. Sein Sohn, König Wenzel, der bekanntlich aus seinen Geldverlegenheiten nie herauskam, verpfändete den einen Teil des Mauerwerks an den Landgrafen Johann von Leuchtenberg, den anderen (mit Lindenhardt) an den kaiserlichen Pfleger und Landvogt Borziwoy von Swinar. Letzterer überließ die Pfänder 1401 seinen Gläubigern: Dietrich von Wiesenthau, Heinrich Motschiedler, Mathes Mengersreuther und Jakob von Wischolt. Diese wiederum traten ihr Pfandrecht sofort an den Burggrafen Johann III. von Nürnberg ab. Dabei mußte Borziwoy versprechen, König Wenzels Genehmigung zu dem Rechtsgeschäfte „bis uff den nechsten unser Frawen tag, lichtmesse genant", zu erwirken, was auch geschah. Durch Urkunde, ausgefertigt zu „Grecz an unserer

---

[1]) Eine Urkunde von 1265 enthält die Namen Friedericus et Gottfriedus de Linthe.

[2]) In einer Urkunde des Jahres 1216 erscheint ein Henrico Slicherio aus dem Jphigau, der in Lindenhardt Güter besaß, welche Bischof Eckbert von Bamberg um 6 ℳ Goldes, die des Bischofs Schwester, Königin Gertrud von Ungarn, hergegeben hatte, erwarb.

Frawentage Purificationis (2. Februar) 1402" bestätigte
König Wenzel seinem Schwager, dem Burggrafen Johann III.
von Nürnberg, den Erwerb der Güter.

So war also Lindenhardt „auf Umwegen" aus einem bayerischen ein burggräfliches, 1420 aber brandenburgisches Besitztum geworden. Burggraf Johann III. starb nämlich ohne männliche Nachkommen und hinterließ sein Erbe dem Bruder, der inzwischen als Friedrich I. Kurfürst von Brandenburg geworden war. Die fränkischen Gebiete des Kurfürstentums umfaßten die Markgrafschaft Bayreuth (das „obergebirgische Fürstentum", dessen Geschicke fortan Lindenhardt teilte) und die Markgrafschaft Ansbach (das sogenannte „Unterland"). 1810 kam Lindenhardt mit der Markgrafschaft Bayreuth an Bayern, also wieder in den Besitz des Fürstenhauses, bei dem es schon vor siebenhundert Jahren gewesen.

* * *

Als die ursprüngliche „sagenhafte" Kapelle Lindenhardts, die übrigens nach geschichtlichen Quellen nicht „der Drachentöter", sondern Pfalzgraf Otto III. († 1127) erbaut haben soll, für die rasch wachsende Gemeinde zu klein wurde, gründete Bischof Otto der Heilige, wie in Creußen, Büchenbach und Michelfeld, so auch in Lindenhardt eine neue, größere Kirche. In welchem Jahre dies geschah, ist nicht sicher nachzuweisen. Doch dürfte sie 1125 schon gestanden sein. Sie war „der heiligen Frawen" geweiht und wurde bald eine der besuchtesten Wallfahrtskirchen des weiten Umlands.

Wie die Pilgerzüge aus der Oberpfalz heutzutage nach Gößweinstein gehen, so bewegten sie sich vor Zeiten „zur lieben Frau" in Lindenhardt. Etwas südlich der Siedlung stand eine kleine Kapelle. Dort pflegten „die Waller" zunächst einzutreten, sich durch eine kurze Andacht zum Erscheinen vor „der lieben Frau" vorzubereiten, sich also gleichsam zu

„weihen". Heute noch heißen die Felder und Wiesen, wo die Kapelle gestanden, „Weihdich".

Als zur Liebfrauenkirche Lindenhardt noch zwei Filialen kamen: eine in Schnabelwaid, die andere in Trockau, stieg deren Ansehen mehr und mehr. Bald mußte sie auch vergrößert werden. Durch die vielen Opfer der Wallfahrer flossen hiezu reichliche Mittel. Man erweiterte und verlängerte in altgotischem Stile den Chor und nannte ihn „die kleine Kirche".

Unter der Regierung des Markgrafen Albrecht Alcibiades wurde Lindenhardt im Jahre 1550 evangelisch. Die Filialen Schnabelwaid und Trockau folgten dem Beispiele der Mutterkirche. Als letzter katholischer Pfarrherr Lindenhardts wird Albrecht Hartenstein genannt. Er war Abt des Klosters Ensdorf und hielt in Lindenhardt einen Vertreter. Als erster evangelischer Geistlicher erscheint ein Heinrich Nikels.

Mit Einführung der neuen Lehre war die Filiale Schnabelwaid selbständige Pfarrei geworden. Trockau verblieb vorläufig bei der Mutterkirche Lindenhardt und wurde durch einen Hilfsgeistlichen versehen. Im Jahre 1669 aber trat Christoph Ernst von Groß mit seiner Gemeinde zur katholischen Kirche zurück und übertrug die gottesdienstlichen Funktionen in der Kapelle Trockau dem Pfarramte Hohenmirsberg. Bald jedoch stellte er einen eigenen Schloßkaplan auf. So war auch die zweite Filiale samt Zehnt für Lindenhardt verloren gegangen.

Der Dreißigjährige Krieg brachte Lindenhardt schwere Heimsuchung. Nachdem der kurbayerische Obrist Johann von Wert Creußen, Gottsfeld, Schnabelwaid und Hörlasreuth niedergebrannt hatte, erschien er am 16. März 1633 nach einem Treffen bei Kraimoos mit 5—6000 Reitern und einigen Feldschlangen auch vor Lindenhardt. Der Ort wurde geplündert, in Brand geschossen und der damalige Pfarrer Pitterlein nach Amberg geschleppt. Auch Trockau ging bis auf 10 Häuser in Flammen auf.

Am 10. April 1684 vernichtete eine Feuersbrunst fast ganz Lindenhardt, auch die Kirche, diese jedoch nur bis auf die Umfassungsmauern, so daß sie in ihrer alten Größe wieder hergestellt werden konnte.

In das neue Gotteshaus kam als Geschenk der Kirche zu Bindlach[1]) ein sehr alter, der Mutter Gottes geweihter Altar mit der Jahreszahl 1503. Dr. Karl Zitzmann, Bayreuth, stellte 1926 drei der Altargemälde als von Matthias Grünewald stammend fest. Sie sind das erste Meisterwerk dieses großen fränkischen Malers (1503).

Bis tief in das 19. Jahrhundert hinein war dieser Altar katholischerseits ein Gegenstand großer Verehrung, da sich der Glaube an die Wundertätigkeit der „heiligen Frawen zu Lindenhardt" im Volke fest erhalten hatte.

Im Jahre 1844 war das Muttergottesbild in Gefahr, entwendet zu werden. Eine katholische Frau von Troschenreuth Margareta Bauer mit Namen, wollte in Ausführung eines Gelöbnisses, das sie nach dreimaliger Rettung aus Todesgefahr getan, dort eine Kapelle errichten lassen. In derselben sollte das fragliche Bild aufgestellt werden. Um es unauffällig zu erhalten, „brauchte in der Lindenhardter Kirche nur Feuer auszukommen". Die Troschenreutherin hatte sich in dieselbe bereits eingeschlichen, wurde aber festgenommen und dem Landgerichte Auerbach übergeben, das sie aburteilte und bestrafte, die Gemeinde Troschenreuth aber für jeden durch sie etwa weiter entstehenden Schaden haftbar erklärte.

---

[1]) Siehe auch: „Beim erbarmden Herrgott". Eine Geschichte zum Grünewald-Altar von Lindenhardt v. Karl Kelber von Franken. Frankenverlag G. Kohler, Wunsiedel, 1928.

Warum Neuhaidhof früher „Pelzdorf" hieß

Volksmundliches

An der von Bayreuth nach Amberg führenden Staatsstraße, 3 km südlich von Creußen, liegt das nach Althaidhof eingemeindete und eingeschulte Dörflein Neuhaidhof. Es soll in früheren Zeiten den Namen „Pelzdorf" geführt haben und zwar, wie der Volksmund erzählt, aus folgendem Anlasse:

Vor Alters, als noch keine breite Verkehrsstraße die Gegend durchzog, lag an Stelle des heutigen Dörfleins mitten im dunklen Forst eine einsame Hütte, bewohnt von einer armen, alten Witwe. Diese bestritt ihren Lebensunterhalt aus den kargen Erträgnissen, die ihr der Verkauf von Beeren, Schwämmen und sonstigen Erzeugnissen des Waldes einbrachte. Dabei war sie nach Kräften mildtätig und gastfreundlich und gewährte manchem Verirrten Erquickung und Nachtlager unter ihrem ärmlichen Dache. Doch wurde ihre Gastlichkeit gar oft von arbeitsscheuem Gesindel und Landstreichern mißbraucht.

Die alte Frau hatte die sonderbare Gewohnheit sich Sommer wie Winter in eine Pelzjacke und Pelzhaube zu kleiden. Dies trug ihr den Namen „Pelzfrala" ein, unter dem sie weit und breit bei alt und jung bekannt war. Auch ihre Wohnung zu tiefst im Forst führte keine andere Bezeichnung als das „Pelzhäusla".

Das alte, rechtschaffene Mütterlein starb hochbetagt. Doch schon zu seinen Lebzeiten hatten sich um dessen Hütte mehrere andere Wohnungen, ebenfalls von armen Leuten errichtet, gereiht. Durch weitere Niederlassungen war im Laufe der

Jahre ein Dörflein entstanden, das zum Gedächtnis des alten Pelzfrala — vielleicht mehr aus hergebrachter Gewohnheit — "Pelzdorf" geheißen wurde.

Die einsame, ja versteckte Lage der kleinen Siedlung unfern der pfälzischen Grenze war wohl die Ursache, daß viel liederliches Gesindel, dem anderwärts der Boden unter den Füßen zu heiß geworden sein mochte, hier Aufenthalt suchte und fand. Nach Heimat, Beruf, Leumund, Strafliste u. dgl. wurde ja zu damaliger Zeit nicht lange gefragt.

Das Dörflein aber geriet durch den "zweifelhaften Zuzug" mehr und mehr in Verruf. Darunter mußte auch der bessere Teil der Ortsinsassen im Handel und Wandel schwer leiden. Schließlich galt es geradezu als Schimpf, von Pelzdorf gebürtig zu sein.

Der vielen Sticheleien und Verdächtigungen satt, suchten die alteingesessenen Bewohner bei der markgräflichen Regierung zu Bayreuth um die Erlaubnis nach, den Namen des Ortes in "Pechhof" umwandeln zu dürfen. Das Gesuch wurde, da es der Staatskasse keinerlei Kosten verursachte, glatt gewährt. So wurde also aus dem "Pelzdorf" zunächst ein "Pechhof".

Wann dies geschah, wird kaum festzustellen sein, ebenso die Zeit der Umwandlung des Namens "Pechhof" in die jetzige Ortsbezeichnung "Neuhaidhof".

* * *

Als "Pelzdorf" findet die Siedlung freilich keine urkundliche Erwähnung. 1362 aber ist sie als Pechoffen und 1692 als Pechhof beurkundet. Die südlich von Neuhaidhof gelegenen Grundstücke führen heute noch den Namen "Pechäcker". — Das 1 km nördlich, etwas abseits der Staatsstraße gelegene Althaidhof wird 1399 als Heidehof, 1418 als Heidhof und 1692 als Heidhoff beurkundet. Der Name bedeutet "Zum Hof auf der Heide".

Wie das Dorf „Spänfleck" zu seinem Namen kam

Mundartliches.

Wohl alle schönen Bauten, welche die Stadt Bayreuth noch aus früheren Zeiten aufzuweisen hat, sind unter dem kunstsinnigen Markgrafen Friedrich (1735—63) entstanden. So auch das große, prächtige Opernhaus. Zur Leitung dieses Baues, der zwei Jahre (1746—48) in Anspruch nahm, wurde der Italiener Guiseppe Galli, zubenannt Bibiena (nach seinem italienischen Heimatstädtchen) berufen. Er ist auch der Schöpfer des im italienischen Barockstil gehaltenen reichen Inneren des Musentempels, wie eine Inschrift über der Hofloge bezeugt. Die Fassade des Gebäudes mit ihrem mehr französischen Charakter wird dagegen nicht Bibiena, sondern St. Pierre zugeschrieben, der auch das dortige „Neue Schloß" erbaute.

Das sämtliche Bauholz zum Opernhause lieferte der Lindenhardter Forst, der damals unter allen Waldungen des Fürstentums die stärksten Stämme aufzuweisen hatte. Die daselbst gefällten Baumriesen wurden auf einer Anhöhe an der Bayreuth-Pottensteiner Straße, 3 km südlich des Pfarrdorfes Gesees, dort, wo ein einzelnes Häuschen stand, aufgezimmert und, ehe sie nach der Baustelle in Bayreuth überführt wurden, zum Trocknen gelagert. Die bei den Zimmerarbeiten abgefallenen vielen Späne, die jahrelang weit und breit den „freien Fleck" bedeckten, gaben diesem den Namen „Spänfleck". Auch das dort stehende Einzelgebäude nannte man nie mehr anders, als „das Häuschen am Spänfleck". Als im Laufe der Jahre an Ort und Stelle

noch mehrere andere Wohngebäude, unter diesem ein Forst=
haus, entstanden, zerbrach man sich nicht lange den Kopf
nach einer passenden Bezeichnung der neuen Siedlung.
Man beließ ihr einfach den seit langer Zeit gewohnten
Namen und nannte sie „Spänfleck". Das Dörfchen mit
seinem Täuberschen Gasthause, Touristen und Besuchern der
Rotmainquelle im Lindenhardter Forste wohlbekannt, ge=
hört zur Gemeinde Gesees und Schule Haag.

Auch A. Ziegelhöfer und Dr. G. Hey deuten in ihrem
„Die Ortsnamen des ehemaligen Fürstentums Bayreuth"
die Siedlungsbenennung „Spänfleck" (nach ihrer Lage am
bewaldeten Eichenreuther Berg) = „zu dem Fleck, wo
Späne herumliegen, wo Späne (Lichtspäne, Schindeln) ge=
macht werden".

Aufseß in Sage und Lokalgeschichte

Einleitung

Das enge Tal der Aufseß zieht, in fast gerader Linie und sich mehr und mehr verflachend, vor seiner Ausmündung ins Wiesenttal bei der bekannten Sommerfrische Doos (Weiler zwischen Behringersmühle und Waischenfeld) in nordnordwestlicher Richtung hinauf zur Hochebene, auf der das klare, forellenreiche Flüßlein nahe Königsfeld entspringt.

Ab Doos 6 km talaufwärts begegnen wir in idyllischer Einsamkeit dem reizend gelegenen Dorfe Wüstenstein mit Ruinen eines schon 1327 den Freiherren von Aufseß zugehörigen Schlosses. Es folgen in einem Abstande von 4 km das stattliche Pfarrdorf Unteraufseß mit dem Stammschlosse des Geschlechts und nach weiteren 2 km Oberaufseß.

Unteraufseß, aus dem 11. Jahrhundert stammend, mag ehedem einer der stärksten Rittersitze des Gebirgs gewesen sein. Den Mittelpunkt der weitläufigen Burg bildete neben dem Hauptgebäude der noch heute stehende Wartturm mit seinem fast 2 m starken Gemäuer. An diesen angebaut war das sogenannte Meingozsteinhaus, errichtet zu Anfang des 12. Jahrhunderts durch Meingoz von Aufseß. Die Burg hatte eine innere, 15 m hohe Ringmauer mit einem Wehrgang vom Hauptgebäude bis zum Wartturm, dann noch eine äußere Ringmauer. Die innere Mauer hatte zwei Tore, deren eines durch die Ulrichskemnate führte und mit einer Zugbrücke versehen war. Die äußere zeigte drei stark bewehrte Eingänge. Der eine, das sogenannte untere Tor, besteht heute noch. Hinter dem Wartturm lag eine zweite Zugbrücke, die über den tiefen Burggraben führte. Zwischen den beiden Ringmauern lagen die verschiedenen Kemnaten, die Vorratshäuser, die Stallungen, das Zeughaus und die Burgkapelle mit dem Kaplanshause.

Diese unbezwinglich scheinende Burg wurde 1430 von den Hussiten erstürmt, geplündert und bis auf den Wartturm niedergebrannt. Bis zu ihrer Wiedererbauung wohnten die Herren von Aufseß abwechselnd auf Schloß Freienfels und in Hollfeld.

1525 wurde der Rittersitz abermals eingeäschert und zwar von den aufrührerischen Bauern, unterstützt durch die Hollfelder unter Führung des dortigen Bürgers Hartung. Der Hauptanführer des Bauernhaufens aber soll ein Peter Hofmann von Aufseß gewesen sein, der nach Unterdrückung des Aufstandes auf die Folter gespannt und hingerichtet wurde.

Auch der Dreißigjährige Krieg brachte Aufseß schweres Unheil. 1633 überfielen Kroaten den Ort, raubten das Schloß und die Bauernhäuser aus und brannten alles nieder. Um das Unglück voll zu machen, raffte im gleichen und folgenden Jahre die Pest einen großen Teil der Bevölkerung hinweg.

Bald ging man daran, Burg Unteraufseß zum dritten Male zu erneuern. Doch wurden die äußere Umwallung und die zwischen den Ringmauern gestandenen Kemnaten usw. nicht wieder aufgeführt. Nur ein kleiner Teil des Edelsitzes: die innere Ringmauer und die von ihr umschlossenen Hauptgebäude erstanden aus dem Schutte.

Nach dem Tode Christoph Daniels von Aufseß teilten dessen zwei Söhne: Karl Heinrich und Friedrich 1676 die ihnen zugefallene Erbschaft. 1690 trat Karl Heinrich seinen Teil an Unteraufseß dem Bruder Friedrich käuflich ab und zog nach Oberaufseß, woselbst er ein neues, heute noch stehendes Schloß, die sogenannte Karlsburg, erbaute. Von da an bestehen in der Familie die Linien Unter= und Ober=aufseß.

Unteraufseß war später der Lieblingsaufenthalt des Frei= herren Hans von Aufseß, Begründers des Germanischen Museums zu Nürnberg (1852).

Die Aufseßer sind eine der wenigen Familien, die sich von den zahlreichen Geschlechtern des frühesten Mittelalters bis auf unsere Tage erhalten haben.

I.
Ursprung des Namens Aufseß
Sage.

Eine uralte Sage, handschriftlich hinterlegt in der Bü= cherei des Historischen Vereins von Oberfranken, läßt den Ahnherrn des aus grauer Vorzeit stammenden Geschlechts von Aufseß schon beim Einzuge unseres lieben Heilandes in Jerusalem zugegen sein. Von dem frommen Eifer, mit wel= chem er sich der Person des Erlösers, besonders beim „Auf= sitzen auf den Palmesel", behilflich zu machen suchte, soll das Geschlecht den Namen „Aufseß" erhalten haben[1]).

---

[1]) Die Sage, die jedenfalls weiter nichts als das hohe Alter des Geschlechts dartun will, wurde lediglich der Vollständigkeit halber eingefügt. — Die Herren von Aufseß treten kurz nach dem Jahre 1100 als „Vollfreie" in die Geschichte ein. 1114 wird Herolt de Ufsace liber homo, 1124 ein freigeborener Ritter Ernest de Ufsace (als Begleiter des Pommern=Apostels Bischof Otto) genannt. — Im Laufe der Jahrhunderte befand sich eine stattliche Anzahl Burgen des Bamberger Landes als Lehen, Burghut oder Amtssitz in den Händen der Aufseßer, so Königsfeld, Neuhaus, Freienfels, Neidenstein, Weiher, Krögelstein, Kainach, Plankenstein, Wadendorf,

Dem Ortsnamen Auffeß begegnen wir urkundlich in den verschiedensten Formen; so ist zu lesen: 1114 Ufsazze, 1129 Ufsaze, 1215 Ufseze, 1308 Aufsezz, 1326 Niedern- und Obern Aufsezze, 1332 Auphserz, 1452 Aufsaß. Der Name besteht aus der Präposition uf (auf) und dem ahd. Substantiv saze = Rastort, Wohnsitz, dürfte also etymologisch mit „Niederlassung auf dem Berge, Hügel oder Hang" zu erklären sein.

II.

Die Pfauenfedern im Wappen derer von Auffeß

Sage

Einer der Edlen von Auffeß — die Sage nennt ihn Ritter Heinrich — war als Inhaber eines Ehrenamtes 1007 beim Einzuge Kaiser Heinrichs II., des Heiligen, in Bamberg zugegen. Er soll dem Fürsten, orientalischer Sitte gemäß, einen Wedel aus Pfauenfedern nachgetragen und mit diesem „die Fliegen abgewehrt" haben. Die Aufmerksamkeit gefiel dem Kaiser so wohl, daß er dem Auffeß und seinen Nachkommen auf ewige Zeiten Pfauenfedern als Helmzier zu führen erlaubte.

Rothenbühl, zeitweise auch Neideck und Götzweinstein. — Zur Zeit der Reformation trat die Mehrzahl des vielverzweigten Geschlechts zur neuen Lehre über und verschaffte dieser Eingang in ihren Schloßkapellen und Gemeinden. Die im 17. Jahrhundert einsetzende Gegenreformation führte verschiedene Familienglieder wieder zum katholischen Bekenntnisse zurück. Zu ihnen zählte auch der nachmalige Domkapitular und fürstliche Statthalter Jobst Bernhard von Auffeß, der letztwillig mit Testament vom Jahre 1738 die Knaben-Erziehungsanstalt, genannt „Auffeesianum", am Fuße des Michelsberges zu Bamberg begründete.

III.

Kaiser Heinrich II. in Aufseß.

Sage

Eine Sage erzählt, der heilige Kaiser Heinrich II. sei mit seiner Gemahlin Kunigunde zu öfteren Malen von Bamberg über Scheßlitz, Königsfeld und Aufseß auf die Neubürg bei Truppach geritten, um Eber zu jagen.

Zwischen Bamberg und der Neubürg, ja bis hinauf zum Fichtelgebirge habe unsere Landschaft ein großer Wald bedeckt, „wo alles mögliche Gewild seinen Aufenthalt hatte".

Bei diesen Reisen soll die Burg Aufseß das heilige Kaiserpaar wiederholt gastlich aufgenommen haben, wenn es, „vom Jagdritt ermüdet, sein Weg vorüberführte".

Auf der Hainleithe zwischen Aufseß und Draisendorf sei in alter Zeit ein Wallfahrtskirchlein, dem heiligen Fridolin geweiht, gestanden. Dieses längst verschwundene Gotteshäuslein, auch „Heinrici-Kapelle" genannt, soll zu damaligen Zeiten seinen Ursprung gefunden haben[1].

*   *   *

Daß Kaiser Heinrich II. in unserer Gegend weilte, kann nicht kurzweg von der Hand gewiesen werden[2]. So meldet zum Beispiel eine andere Sage, das Pfarrdorf Bußbach, eine Stunde nordöstlich Truppachs, habe seinen Namen von einer Buß-Wallfahrt erhalten, die Kaiser Heinrich II. zu dem im Orte befindlichen berühmten „Wallfahrtsbrunnen", Fähnleinsbrunnen genannt, unternommen habe. Es sei dies

---

[1] Archiv von Oberfr. 1854.
[2] Siehe auch die Sage „Auf Sankt Kunigundis Spuren" im I. Band der Sammlung.

eine „merkwürdige Wunderquelle" gewesen, die letztmals im Jahre 1622 Pfarrer Senfft neu fassen und mit der Anschrift versehen ließ: „Gregis et pastoris sumtibus Anno 1622. Den Fähnleinsbrunnen hielt ehrenwert der Hirth und seine ganze Heerd".

IV.

Das Auffeßer Halsgericht

Lokalgeschichtliches.

Auf ihrer freien Burg übten die Herren von Auffeß wohl schon von frühe an die Gerichtsbarkeit über ihrer Untertanen und Eingehörigen Leben und Tod selbst aus. Da aber infolge der Reibungen zwischen Fürsten, Adel und Städten jeder Teil seine bisherigen Rechte gegen Angriffe des anderen so viel und gut als nur immer möglich sichern mußte, ließ man sich königliche Briefe ausfertigen, worin die betreffenden Privilegien ihre feierliche Bestätigung fanden.

So erhielten auch die Herren von Auffeß zur Sicherung des hohen Rechts der Gerichtsbarkeit vom Könige Wenzel am 11. März 1387 zu Würzburg eine förmliche Verleihungsurkunde ausgestellt, laut welcher der König ihnen wegen vieler und treuer Dienste für das deutsche Reich nach Rat der Reichsfürsten erlaubt, ewiglich auf ihrem Schlosse „Stock und Galgen" zu haben und damit nach Recht zu richten. Niemand möge sie daran hindern bei des Königs und des Reiches Ungnad[1]).

---

[1]) Archiv von Oberfr. 1854.

Doch nicht immer wurde „nach Recht" gerichtet. Die hohe Vergünstigung ward oft mißbraucht oder doch äußerst lässig gehandhabt.

Schon zu Anfang des 15. Jahrhunderts saßen in Aufseß etliche Juden. Sie sollen mancherlei böse Streiche, Wucher, Betrügereien, ja sogar Diebstahl verübt haben. So wurde einstmals ein Mann, genannt Preissing, in einem Dörflein unweit Plankensteins, des Nachts bestohlen. Sein Verdacht fiel sogleich auf Aufseßer Juden. Er suchte bei ihnen nach und fand wirklich die entwendeten Dinge. Als der Bestohlene nun bei Friedrich von Aufseß nachsuchte, die Diebe vor das peinliche Gericht zu ziehen, erlaubte der Ritter wegen anderweitiger Geschäfte dem Mann, die Misse=
täter selbst zu hängen. Und wirklich schleppte Preissing, ohne daß der Gerichtsherr die Beschuldigten zu Gesicht bekam, die Juden zum Galgen und hing sie auf. Die ganze Bevölke=
rung von Aufseß lief mit zur „Galgengerte", sich das „Schau=
spiel" anzusehen.

Derartige offensichtliche Verfehlungen in Ausübung der Gerichtsbarkeit mögen allenthalben Mißfallen ausgelöst haben. Vielleicht wurden auch Stimmen laut, den Herren von Aufseß die Gerichtsbarkeit zu entziehen. Das Fürstbis=
tum Bamberg zumal hatte dieses „Recht" schon längst mit schelen Augen angesehen, ja sogar zu bestreiten versucht.

Auf dem Konzil zu Konstanz aber, dem verschiedene Glieder der Aufseßschen Familie, teils im Gefolge des Burggrafen Johann, teils in dem des Bischofs Albrecht von Bamberg, anwohnten, trat Konrad von Aufseß als einer der zwei ältesten des Hauses vor den König Sigmund und bat diesen unter Vorzeigung der Verleihungsurkunde von 1387 demütig die Urkunde über ihre Gerichtsbarkeit von neuem zu bestätigen. Der König erfüllte wegen der treuen Dienste, die vor Zeiten und noch immerwährend das Geschlecht von Auffeß dem deutschen Reiche leistete und noch tun wolle, die Bitte und gab eine königliche Bestätigung ihres Hochgerichts zu Auffeß am Montag nach Invocavit (18. Februar) 1415[1]). Der Ort bei Heckenhof unweit Auffeß', wo der Galgen stand, heißt noch heute „die Galgen-Eggeten".

V.

Die Hussiten in Auffeß
Lokalgeschichtliches

Das Verfahren des Konzils zu Konstanz gegen Huß erzeugte bei seinen böhmischen Anhängern die unauslöschliche Feindschaft gegen dessen Richter, besonders gegen die katholische Geistlichkeit und die Klöster. In großen Scharen verbündeten sie sich zur Rache seines Todes und fielen unter Ziskas Führung 1429 in Franken ein. Im Januar 1430 erreichten sie Hof, das sie nach Gefallen plünderten und niederbrannten. Das gleiche Schicksal traf die Orte Gattendorf, Schauenstein, Münchberg, Helmbrechts und Weisendorf. Von Wunsiedel mußten sie unverrichteter Dinge abziehen, ebenso von Kronach. Sie wandten sich nun dem Inneren Frankens zu. Die Nachricht von ihrem Vordringen setzte die Städte, Burgen, Klöster und Dörfer in Furcht und Schrecken, so daß mit wenigen Ausnahmen lange vor ihrer Annäherung alles floh und niemand an eine ernstliche Gegenwehr dachte. Am 6. Februar zogen sie in Bayreuth ein. Die Stadt, nur schwach

---

[1]) Erst die Säkularisation (1803) und die Auflösung des alten deutschen Reiches (1806) machten, wie der weltlichen Herrschaft des Bischofs von Bamberg, so auch den Privilegien (Blutbann, hohe Jagd, Kirchenhoheit usw.) der Reichsritterschaft ein Ende.

besetzt, wurde ausgeraubt und eingeäschert. Tags darauf ereilte das gleiche Geschick Kulmbach. Die Fanatiker verschonten nichts. Sie waren mit Plünderung und Brand, Vernichtung der Kirchen und Klöster und Verwüstung selbst der Felder nicht zufrieden — nein!; Sie verübten auch die scheußlichsten Greueltaten an Menschen, besonders an Ordensleuten und Priestern. Burgkunstadt, Altenkunstadt, Weismain, Staffelstein, Hollfeld, Waischenfeld und Pottenstein fielen mit fast allen umliegenden Dörfern in ihre Hand, wurden beraubt und zerstört. Flüchtlinge jeden Standes und Alters liefen vor den Mordbrennern her. Die selbst Zeugen ihrer Greuel waren, gaben schreckliche Schilderungen von den Taten und dem Aussehen der gefürchteten „Ketzer". Man vergrub schnell das Beste in die Erde und suchte nur Rettung des Lebens in der Flucht. Kaum glaubte man sich im Dickicht der Wälder, im Dunkel der Klüfte und Felsenhöhlen sicher.

Bald nahten von Hollfeld her die wüsten Horden auch dem Aufseßtale. So fest die Burg Unteraufseß war, konnte ihre Umwallung ohne hinlängliche Verteidigung unmöglich den wild Anstürmenden standhalten. Unaufhaltsam brachen sie in die Tore der äußeren Burg. Weder Graben noch Mauer konnte sie abhalten, auch in die innere Feste zu dringen. Die ehrwürdige Burg- und Begräbniskapelle, den Heiligen Blasius und Pankratius geweiht, war das erste Opfer ihrer fanatischen Wut. Was sie nicht zusammenschlagen konnten, wurde durch Brand vernichtet. Hoch schlugen die Feuergarben gen Himmel. Die Glocken schmolzen in der ungeheuren Glut. Das nahe stehende „Ulrichshaus" und alle benachbarten Gebäulichkeiten des weitläufigen Edelsitzes: die Kemnaten und Vorratshäuser, das Kaplan- und Zeughaus, die Stallungen und Unterkunftsräume der Knechte und Reisigen brannten nieder, ebenso der Pallas der inneren Burg. Nur der große Wartturm trotzte aller hussitischen Wut. Die ärmlichen Bauernhütten des Dorfes konnten natürlich noch weniger Widerstand leisten und wurden samt und sonders ein Raub der Flammen. Wer von der Einwohnerschaft nicht floh, wurde erbarmungslos niedergemacht oder ergriffen und auf das grausamste gemartert.

Erst nachdem es in Unteraufseß nichts mehr zu rauben, brennen und morden gab, wälzte sich die blutdürstige Schar gen Wüstenstein, Streitberg und Ebermannstadt. Verstümmelte Leichen, schwelende Brandstätten, Trümmerhaufen und zerstampfte Felder kennzeichneten allenthalben ihre Spuren.

Nach der Verwüstung Ebermannstadts und Scheßlitz' sowie der umliegenden Dörfer wandten sich die Fanatiker gen Bamberg. Die ganze Bevölkerung floh mit Hab und Gut aus der Stadt. Kaum fünfzig Bürger blieben zurück. Der Fürstbischof weilte in Kärnthen. Markgraf Friedrich verfügte sich ins feindliche Lager und unterhandelte mit den Mordbrennern, sein und des Bischofs Land nicht weiter zu verwüsten. Auch die Stadt Nürnberg, vor dem furchtbaren Feinde zitternd, schickte Abgesandte. Bamberg und die alte Noris mußten je 12 000 Gulden, eine für die damaligen Verhältnisse schier unerschwingliche Summe, bezahlen, um von ihren Gebieten weitere Greuel fernzuhalten. . . .

Nachdem sie über hundert Städte, Burgen und Klöster und unzählige Dörfer geplündert und niedergebrannt hatten, kehrten die in ihrer Rache Gesättigten über Eger nach Böhmen zurück, unermeßliche Beute auf dreitausend schwer beladenen Wagen, deren manche mit zwölf, ja vierzehn Pferden bespannt waren, mit sich führend.

VI.

Der Ritter Christoph Ludwig von Aufseß

Sage.

Christoph Ludwig von Aufseß, geboren 1694, wird von den Chronisten als einer der tapfersten und tollkühnsten, tatendurstigsten und kampfgeschicktesten Ritter seiner Zeit gerühmt. Auch nach dem Volksmunde überstieg seine Gewandtheit und körperliche Stärke, sein keckes Wagen und mutvolles Draufgehen alle „herkömmlichen Grenzen". Er galt direkt als „hieb= und kugelfest" und seine Klinge soll er mit solcher Wucht zu führen verstanden haben, daß er im Zweikampfe den Gegner von oben bis unten spaltete. Auch seine Schußwaffe verfehlte nie ihr Ziel. Er hatte an einem Kreuzwege im Teufelsholz bei Aufseß den wilden Jäger angerufen und mit dessen Hilfe über unheimlich knisterndem Feuer Freikugeln gegossen. Ein eifriger Freund der Minne, schloß er selbst mit „dem Bösen" einen Pakt, so daß ihm kein Mägdlein zu widerstehen vermochte.

Wegen wiederholter schwerer Bedrückung bambergscher Untertanen und sonstiger Vergehen zog er den Zorn des Fürstbischofs auf sich. Der sandte eine Schwadron Forchheimer Husaren gegen ihn. Die Reiter hatten eines Abends den Verwegenen so geschickt umzingelt, daß sein Entweichen geradezu unmöglich schien. Da riß er das Schwert aus der Scheide und schwang es drohend gegen die Verfolger. Die standen leichenblaß, wie zu Bildsäulen erstarrt. Sie sahen, wie eine unheimliche Riesengestalt ihren dunklen Mantel über den Ritter warf und mit ihm unter gellendem Hohngelächter im dunklen Forst verschwand, während blutrote und blaugelbe Blitze mit weithin dröhnenden Donnerschlä=

gen niederfuhren. Als der Befehlshaber des Reitertrupps dem Bischofe die Begebenheit meldete, soll der fromme Fürst das Kreuz geschlagen und gebetet haben.

* * *

Des Ritters Christoph Ludwigs Tun und Treiben übte auf seine Untertanen nach dem Sprichworte: "Wie der Herr, so die Knechte", den denkbar nachteiligsten Einfluß aus. Viele wurden der Arbeit überdrüssig und verlegten sich auf Schatz=gräberei. "Sie hielten es mit dem Satan, den sie beschwören konnten, und der ließ ihnen seinen Rat". Um mitternächt=licher Weile machten sich die Törichten auf in die dunklen Wälder, zumal in das Teufelsholz, um mit dem "Chri=stophelsgebet" anzuheben, so daß man sie "von weitem brül=len hörte".

Mit dieser leidenschaftlichen Gier nach Gut und Geld ging der Verfall von Zucht und Sitte Hand in Hand. Die Mantel=kinder[1]) nahmen zu und der Jungfrauen wurden immer weniger. Ein Karl Holley soll es in Völlerei, Unzucht und Teufelsbeschwörungen besonders arg getrieben, dafür aber auch ein schreckliches Ende gefunden haben. Als er wieder einmal, wie so oft, zur Mitternachtszeit auf schlimmen Wegen wandelte, sei er von einem Hagelwetter mit fürchterlichen Blitzen, entsetzlichen Donnerschlägen und "höllischem" Ge=heul überrascht worden. Im Aufruhr der Elemente habe sich die Erde geöffnet und ein Ungetüm den Entsetzten in den gähnenden Abgrund gerissen.

---
[1]) Illegitime Kinder, die nach damaliger Anordnung zum ab=schreckenden Exempel für andere von der Braut bei der Trauung unter dem Mantel zum Altare mitgebracht werden mußten.

Die „Grunerin" zu Mistelbach

Lokalgeschichtliches und Sage

An der Nahbahn Bayreuth-Hollfeld liegt (als 5. Haltestelle ab Bahnhof Bayreuth) das stattliche Pfarrdorf Mistelbach, einst Sitz des edlen Geschlechts gleichen Namens. Christoph von Mistelbach, der letzte seiner Sippe, starb am Mittwoch vor Pfingsten des Jahres 1563 und wurde samt Schild und Helm allda in der Kirche beigesetzt.

Das von den Nürnbergern 1553 teilweise ausgebrannte Schloß wurde 1568—70 von dem Edlen Christoph Neustetter, Hauptmann zu Kronach, erneuert, im Dreißigjährigen Kriege aber wiederum großenteils in Asche gelegt.

Etwa ein Jahrhundert später erwarb den Sitz eine Frau, genannt die „Grunerin", die ihn ausbauen und bedeutend erweitern ließ. Wegen ihres großen Reichtums stand sie allerorts in hohem Ansehen und wußte sich sogar Zutritt am markgräflichen Hofe in Bayreuth zu verschaffen.

Wie schon öfter, war die Grunerin auch am 26. Januar 1753 zu einer Abendgesellschaft zu der Markgräfin Friederike geladen, als in den Gemächern des Markgrafen gegen acht Uhr jener große Brand ausbrach, der fast das ganze Schloß in Asche legte.

Die Markgräfin war einige Stunden vor Eintreffen der Gäste plötzlich und nicht unbedenklich erkrankt. Da die hohe Frau an diesem Abend erstmals ein überaus kostbares Diamanthalsband zur Schau tragen wollte, befahl sie ihrer Hofdame, den Geladenen als kleine Entschädigung für ihr Nichterscheinen wenigstens das selten schöne Geschmeide vorzuzeigen, was auch geschah und allerseits uneingeschränkte Bewunderung auslöste.

In den Gesellschaftsräumen entstand bei der Kunde des Feuerausbruches unter den Anwesenden große Verwirrung und alle drängten den Ausgängen zu. Dabei bemerkte die Grunerin auf einem Pfeilertischchen den achtlos stehen gebliebenen Diamantenschmuck in offenem Schmuckkästchen. Geblendet vom Glanze des edlen Gesteins und unbemerkt, wie sie glaubte, schlich sie hin, raffte das Geschmeide an sich, verließ rasch das Schloß und fuhr noch in derselben Nacht nach Mistelbach zurück . . .

Der Brand währte vierundzwanzig Stunden. Bei Beginn der zweiten Nacht waren bereits vier Flügel des weitläufigen Baues nebst der schönen Schloßkirche und dem neuen Komödienhause in Schutt und Asche gelegt. Nur der achteckige Turm hielt stand. Die eisige Kälte hemmte alle Rettungsversuche. In den Pumpen und Schläuchen gefror das Wasser, während ein gewaltiger Ostwind die Flammen immer mehr anfachte. In völlig kopfloser Weise warf man mit den unersetzlichen Möbeln auch die Spiegel aus den Fenstern, wobei natürlich alles in Trümmer ging. Nur von den kostbaren Tafelgeräten konnte manches geborgen werden. Das Diamantencollier der Markgräfin aber zählte nicht dazu. Man schätzte den Wert der zugrunde gegangenen Mobilien auf eine Million Taler . . .[1])

Über kurz oder lang lief in Bayreuth das Gerücht um — man wußte nicht, von wem es ausgegangen — der Markgräfin Diamantengeschmeide sei nicht beim Schloßbrande zugrunde gegangen, sondern an jenem Abend von der Mistelbacher Grunerin entwendet worden. Diesem Gerede

---

[1]) Geschichte der Markgrafen Ansbachs und Bayreuths (Markgrafenbüchlein) von Franz Herrmann.

legte man in Hofkreisen zwar keine besondere Bedeutung bei, brach aber gleichwohl den Verkehr mit der des Diebstahls bezichtigten Frau ab.

Der Mistelbacher Schloßherrin wurde gar bald zugetragen, was man in Bayreuth von ihr sage. Zu Tode erschrocken und gefoltert von der Furcht, der Diebstahl könne ihr schließlich doch nachgewiesen werden, vergrub sie das entwendete Geschmeide in den verborgenen Kellergewölben und behielt diese fortgesetzt scharf im Auge. Die beständige Aufregung, Unruhe, Sorge und Angst jedoch setzten ihrer ohnehin schon erschütterten Gesundheit so zu, daß sie in ein Nervenfieber verfiel und bald darauf starb ...

Auch nach ihrem Tode fand die Grunerin keine Ruhe. Diese und jene wollten gesehen haben, wie sie zu mitternächtiger Stunde in den Räumen des Schlosses umherirre und ihre Erlösung herbeisehne. Aber erst dann trete diese ein, so sagt der Volksmund, wenn der Schmuck wieder gefunden, also „der vergrabene Schatz gehoben werde." Das sei nur mit dem einjährigen Trieb der Haselstaude, in der Karfreitagsnacht vom Strauche geschnitten, möglich. Mit ihm habe man die Kellerräume des Schlosses zu durchwandern. An der Stelle, wo die Kostbarkeiten versenkt seien, ziehe es die Rute mit unwiderstehlicher Gewalt zur Erde nieder. Dort müsse der Sucher graben, aber beileibe nicht über Sonnenaufgang hinaus ...

Der Schmuck wurde, so viele auch nach ihm gesucht haben mögen, bis jetzt nicht gefunden. Wer wird der Auserlesene sein, der ihn entdeckt und damit zugleich den Geist der Grunerin erlöst?

* * *

An den oben erwähnten Bayreuther Schloßbrand knüpft sich folgendes seltsame Geschehnis: Bei Abräumung des Schuttes der eingeäscherten Schloßkirche fand man auf einem Stein ein verkohltes Blatt von der auf dem Altar gelegenen Bibel, das nur noch den letzten Vers des 28. Kapitels im ersten Buche Moses unversehrt enthielt: „Und dieser Stein, den ich aufgerichtet habe zu einem Mal, soll ein Gotteshaus werden." Dieser sonderbare Zufall bewog den Markgrafen Friedrich, der darin einen Wink der Vorsehung sah, die alte Schloßkirche in kürzester Zeit wieder aufbauen zu lassen. Doch wurde sie erst im Jahre 1758 fertig und am ersten Osterfeiertage durch den General=Superintendenten Ellrodt eingeweiht.[1)]

[1)] Franz Herrmann: Markgrafenbüchlein S. 205.

Der Buchstein

Lokalgeschichtliches und Sage

Einen Kilometer westlich Altstadt=Bayreuths gabelt von der Staatsstraße links ein in den Mistel= oder Hummelgau führender Weg ab. Auf ihm erreichen wir über Laimbach die ehemalige herzoglich württembergische Schweizerei Geigenreuth und von da, rechts abbiegend, Park und Schloß Fantasie. Auf der gegenüberliegenden Seite, also rechts des Mistelbaches, dort, wo ein Höhenzug das Tal begrenzt, macht sich eine breite, den Wald überragende, weißgraue und seltsam gestellte Felsenmasse bemerkbar. Sie birgt in ihrem Bereiche mehrere kleine Höhlen und ist seit unvordenklichen Zeiten bekannt unter dem Namen „Buchstein".

Über den Ursprung der Bezeichnung kündet der Volksmund folgendes:

Die Greuel des Dreißigjähriges Krieges hatten auch unsere engere Heimatlandschaft schwer heimgesucht. Schweden und Kaiserliche wetteiferten miteinander, wer im Sengen und Brennen, Plündern und Morden das meiste zu leisten vermöge.

Im Jahre 1632 nahm eine Kolonne Kaiserlicher unter Oberst Buttler ihren Weg durch das Bayreuther Land. Furcht und Schrecken verbreiteten sich über das ganze Fürstentum. Der Markgraf nebst seiner Familie flüchtete nach Dresden. Auf Wallensteins Befehl zog Marquis de Grana gegen Bayreuth und nahm die Stadt, die keine hinreichende Besatzung zur Verteidigung hatte, am 20. September 1632 mühelos ein. Nur gegen eine sofortige Erlegung einer Brandschatzungssumme von 10 000 Talern versprach er sie zu schonen. Trotz dieser Zusage gab der Spanier die Stadt seinen wilden Horden zur Plünderung preis. Ein großer Teil derselben ging dabei in Flammen auf.

Doch es war den Bürgern zuvor gelungen, viele wichtige Urkunden, zumal Kirchen= und Stadtbücher, zu retten. Sie brachten dieselben zum Steingewände des Mistelbachtales und verbargen sie in den dortigen Grotten, die von der landfremden Soldateska nur schwer zu finden waren. Und in den trockenen Felsenhöhlen waren die „kostbaren Schätze" in der Tat wohl geborgen. Erst nach Einkehr ruhigerer Zeiten brachte man die Bücher und Dokumente wieder in die Stadt zurück.

Das Felsgewänd aber, dem nächst der Klugheit der Bay= reuther Bürger die Erhaltung der unersetzlichen Urkunden zu danken ist, heißt seitdem „der Buchstein".

Sagen von Thurnau und Umgebung

Einleitung.

In den nordöstlichen Juraausläufern, an der Nahbahn Bayreuth—Kulmbach, begegnen wir dem stattlichen Marktflecken Thurnau mit seinem gräflich Giechschen Schlosse, das inmitten eines großen Parkes mit gewaltigen Baumriesen, Lindenalleen, Buchenlaubgängen, Weihern, Terrassen und reizenden Blumenanlagen eingebettet liegt.

Der Ort ist uralt. Nach M. J. Wills Aufzeichnungen aus dem Jahre 1692 hätten ihn „etliche vom Ritterorden der Tempelherren erstmals angebaut. Diesen seien möglicherweise die Edlen Förtschen entstammt, die dann Thurnau zu einem schönen Markt eingerichtet und selben lange besessen hätten, bis dieses rittermäßige Geschlecht 1564 mit Wolfgang Förtsch samt Schild und Helm zu Grabe getragen und Thurnau vom Hochstift Bamberg Förtschens Tochtermännern, den Edlen von Giech und von Künzburg, verliehen worden sei."

Das Giechsche Geschlecht, ursprünglich im Bambergschen angesessen, worauf das bei Scheßlitz gelegene Stammschloß Giech hinweist, hatte auch größere Besitzungen in der Gegend von Bayreuth erworben. Thurnau selbst war lange Zeit im gemeinsamen Besitze derer von Giech und von Künzberg. Erst 1733 erwarben die von Giech, die inzwischen 1695 die Reichsgrafenwürde, 1726 „Sitz auf der fränkischen Grafenbank" und damit Landeshoheit erlangt hatten, auch den Künzbergschen Anteil.

1796 kam Thurnau unter preußische und 1806 unter französische Herrschaft. 1810 ging es mit dem Fürstentum Bayreuth an Bayern über.

1. Der Feuersegen

Sage

Zu Anfang des 18. Jahrhunderts überschwemmten Zigeunerhorden von Böhmen her ganz Oberfranken. Da sie zu einer förmlichen Landplage wurden, trat Markgraf Georg Wilhelm von Bayreuth dem Unwesen mit drakonischer Härte entgegen. Nachdem ein allgemeines Streifen durch Soldaten ohne dauernden Erfolg geblieben war, wurde das Gesindel für vogelfrei erklärt und durch ein Patent vom 13. Mai 1718 erlaubt, die Landstreicher im Falle des Widerstandes oder der Flucht niederzuschießen, die sich willig ergebenden aber zu „arrestieren", die Männer nach Plassenburg, die Weiber an das Hofmarschallamt zu liefern, damit sie, „in Karren geschmiedet", zu Festungsbau- und Hofgartenarbeiten lebenslang gebraucht werden können. — Durch eine spätere Verordnung wurde jedem, der einen der Landstreicher niederschoß, eine Belohnung von einem Speziestaler zugesichert und außerdem noch geboten, auch alle herumziehenden Geiger, Pfeifer und Leierer binnen einer Woche aus dem Lande zu jagen. — Ebenso waren 1710 und 1711 Bamberger Regierungsverordnungen ergangen wegen der Zigeuner und anderen herrenlosen Gesindels. — Am 9. August 1727 wurden zu Berneck fünfzehn Zigeunerweiber, die nicht angeben wollten oder konnten, wo sich ihre Männer verborgen hielten, auf dem Galgenberge unweit des Hochgerichts an einer Eiche gehenkt. Am 8. September fand dieselbe Todesstrafe daselbst an zwei anderen Zigeunerweibern statt.

* * *

Auch in Thurnau fiel einer dieses Wandervolkes in die Hände des Gräflich Giech'schen Gerichts. Nach kurzem Prozesse wurde ihm das Todesurteil gesprochen und der Stab über ihn gebrochen. Dann führte man den Armen hinaus zur Richtstätte. Schon stand er auf der verhängnisvollen Leiter unter dem Galgen, als ein Reiter angesprengt kam, der ein weißes Tuch schwenkte und schon von fern aus voller Brust das für den Verurteilten beseligende Worte „Gnade" rief.

Es war der damals regierende Graf selbst, der eben von dem allzu harten Spruch seines Gerichts vernommen hatte, und aus Erbarmen herbeigeilt kam, den Vollzug des grausamen Urteils zu hindern. Und er hatte zu seiner großen Genugtuung die Richtstätte noch zeitig genug erreicht.

Der arme Sünder wurde begnadigt und, da der markgräfliche Erlaß doch nicht ganz umgangen werden konnte, einfach des Landes verwiesen. Dem Zigeuner aber drückte der mitleidige Graf als Entschädigung für die ausgestandene Todesangst einen Beutel, gefüllt mit Münzen, in die Hand.

Voll des heißesten Dankgefühls warf sich der Begnadigte vor seinem Retter nieder, ergoß sich in Segenswünschen für des Grafen und seines erlauchten Hauses Wohl und fügte noch hinzu: so lange der Graf und sein Geschlecht blühe und regiere, soll, wenn Gott je mit Feuer strafe, zu Thurnau nie mehr ein Haus abbrennen können.

Nach diesen mit dem Tone fester Gewißheit ausgesprochenen Worten entfernte sich der Zigeuner von der Schreckensstätte. Verwunderlich schauten ihm der Graf und die Umstehenden nach.

Die Verkündung aber soll sich wirklich erfüllt haben. Thurnau wurde nie von größeren Bränden heimgesucht.

2. Die „redenden Steine" von Berndorf

Sage

Von Thurnau gelangt der Wanderer in einem halben Stündchen durch das anmutige Aubachtal, zwei Mühlen zur Linken, nach dem in einem Obsthaine versteckten Berndorf. Der Ort, wie alle umliegenden Siedlungen, ehedem zum gräflich von Giechischen Herrschaftsgericht Thurnau gehörig, wird von den Ausläufern der Fränkischen Alb sanft umrahmt und von vielen Fremden wegen seiner reizenden Lage — nicht selten wohl auch wegen seines vorzüglichen „Stoffes" besucht.

Fast inmitten des Dorfes erhebt sich das schmucke Gotteshaus, an dessen Erbauung sich folgende Sage knüpft:

Das alte Kirchlein, mehr eine Kapelle, war schon um die Mitte des 18. Jahrhunderts für die Bevölkerung zu klein und, was viel schlimmer war, recht baufällig geworden. Da mußte um das Jahr 1765 sich Graf von Giech in Thurnau als Patronatsherr wohl oder übel dazu verstehen, den Berndorfern eine neue, größere Kirche zu bauen.

Darüber herrschte in der ganzen Pfarrgemeinde zunächst eitel Freude. Aber gar bald schlug sie ins Gegenteil um. Kein Wunder auch! Sollte doch der Turm, der beim alten Kirchlein auf der Westseite stand, just auf die entgegengesetzte gestellt werden. So etwas konnten und wollten die guten Berndorfer sich nie und nimmer gefallen lassen. Wohin sollte es sonst mit ihrem Ansehen kommen? Auf alle mögliche Weise suchten sie den Bau zu hindern. Fronfuhren? Die gab es einfach nicht mehr. Beköstigung der Handwerksleute? Damit mochte sich von vornherein niemand befassen. Sonstige Hilfe am Werke? Fiel keinem ein, auch nur die Hand zu rühren. Dafür um so mehr spitzige und gottlose Reden aus aller Munde!

Dieses Getue wurde dem Grafen denn doch zu bunt. Kurz entschlossen ließ er durch seinen Herrschaftsrichter verkünden, jeden, der es sich fortan noch beikommen lasse, durch Wort und Tat das Werk zu hindern, mit schwerer Strafe zu belegen.

Da gaben die meisten nach und wurden still. Sie wußten, in solchen Dingen lasse der Herr nicht mit sich spaßen. Auch der Richter war wegen seiner Strenge gefürchtet. Manche kannten überdies zur Genüge die nichts wentger als freund=
lichen „Fremdenzimmer" im „Stockhause" zu Thurnau und die dortige „Verpflegung".

Nur einer konnte es nicht übers Herz bringen, ganz zu schweigen: der lange Kießner. So oft er an der Baustelle vorüberging, schrie er den Maurern zu: „Seht ihr nicht, wie die Steine das Maul aufsperren? Der da — und der da — und der da? Seht ihr's wirklich nicht?"

Zuerst lachten die Steinmetzen über die Rede. Als sie sich aber fast täglich wiederholte, wurde ihnen die Sache zu dumm. Sie meldeten des Kießner Betragen dem Grafen.

Wenige Tage später wurde Kießner nach Thurnau vor das Herrschaftsgericht geladen. Befragt, was er eigentlich mit seinem einfältigen Gerede sagen wolle, gab der Mann zur Antwort: „Freilich habe ich gesehen, wie die Steine das Maul aufsperren. Wie kann es denn auch anders sein? Müssen wir Bauern schweigen, so reden für uns eben die Steine!"

Wegen dieser ungebührlichen Worte und auf Grund der erlassenen Verfügung verurteilte der Herrschaftsrichter den „bibelfesten" Bauern zu zwei Gulden und einem Tage strenger Haft bei Wasser und Brot, für den Rückfall eine ungleich schwerere Strafe androhend.

Das wirkte. Der lange Kießner ließ von da an die Maurer in Ruhe. „Die Steine sperrten zum Reden nie mehr ihr Maul auf." Die anderen Bauern halfen nun am Werke wacker mit. Nach einigen Monden konnte unter fröhlicher Anteilnahme der ganzen Gemeinde — auch Kießner schloß sich nicht aus — das Hebefest und bald darauf die Kirchweih gefeiert werden.

Jedweder gewann das schmucke Gotteshaus lieb, obgleich der Turm auf der Ostseite des Baues seine Aufstellung ge= funden hatte. Und so wird's wohl auch heute noch sein.

3. Der Rackenstein bei Thurnau
Sage

In einem anmutigen Wiesgrunde, der sich von Thurnau nach dem Pfarrdorfe Hutschdorf hinzieht, liegt rechts am Fußsteige zu dem letztgenannten Orte ein ziemlich hoher Fels von seltsamer Bildung. Er ist oben breiter als unten und scheint aus mehreren übereinanderliegenden Blöcken aufgebaut zu sein. Weit und breit suchen wir vergebens nach einem Kameraden dieses Kolosses. Wie mag das einzelne Steingebilde an seinen Standort gekommen sein? Auf diese Frage gibt uns eine uralte Sage folgenden Auf= schluß:

Als in fabelhafter Vorzeit unsere Gegend Riesen bewohn= ten, wanderte ein solcher durch das friedsame Tal, das sich von Thurnau nach Norden hinzieht und dann ostwärts zum heutigen Hutschdorf einbiegt. Da fühlte er so von ungefähr, daß an seinem rechten Fuß etwas nicht ganz in Ordnung sei. Gemächlich setzte er sich am Berghang ins Gras, zog den Schuh und schüttete ihn aus. Und siehe, es fiel „ein Steinchen" heraus, das die kleine Unbequemlichkeit verur=

sacht hatte. „Kaum der Mühe wert, den Fuß zu entblößen", murmelte der Recke vor sich hin und setzte seine Wanderung fort. Das „kleine Steinchen" aber liegt heute noch dort, wohin der Riese es geworfen, und heißt „Rackenstein".

In den 1840er Jahren erwarb Graf Giech von der Gemeinde den Grund und Boden, auf dem der Felsblock steht, und ließ an den vier Ecken des Platzes Pappeln anpflanzen[1]). Das Gebilde wird wohl richtiger „Reckenstein" (Recken = Riesen) geheißen haben, woraus die Volkssprache „Rackenstein" formte.

4. Wie der Weiler Putzenstein zu seinem Namen kam
Sage

Im Waldrevier zwischen Thurnau, Neudrossenfeld und Neustädtlein treffen wir den nach Fleckendorf eingemeindeten Weiler Putzenstein. Über den Ursprung des Namens weiß uns die Sage folgendes zu berichten:

Vorzeiten lebten in dortiger Gegend zwei Förster: Putz und Stein. Obwohl Grenznachbarn, waren sie doch auf das schlimmste miteinander verfeindet. Zufällig trafen sich beide eines Abends im Walde. Putz, in dessen Revier die Begegnung stattfand, zeigte sich sehr ungehalten darüber, daß der andere mit geladenem Gewehr dasselbe zu betreten wage. Gelassen erwiderte Stein, ihn führe keinerlei feindliche Absicht hieher. Er habe nur den Weg zu seinen Dienstgründen etwas abkürzen wollen. Diese Entschuldigung ließ Putz nicht gelten und steigerte seine Barschheit zur Grobheit. Stein verbat sich den rüden Ton, und so gab ein Wort das andere. Beider Gemüter erhitzten sich mehr

---
[1]) Archiv von Oberfr. 1850—51.

und mehr. Da Stein bemerkte, daß sein Gegner zum Gewehre griff, riß auch er die Büchse von der Schulter. Fast gleichzeitig krachten zwei Schüsse — und beide Männer stürzten töblich getroffen zu Boden. Am anderen Morgen suchte man die Vermißten und fand ihre blutüberströmten Leichname.

Zum Gedächtnis an diese schreckliche Tat wurde ein Denkmal gesetzt, auf dem, als die übrige Schrift schon ganz verwittert war, nur noch die zwei Wörter „Putz" und „Stein" entziffert werden konnten. Als später an derselben Stelle ein Forsthaus errichtet ward, gab man ihm, das Andenken der Gefallenen zu bewahren, den Namen „Putzenstein".

# Sagen von Buchau und Umgebung

Einleitung.

Nur wenig mehr als eine Stunde östlich von Weismain liegt auf mäßiger Anhöhe in romantischer Gegend das stattliche Pfarrdorf Buchau mit einem gräflich von Giech'schen Schlosse. An des letzteren Ostseite, dicht unter den Fenstern des Erkers, der über dem Haupteingange steht, ist die Zahl 1539 eingehauen. Sie zeigt jedenfalls das Jahr der Erbauung oder Erneuerung an. Um diese Zeit war der Besitz in den Händen des Heinrich von Giech († 1563) und seiner ehelichen Hausfrau Cordula, einer geborenen von Künzberg († 1565). Beider Namen erscheinen auch in der nachfolgenden Sage. Ihr Grabdenkmal ist in der Südwand der hochgelegenen Ortskirche, seitwärts vom Altare, eingemauert. Als nächster Besitzer des Schlosses erscheint Hans Georg von Giech, zugleich Amtmann von Niesten. Er gelangte durch seine 1562 erfolgte Verehelichung mit Barbara, der zweiten Tochter des Wolf Förtsch zu Thurnau, nach des letzteren Tod (1564) in den halben Besitz des Marktes und Schlosses Thurnau. Die andere Hälfte fiel Förtschens zweitem Schwiegersohne, Hans Friedrich von Künzberg, zu. Die Giecher bewohnten von nun an den oberen, die Künzberger den unteren Teil des Thurnauer Schlosses. Doch entstanden zwischen den Schwägern bald Mißhelligkeiten, die sich auch auf die nachfolgenden Besitzer vererbten. Erst 1733 wurden mit dem Erwerb des Künzberg'schen Anteils durch die Giecher diese Reibereien für immer beseitigt. Buchau ist heute noch im Besitze des gräflich von Giech'schen Geschlechts.

---

¹) Nach Archiv v. Oberfr. 1852.

1. Das Meßgewand

Sage

Erst geraume Zeit nach der Reformation vermochte in Buchau die neue Lehre festen Fuß zu fassen. War nämlich ein evangelischer Prediger durch die Giechsche Herrschaft aufgestellt worden, so ließ es sich das Hochstift angelegen sein, ihn so rasch als möglich wieder zu verdrängen und an seine Stelle einen katholischen Geistlichen zu setzen. Dies wiederholte sich mehrere Male. Der letzte Bambergsche Versuch aber, Buchau dem Fürstbistum zu erhalten, fand — so erzählt die Sage — ein höchst beklagenswertes Ende.

Als der Patronsherr, Graf Giech zu Thurnau, einmal beim Besuche des Buchauer Gottesdienstes statt seines dorthin berufenen Predigers einen „Römischen" am Altare die Messe lesen sah, erfaßte den Jähzornigen furchtbarer Grimm. Wutschäumend befahl er, eine Büchse herbeizuholen. Mit dieser soll er dann kurzerhand den katholischen Priester vom Altare weggeschossen haben.

In der Sakristei der Buchauer Kirche — so fährt die Sage fort — befand sich tatsächlich, wohl verwahrt in einem Schranke, ein weißes, aus schwerem Seidenstoff gearbeitetes Meßgewand mit dem Giechschen und Künzbergschen Wappen, wohl ein ehemaliges Geschenk des Heinrich von Giech und dessen Ehefrau Cordula, einer geborenen Künzbergerin. Auf der Rückseite des Paraments war das Bild der heiligen Muttergottes mit dem Jesuskindlein im Arme kunstvoll eingestickt. Dicht neben dem Haupte der heiligen Jungfrau soll ganz deutlich die Spur einer durchgegangenen Kugel zu sehen gewesen sein. Vorne an der Brustseite aber sei der weiße Seidenstoff in gleicher Höhe zersetzt und mit Blut getränkt gewesen.

2. Das Marienbild
Sage

Eine Stunde nordöstlich Buchaus liegt in breiter, mit dem Maintal zusammenhängender Mulde in fruchtbarer Gegend das katholische Pfarrdorf Motschenbach.

Ungefähr im Jahre 1816, so meldet uns die Sage, hatte ein dortiger Bauer den sonderbaren Traum, auf dem Boden der Buchauer Kirche liege eine Muttergottesstatue. Die solle er ihrer Verborgenheit entreißen und um jeden Preis sich zu verschaffen suchen. Da nach einigen Wochen in einem weiteren Traumbilde die Himmelskönigin selbst ihn mahnte den erhaltenen Auftrag zu erfüllen, machte sich der Mann auf den Weg nach Buchau.

Er ging zunächst zu dem dortigen Organisten Ohrlein und trug ihm sein Anliegen vor. Der wußte nichts von einem derartigen Marienbilde. Auch wollte er nie etwas ähnliches gehört haben. Doch griff er, da der Bauer so gut zu bitten verstand, zu den Schlüsseln und führte ihn hinauf in die Kirche.

Lange durchsuchten sie den Dachboden hin und her, doch vergeblich. Unter dem vielen Gerümpel fand sich nichts, das einer Muttergottesstatue glich. Schon wollten sie wieder in die Kirche hinuntersteigen, als der Bauer in einem Winkel ein kurzes, breites Brett lehnen sah. Er ging hin, schob es zur Seite und — das Marienbild war entdeckt.

Der Bauer hätte die Statue begreiflicherweise am liebsten gleich mitgenommen. Doch das ging nicht an. Seiner Bitte gemäß wurde sie jedoch in der Sakristei der Kirche aufgestellt.

Es fanden sich alsbald, nachdem die Sache unter der katholischen Bevölkerung des Umlandes bekannt geworden, allsonntäglich eine große Zahl derselben ein, die heilige Muttergottes in ihrem Bilde zu ehren und letzteres mit Weihgeschenken zu schmücken.

Da der Zudrang immer größer wurde, versetzte man die Statue zunächst in den seit langem verwaisten Herrschaftsstuhl, überließ das Bild aber später auf Ansuchen Motschenbachs der dortigen Kirche, die es heute noch ziert.

3. Das Steinkreuz bei Dörfles
Sage

Nur wenige Minuten westwärts Buchaus liegt das Örtchen Dörfles. In der Nähe dieser kleinen Siedlung, rechts am Geutenreuther Wege, stand noch zu Ende des vorigen Jahrhunderts ein Steinkreuz[1]), das etwa einen Meter aus dem Erdboden hervorragte. Mit diesem Denkzeichen verknüpfte die Sage folgendes Geschehnis:

Vor langer Zeit, als das gräflich Giech'sche Geschlecht noch der alten Lehre anhing, gelobte eine Frau von Giech auf Buchau, unbekannt aus welchem Antriebe, in dem benachbarten Dörflein Geutenreuth eine Kapelle erbauen zu lassen.

Sobald das Werk begonnen, hatte der Eifer der edlen Frau für Förderung desselben schier keine Grenzen. Mehrmals in der Woche weilte sie an der Baustelle, sich am Fortgange der Arbeiten zu erfreuen. Auch ließ sie es sich nicht nehmen, jeden Sonnabend die Handwerker selbst zu entlohnen, wozu stets eine größere Summe vonnöten war.

Dies blieb zwei Burschen, die schon seit längerer Zeit in der Gegend ihr verdächtiges Wesen trieben, nicht unbekannt.

---

[1]) Steinkreuze nennt man jene Denkmale, bei deren Anfertigung der ganze Stein in die Form eines Kreuzes umgestaltet wurde.

Eines Sonnabends lauerten die Verruchten, kaum eine Viertelstunde von Dörfles, der Edelfrau auf, überfielen die Ahnungslose und raubten ihr Geld und Leben.

Zur Erinnerung an diese teuflische Tat wurde das eingangs erwähnte Steinkreuz an der Mordstelle errichtet.

4. Die vier Kreuzsteine hinter dem Hirschkopf
Sage

An der von Dörfles nach Motschenbach führenden Straße, ungefähr halbwegs zwischen beiden Orten, dort, wo zwei Feldwege abgabeln, stehen vier Kreuzsteine[1]), drei mit der breiten, einer mit der schmalen Seite der Fahrbahn zugekehrt. Alle sind schon stark verwittert und teilweise mit grauem Moose überzogen.

Der Sage nach seien hier vier Handwerksburschen, die auf der Kirchweih zu Buchau gezecht hatten und sich nach Veitlahm begeben wollten, in Streit geraten und hätten sich gegenseitig tödliche Wunden beigebracht. Zwei seien sofort auf dem Platze geblieben, die anderen aber erst am Wilmersreuther Weg außerhalb Motschenbachs tot zusammengebrochen. Man nennt auch die Handwerke, die sie getrieben. Der eine sei ein Schmied, der andere ein Schuster, der dritte ein Maurer, der vierte ein Bäcker gewesen. Man will nämlich auf den Steinen gewisse Abzeichen erkannt haben, so einen Hammer, einen Schuh, eine Kelle und eine Brezel.

Über die vier Kreuzsteine läuft noch eine zweite, von der vorhergehenden etwas abweichende Sage. Es seien Handwerksleute gewesen, die irgendwo auf der Kirchweih ihre Waren feil geboten hätten. Aus Neid über ihre Einnahmen

---
[1]) Kreuzsteine sind aufrecht stehende Steinplatten, in welche Kreuze eingemeißelt oder eingehauen sind.

seien sie an der betreffenden Wegestelle in den mörderischen Streit geraten, dem alle vier erlagen.

Der eine Kreuzstein trägt deutlich erkennbar die Jahreszahl 1655. Drei der Steine scheinen auch gleich alt zu sein. Der vierte jedoch, dessen eingegrabenes Kreuz gotische Formen zeigt, ist nach dem Urteile Sachverständiger viel älter und dürfte aus dem 15. Jahrhundert stammen.

Damit wäre freilich die Richtigkeit obiger Sage von den vier Handwerksburschen bezw. =leuten widerlegt, und wir sehen, wie oft das Volk mangels historischer Nachrichten in derartige Denkmale irgend eine romantische Geschichte hineindeutet. Da die Jahrzahl 1655 in die Nachwehen des Dreißigjährigen Krieges mit ihren noch völlig verwirrten Verhältnissen weist, dürften die drei „jüngeren" Steine eher mit einem Ereignisse dieser unsicheren Zeit in Verbindung gebracht werden.

5. Das „Grafenloch" bei Görau
Sage

Drei Kilometer südwestlich Buchaus, am Fuße des wildromantischen, wunderbare Fernsicht bietenden Jurasturzes, Görauer Anger genannt, liegt das Dörfchen Görau[1]) und wiederum 2 Kilometer westlich von diesem, gegen das Krassachtal zu, das Örtchen Niesten. Letzteres wird überragt von den Ruinen der ehemaligen Burg gleichen Namens, auf der 1248 mit Otto II., das Geschlecht der Herzoge von Meran für immer erlosch[2]).

---

[1]) In Görau stand vorzeiten ein Modschiedlersches Schloß. Nach Aussterben der Familie im 17. Jahrhundert fiel das Rittergut dem Hochstifte Bamberg anheim.
[2]) Siehe die Sage „Des letzten Meraners Tod auf Niesten".

Zwischen den zwei genannten Siedlungen, Görau und Niesten, treffen wir im felsübersäten Steilgehänge des „Zillertales" eine Grotte mit breitem, mannshohem Eingange, die fast horizontal in den Berg eindringt und sich bei einer Länge von kaum mehr als 6 Meter rasch verengt: das „Grafenloch".

Hier hauste, wie die Sage meldet, mehrere Jahre eine Edelfrau, ungewiß ob aus der nahen Burg Niesten oder dem etwas entfernten Schlosse Buchau. Ihr Gemahl hatte sie aus unbekannten Gründen verstoßen, und die Frau floh in die Felseneinsamkeit, wo sie eines Knäbleins genas.

Aber die Arme war nicht ganz verlassen. Mehrere Getreue, die ihr gefolgt, sorgten für der Mutter und des Kindes Notdurft und verteidigten beide sogar gegen die Nachstellungen des rachsüchtigen Gemahls und Vaters, dem der Aufenthalt der Flüchtigen verraten worden war.

Nach einer Aufschreibung aus dem Jahre 1852 seien noch die „Schanzen" deutlich zu erkennen gewesen, die diese Getreuen rings um die Grotte am Berggehänge aufgeworfen hatten, und der Bauer Georg Herold, der damals älteste Mann des Dorfes Görau, habe die „Geschichte der Gräfin" glaubwürdig von seinem Vater überliefert erhalten ...

Über das weitere Schicksal der Verfolgten gibt uns die Sage leider keinen Aufschluß. Nehmen wir deshalb an, Frau und Kind seien von ihrem zur besseren Einsicht gelangten Gemahl und Vater wieder in Gnaden aufgenommen worden ...

Die Felsengrotte aber, die beiden in ihrer Verlassenheit schützendes Obdach bot, heißt bis auf den heutigen Tag „das Grafenloch".

Der "Banner" von Brücklein bei Neudrossenfeld

Sage aus dem Dreißigjährigen Kriege

Zur Zeit des Dreißigjährigen Krieges wohnte in Brücklein, einem Dorfe an der Straße Bayreuth—Kulmbach, 2 Kilometer nördlich Neudrossenfelds, der Bauer Hermann Amon. Er zählte als Besitzer des Eichberghofes, der heutzutage in mehrere Einzelanwesen geteilt ist, zu den wohlhabendsten Leuten der ganzen Umgebung.

Neben seinem schier unermeßlichen Reichtum besaß der Mann auch noch eine große Zauberkraft, mit der er jeden Menschen nach Belieben "bannen" oder "stellen" konnte. Er brauchte auf den Betreffenden nur sein "scharfes" Auge einzustellen, die kurze Zauberformel zu murmeln — und das Kunststück war vollbracht. Der also "Gebannte" vermochte sich ohne Willen seines "Banners" einfach nicht mehr von der Stelle zu rühren.

Amon war ob dieser Gabe von vielen, besonders den Dieben, Feld- und Waldfrevlern, sehr gefürchtet. Kam es doch vor, daß dieser und jener, den der Eichberghofer irgendwo auf schiefen Wegen traf, so lange "stehen" mußte, bis das "halbe Dorf" zusammengelaufen kam und die sträfliche Tat des Gebannten offenbar wurde — zu dessen großer Schande.

Amons Zauberkraft, die auch auf größere Entfernungen nicht wirkungslos blieb, hatte insofern ihr Gutes, als des lichtscheuen Gesindels im Dorfe und der Umgebung immer weniger wurde...

Im Frühsommer des Jahres 1635 kam auf dem Durchmarsche eine Abteilung Schweden in das seither von den

Greueln des Krieges glücklich verschont gebliebene Dorf Brücklein und begann alsbald, wie überall, die Bauernhäuser auszurauben. Die größe Düngerstätte lockte am meisten, denn dort war auch die ausgiebigste Beute zu erhoffen.

So sah denn auch Amon von einer Bodenlucke aus das Mordgesindel sofort seinem Hofe zueilen. Da „schärfte" er sein Auge, murmelte den Zauberspruch, und — die Eindringlinge waren „gebannt". Sie vermochten nicht seinem Besitztum näher zu kommen.

Aber diesmal hatte der gute Eichberghofer die Rechnung ohne die Schweden gemacht. Unter ihnen befand sich nämlich auch ein „Hexenmeister", ein sogar etwas stärkerer als unser Brückleiner. Der konnte mit Hilfe einer „Gegenformel" seine Kameraden und sich von dem „Banne" wieder befreien. Und er tat es auf der Stelle. Wutschnaubend stürzte sodann die wilde Soldateska in den Hof, schlug alles kurz und klein, plünderte die Gebäude und legte das Anwesen in Brand. Den gefesselten Bauern aber banden die Ergrimmten an einen Pferdeschweif und zogen ihn in den nahen Wald.

Dort rächten sich die Barbaren an dem Armen in einer Weise, wie sie nur die tierische Grausamkeit des Dreißigjährigen Krieges auszudenken vermochte. Sie zogen ihr Opfer nackt aus, schlugen dessen Leib mit kurzen Lederpeitschen wund und hängten den Halbtoten, mit dem Kopfe nach unten, an den Ast einer Föhre, unter der eine große Ameisenkolonie lag, so, daß deren Spitze und des Hängenden Haupthaare sich leicht berührten. Tausende und Tausende der Tierchen krochen empor, drangen in Mund, Nase, Augen, Ohren und Wunden und bereiteten dem Gemarterten die

entsetzlichsten Qualen — bis der mitleidige Tod ihn er=
löste . . .

Nachdem die Schweden die Gegend verlassen, durchstreiften
die Brückleiner den Wald nach dem abgängigen Eichberg=
hofer. Einige hatten nämlich von ihren Verstecken aus deut=
lich gesehen, wie ihn die Mordbrenner dorthin verschleppten.
Bald fanden sie auch die Überreste des auf so schreckliche
Weise ums Leben Gekommenen und übergaben sie, wie es
in damaliger Zeit bei Unglücksfällen gang und gäbe war,
sogleich an Ort und Stelle der Mutter Erde. Auf den Grab=
hügel aber setzten sie einen einfachen, heute noch vorhande=
nen, doch arg verwitterten Stein, der die kurze Inschrift
trägt: „Hermann Amon liegt da begraben 1635."

* * *

Die unmenschlichen Grausamkeiten des Dreißigjährigen
Krieges sind zu gut bekannt, als daß die oben geschilderte
Marter an dem Brückleiner Bauern der Übertreibung ge=
ziehen werden könnte. Schweden und Kroaten suchten sich
in der Tat an Schand= und Greueltaten zu überbieten. Sie
schraubten die Steine von den Pistolen und zwängten an
ihre Stelle die Daumen der Bauern. Sie rieben die auf=
geschnittenen Fußsohlen mit Salz ein und ließen sie von
Ziegen ablecken. Sie banden ihren Opfern die Hände auf
den Rücken, zogen mit durchlöcherter Ahle ein Roßhaar
durch die Zunge und bewegten dieses langsam auf und ab.
Sie banden ein Seil mit Knoten um die Stirn und drehten
es hinten mit einem Knebel zusammen. Sie schnürten zwei
Finger aneinander und fuhren mit dem Ladestock zwischen
denselben schnell auf und ab, bis Haut und Fleisch ver=
brannten. Sie steckten Schwefel unter die Fingernägel und
zündeten ihn an. Sie schoben spitzige Knebel in den Mund,

so daß das Blut in Strömen herausfloß. Sie schnitten Riemen aus den Leibern und schlugen die Rippen entzwei. Sie drängten ihre Opfer in die Backöfen und zündeten Stroh hinter ihnen an. Sie hingen die Unglücklichen in die Kamine und schürten Feuer darunter. Sie hieben den Leuten die Hände ab und spalteten die Arme. Sie zogen im strengsten Winter ihre Opfer, Erwachsene und Kinder, nackt aus und schleppten sie mit sich, bis sie an den Straßenrändern tot zusammenbrachen. Sie stachen die Augen aus, schnitten Nase, Ohren, Lippen und Zunge ab oder spalteten letztere. Andere Exzesse und scheußliche Martern, an unschuldigen Mägdlein, Frauen, ja sogar Greisinnen begangen, vermögen hier nicht einmal angedeutet zu werden. In manchen Gegenden ging die Grausamkeit der durch die Länge des Krieges geradezu verwilderten Soldateska so weit, daß sie die Unglücklichen, die in ihre Hände fielen, zu Boden warfen, fesselten, ihnen den Mund aufrissen und durch einen Trichter zwölf bis zwanzig Maß stinkende Mistjauche in den Hals gossen, bis sie damit ganz angefüllt waren. Auf die furchtbar angeschwollenen Leiber legten die Scheusale Bretter und sprangen so lange darauf herum, bis die Jauche mit Gewalt wieder entwich. Sie nannten dies den „Schwedentrunk". Die meisten der so grausam Gemarterten starben sofort. Wer die Qual überstanden, schleppte einen kranken und elenden Körper sein Leben lang herum. Wen schaudert nicht vor solchen Taten? . . .

Die Überlebenden hatten kein Vieh, ihre Äcker zu bestellen. Zwölf und mehr Personen spannten sich an den Pflug, um so das Feld für die Saat zu rüsten. Die beständige Furcht vor Überfall und Mord aber bewirkten, daß die meisten Grundstücke öde liegen blieben. Auf denselben wuchsen Disteln und Dornen oder setzte sich Wald an. Es

lebte kaum mehr der zehnte Mann, und was noch „vege=
tierte", stillte den Hunger mit dem Fleische von Hunden
Katzen, Mäusen, Gewürm, ja sogar den Leibern schon Ver=
hungerter. Wo die Menschen seltener geworden, mehrten sich
die Wölfe. Sie zogen furchtlos aus den finsteren Wäldern
zu den Brandstätten ehemaliger Dörfer und wühlten in der
Erde nach den Leichnamen. Zigeuner, Gauner und Strolche
schwärmten bandenweise umher. Andere, die noch kräftige
Arme rühren konnten, zogen den kühnen Erwerb auf der
Landstraße hinterm Strauch ihrer seitherigen Arbeit vor.
„Wer einen Laib Brot hatte, war nicht sicher, ihn zu be=
halten."

Um das Maß des Elends voll zu machen, stellte sich im
Jahre 1635 noch die Pest ein[1]), welche allerorts fürchterlich
wütete und ganze Gegenden vollends entvölkerte. Der
Chronist schildert die grauenhaften Zustände jener Zeit mit
den Worten: „Kirchhofsstille, unheimlicher Schauer, Räuber=
banden und gierige Wölfe herrschten in den hart bedrängten
Landen".

---

[1]) Siehe die Legende: Der „Schwarze Tod" in Forchheim.

Hollfeld

I. Lokalgeschichtliches

Im nördlichen Teile der Fränkischen Schweiz, an der Staatsstraße Bamberg-Bayreuth und dem Zusammenflusse der Kainach mit der Wiesent, begegnen wir dem hübschen Amtsgerichtsstädtchen Hollfeld. Die schönste Ansicht gewinnt der Wanderer, wenn er sich dem Orte von Plankenfels oder Tiefenlesau her nähert. Da vermag er die ganze Siedlung, teils reizend eingeengt im grünen Kainachtale, teils malerisch hingebettet am Gehänge und auf den jenseitigen Höhen — also Unter- und Oberstadt — mit einem Male ins Auge zu fassen.

Betreten wir das Städtchen selbst, so können wir uns kaum des Gefühls erwehren, hier auf altem historischen Boden zu stehen. In der Tat verlegen Geschichtsforscher Hollfelds Gründung weit zurück in die karolingische Zeit und lassen es gleichzeitig mit dem nahen, ehemaligen Königshofe (der villa dominica) Königsfeld erstehen. Freilich soll Hollfeld in seinen Uranfängen nur ein Schloß, der spätere Ansitz der freien Walpoten von Zwernitz, gewesen sein, in dessen Schutzbereich sich nach und nach Hörige ansiedelten und so den Grund zum heutigen, blühenden Städtchen legten.

Erstmals finden wir den Ort beurkundet als „holevejd" im Jahre 1002, dann als „Holevelt" gemeinsam mit „Erlangun", „Egolvesheim", „Kyrsebach" usw.[1] im Jahre 1017, als die genannten Siedlungen von Würzburg an das neugegründete Bistum Bamberg abgetreten wurden. Über

---

[1] Erlangen, Eggolsheim, Kersbach.

die Bedeutung des Namens läßt sich kaum etwas Bestimmtes sagen. Mit dem der „Frau Holle" hängt er sicher nicht zusammen, kaum auch mit dem Substantiv „Hohl" = Loch. Ebenso ziehen wir das wendische „hola" = Heide oder Wald besser nicht in Betracht. Nach Buck kann das Adjektiv „hol" noch die Bedeutung von „hali" = steil haben. So wäre Hollfeld vielleicht am richtigsten zu deuten „das steile Feld".

Im Jahre 1059 verschenkten die Walpoten von Zwernitz Hollfeld an das Kollegiatstift Sankt Gangolf in Bamberg. Kurze Zeit darauf ging das Schloß an die Herzoge von Meran über. Doch verblieben dem genannten Stifte so viele Güter und Rechte, daß es in Hollfeld eine eigene Verwaltung hielt. Reich begütert daselbst waren auch die Schlüsselberger. 1248, nach dem Tode des letzten Herzogs von Meran: Ottos II., fiel das Schloß und 1347, nach Aussterben der Schlüsselberger, auch deren Besitz an das Fürstbistum Bamberg.

Schon frühzeitig war Hollfeld zur Stadt erhoben und mit Mauern und Türmen bewehrt worden. Spärliche Reste der alten Befestigung sind noch am oberen Stadttore vorhanden. Auch sind im dortigen Torhause die Öffnungen zu sehen, in welchen sich die Kettenrollen zum Heben und Senken der über den Graben führenden Zugbrücke befanden.

Die Pfarrei Hollfeld, eine der ältesten „auf dem Gebirge", findet erstmals im Jahre 1160 urkundliche Erwähnung. Doch soll Hollfeld schon in der ersten Hälfte des 11. Jahrhunderts Archidiakonat gewesen sein. Von hier aus erfolgte auch hundert Jahre lang (1361—1461) infolge Mangels an Priestern die Versehung des Gottesdienstes in der Wallfahrtskirche Gößweinstein. Gegenwärtig besitzt Hollfeld vier Gotteshäuser. Die St. Gangolfskirche, früher die Propstei genannt, steht in der oberen Stadt neben dem Marktplatze. Sie stammt aus dem 14. Jahrhundert und war bis 1781 Pfarrkirche. In ihrem altertümlichen Turme hängt das bekannte „Irrglöcklein"[1]) und wohnt seit unvordenklicher Zeit ein Wächter. Die neue Pfarrkirche, zwischen der oberen und unteren Stadt gelegen, wurde in den Jahren 1778—1781 nach Plänen Neumanns und Vogels im neurömischen Stile erbaut. Sie ist nach der Dreifaltigkeitskirche zu Gößweinstein das größte Gotteshaus im Bereiche des nördlichen Jura. Die Statuen Kaiser Heinrichs II. und seiner Gemahlin Kunigundis an der Fassade sowie der Hochaltar stammen von dem Bildhauer J. B. Kamm, die Gemälde der Seitenaltäre von Anwander. Letztere Bildnisse befanden sich früher in der Dominikanerkirche zu Bamberg. Die Hospitalkirche mit einem Asyl für ältere Leute befindet sich im westlichen Teile der unteren Stadt. Als reichste Kirche Hollfelds kommt die St. Salvatorkirche in Betracht. Sie liegt an der Plankenfelser Straße dicht am Eingange des Friedhofes, wurde zu Beginn des 14. Jahrhunderts erbaut und ehedem von vielen Wallfahrern besucht. An sie knüpft sich eine schöne Legende, die weiter unten erzählt werden soll.

* * *

Schreckliches hatte Hollfeld 1430 im Hussitenkriege zu leiden. Der Wohlstand des Ortes wurde zugrunde gerichtet, und die Gebäude fielen in Schutt und Asche. Erst acht Jahre nach der Heimsuchung fing man an, die Häuser wieder herzustellen, da man, wie es in einer alten Urkunde aus damaliger Zeit heißt, „unvermögend war, die ausgebrannten

---

[1]) Siehe „Das Irrglöcklein auf dem St. Gangolfsturm zu Hollfeld" im I. Band der Sammlung.

Hofstätten zu bebauen". Man schenkte das Stadthaus als Schutthaufen zugleich mit mehreren Rechten dem Ritter Heinrich von Aufseß, „damit er sich dort zu Trost, Hilf und Beistand ein Haus auferbaue und den Ort in künftigen Angriffen schirme, bewahre und schütze".

Im Jahre 1525 flog wie ein Lauffeuer der Geist der Empörung unter den Bauern von Dorf zu Dorf, von Land zu Land, von Schwaben nach Franken. Auch in unserem Jura machten sich die Rebellen mit dem Mordspieß auf der Schulter, der Pechpfanne in der Faust und Rachefeuer im Herzen gar bald bemerkbar. Ein Trupp Aufrührer lagerte bei Ebermannstadt, ein zweiter unter Anführung eines gewissen Peter Hofmann bei Aufseß. Die Hollfelder machten mit und zogen, ihren Führer Hartung an der Spitze, zur Rache aus. Während sie die Stadt verlassen hatten, suchten die Adeligen, denen doch der Rachezug galt, wie die von Aufseß, von Schaumburg, von Giech, von Thurnau u. a., hinter Hollfelds Mauern Schutz. Die Aufseßer Bauern, unterstützt von den Hollfeldern, zerstörten die Schlösser zu Aufseß, Freienfels, Loch, Burggrub, Greifenstein, Zochendorf, Neuhaus, Wadendorf, Sachsendorf, Plankenfels, Neidenstein und Weiher. Die Ebermannstädter und andere Bauernhaufen brannten indes wohl über ein Dutzend weiterer Edelsitze der Fränkischen Schweiz nieder. Als jedoch das Heer des schwäbischen Bundes anrückte, stoben die Aufrührer im Wiesenttale auseinander. Zahlreiche Hinrichtungen verbreiteten einen panischen Schrecken. Im Juni 1525 sollte Hollfeld für seine Beteiligung am Aufstande bestraft werden. Es erschienen daselbst als Abgesandte des Markgrafen Casimir Simon von Reizenstein und Fabian von Aufseß zur Untersuchung der Schäden, welche die Hollfelder im markgräflichen Gebiete verursacht hatten. Die

Stadt kam mit einer Brandschatzung davon. Ungleich härtere Strafe traf Hollfeld von seiten des Fürstbischofs Weigand von Redwitz. Als dieser am 23. August 1526 zur Erbhuldigung in der Stadt eintraf, verhängte er über diese eine Buße von 550 Gulden und ließ fünf Aufrührer, darunter ein Ratsmitglied namens Hartmann, mit dem Schwerte hinrichten[1]). Der Bauernaufwiegler Peter Hofmann von Aufseß wurde zu Ebermannstadt nach schwerer Folter vom Leben zum Tode befördert.

Es folgte 1552 der Albrechtinische oder Markgräfler-Krieg. Markgraf Albrecht Alcibiades von Brandenburg-Kulmbach kämpfte auf seiten des Kurfürsten Moritz von Sachsen gegen Kaiser Karl V., überfiel Bamberg und zwang den Fürstbischof, für ihn 80 000 Gulden Schulden zu übernehmen und 19 Ämter, darunter Hollfeld, abzutreten. Zwar kam der Bischof 1553 wieder in den Besitz der verlorenen Gebiete, aber im April desselben Jahres drangen Albrechts nach Beute schnaubenden Scharen unter dem Hauptmanne Albrecht Förtsch in die Fränkische Schweiz ein, verwüsteten Gößweinstein, Pottenstein und Waischenfeld und brannten Hollfeld samt der Vorstadt vollständig nieder.

Auch der Dreißigjährige Krieg warf seine Schatten in die Täler der Fränkischen Schweiz. Hollfeld hatte dabei viel zu leiden unter den durchziehenden Truppen, namentlich der Schweden, deren Führer Reinhold von Rosen sowie der Dragonerobrist Taupartel wiederholt unerhörte Kontributionen eintrieben und einen Teil der Stadt niederbrannten. Am 22. Februar 1632 hatte eine Schar aus dem Re-

---

[1]) Losborn, Geschichte des Bistums Bamberg.

gimente des Obristen Muffel Hollfeld besetzt, Bürgermeister und Rat gefangen genommen und die Bürgerschaft entwaffnet. Zwei entflohene Hollfelder Geistliche alarmierten Waischenfeld, das so seine Maßregeln gegen die feindliche Horde ergreifen konnte. Fünf Tage später versuchten in der Tat 200 schwedische Fußsoldaten in dieses Städtlein einzudringen, wurden aber von den Bürgern zurückgeschlagen. Am 5. März 1632 wurde die feindliche Besatzung Hollfelds durch Tillys Generalzeugmeister Graf Grätz von Scharfenstein, der über das Gebirg gen Kronach vorrückte, teils niedergehauen, teils gefangen genommen. Am folgenden Tage waren 1500 Scharfensteinsche Truppen in Pottenstein, Hohenmirsberg, Weidmannsgesees und Rackersberg einquartiert, so daß die Bewohner des Umlands zu hoffen wagten, endlich der Schwedenplage für immer los zu werden. Doch sollten die Schrecken des Krieges für diese Gegend erst recht beginnen. Auch Hollfeld drohte ein neuer Unstern. Abermals — es war am Mittwoch vor Pfingsten 1632 — nistete sich eine Schwedenhorde dort ein, die Schlappe ihrer Kampfgenossen vom 5. März furchtbar zu rächen. Wie die Bewohner den zugedachten Greueln entgingen, davon erzählt die weiter unten folgende „Legende aus der schlimmen Schwedenzeit".

Im Siebenjährigen Kriege belästigten Truppen des preußischen Obristen Meyer, als er 1757 mit seinem Freikorps „Vorherr" von Ebermannstadt aus gen Weismain zog, auch Hollfeld. Im Mai und Juni stieß der Vortrupp des preußischen Generalleutnants von Driesen bis Hollfeld vor, und 1759 drängten die Truppen des Prinzen Heinrich die kaiserliche und Reichs-Armee über Hollfeld nach Lichtenfels zurück.

Bei der sogenannten französischen Invasion im Jahre 1796 gelangten vereinzelte Teile der Jourdanschen Armee, von der eine Division unter dem General Lefebre bei Ehermannstadt lagerte, bis in die Nähe Hollfelds.

Im Kriege zwischen Preußen und Frankreich und dem darauffolgenden Zuge Napoleons nach Rußland hatte Hollfeld wiederholt durch drückende Einquartierungen zu leiden.

* * *

2. Wie die St. Salvatorkirche zu Hollfeld entstand
Legende

Man lebte zu Beginn des 14. Jahrhunderts. Die Hollfelder feierten eben Kirchweih-Sonntag. In den fast neuen Mauern des Städtchens — der Ort war erst vor kurzem zu dieser Würde erhoben worden — ging es gar lustig her. Aus den Häusern roch es nach Schweinebraten und frischen Würsten. In den Wirtschaften verlustierten sich die sonst so stillen Männer, und um die hochragende, bis zum Gipfel entästete, bunt bebänderte Plan-Fichte drehten sich bei Pfeifen- und Schalmeienklang die Burschen und Mägdlein im fröhlichen Kirchweihtanz.

Indessen schlich müden Schritts, das schneeige Haupt tief gebeugt, in der Hand den knorrigen Stab, ein Greis (die Legende nennt ihn einen Slaven) durch des Städtchens Gassen. Bald in dieses, bald in jenes Haus bog er ab, um nach etwa einer Stunde sich auf seinen müden Beinen, die des Körpers Last kaum noch tragen wollten, zum unteren Tor hinaus zu schleppen. Dort humpelte er der südwärts anstrebenden Höhe entgegen, fiel erschöpft am Wegrand unter einer Eiche nieder und wischte mit zitternder Hand unter Ächzen und Stöhnen die unzähligen Schweißtropfen von der bleichen Stirne. Dann fing er an, einige Stücklein Brot nebst einem kleinen Happen Fleisch, Kirchweihgaben mildtätiger Hausfrauen, den Taschen seines in Fetzen am Leibe hängenden Wamses zu entnehmen. Unter Tränen aß er von dem Wenigen, indem er meinte: „Wie gut haben es doch die Leute drunten im Städtchen. Sie kennen nicht Not noch Hunger, und alle sind so fröhlich. Nur ich irre elend und verlassen umher. O Gott, wie lange muß ich Armer wohl mein schweres Kreuz noch tragen!"

Da erschien ihm, niedergedrückt unter der Last seines Kreuzes, die Dornenkrone auf dem Haupte, der liebe Heiland. Er hob das schmerzentstellte und doch so liebestrahlende Antlitz mühsam zu dem am Wege Sitzenden empor und sprach so gut und mild: „Mein Bruder, du trägst dein Kreuz so kurze Zeit und ich schon viele hundert Jahre. Auch ist die Last deines Kreuzes nicht zu vergleichen mit der des meinigen. Harre aus in Geduld, dann wirst du mein Jünger und bald deines Kreuzes entledigt sein!" Hierauf verschwand das Bild des göttlichen Kreuzträgers vor den Augen des auf die Knie niedergefallenen Bettlers.

Der Greis eilte, so schnell seine müden Beine ihn zu tragen vermochten, zurück ins Städtchen, achtete weder des Kirchweihjubels noch der spöttischen Zurufe Bezechter, sondern hastete atemlos hinan zur Wohnung des Probstes. Diesem erzählte er, bleich vor Erregung, sein Erlebnis. Der geistliche Herr schüttelte den Kopf und meinte lächelnd, der Alte habe wohl geschlafen und recht lebhaft geträumt. So und nicht anders werde es sein. Er möge nur wieder hingehen und unter der alten Eiche sein „Kirchweihtöpschen" gar verduseln.

Da beschwor der Bettler hoch und heilig, Wort für Wort seiner Aussage sei die reinste Wahrheit. Er habe weder getrunken, noch geschlafen, noch geträumt, könne die Gestalt und Kleidung der Erscheinung bis in die kleinsten Einzelheiten beschreiben, da sich alles, auch des lieben Heilands Worte, tief und unauslöschlich seiner Seele eingeprägt hätten.

Der Probst entließ den Bettler mit der Weisung am anderen Morgen nach der Frühmesse sich wieder einzufinden. Der Alte kam. Auf Verlangen des sehr ernst ausschauenden Priesters mußte er sein gestriges Erlebnis der Reihe nach wiederholen. Dann begann ein strenges Kreuzverhör. Doch ließ sich keinerlei Abweichung von der gestrigen Aussage feststellen. Zum Schlusse wiederholte der Greis die Beteuerungen über die Wahrheit seiner Angaben. Jeder Schein eines Zweifels, eines Irrtums, einer Täuschung sei ausgeschlossen.

Nach wiederholten Unterredungen mit dem alten Manne drängte sich dem Priester die Überzeugung auf, an des Bettlers Worten nicht länger zweifeln zu dürfen. Er teilte deshalb am folgenden Sonntage von der Kanzel aus das geheimnisvolle Ereignis seinen Pfarrkindern mit.

Es fanden sich auch bald fromme Bürger bereit, auf dem Platze, wo der kreuztragende Heiland dem Bettler erschien, aus eigenen Mitteln eine Kapelle zu erbauen. Andere steuerten bei zu einem Bildwerke, das ein Meister — genau nach der Beschreibung des Armen — anfertigte. Dieses wurde alsdann im neuen Kirchlein, und zwar, um es vor Verunehrungen zu schützen, in einem gotischen, mit eisernem Gitter versehenen Altärchen aufgestellt. Man nannte das neue Gotteshäuslein „Kapelle zum Sankt Salvator", d. i. „zum heiligen Erlöser".

Die Kunde von der Erscheinung des kreuztragenden Heilands und der Erbauung der Kapelle verbreitete sich alsbald im weiten Umlande. Von nah und fern stellten sich Wallfahrer ein, und die Zahl auffallender Gebetserhörungen wurde immer größer.

Im Dreißigjährigen Kriege wurde die erste Kapelle zum heiligen Erlöser niedergebrannt. Dieses Ereignisses gedenkt die nächstfolgende Legende: „Episode aus der schlimmen Schwedenzeit."

Obwohl die Stadt durch Plünderung, Brandschatzung und wiederholte Einäscherung seitens der schwedischen Soldateska fast ganz verarmt war, beschlossen Hollfelds Einwohner, auf dem Platze der seitherigen kleinen Salvatorkapelle eine größere Kirche erstehen zu lassen. Man ging sofort an die nötigen Arbeiten. Die Steine zum neuen Gotteshause wurden bei Hainbach, einem Dörflein zwischen Hollfeld und Plankenfels, wenige Minuten östlich der Straße gelegen, gebrochen. Als man das Gebäude aufgeführt und das Kircheninnere mit Platten zu belegen begonnen hatte, war der Steinbruch erschöpft. Ein Teil der Kirche mußte deshalb mit Backsteinen gepflastert werden, welcher Zustand heute noch besteht.

Auf dem Hochaltar der neuen Kirche fand das ehrwürdige, beim Kapellenbrand so wunderbar erhaltene Christusbild mit dem Kreuze seinen Platz. Das von den Schweden zurückgelassene Kreuzträgerbild blieb in dem gotischen Altärlein und wurde neben dem Hochaltar, in der Nähe der Sakristeitüre, aufgestellt.

Abt Johann Dreßel der Zisterzienserabtei Ebrach, ein geborener Hollfelder, schenkte der neuen Kirche ein großes, wertvolles Gemälde, das „die treue Abbildung des göttlichen

Heilandes in seinem 33. Lebensjahre darstellen soll" und über der Sakristeitüre angebracht ist.

Im Jahre 1675 stiftete der Nürnberger Bürger Konrad Schlemmer, der dem Fränkischen Schweiz-Orte Aufseß entstammte, in die Sankt Salvatorkirche ein Kapital von 700 Gulden fränkisch, eine für die damaligen Wert- und Geldverhältnisse sehr bedeutende Summe. Von da an werden an allen Dienstagen und Freitagen dortselbst von der Hollfelder Pfarrgeistlichkeit heilige Messen gelesen. Am Sonntage vor Sebastiani und am Kirchweihfeste, d. i. am ersten Sonntage nach Ostern, findet der ganze Pfarrgottesdienst in der Salvatorkirche statt. Ferner werden, seitdem der neue Gottesacker neben der Kirche angelegt ist, daselbst die Leichengottesdienste abgehalten.

Auch diese neue Sankt Salvatorkirche zu Hollfeld wurde im 17. und 18. Jahrhundert von Tausenden frommer Wallfahrer besucht, und es fielen dem Gotteshause viele Opfer an. Da die Siedlung im Hussiten-, Bauern- und Schwedenkriege, zuletzt 1724 durch unglücklichen Zufall ganz eingeäschert wurde, mußte die Pfarrei wiederholt in große Not geraten. Aber die Kirche zum Sankt Salvator unterstützte die Pfarrkirche jederzeit mit bedeutenden Summen. Zur Erbauung der jetzigen Pfarrkirche trug sie über 36000 Gulden bei. Ebenso leistete sie 1725 bedeutendes zur Wiederaufbauung des abgebrannten Pfarrhauses.

Noch heutzutage wird das Sankt Salvatorkirchlein von frommen Betern aus der Nähe und Ferne besucht, wenn auch die eigentliche Wallfahrt zu Beginn des 19. Jahrhunderts mehr und mehr zurückging. An Sonn- und Feiertagen ist das Heiligtum fast nie vereinsamt.

3. Episode aus der schlimmen Schwedenzeit
Legende

Kurz vor dem Pfingstfeste 1632 erschien eine Schweden=
horde vor Hollfeld und belagerte drei Tage lang die Stadt.
Sie führte ein Bildnis mit sich, das den kreuztragenden Erlöser, die Dornenkrone auf dem Haupte, darstellte. Niemand
vermochte zu sagen, wo sich die sonst so wilden Soldaten
dieses Bild angeeignet hatten. Es soll ihnen aber allerorts
Glück und Sieg gebracht haben. Deshalb achteten sie seiner
gar sehr. Vor Hollfeld angekommen, verwahrten sie es in der
außerhalb der Stadtmauern gelegenen Sankt Salvatorkirche.
Zu diesem Zwecke entfernten sie das in der vorhergehenden
Legende erwähnte Christusbild mit dem Kreuze auf den
Schultern aus dem gotischen Altärchen, wo es über drei=
hundert Jahre gestanden, schoben es auf die Seite und
stellten das ihrige hinein. Vor der Kapelle aber hatte zum
Schutze des Bildes Tag und Nacht eine Wache zu stehen.

Am Mittwoch vor Pfingsten gelang es den Belagerern, in
die Stadt einzudringen, sie zu plündern und sich daselbst
festzusetzen. An demselben Tage noch verabredeten sie, in
der dritten Nacht Schlag zwölf Uhr über die Bevölkerung
herzufallen und alle: Männer und Frauen, Greise und Kin=
der, umzubringen. Das sollte die blutige Rache sein für den
5. März, an dem Graf Grätz von Scharfenstein die Ihrigen
in Hollfelds Mauern überfallen und teils niedergehauen,
teils gefangen fortgeführt hatte. Der ahnungslosen Be=
völkerung aber wurde, damit niemand dem Blutbade ent=
ginge, aufs allerschärfste verboten, von abends acht Uhr an
die Wohnungen zu verlassen.

Im Hause Nummer 19 war neben anderen schwedischen
Soldaten ein Trommelschläger einquartiert. Der hatte

gleich am ersten Tage auf die Magd, eine schmucke Dirne, ein Auge geworfen. Dieser offenbarte er, natürlich unter dem Siegel strenger Verschwiegenheit, das mörderische Vorhaben und riet ihr, vor Anbruch der dritten Nacht das Städtchen zu verlassen oder sich möglichst gut zu verbergen.

Die Betroffene erzählte die Schauerkunde ihrem Dienstherrn und dieser dem Bürgermeister Azendörfer. Der ließ in aller Stille die Bürger zusammenkommen, gab das Bevorstehende bekannt und beriet mit ihnen die schlimme Lage. Da man keine andere Möglichkeit sah, dem schrecklichen Blutbade zu entrinnen, ward beschlossen, den Schweden einfach zuvorzukommen. Es sollten schon in der folgenden Nacht in jedem Hause um die zwölfte Stunde alle in Quartier liegenden Soldaten, gleichviel ob Gemeine oder Offiziere, überfallen und getötet werden. Es sei freilich ein furchtbares Beginnen, aber der einzige Ausweg aus dem eigenen Verderben. Gott möge helfen!

Der Überfall glückte im großen und ganzen. Doch entrann eine Schar Schweden dem zugedachten Verderben, darunter der Kommandant. Der befahl, die Stadt in Asche zu legen. Es geschah. Nur die Häuser im „Hinterberge", der sogenannten „Türkei", blieben verschont. Unverweilt rüsteten sich alsdann die Schweden zum Aufbruche. Sie eilten zur Salvator-Kapelle außerhalb der Stadt, ihr dort verwahrtes Christusbild mitzunehmen. Aber kein Soldat, so viele auch den Versuch machten, war imstande es aufzuheben und von der Stelle zu rücken. So mußten sie wohl oder übel sich entschließen, die Statue stehen zu lassen. Da befahl der Truppenführer, die Kapelle mit Holz zu füllen und anzuzünden. Sie sollte samt dem Bilde verbrennen. Nach wenigen Minuten schon schlug eine mächtige Feuergarbe gen Himmel. Angesichts derselben verließ der Rest der Schwedenhorde die Stadt.

Alsogleich kamen die Hollfelder aus allen möglichen Schlupfwinkeln zu ihrem Heiligtum herbeigeeilt, tiefes Weh im Herzen ob des Verlustes ihres lieben Christusbildes. Ratlos umstand die Menge die Brandstätte. Niemand konnte mehr wagen, in das Gotteshaus einzudringen. Das ganze Gebäude stand in Flammen. Besonders in seinem Innern prasselten infolge der dort aufgestapelten Holzmengen furchtbare Gluten. Nach kaum einer Stunde aber stürzte der ganze Bau in sich zusammen.

Da entfuhr den Lippen aller ein freudiger Schrei. Seht hin, unser Christusbild! Unser liebes Christusbild! Und — wunderbarer Anblick! — inmitten glühender Trümmer erhob sich, völlig unversehrt, die Statue des göttlichen Heilandes, niedergebeugt unter des Last des Kreuzes. Daneben im gotischen Altärchen, hinter eisernem Gitter, stand, ebenfalls vom Feuer verschont, nur etwas rauchgeschwärzt, das zurückgelassene Heilandsbild der Schweden . . .

Über die alsbaldige Erbauung einer neuen, größeren Sankt Salvatorkirche auf der Stätte der ersten sowie über Aufstellung der beiden Heilandsbilder mit dem Kreuze berichtete die vorhergehende Legende.

* * *

Der Schwedentrupp, den in der Tat nach Verlust seines Christusbildes jedes Glück verlassen hatte, zog von Hollfeld über Modschiedel und Weismain gen Kronach. In Modschiedel nahmen die Mordbrenner den dortigen Pfarrer als Geisel mit, der jedoch bei Weismain, wo die Horde von den tapferen Bürgern in die Flucht geschlagen wurde, wieder entkam. Vor Kronach vereinigte sich die kleine Schar mit anderen Schwedenkolonnen zur Erstürmung der Feste. Durch die Tapferkeit der dortigen Bürger und ihrer Söhne, durch den Heldenmut der Frauen und Töchter aber wurden die Belagerer förmlich aufgerieben.

Der Staffelberg und seine Umgebung
Sagen und Lokalgeschichtliches

Einleitung.

Dem Wanderer, der von Bamberg her „die weite, stromdurchglänzte Au" des Maintals heraufkommt, erscheint der Staffelberg wie ein vorgeschobener Posten des Jura, wie ein Flügelmann des Kalksteingebirgs, das Schwaben und Franken durchzieht und mit der fast senkrecht abstürzenden „Hohen Eller", die für den herrlichen Wallfahrtstempel Vierzehnheiligen einen so malerischen Hintergrund bildet, endet.

Die stark ins Auge fallenden Jurahöhen, im Verein mit den dicht am rechten Mainufer emporstrebenden, reich bewaldeten Banz- und Eierbergen, bieten ein ungemein fesselndes Landschaftsbild, das durch das breite Maintal an Schönheit der Formen nur noch gewinnt.

Nehmen wir dazu das in den blauen Himmel ragende Kloster Banz, die gegenüberliegende, vom Grün des Waldes sich anmutig abhebende Basilika Vierzehnheiligen und den mehr südwärts aufstrebenden, kapellengeschmückten Veitsberg[1]), so können wir wohl sagen, daß selten auf gleich engem Raume so viel des Schönen und Sehenswerten vereint zu finden ist, wie hier.

Der Weg zum Staffelberge führt durch das schmucke, bereits um das Jahr 800 beurkundete Städtchen Staffelstein, wo der berühmte Rechenmeister Adam Riese „zum Verdruß der gänsehütenden Jugend" geboren ward, am Friedhofe und einer zwölfhundertjährigen Linde vorüber, durch Nuß-

---

[1]) Eigentlich „Ansberg". Auf ihm stand einstmals die Ritterburg der Herren gleichen Namens.

baumalleen und einige Wäldchen bergan zur Einsiedler= klause. Will man sich nicht überhasten, so erfordert der Auf= stieg gut eine Stunde.

Am Rande des mächtigen Felsplateaus erschließt sich un= serm Auge ein schier unermeßlicher Blick auf das weite Franken= und Thüringerland. Hier mag Viktor v. Scheffel in die begeisterten Verse ausgebrochen sein:

„Von Bamberg bis zum Grabfeldgau
Umrahmen Berg und Hügel
Die weite, stromdurchglänzte Au;
Ich wollt', mir wüchsen Flügel!"

Immer wieder schweift das trunkne Aug' hinab ins breite Tal mit seinen fruchtbaren Fluren und saftigen Wies= gründen, hinüber zu den buchenbestandenen Bergen, wo Banz mit seinen ragenden Türmen auf stolzer Höhe thront und dahinter Berg an Berg sich schiebt. Von Ost nach West ein einzig Hügelland! Es winken zur Rechten des Fichtel= gebirgs und Frankenwalds düstere Ketten. Von Norden her glimmen durch Sonnenduft Thüringens waldbedeckte Höhen. Im Westen drängen sich die enggefügten Hügel der Haß= berge. Darüber weiten sich in lichter Bläue die gerundeten Basaltkuppen der Rhön. Hinter Bamberg aber lachen, vom Sonnenglast umglänzt, des Steigerwalds sanft gewellte Berge. Und wenden wir zu guter Letzt den Blick zum Süden, so überschaut das Aug' ein nahes, grünes Meer von Jura= höhen mit kalkigweißen Bergeshalden.

Dazu im Vordergrunde Burgen und Schlösser, zahllose Dörfer und freundliche Städtchen und tief drunten das viel= gewundene Silberband des Mains im saftig frischen Grün der Wiesen. So liegt das Land der Berge und der Wälder, ganz Franken, offen für Aug und Herz und wunderbar Ergötzen!

Von des Staffelbergs hoher Felsenzinne sah sein Sänger, Viktor v. Scheffel, auch die Wallfahrer "mit fliegenden Standarten" durch's Tal gen Vierzehnheiligen ziehn. Gern hätte er sich ihnen angeschlossen, indes

> „... ihr Pfarr' wollt' mich nicht haben;
> So muß ich seitwärts durch den Wald
> Als räudig Schäflein traben."

Die alte, gemütliche Staffelbergklause, in der Viktor v. Scheffel bei seinem Freunde Jvo, dem Einsiedelmann, so oft geweilt, sie steht nicht mehr. Das morsche Häuslein mußte 1883 einem massiveren Neubau weichen. Auch den guten Jvo deckt, gleich seinem Gönner Scheffel, längst der grüne Rasen. Des Dichters Sang aber lebt fort. Tausende von fröhlichen Wanderern haben es schon gesungen, Tausende und Abertausende werden es noch singen: das schöne, unsterbliche "Staffelberglied", das also anhebt:

> „Wohlauf, die Luft geht frisch und rein
> Wer lange sitzt, muß rosten;
> Den allersonn'gsten Sonnenschein
> Läßt uns der Himmel kosten.
> Jetzt reicht mir Stab und Ordenskleid
> Der fahrenden Scholaren;
> Ich will zu guter Sommerzeit
> Ins Land der Franken fahren!"

* * *

Das Volk in seinen breiteren Schichten ist leicht geneigt, hinter Vorgängen des Alltags, deren Ursachen nicht sofort ins Auge springen, hinter Naturgebilden auffallender, absonderlicher Gestaltung etwas Geheimnisvolles, Wunderbares zu suchen — geheime Kräfte zu ahnen. So knüpft es auch an den Staffelberg, sein Kirchlein und des Bergriesen

Umgebung mancherlei Sagen, die, je nach der Phantasie des Erzählers, verschiedenartige Ausschmückung erhielten. Sie mögen hier wiedergegeben sein.

1. Der unterirdische See im Staffelberg
Sage

Von jeher galt der Staffelberg als Quellenspender des Umlands. Liegen doch die Wasserkammern für Staffelstein, Romansthal und andere Orte an seinen Abhängen, wie denn auch manches kleine Rinnsal offen von seinen breiten Flanken zu Tale rieselt. Sogar den klaren Quell im Dorfe Schönbrunn brachte man mit dem Berge in Beziehung, indem dieser und jener behauptete, Spreu, in eine seiner Spalten geworfen, sei bei dem „Schönbrunnen" wieder zum Vorschein gekommen.

Das Volk, das gern am Mystischen hängt, fand es deshalb selbstverständlich, daß der Staffelberg einen See, einen unerschöpflichen Wasserbehälter bergen müsse. In diesem schwimme ein ungeheuer großer Fisch, der seine Schwanzflosse im Maule halte. Lasse er sie einmal fahren, so würden durch den gewaltigen Schlag die Felswände bersten und die unterirdischen Wassermassen das ganze Maintal überschwemmen und verwüsten. Von groß und klein, so erzählt der Volksmund, würden im weiten Umland Gebete verrichtet, auf daß der Fisch den Schwanz nicht aus dem Rachen gleiten lasse. Die Kinder aber legen das Ohr auf den Boden und lauschen dem Geräusch des Wassers; denn es gerate, bevor der Ausbruch erfolge, in große Wallung.

* * *

Fentsch meint in seinem „Volkssage und Volksglaube in Oberfranken": „Vielleicht ist die Vermutung zu gewagt, aber es will uns doch bedünken, als gemahne ein Ton in dieser uralten Prophezeiung an die Mythe der Götterdämmerung. Wenn die Götternacht (Ragnaröck) herannaht, hebt sich nach der Edda die ungeheure Weltschlange aus den Gewässern ans Land, und neben dem Feuer tritt auch das Wasser als das die Welt zerstörende Element auf. Die bis dahin in Bann gehaltenen bösen Wesen brechen los und streiten wider die Götter"[1]).

* * *

Bezirksschulrat Ludwig Bätz-Forchheim, dessen Wiege im freundlichen Städtchen Staffelstein gestanden, besingt die „Fischsage" im Jahrgang 1912 des „Mainboten" wie folgt:

Der Fisch im Staffelberg.

Stolz reckt sein Haupt empor zu Himmelshöhen
Ein felsgekrönter Berg im Frankenland;
Er sieht zuerst die Sonn' im Ost erstehen,
Ihn grüßt vom Tal des Maines Silberband.

In seinem Innern herrscht geheimes Leben,
Des ward noch nie ein irdisch Aug' gewahr;
Hier haust ein Volk, von Märchenpracht umgeben,
Das ist vom Staffelberg der Zwerge Schar.

Oft steigen sie ins Tal der Menschen nieder —
Die Bäu'rin merkts am leeren Küchentopf —
Und rühren nächtlich dann im Fleiß die Glieder.
Es wurde reich schon manch ein armer Tropf.

---

[1]) Vergleiche „Der unterirdische See bei Hohenmirsberg" im I. Bändchen der Sammlung.

Die Kunde brachten sie einst aus dem Berge
Von einem Wundersee im Felsenschoß,
Der in der Tiefe dort im Reich der Zwerge
Die Ufer dehnt bis an ihr gülden Schloß.

Ein Fisch, so riesengroß, belebt die Wellen,
Er hält den mächt'gen Schweif im weiten Schlund,
Aus dem des Atems gift'ge Dünste quellen.
So harrt er unheildrohend bis zur Stund!

Weh', wenn er läßt den Schweif aus seinem Rachen:
Der wundersame See wird jäh zum Meer,
Die Festen uns'rer Erde werden krachen,
Und von dem Berge drängt die Flut daher.

Vergebens ist der Menschen lautes Klagen,
Mit jeder Stunde steigt Gefahr und Not,
Kein Fels wird mehr aus dem Gewässer ragen;
Was lebt, es findet in der Flut den Tod. —

Und um zu hören jenes Wassers Rauschen,
Das friedlich noch im Berg die Wellen schlägt,
Die Kinder an den mächt'gen Felsen lauschen,
Bis uns die Erde einstens nicht mehr trägt.

* * *

2. Die Zwerge im Staffelberg und anderes

Sagen

Der Staffelberg zeigt in der Südwestseite seiner Felsen=
krone, gegen das Lautertal zu, eine offene Höhle: das
„Querkerlesloch". Es diente nach dem Volksmunde einst

Zwergen zur Wohnung. Eine Öffnung nach oben bildete den Kamin, durch den der Rauch ihres Herdfeuers abzog. Diese „Querkerle" sollen ganz besonders kunstgeübte Schneiderlein gewesen sein und es verstanden haben Stücke in schadhafte Kleider einzusetzen so genau, daß niemand habe eine Naht entdecken können. Oft stiegen die munteren Wichtelmännchen auch ins Tal zu den Siedlungen der Menschen. Immer zur Nachtzeit. Sie schafften im Hof, im Garten und auf dem Felde. Dafür holten sie sich bei Tag, insgeheim natürlich, Klöße aus den Töpfen der Bäuerinnen. Für solche hatten die Koboldchen eine besondere Vorliebe. Als jedoch die Frauen des Diebstahls gewahr wurden und anfingen, die Klöße beim Einlegen zu zählen, wanderten die Zwerglein aus, indem sie traurig meinten, die Zeiten seien zu schlecht geworden, da die Knödel in den Topf gezählt würden. Bei dem Dorfe Wiesen ließen sie sich über den Main setzen. Kaum hatte die Fährte das jenseitige Ufer erreicht, sprangen sie hurtig mit einem „Vergelts Gott!" ans Land und liefen davon, im Umschauen den Rat gebend:

„Eßt Steinobst und Binellen,
So wird euch das Herz nicht schwellen!"

Inzwischen waren noch zwei verspätete Zwerglein an den Fluß gekommen, kläglich weinend, da sie die Kameraden schon übergesetzt sahen. Der um sein Fahrgeld geprellte, doch gutmütige Schiffer holte auch diese über. Eines der Koboldchen fragte ihn treuherzig, ob er mit einem „Hut" voll Geld als Fahrlohn zufrieden sei, und reichte ihm ein niedliches Fingerhütchen, worauf ein Hellerlein lag. Der Fährmann lachte über die drollige Entlohnung, nahm das Gereichte als Erinnerung an die seltsame Überfahrt zu sich und wünschte den Davoneilenden gute Reise.

Nach dem Volksglauben seien die Zwerglein auch Hüter großer Reichtümer gewesen, die im Staffel- und dem dahinterliegenden Spitzberge vergraben lägen. Nur sie hätten die Eingänge zu den unterirdischen Schatzkammern gekannt, aber „keiner Menschenseele" geoffenbart. So müßten denn die vielen Kostbarkeiten verborgen liegen, bis einer die Wünschelrute fände, mit der die unsichtbaren Pforten gefunden und erschlossen werden könnten.

* * *

Im Innern des Spitzberges, so erzählt der Volksmund, ruhe auch die in einem dreifachen Sarge verschlossene Leiche des Hunnenkönigs Attila. Zwischen Spitz- und Staffelberg sei eine Hunnenschlacht geschlagen und Attila vom Tode ereilt worden. Der Spitzberg umschließe seitdem die „Geißel Gottes". Daß in ihm ein Verruchter ruhe, davon gebe sein kahles, nacktes Äußere Zeugnis. „Nur ein Beherzter, der in der Johannisnacht, stumm wie ein Fisch, dem Berg sich nähert und ebenso seine Arbeit beginnt, vermag den Sarg zu heben und mit ihm ungeheure Reichtümer empfahen."

Einen großen Schatz berge eine Felsenhöhle des Staffelbergs. Nur alle hundert Jahre öffne sich um die zwölfte Stunde der Johannisnacht das Felsentor. Wer aber nicht rechtzeitig der Höhle wieder entrinne, müsse hundert Jahre in derselben verbleiben bis zur nächsten Öffnung. Einmal sei schon ein Mann in ihr eingeschlossen gewesen und habe erst nach diesem Zeitraum das Tageslicht wieder begrüßen dürfen, „sei aber von Niemandem erkannt worden, wie er Niemanden erkannt habe".

Auf dem Berge Steglitz jenseits des Mains, worauf die Burg des mächtigen Raubgrafen Ratboth gestanden, sollen

in der Johannisnacht drei Jungfrauen einen Reigen auf=
führen. Wer von ihren Liebreizen bestrickt, Mut genug be=
sitzt, ihnen in das Berginnere zu folgen, der habe sein Glück
für immer gemacht[1]).

* * *

Daß über den Staffelberg „Wodans wildes Heer" jage
und am Abend die noch herumstreunenden Kinder mit=
nehme, schärften von jeher sorgende Mütter ihren Kindern
ein als Mahnung zu zeitiger Heimkehr.

Einmal begegnete ein Horsdorfer auf dem Heimwege von
Romansthal spät abends am Staffelberge dem „wilden
Jäger" mit einem ganzen Rudel großer und kleiner Hunde.
Er dachte, weil ihrer so viele seien, dürfte er wohl das
kleinste Hündlein, das kaum nachzukommen vermochte, mit=
nehmen, griff nach ihm und schob es in sein Wams. Als er
daheim sein Abenteuer erzählte und die Beute herzeigen
wollte, zog er statt des kleinen Wau=wau eine Hand voll
Holzspäne aus der Tasche.

* * *

Die an sonnenlosen Novembertagen so häufig über den
Berg oder seine Halden treibenden gespenstigen Nebel=
schwaden seien nach altem Volksglauben Unholdinnen.
Scheffel läßt in seinem „Bergpsalmen" diese Dunstgebilde
als lockende Feen sich dem Einsiedelmann nahen, der vor
ihnen züchtig in seine Klause zurückweichet und betet: „Führe
uns nicht in Versuchung!"

---

[1]) Nach „Medardus, eine Mönchsgeschichte aus dem Banzgau"
von J. Hofmann.

3. Des Staffelbergs Heiligtum und seine Hüter
Lokalgeschichtliches und Sage

Noch im 12. Jahrhundert rang im Bistum Bamberg das Heiden- mit dem immer siegreicher vordringenden Christentum. Während auf den Jurahöhen links des Mains Opferfeuer für Swantowit, den slavischen Götterkönig, emporzüngelten, ward auf dem gegenüberliegenden Banzberge ein Benediktinerkloster errichtet und zwar an Stelle eines der Gräfin Alberada zugehörigen Schlosses. Diese Frau, die mächtigste im Banzgau, traf schweres Leid. Ihr Söhnlein ertrank im Main und ihr Töchterlein ward von dem Ritter Katzenburger, einem Wegelagerer, geraubt. Da verfiel sie in Schwermut, wandelte ihr Schloß in ein Kloster und nahm den Schleier. Am 9. Oktober 1114 wurde durch Bischof Otto, den Heiligen, die neue Klosterkirche konsekriert.

Das Werk der Christianisierung in den unwirtlichen Juragründen jenseits des Flusses wird nun wohl durch diese Klosterniederlassung am Main mit allem Nachdrucke unterstützt worden sein und so mag denn auch die Errichtung des ersten Kirchleins auf dem Staffelberge als Werk der Benediktinerabtei Banz zu bewerten sein, dies um so mehr, als das Gotteshäuslein einer Heiligen aus dem Orden Sankt Benedikts: der heiligen Adelgundis, geweiht wurde.

Als Baustätte war anfänglich ein anderer Ort ins Auge gefaßt gewesen: der eine Stunde in nördlicher Richtung entfernte „Alte Staffelberg". Nächtlicher Weile aber sollen immer wieder durch Engel die Materialien und Werkgeräte auf den „Neuen Staffelberg" ob Staffelstein übertragen worden sein. Die heilige Adelgundis habe dadurch ihren

Willen kundgeben wollen, die ihr geweihte Kapelle an der Stelle errichtet zu sehen, wo sie nun steht[1]).

Gleich zu Beginn der Maurerarbeiten brachte nach der Überlieferung ein Rabe in seinem Schnabel Sand zur Baustelle und lenkte damit die Aufmerksamkeit der Werkleute auf eine Höhle in der Südwestecke der Bergkrone, wo sich so viel Sand vorfand, als man zum ganzen Bau benötigte. Bald erfreute sich die christliche Stätte auf dem Staffelberge allgemeiner Verehrung. Doch wurde das Heiligtum 1525 von den aufrührerischen Bauern zerstört. Es blieb in Ruinen liegen, bis 1653 die Nachkommen eben jener Mordbrenner das Kirchlein wieder aufbauten. Darüber sagt uns eine alte Holztafel in der Kapelle, deren Schrift, wenn auch erneuert, doch im Text unverändert blieb, folgendes:

„Diese Capellen, so vor etlich hundert Jahren zu Ehren der St. Aldegundis — einer Englischen und Königlichen Jungfrauen und Äbtissin gestiftet — hernach durch den Bauernaufstand gänzlich zerstört, ist endlich durch gottseliger Leut Hülf und Almußen nach dem allgemeinen teutschen Frieden wiederumb erbaut und erneuert worden anno 1653.

Darunter steht noch:
„Durch Aldegundis Hülf und Macht
Ist der Staffelberg so hoch geacht."

Als das neu erstandene Kirchlein 1654 durch den Weihbischof Melchior Söllner von Würzburg konsekriert wurde, legte dieser beim Aufstiege an der Berghalde unweit der Felsenkrone, überwältigt von der Majestät der Natur, in Demut vor der Größe des Schöpfers die Schuhe ab und ging barfuß den Rest des Berges hinan. An diese Begebenheit soll die links am Wege stehende Betsäule erinnern.

---

[1]) Siehe auch „Die Wanderkirche zu Walkersbrunn".

Das traute Kirchlein auf luftiger Bergeshöhe wurde vom 17. bis zur Mitte des 18. Jahrhunderts und darüber hinaus von vielen Wallfahrern besucht. Doch die Wallfahrt nach dem nahen Vierzehnheiligen, die unter Abt Moritz Knauer von Langheim einen bedeutenden Aufschwung nahm, lenkte die althergebrachten Bittprozessionen vom Staffelberg mehr und mehr ab. Durch den herrlichen, nach Plänen des berühmten Baumeisters Neumann entstandenen Wallfahrtstempel Vierzehnheiligen wurde das bescheidene Kirchlein auf dem Staffelberg vollends in den Schatten gestellt. Doch an den drei Hauptfesten: Adelgundistag (30. Januar), Fest der Kapellenweihe (Sonntag nach Kiliani) und Dankfest (Herbst), sieht man auch heutzutage noch von den umliegenden Pfarreien auf den Staffelberg „zum Kirchlein wallen der frommen Beter viel".

In der Karwoche, besonders am Gründonnerstag und Karfreitag (früher sogar in der Nacht zwischen beiden Tagen) war und ist das Staffelbergkirchlein das Ziel vieler, vieler Andächtiger. So berichtet zum Beispiel Pfarrer G. F. Weyermann von Staffelstein zu Anfang des 19. Jahrhunderts über die nächtlichen Wallfahrten: „In dieser Nacht ist auf dem Berge ein großer Concurs des Volkes von mehr denn tausend Personen. Von allen Seiten kommen Leute zum Berg herauf, singend und betend, so daß die ganze Gegend von Passionsliedern erschallt."

Neben dieser „nächtlichen Heiligtumsfahrt" trat noch eine andere Erscheinung zutage: die der „Kreuzschlepper". In der Vorhalle der Kapelle lehnen mehrere aus Eichenholz gezimmerte Kreuze. Solche trugen vor Zeiten freiwillige Büßer, in Kutten gehüllt, den Berg hinauf. Der Gebrauch wurde unter Fürstbischof Adam Friedrich von Seinsheim zwar verboten; aber er dauerte, wenn auch in minderem Maße, noch lange fort. Erst mit der Zeit verlor sich diese Sitte. Im Jahre 1871 wurde der Dachreiter des Kirchleins abgetragen und letzterem ein massiver Turm angebaut. Das Innere der Kapelle, 1893 restauriert, zeigt ziemlich stilvolle Harmonie. Der Hochaltar ist ein Werk des berühmten Bamberger Bildhauers Mutschele aus dem Jahre 1788. Eine Anzahl Bilder an den Wänden stellen das Leben der heiligen Adelgundis dar. Der Rabe über der rechten Seitentür erinnert an die eingangs erwähnte „Sand"-Sage.

* * *

Seit Jahrhunderten hat das traute Adelgundiskirchlein auf dem Staffelberge in den dortigen Einsiedlern treue Hüter. Die erste Klause, wenige Schritte von der Kapelle entfernt, wurde 1658 errichtet, mußte aber nach 225jährigem Bestande 1883 wegen Baufälligkeit eingelegt werden. Der Bau war aus Holzfachwänden aufgeführt. Die Innenräume zeigten Fichtenholztäfelung und Putzenscheibenfenster. In der „großen Fremdenstube", gen Vierzehnheiligen zu gelegen, stand ein grüner Ofen, auf dessen Kacheln „Judiths Geschichte" dargestellt war.

Mancher „pralle Nordwest" umtoste das alte, idyllische Gebäude.

„Sturm kam geschnoben, mächtig mit Toben.
Durch Fugen und Ritzen der Blockhausstämme drang,
Spottend der sorglichen Moosverschließung, schneidiger
Hauch."

Schließlich war die alte Klause so baufällig geworden, daß deren Ostseite mit Stützbalken versehen werden mußte.

Das Haus will zerfallen, vom Sturme umbrauft,
Nur Stützen noch halten die Seiten;
Wer will in der Zelle, von Winden durchsauft,
Den betenden Klausner beneiden?"

Die Kosten zum neuen Eremitengebäude ergab eine Sammlung in den umliegenden Bezirken.

Die Staffelsteiner Ratsbücher (Kirchlein und Klause sind Eigentum der Pfarrei Staffelstein) verzeichnen folgende Einsiedler:

Daniel Plenklein. Er bezog 1690 die Klause, die fünf Jahre nach Erneuerung der Kapelle zu deren Betreuung errichtet ward, und waltete nicht weniger als 42 Jahre (bis 1732) seines Hüteramtes. Ihm folgte ein alter Pfarrherr, der oben seine letzten Tage verleben und keinem Menschen zur Last fallen wollte. Er starb 1737. Sein Name ist nicht genannt.

Jakob Heß 1737—1760. Er war ein geschickter Mechaniker und soll auch der Malerei nicht unkundig gewesen sein. Von ihm stammt das heilige Grab mit seinen wandelnden Figuren, das alljährlich zur Osterzeit im Adelgundiskirchlein Aufstellung findet. Nach 23jähriger Eremitenlaufbahn war ihm ein tragisches Ende beschieden. Auf dem Rückwege von Klosterlangheim überraschte ihn ein Schneesturm. Er kam vom Pfade ab, blieb ermüdet liegen und erfror.

Petrus Seelmann aus Seubelsdorf 1760—1769. Ihm gesellte sich als „Klausner=Dilettant" der Apotheker Friedrich Reuther aus Bamberg zu, so daß aus dem Einsiedlerleben ein „Zweisiedlerleben" ward.

Armenius Pfeffer 1769—1771, ein „Waldbruder" aus der Mainzer Kongregation.

Thomas Walter. Er war ein Staffelsteiner Kind und von Beruf Theologe (Hörer des Kirchenrechts). Der Staffelberg scheint ihm ein geeignetes Plätzchen zu ungestörtem Studium gewesen zu sein. Das Jahr seines Wegganges ist nicht genannt. Es tritt nach ihm überhaupt eine Pause in der Besetzung des Eremitenpostens ein, unbekannt aus welchen Gründen. „Es grüßt das Glöcklein der Kapelle lange nicht mehr hinab ins Tal." Erst 1842 erscheint wieder ein Hüter des Heiligtums, aber kein Eremit, sondern ein „Kirchner" mit Namen Matthäus Dreßel.

Ivo Hennemann 1858—1897, der „berühmteste" unter allen Einsiedelmännern des Staffelbergs und der spätere Freund Viktor v. Scheffels. Er mußte vor seiner Einkleidung der Kirchenverwaltung und dem Magistratskollegium Staffelstein versprechen, seinen Lebensunterhalt aus eigenen Mitteln zu bestreiten. Zugleich verfügte er vor dem Landgerichte Lichtenfels (Staffelstein besaß damals noch keines) über sein Eigenvermögen, indem er 350 Gulden für die Adelgundiskapelle und die gleiche Summe für Unterhaltung späterer Eremiten aussetzte. Erst neun Monate darnach erklärte das Ministerium, daß staatlicherseits der Einkleidung des „Johann" Hennemann als Eremit keinerlei Hindernisse entgegenstehen. Diese erfolgte sodann am 8. Februar 1857 in der Wallfahrtskirche Vierzehnheiligen und Hennemann zog als „Frater Ivo" hinauf in die Klause des Staffelbergs. Vierzig Jahre waltete er dort — ein Original in jeder Hinsicht — seines Amtes.

1859 weilte Viktor v. Scheffel, der durch seinen „Ekkehard" und „Trompeter von Säkkingen" in allen Landen so berühmt gewordene Dichter, als Gast der Familie Schoner auf Schloß Banz. Von dort aus lernte er bald den Einsiedelmann Ivo kennen. Und er blieb ihm gewogen bis in die spätesten Jahre. Beim erstmaligen Erklimmen des Staffelberges luftiger Höhe stand Scheffel freilich vor versperrter Klausentüre; denn

> „Einsiedelmann ist nicht zu Haus,
> Dieweil es Zeit zum Mähen;
> Ich seh ihn an der Halde draus
> Bei einer Schnitt'rin stehen."

Diese kleine dichterische Bosheit trug dem guten Ivo manche Neckerei ein. Aber sich darüber aufzuregen, kam dem wackeren Manne bei seinem gesunden Humor und seiner ungetrübten Herzenseinfalt gar nicht in den Sinn. Beide, Dichter und Einsiedelmann, blieben treue Freunde bis an ihr Lebensende.

„Staffelberg" und „Frater Ivo" waren durch den Dichter Viktor v. Scheffel berühmte Namen geworden. Wanderlustige aus allen Gauen Deutschlands eilten herbei, zu seh'n von freier Bergeshöh' „die stromdurchglänzte Au", zu sehen auch den Klausner, der „draußen an der Halde bei einer Schnitt'rin stand." So hatte sich der gute Ivo im Laufe der Jahre außerordentlich viele Freunde erworben, die ihm als Klausner, Wirt und Mann von Humor ein dauernd Andenken bewahren.

Am 9. April 1886 starb Viktor v. Scheffel. Elf Jahre später, am 9. Oktober 1897, nahm Frater Ivo für immer Abschied von der Klause, von dem trauten Kirchlein, das er vierzig Jahre betreut, von seinem geliebten Berge.

Dem Scheidenden widmete der nun gleichfalls verstorbene Domdechant Dr. Friedrich Karl Hümmer, ein geborener Staffelsteiner und bekannter Staffelbergforscher, nachstehenden, tief ergreifenden Abschiedsgesang:

Klausners Abschied.

Ich fahr zu Tal; die Nebel brauen,
Und düster ist der Berg umwallt;
Verstummt sind all die hellen Lieder,
Die einst vom Tal heraufgeschallt.

Ich fahr zu Tal; die Föhren rauschen;
Bald liegt der Schnee schwer auf dem Ast.
Es sucht der Aar die Felsenklüfte;
Kein Pilger hält mehr länger Rast.

Ich fahr zu Tal; vierzig der Jahre
Hielt ich beim Kirchlein treue Wacht;
Beim Morgengrauen erklang das Glöcklein
Und grüßt zu Tal vor jeder Nacht.

Den Frühling hab' ich eingeläutet,
Im Sommer manchen Gast begrüßt;
Im Herbst sah dunklen Wein ich keltern,
Der an des Berges Seite sprießt.

Nun wird es still; kein Winzer jauchzet;
Ist denn die Zeit auch altersgrau?
Bleibt nicht der Frühling doch derselbe?
Bleibt nicht des Sommers holde Schau?

Sie bleiben wohl; doch wir — wir wandern,
Wir fahren all zu Tal, zur Gruft;
Es kommt die Zeit, es kommt der Winter,
Der heimwärts jeden Pilger ruft.

Ich fahr zu Tal; zu meiner Zelle
Hat Tausende der Weg geführt;
Jetzt steig' ich abwärts, alt, alleine,
Nur mit des Alters schwerer Bürd'.

Ich fahr zu Tal; du stille Klause
Du warst mir lieb, du warst mir wert;
Nun scheide ich; der dich erbaute,
Nur schwer, nur schwer von dannen fährt.

Leb wohl mein Berg, du meine Freude,
Mein Reich, mein Heim, du meine Lust;
Leb wohl, leb wohl! — Kehr ich je wieder?
Beklommen fragt's in meiner Brust.

Ich fahr zu Tal; was hör ich schallen?
Noch einmal leis das Glöcklein klingt!
Ich fahr zu Tal — der alte Ivo
Dir Berg den letzten Gruß noch winkt!

Frater Ivo starb, 77 Jahre alt, im brüderlichen Anwesen seines Heimatdörfchens Oberletterbach am Fuße des Veitsberges den 14. November 1900. Neben dem Ortskirchlein fand er seine letzte Ruhestätte.

Ivo hatte in den 1870 und 80er Jahren, als der Touristenstrom „auf den Pfad zum Staffelberg einbog", in Pankraz Rudel aus Romansthal einen flinken Helfer. Auf langen dürren Beinchen ein kurzer, runder Körper, den Kopf fast ohne Hals zwischen hochgewachsenen Schultern, dazu ein selten dünnes Fistelstimmchen: so war das „Schneiderlein" beschaffen. Schade, daß das Untergestell zu lang geraten; man hätte sonst wahrhaftig glauben können, eins der vor

langer, langer Zeit entschwundenen Wichtelmännchen sei
dem Berge treu geblieben und zu Frater Jvos und seiner
durst'gen Gäste Diensten dem unterirdischen Reich ent=
stiegen.

Uns damaligen Staffelsteiner Präparanden[1]) war das
Schneiderlein nicht besonders gewogen. Wir kamen ihm zu
oft und „ließen zu wenig sitzen." Wohl auch, daß wir „seine
Dienste zu gering bewerteten." Oft öffnete uns „der Gewal=
tige" nicht einmal des Hauses Pforte, so laut und andauernd
wir auch pochen mochten. Ganz anders Jvo! War dieser in
der Klause, dann ward uns aufgetan. Ungebeten brachte der
Gute auf zinnernem Teller Schwarzbrot und reichlich
Salz und ward „der Gastgeber" inne, daß die Moneten
zu einem Fläschlein Bier nicht reichen wollten, so kre=
denzte er dennoch eins und meinte: „Reichere werden's
schon amal mitzahl!" — Der Staffelberg war „unser ein
und alles." Er bot die ausgiebigsten „Gründe" zu unseren
Schmetterlings=Jagden und sonstigen Streifzügen. Von
seinen luftigen, weitausschauenden Zinnen lernten wir
unsere engere Heimatlandschaft erst recht kennen und —
lieben. Kein Gebirge, Berg und Talgrund, kein Städtchen,
Dorf, Fluß und Bach, keine Burg und Feste, keine Form
und Gestaltung des weiten, weiten Umlands blieb uns ver=
borgen und fremd, besonders nach Osten und Norden hin,
so weit das große Fernrohr der Klause reichte.

Als Jvo in Antonius Kempf einen neuen und zur Nach=
folgeschaft ausersehenen Gehilfen erhielt, zog sich das Schnei=

---

[1]) Die Präparandenschule wurde 1880 nach Kronach verlegt. Alle,
die in Staffelstein ihre Vorbildung für das Seminar fanden, wer=
den des trauten Städtchens, seiner freundlichen Bewohner und wun=
derbaren Umgebung nie vergessen.

derlein nach Romansthal zurück, wo er wieder tapfer die Nadel schwang und am 16. März 1906 im Herrn verschied. — Jvos Nachfolger war, wie angedeutet,

Antonius Kempf von Holzkirchhausen (Unterfranken) 1897—1913. Er war schon 1885 als Laienbruder in das Benediktinerkloster zu St. Peter in Salzburg eingetreten und später als Klausnergehilfe auf den Staffelberg übergesiedelt. 1897 trat er Jvos Erbe an, erreichte jedoch seinen Vorgänger an Volkstümlichkeit und Berühmtheit nicht, obwohl er als eifriger Sammler in weiten Kreisen bekannt war und mit den Bergbesuchern sich gut verstand. Sein Abgang war bekanntlich kein freiwilliger — seine weiteren Lebensschicksale gehören nicht hierher. — Gegenwärtig waltet als Heiligtumshüter auf des Berges wildumbrauster Höhe Valentin Mühe, ein Rheinpfälzer. Im Sommer 1913 als Eremit auf den Staffelberg berufen, hielt er am 3. Juli als "Bruder Valentin" seinen Einzug in die verwaiste Klause. Möge er auf viele Jahre getreuer Hüter des lieben Adelgundiskirchleins sein.

4. Die Ritterburg hinter dem Staffelberg

Sage

Östlich vom Staffelberge, von diesem durch das Löwental abgeschnitten, erhebt sich ein fast kreisförmiges Plateau, an dessen Nordseite der Spitzberg mit "einem großen, vergrabenen Schatze" emporsteigt. Gegen Loffeld zu, wo die Höhenplatte in steilen Wänden abstürzt, soll vor grauen Zeiten ein Schloß gestanden sein, zu dessen Schutz der Ritter seinen alten Vater und einige Mannen zurückließ, um selbst an einer Kreuzfahrt ins heilige Land teilzunehmen. Während seiner Abwesenheit sei die Burg von feindlichen Nachbarn erstürmt, ausgeraubt und niedergebrannt worden. Der greise Ritter habe sich fortan kümmerlich ernähren, ja am Wege betteln müssen. So habe ihn der heimkehrende Sohn am Straßenrande gefunden. Der Vater, den so lange Ersehnten erkennend, sei mit offenen Armen auf ihn zugeeilt, als vermeintlicher Wegelagerer aber niedergeschlagen worden. Zu spät auf den verhängnisvollen Irrtum aufmerksam geworden, habe der Sohn den Vater auf seinen Schultern nach Staffelstein getragen, dort Rettung für den mit dem Tode Ringenden zu suchen. — Ein am nördlichen Seiteneingang der Pfarrkirche eingemauertes Grabdenkmal wird mit dieser Sage in Verbindung gebracht. Es zeigt einen Ritter aus der Zeit der Kreuzzüge mit Kettenpanzer, Sturmhelm und Schild. In dem Kopfe oben links und dem Mantel erblickt das Volk den alten Vater, den der Ritter auf der Schulter trägt.

5. Die fromme Magd zu Horsdorf

Sage

Am Fuß des Staffelberges, im schmalen Lautertale, zwei Kilometer südlich Staffelsteins, begegnen wir in fruchtbarer und obstreicher Gegend dem Örtchen Horsdorf. Von diesem geht folgende Sage:

Einstmals verdingte sich eine Magd bei einem dortigen Bauern. Als eifriges Marienkind, d. h. als fromme Verehrerin der Himmelskönigin, behielt sie sich vor jeden Samstag nachmittags zwei Uhr Feierabend machen zu dürfen. Die folgenden Stunden des Tages seien ihr wert und heilig und sie müsse sie im Dienste der lieben Gottesmutter zubringen. Hiezu habe sie sich durch ein Gelübde verbunden. Sie werde an den übrigen Arbeitstagen um so fleißiger sein.

Der Bauer ging auf den Wunsch des Mädchens ein. Aber schon nach einigen Monaten wollte er von seinem Versprechen nichts mehr wissen. Es war Erntezeit. Auf dem Felde gab es viel zu tun, zumal am Wochenschlusse, und er trieb seine Leute zur Arbeit an. Als die Magd, wie allsamstägig um zwei Uhr Feierabend machen wollte, hielt der Bauer sie zurück, indem er meinte, morgen sei genug Zeit zu innerer Einkehr. Heute müsse sie schon schaffen bis zum Abend. Das liegende Getreide habe unter Dach zu kommen. Man wisse nicht, ob die nächste Woche wieder mit Sonnenschein beginne.

Da sprach demütig die fromme Magd: „Ist es für mich Sünde, diese Abendstunde zu arbeiten, so möge meine Sichel in der Luft hängen bleiben. Wenn nicht, so geschehe euer Wille." Mit diesen Worten warf sie ihr Arbeitsgeräte in die Luft, und — es blieb dort hängen. Der Bauer erschrak und hielt seine Magd, des gegebenen Versprechens eingedenk, in der Folgezeit an Samstagnachmittagen nie mehr zu knechtlichen Arbeiten an.

6. Der steinerne Hochzeitszug

Sage

Jenseits des Lautergrundes, an den Nordabhängen des Morgenbühls, gab eine Reihe verschieden gestalteter Felsen Anlaß zur Sage von der „steinernen Braut" oder dem „steinernen Hochzeitszuge."

Das Mahl im Hochzeitshause stand bereit. Das Brautpaar und Gäste verspäteten sich auf dem Rückwege von der Kirche des entfernten Pfarrdorfes. So verrann Viertelstunde um Viertelstunde. Da stieß die verärgerte Köchin eine greuliche Verwünschung aus: die sich Verspätenden möchten überhaupt nicht mehr zurückkehren, sondern dort, wo eben ihr Fuß schreite, zu Fels erstarren.

Und die Erwarteten kamen wirklich nicht wieder. Bräutigam und Braut und alle in ihrem Gefolge. Der Fluch hatte sich erfüllt. Heute nach Hunderten von Jahren steht die Hochzeitsgesellschaft in Fels erstarrt noch dort, wo ihr Geschick sie ereilte.

7. Die Getreideähren
Sage

Im Staffelberggebiet wie überhaupt im Bereiche des nördlichen Jura erzählt man sich folgende Sage:

In frühesten Zeiten wuchsen die Ähren, zumal des Weizens, auf kurzem Halme viel länger denn heutzutage, ja sie reichten fast bis zur Erde herab. Da das Menschengeschlecht indes mehr und mehr verderbte, wollte der liebe Gott zur Strafe die Ähren ganz und gar abstreifen. Da trat die heilige Jungfrau als Mittlerin hinzu und bat, er möchte die Menschheit nicht so strenge züchtigen und doch wenigstens die Köpfchen stehen lassen. Der himmlische Vater erhörte Mariens Fürsprache und so sind uns die kurzen Ähren geblieben bis auf den heutigen Tag. Am unteren Ende der Weizenkörner aber, mit dem diese in den Fruchthüllen festsitzen, sehe man seit jener Zeit in winziger Kleinheit der lieben Himmelskönigin Bildnis eingegraben.

Frankenthal=Vierzehnheiligen
Legende und Lokalgeschichtliches

Im Sommer hallt das breite Maintal, „die stromdurch=
glänzte Au", wider vom gläubigen Gesang zahlloser
Wallfahrer. Sie

„— — ziehen durch das Tal
Mit fliegenden Standarten.
Hell grüßt ihr doppelter Choral
Den weiten Gottesgarten."

Das Ziel ihrer oft mühevollen „Fahrt" ist der Gnadenort
Frankenthal=Vierzehnheiligen. Von weit ins Tal vor=
springender Felsenplatte, einem Vorhügel des in der weiten
Biegung des Mains auslaufenden Juragebirgs, dem Schlosse
Banz gerade gegenüber, blickt, grüßt und lächelt sie herab
die Beherrscherin der weiten Gefilde ringsum: die kühn
aufstrebende, herrliche Basilika Vierzehnheiligen.

„Sei mir gegrüßt, du hehre, heil'ge Höhe,
Wohin das Aug' in gläubiger Sehnsucht blickt,
Wo still geheimnisvoll des Himmels Nähe
Des Erdenpilgers müdes Herz erquickt!"

Den Namen „Vierzehnheiligen" führt nur die Kirche und
das dazu gehörige Franziskanerkloster. Der davor liegende
kleine Weiler, zwei Gasthäuser und ein Gutshof, ein Exer=
zitienhaus (Antoniusheim), heißt eigentlich Frankenthal.
Doch war diese Ortsbezeichnung in den zwei letzten Jahr=
hunderten so wenig gebräuchlich, daß sie beinahe ganz und
gar in Vergessenheit kam.

Der „Maierhof Frankenthal" fand sich zu Anfang des
14. Jahrhunderts im Besitze des Marschalk von Kunstadt.
Dessen Söhne, Hermann und Wolfram, verkauften im

Jahre 1344 das Gut um 162 Pfund Heller an die Zisterzienserabtei Langheim, die daselbst eine Schäferei einrichtete.

Hundert Jahre nach diesem Kaufe trat jenes Ereignis ein, durch welches das kleine, so wenig bekannte Frankenthal zu ungeahnter Berühmtheit gelangen sollte.

Die vorhandenen Quellen erzählen darüber fast gleichlautend folgendes:

Am Herbstquatemberfreitage, den 24. September 1445, trieb ein junger Hirt — die Legende nennt ihn Hermann und bezeichnet ihn als den Sohn des Frankenthaler Klosterschäfers Leicht — bei Sonnenuntergang seine Schafe nach Hause. Da war es ihm, als vernähme er die Stimme eines weinenden Kindes. Er erschrak, blickte um sich und sah wirklich ein solches auf dem Acker sitzen, den er soeben mit seiner Herde verlassen. Als er auf das Kind zuging, es aufzuheben, verwandelte sich dessen schmerzvolle Miene in liebliches Lächeln, es verschwand aber gleich darauf vor seinen Augen.

Beklommenen Gemüts kehrte der Jüngling zu seiner Herde zurück, blickte aber nochmals um und nahm die Erscheinung zum zweiten Male gewahr. Diesmal saß das Kind zwischen zwei brennenden Kerzen und lächelte ihm überaus freundlich entgegen, verschwand jedoch wieder bei seinem Annähern.

Betroffen trieb Hermann seine Herde heim und erzählte das Erlebnis den Eltern. Diese meinten, es könnte nur eine Täuschung gewesen sein und hießen ihn über die Sache schweigen. Dennoch vertraute sich der Hirt einem Pater des Klosters Langheim. Der riet ihm, sofern das Kind wieder erscheinen sollte, es im Namen des dreieinigen Gottes nach seinem Begehren zu fragen.

Es verging fast ein Jahr, ohne daß der junge Schäfer eine weitere Erscheinung hatte. Am 28. Juni 1446, dem Vorabende des Festes Peter und Paul, erschien ihm gegen Abend das Kindlein auf derselben Stelle. Es war glänzend wie die untergehende Sonne, nur halb bekleidet und zeigte auf der Brust ein rotes Kreuz. Im Kreise herum standen noch vierzehn etwas kleinere Kinder, angetan mit halb roten, halb weißen Gewändern. Auf die gestellte Frage gab ihm das in der Mitte sitzende Kind den Bescheid: Ich bin das Christkind und diese sind die vierzehn Nothelfer. Wir wünschen hier eine Kapelle, darinnen gnadenspendend zu weilen. Sei du unser Diener, so wollen wir auch die deinen sein. Darauf erhoben sich die fünfzehn Gestalten und verschwanden in den Wolken.

Am Samstag (nach einigen Quellen am Sonntag) darauf däuchte dem Hirten, als senkten sich aus den Wolken zwei brennende Kerzen auf die Stelle der früheren Erscheinungen herab. Er rief eine vorübergehende Frau an, damit auch sie Zeugin der Erscheinung sei. Nach kurzer Zeit erhoben sich die Kerzen vor beider Augen und verschwanden.

Das alles teilte Hermann wieder dem Langheimer Pater und dieser dem Abte Friedrich IV. mit. Doch im Kloster beobachtete man große Zurückhaltung. Man hielt die Erscheinungen für eine Selbsttäuschung oder einen Spuk. Liege wirklich eine Offenbarung Gottes vor, so urteilte man, dann werde der Allerhöchste seinen Willen auf unzweideutige Weise kundtun. Und dies geschah bald.

Eine Magd auf dem Ökonomiehofe des Langheimer Klosters fiel achtzehn Tage nach der letzten Erscheinung besinnungslos nieder und blieb eine Stunde wie tot liegen. Alle angewandten Mittel, sie zum Bewußtsein zurückzurufen, versagten. Da erinnerte man sich der wunderbaren Vor=

gänge zu Frankenthal und gelobte die offenbar schwer Erkrankte zu den vierzehn Nothelfern an die Stätte, wo sie erschienen. Im Augenblicke kam die Magd zur Besinnung, erhob sich und war gesund wie zuvor.

Nun glaubten Abt und Konvent nicht länger an der Wahrheit der Frankenthaler Erscheinungen zweifeln zu dürfen. Die Stelle, wo das Kindlein gesessen, ward durch ein Kreuz gekennzeichnet. Bald eilte von allen Seiten gläubiges Volk zu der geheiligten Stätte und es erfolgten ganz auffallende Gebetserhörungen. Man schritt deshalb zur Erbauung einer kleinen Kapelle. Deren Hochaltar kam an die Erscheinungsstelle zu stehen. In der jetzigen Basilika erhebt sich über dieser der Gnadenaltar. 1448 wurde der Bau vollendet und das Kirchlein durch Fürstbischof Anton von Rotenhan feierlich eingeweiht.

Durch Vertrag vom Jahre 1450 blieb das neuerrichtete Gotteshaus Eigentum der Zisterzienserabtei Langheim, während die pfarrlichen Rechte der Kirche Staffelstein zugesprochen wurden.

1525 fegte der Bauernkrieg, wie so viele Heiligtümer, auch das Vierzehnnothelfer-Kirchlein zu Frankenthal hinweg. Aber bald darauf ward die Gnadenkapelle unter Abt Konrad Haas[1]) in größerem Umfange wieder hergestellt und 1543 durch Weihbischof Dr. Johann Rüger von Bamberg konsekriert. Das Kirchlein war sehr einfach gehalten, zeigte einen sechseckigen Chor und am rechten Seiteneingang einen mäßig hohen Turm. Eine fast kreisrunde Mauer umgab den Kirchenplatz. Die Kirche selbst stand noch an der Mauer, weit außerhalb des Zentrums. Ein Torhaus und ein Pförtchen öffneten den Zugang. Drei Wohngebäude standen

---

[1]) Geboren in Ebern.

innerhalb des umschlossenen Raumes, ein viertes rittlings in der Mauer, die außerdem mit zwei niedrigen, bedachten Rundtürmen versehen war¹). Hinter der Kirche nahm der Langheimer Klosterforst seinen Anfang, wie auch gen Wolfsdorf und Grundfeld ein prächtiger Hochwald sich hinzog.

Von Jahr zu Jahr mehrte sich der Zustrom frommer Wallfahrer, die in Frankenthal Trost, Beruhigung und Hilfe suchten und fanden. Gar oft vermochte die Kirche nicht die Hälfte der Andächtigen zu fassen. Zudem war durch verschiedene Um= und Zubauten der einheitliche Stil verloren gegangen und es zeigten sich bedenkliche Schäden. So entstanden Wunsch und Bedürfnis die Kapelle in ein umfassendes, der Heiligkeit des Ortes entsprechendes Gotteshaus zu verwandeln.

Abt Stephan Mösinger faßte den Entschluß, um und über die alte Kapelle einen neuen, großen Tempel zu bauen. Nach dessen Vollendung erst sollte das kleine Kirchlein, das während des Baues dem Gottesdienste weiter zu dienen hatte, abgebrochen werden. Und so geschah es. Unter den eingelaufenen Bauplänen wählte man zunächst den des fürstlich weimarischen Hofbaumeisters Krohn. Die Ausführung lag in den Händen des Baumeisters (Ratsherrn und späteren Bürgermeisters von Staffelstein) Nistler, der in seinen zwei Stiefsöhnen Kaspar und Sebastian Weber kräftige Stützen fand. Die Zimmermannsarbeiten waren dem Meister Johann Kaspar Haas von Hochstadt übertragen. Steine, Holz, Gespann, Handlanger und Tagelöhner stellte die Abtei Langheim. Der Beginn des Baues sollte im Frühjahr 1742 erfolgen. Aber erst im Jahre 1743, am 23. April, genau zweihundert Jahre nach Einweihung der

---

¹) Nach einem Stich aus dem Jahre 1669 von Azelt=Nürnberg.

zweiten Kapelle, konnte der Grundstein gelegt werden. Bald tauchten gegen Krohns Pläne Bedenken auf. Fürstbischof Friedrich Karl von Schönborn sandte seinen Bau-Ingenieur Balthasar Neumann, einen Künstler von wahrhaft hervorragender Begabung, Schaffenskraft und Vielseitigkeit, nach Vierzehnheiligen, dort nach dem Rechten zu sehen. Der verwarf nach Besichtigung des angefangenen Baues den ganzen Krohnschen Entwurf und schuf unter Einbeziehung der schon fertigen Teile einen neuen, großartigen Plan, nach welchem dann das Heiligtum, das nach Neumanns eigenen Worten „ein meisterhaftes Werk werden sollte", entstand.

Dreißig Jahre nahm der gewaltige Bau in Anspruch. Als er bis unter das Dach geführt war, starb Abt Stephan Mösinger (1751). Unter seinem Nachfolger, dem Abte Malachias Limmer, wurden die Arbeiten durch die Wirren des Siebenjährigen Krieges so verzögert, daß der herrliche Tempel erst im Sommer 1772 zur Vollendung kam. Nach Neumanns Tod (1753) hatte dessen als Künstler hochstehender Gehilfe Küchel das Werk im Geiste seines gewaltigen Meisters zu Ende geführt. Am 16. September 1772 erfolgte dann die Einweihung des hehren Gotteshauses durch Fürstbischof Adam Friedrich von Seinsheim unter Assistenz der Weihbischöfe von Bamberg und Würzburg, der Äbte von Langheim und Banz sowie zahlreicher anderer geistlichen Würdenträger und Priester, in Gegenwart des Herzogs Josias nebst Gemahlin und Kindern von Koburg und einer unübersehbaren Schar Andächtiger aus allen fränkischen Gauen.

1803 fiel die Abtei Langheim, die geistliche Mutter Vierzehnheiligens, der Säkularisation zum Opfer. Der Gnadenort selbst stand offensichtlich unter der vierzehn Nothelfer

Schutz. Gottesdienst und Wallfahrt konnten nämlich aufrecht erhalten werden. Verschiedene Patres aus aufgehobenen Klöstern nahmen sich der Seelsorge an. Deren letzter Präses war der Zisterzienser Augustin Busch aus Langheim. Unter ihm traf den Gnadentempel ein schweres Unglück. Am 3. März 1835 schlug der Blitz in den linken Turm und zündete. Die Turmhauben und das Kirchendach fielen dem Feuer zum Opfer, wobei die Deckenmalereien schwer litten. Auch die Orgel ward zerstört. Da der Fiskus den ganzen Besitz der Abtei Langheim an sich gezogen hatte, war auf ihn auch die Baulast des Wallfahrtstempels übergegangen. So ließ er denn 1838 das Dach und die Turmhauben erneuern, ersteres aber zu flach und letztere in stilwidriger Weise. Mit der Innenrestauration freilich ging es sehr langsam voran. Sie konnte erst 1872 als vollendet betrachtet werden. Die ursprüngliche, in überquellender Phantasie und unerschöpflicher Formenfülle so reiche Ornamentik des Württemberger Meisters Johann Michael Feuchtwanger[1]), des seinerzeit berühmtesten Stukkateurs in deutschen Landen, besserten italienische Gipsformer sehr gut aus. Sämtliche Freskengemälde und Altarbilder, Werke des Italieners Appiani und des Bamberger Künstlers Scheubel, ersetzte der Historienmaler August Palme aus München durch neue. Die Orgel baute 1848 A. Bittner zu Nürnberg. Sie wurde 1905 durch ein neues Werk mit 43 Registern, 3 Manualen und allen modernen Spielhilfen aus der Steinmeier'schen Orgelbauanstalt Öttingen ersetzt.

In Vierzehnheiligen hatten inzwischen mit Genehmigung König Ludwigs I. 1839 die Franziskaner im sogenannten Propsteigebäude neben und hinter dem Kirchenchore, das

---

[1]) Von ihm stammen auch die Kanzel, alle Statuen im Inneren sowie die sämtlichen stuckmarmor= und alabasterreichen Altäre.

gleichzeitig mit dem neuen Gotteshaus erbaut worden war, ein Hospiz gegründet und die Seelsorge übernommen. Ihr Wirken für die Wallfahrt war und ist ein höchst segensreiches. Auch um die würdige Wiederherstellung des Kircheninneren erwarben sie sich unvergängliche Verdienste.

Im Jahre 1872, vom 14. bis 22. September, wurde das hundertjährige Jubiläum des herrlichen Gnadentempels unter ungeheurem Andrange Andächtiger von nah und fern in feierlichster Weise begangen.

Im Jahre 1890 genehmigte Papst Leo XIII., daß alljährlich ein gemeinsames Fest der vierzehn Nothelfer gefeiert werde und zwar für immer am vierten Sonntag nach Ostern. Am 4. Mai 1890 fand dasselbe erstmals unter Entfaltung des größten kirchlichen Pomps in Anwesenheit des damals schon kranken Erzbischofs Friedrich von Schreiber und des Abtes Benedikt Zenetti von St. Bonifaz zu München statt. Ersterer sah bei dieser Gelegenheit sein geliebtes Vierzehnheiligen zum letzten Male. Kurz darauf, am 23. Mai, erlag er seinem Leiden.

Durch Breve Leos XIII. vom 2. September 1897 wurde auf wiederholtes Ansuchen des Erzbischofes Dr. Joseph von Schork der Wallfahrtstempel Vierzehnheiligen zur Würde einer minderen Basilika nebst allen Privilegien, Rechten und Auszeichnungen, wie sie den minderen Basiliken der Stadt Rom von rechtswegen zustehen, erhoben. Eine Gedenktafel auf der Evangelienseite im Schiffe der Kirche eingemauert, erinnert an diese hervorragende Auszeichnung, die seither nur wenige Kirchen auf Erden erlangten.

Von 1893 bis 1910 verschwand fast nie das mächtige Baugerüst von der Basilika. Bald stand es an der rechten, bald an der linken Längsseite, bald vor der hochstrebenden Fassade und an den Türmen. Der Staat als Baulastträger hatte nämlich eine äußerst langwierige und kostspielige Arbeit am Äußeren der Kirche vornehmen zu lassen: die Auswechslung vieler, vieler halb und ganz verwitterter Quadersteine. Härteres Material aus den Kappenberger Brüchen bei Trieb war einzusetzen an Stelle des weichen und zermürbten, das seinerzeit unmittelbar hinter der Kirchenbaustätte (an der Stelle des jetzigen Klostergartens) gebrochen worden war. Gleichzeitig wurden die zwar nicht unschönen, aber stilwidrigen Turmpyramiden nach den ursprünglichen Plänen Neumanns durch reichgegliederte, hübsche Laternenkuppeln ersetzt. Die Gesamtkosten beliefen sich auf 400 000 Mark.

So steht denn der Rokoko-Prunkbau Balthasar Neumanns wieder in seiner ursprünglichen Herrlichkeit und Gestalt. „Wer die Größe dieses Meisters ahnen will", sagt Paul Finzel in „Vierzehnheiligen, was es mir war und ist",[1] „der stelle sich an einem Sommerabend bei sinkender Sonne an den Weg zum Gedenkstein für Gefallene und betrachte die Schauseite der Basilika, wie sie ganz in Gold getaucht ist." Unten erscheint die pompöse Fassade mit ihrem reich geschmückten Portale, vor dem eine breite, vielstufige Freitreppe liegt. Der reiche figürliche Schmuck fügt sich zwanglos den gewaltigen Formen des Ganzen ein. Auf dem gebrochenen Giebel thront die überlebensgroße Statue des Welterlösers. Auf den Brüstungen zu beiden Seiten erheben sich die Figuren der Apostelfürsten Petrus und Paulus. Das Giebelfeld zeigt das Relief der vierzehn Nothelfer. Die Giebelschenkel zieren zwei allegorische Figuren mit den Symbolen des Glaubens und der Hoffnung. Aus tiefer gelegenen, seitlichen Nischen treten die Bilder des

---

[1] Unterhaltungsbeilage zum Bamberger Tagblatt 1921.

hl. Benedikt und hl. Bernhard, der Stifter des Zisterzienser=
ordens, hervor. Die zwei Längsseiten des Baues sind ein=
facher gehalten. Der einzige plastische Schmuck sind hier die
Apostelgestalten auf den Streben zwischen Turm und Quer=
schiff[1]). Das Dach der Kirche erscheint etwas zu flach. Es
war, wie schon erwähnt, vor dem Brande (1835) höher ge=
sprengt und reichte bis zum Fassadengiebel. Die Wirkung
des Baues, von der Seite gesehen, mochte früher eine ein=
drucksvollere gewesen sein.

Kühn sind die Ausmaße der Kirche im Inneren. Es be=
trägt die Länge 72, die Breite 25, die Höhe bis zum Ge=
wölbe 22 und die Länge des Querschiffes 35 Meter. Das
Gotteshaus (mit den beiden Galerien) bietet für 8000 bis
10 000 Menschen Raum. Durch reiche Fenstergliederung
fluten Ströme von Licht herein und rufen die prächtigsten
Farbenstimmungen hervor.

Die Innenrestauration, ausgeführt unter der Ober=
leitung des Professors Angermaier durch die Bamberger
Firmen Johann Mayer u. Comp. (Vergolder und Hof=
dekorationsmaler) und Anton Bauer (Bildhauer und
Stukkateur), die sofort nach den langwierigen Außenrepara=
turen einsetzte, ging flott vonstatten und ist (mit Aus=
nahme einiger Gemälde) beendet. Das Ganze erscheint nun
als ein Schatzkästlein der Rokokokunst in vollendeter Schön=
heit. Der reiche Stuckschmuck wie die herrliche Ornamentik
in ihren edelsten und feinsten Formen fügen sich in die
großen Linien wunderbar ein. Nichts ist überladen, trotz
des Gewimmels von Engeln an Altären, Simsen und
Säulenknäufen, an den Wänden, der Decke und den Decken=

---

[1]) Die sämtlichen Außen=Figuren sind ein Werk des Nürnberger
Bildhauers Joh. Chr. Berg.

malereien. Viele der letzteren handeln von Engelserscheinungen: ein Engel bringt Maria eine Botschaft; ein Engel verkündet die Geburt Jesu; ein Engel mahnt Joseph zur Flucht; ein Engel hält Abraham zurück, seinen Sohn zu opfern; Engel steigen auf Jakobs „Traumleiter" vom Himmel. So oft wir Kinder mit den Eltern von Seßlach aus nach Vierzehnheiligen „wallen" durften — und dies war jährlich mehrmals der Fall — immer wieder zogen vor allem diese kleinen Bilder[1]) unsere Kinderaugen magnetisch an. Waren sie doch wunderbare Illustrationen zu jenen biblischen Geschehnissen, die uns, beim Religionsunterrichte ins Herz gegossen, so vertraut geworden waren.

Bei Restauration des Heiligtums nach dem Brande wurden, wie schon erwähnt, die beschädigten Deckengemälde des italienischen Meisters Appiani, des größten Malers des Rokoko, überpinselt und von Palme durch neue ersetzt. Gelegentlich der jüngsten Renovierung freilich erinnerte man sich des damaligen Fehlgriffs und ließ durch die Meisterhand des Kunstmalers Anton Ranzinger-München (mit seinen Hilfskräften, den Kunstmalern Wieleitner und Prieser-München und Stangel-Staffelstein) Appianis herrliche Schöpfungen[2]) wieder freilegen und rekonstruieren — bis auf einige; die Zeitumstände hatten leider Halt geboten. —

---

[1]) Es waren dies die früheren Bilder von Palme. Zu ihnen zählen bezw. zählten außer den genannten: Abels Opfer, die Büßerin Magdalena, der verlorene Sohn, Christus mit den Jüngern zu Emaus.

[2]) Ihre Reihenfolge vom Chorgewölbe zum Hauptportale ist folgende (in Klammern sind die wieder entfernten Gemälde von Palme bezeichnet):
1. Verkündigung der Geburt Jesu an die Hirten (Darstellung der ewig triumphierenden Kirche im Himmel);
2. Die allerheiligste Dreifaltigkeit, die Himmelskönigin und die vierzehn Nothelfer in Glorie (Geschichte der Erscheinung der

Ähnlich erging es seinerzeit mit den Altargemälden Appianis und Scheubels. Sie wurden durch neue von Palme ersetzt. Wohin die alten gekommen — wer vermag es zu sagen?

Viele halten den Stuckalabaster und -marmor, wie er sich so reichlich an Säulen und Altären zeigt, für echt und streichen bewundernd mit der Hand über ihn hin. Aber weder Alabaster noch Marmor sind im Gnadentempel zu finden. Es handelt sich vielmehr um — allerdings vorzügliche — Nachahmung des echten Gesteins.

Besonders am Gnadenaltar mit seinen leicht emporsteigenden, gebogenen Säulen, die den Baldachin tragen, tritt die Vortäuschung des natürlichen Marmors und Alabasters am gelungensten zutage. Dieser Altar erscheint überhaupt als ein Meisterwerk des edelsten Rokoko. Er steht an der Stelle der eingangs erzählten Erscheinungen. Im Innern des Aufbaues ist noch ein kleines Plätzchen des natürlichen Bodens, auf dem diese stattfanden, frei gelassen. Der mittlere, dem Hauptportale zugekehrte Altar ist (als Sakramentsaltar) der eigentliche Gnadenaltar. Die beiden anderen Altäre rechts und links sind der hl. Barbara und hl. Katharina geweiht und tragen deren Bildnisse. Die Statuen der übrigen Nothelfer sind teils an der Rundung

---

vierzehn Nothelfer; diese ist nun in vier kleineren Grüntonbildern seitwärts der Hauptgemälde festgehalten);

3. Anbetung der Weisen aus dem Morgenlande (das entfernte Palmesche Gemälde stellte die Reise der Weisen nach Bethlehem und Berufung der Hirten zur Krippe dar);
4. Erwählung des Apostels Petrus zum Oberhaupte der Kirche (unter der Orgelempore; dieses Gemälde sowie einige kleinere Bilder unter den Galerien und an den Wänden über den seitlichen Eingangstüren stammen noch von Palme und harren der Restaurierung).

des Altars aufgestellt, teils in dessen Aufbau eingegliedert. Das Ganze krönt das Jesuskind mit dem roten Kreuze auf der Brust. Die Kugel zu dessen Füßen birgt beglaubigte Reliquien der vierzehn Nothelfer.

Der Hochaltar zeig im Bilde die Himmelfahrt der seligsten Jungfrau Maria, der Hauptpatronin der Kirche.

Die zwei kleineren Altäre an den Eckpfeilern des Chores, ursprünglich dem heiligen Bernhard (Stifter des Zisterzienserordens) und heiligen Malachias (Namenspatron des Abtes Malachias, der den Bau des Gnadentempels vollendete) geweiht, zeigen seit Renovation der Kirche (1835 bis 1872) Bilder des heiligen Antonius und des heiligen Franziskus. Es wirkt dies insofern störend, als die Insignien, welche Engel an beiden Altären tragen, nicht zu den Darstellungen der Bilder gehören.

Mehr gegen den Haupteingang zu erheben sich rechts und links zwei größere Altäre: der Georgiusaltar mit dem Bilde des Drachentöters und der Blasiusaltar mit dem des heiligen Bischofs, ein Kind vor dem Erstickungstode rettend.

Rechts und links vom Hauptportale, in den beiden unteren Turmkammern eingebaut, finden sich die Mirakelkammern, in welchen die Wachs-Opfergaben und Votivtafeln verwahrt sind, die Zeugnis ablegen von der mächtigen Fürbitte der vierzehn Nothelfer, aber auch von der großen Verehrung derselben seitens des gläubigen Volkes. Diese Opferkammern mit ihren zum Teil prächtigen Wachsfiguren fesselten uns Kinder gar sehr. Immer wieder beschauten wir auch die Votivtafeln mit ihrer einfachen Volkskunst und lasen deren Inschrift, beredte Zeugnisse von dem kindlich-frommen Vertrauen des schlichten Volkes. Und auch später, viel später noch, wenn mich mit meiner Familie die Pfade zum

Frankenheiligtum führten, ließen wir uns zum Schlusse die Mirakelkammern öffnen — nicht aus Neugier, sondern zur Festigung innerer Erbauung. Standen wir vor dem Bilde verschütteter Bergleute zu Stockheim, dann konnte ich den Meinen erzählen, daß ich als damaliger Staffelsteiner Präparand die Dankesfeier der Geretteten — Katholiken und Protestanten — im Heiligtume Frankens miterlebte, konnte ihnen sagen, mit welch rührender und ergreifender Andacht, Innigkeit und Demut sie in ihren Bergmannsgewändern vor dem Gnadenaltar gekniet und gestanden und den vierzehn Helfern, zu denen sie sich in ihrer Todesnot gelobten, den Tribut des tiefsten Dankes zu Füßen legten. Solche Erlebnisse lassen sich dem Gedächtnisse nie entreißen. Sie prägen sich der Seele ein für immer.

Von den fünf Glocken der hochstrebenden Türme, die einst im vollen H-Moll-Akkord ihren Gruß über Berg und Tal sandten, wurden die drei kleineren ein Opfer des Weltkrieges, und die Basilika mußte fast vier Jahre ihres herrlichen Vollgeläutes entbehren. Erst 1921 konnten drei neue Stahlglocken im Gewichte von 9, 15 und 22 Zentnern beschafft werden[1]). Die beiden großen Glocken wiegen 30 und 50 Zentner. Das neue Geläute erklingt in den Tönen h=d=a=fis=e und ist sehr wirkungsvoll.

> „Deiner Glocken Prachtgetön
> Klingt hinaus in alle Weite,
> Kündet Schmerzen, Frieden, Freude,
> Trägt in aller Gläub'gen Brust
> Gottesfrieden, Himmelsluft!"

---
[1]) Sie kamen auf 107 000 ℳ zu stehen und wurden gegossen von Gebr. Ulrich in Apolda (Thüringen); für die drei abgelieferten Glocken waren nur 5200 ℳ entschädigt worden.

Vom Frühjahr bis tief in den Herbst hinein vergeht kein Tag ohne fromme Beter im Heiligtum der vierzehn Nothelfer. Viele besuchen absichtlich an Wochentagen die Gnadenstätte, ungestört Zwiesprach zu halten mit ihrem Gott. Zu Tausenden aber kommen sie herbeigeströmt an den Vorabenden der Feste. Oft vermag der große Tempel die Zahl der Andächtigen kaum zu fassen. Da kannst du sehen, wie die Mengen sich um die Beichtstühle scharen, wie Schwerbedrängte und Hilfesuchende, nicht selten auf den Knien, um den Gnadenaltar wandeln, wie spät am Abend Unzählige mit brennenden Kerzen unter Beten und Singen das Gotteshaus umwallen. Am folgenden Morgen knien dann Tausende und Tausende, mit Gott versöhnt, an der Kommunionbank, dem Tisch des Herrn. Dies in einer Zeit der Unzufriedenheit, des Streites und Ringens, des habsüchtigen Erwerbs und verschwenderischen Verbrauchs, des Hastens und Drängens, einer Zeit, in der die Welt aus den Fugen zu gehen scheint! Warum? Weil der gläubige Sinn im schlichten Volke gottlob noch nicht erstorben ist. Weil für dieses immer noch Webers Dichterworte gelten:

„Es wohnt ein altes Sehnen in der Menschenbrust,
Das den Bedrängten treibt von Haus und Herd,
Um zu den Füßen eines Gnadenbildes
Ein stilleres Heim, ein Ruheland zu suchen
Und Arzenei für Unglück und Gebrest."

Weismain

Lokalgeschichtliches und Legende

An „der Weismain", einem linksseitigen Nebenflüßchen des Mains, 6½ km südlich Burgkunstadts, begegnen wir dem schönen Städtchen Weismain. In breiter Talmulde, durch die der silberne Faden des Forellenbächleins in munterem Gefälle läuft, ist es lieblich hingebettet, umsäumt von grünen Wiesen und fruchtbaren Ackerländereien, von anmutigen, mit Laub- und Nadelgehölz bekrönten Höhen und überragt vom Kordigast, des Staffelbergs östlichem Zwillingsbruder.

Ehemals zu den Besitzungen der Herzoge von Meran gehörig, gelangte der Ort 1248 mit der nahen Burg Niesten an das Fürstbistum Bamberg. 1343 erhielt er Stadtrechte und wurde mit Ringmauern sowie drei Toren bewehrt.

In den Zeiten, da über Frankens Gaue der Krummstab herrschte, war Weismain ein ziemlich bedeutender Ort des Bistums. Kein Wunder deshalb, daß der Dreißig- wie Siebenjährige Krieg ihre Schrecken auch gegen dieses Städtchen kehrten. Wie brav und tapfer aber die beherzten Weismainer sich gegen Schweden und Preußen wehrten, davon soll im Umstehenden erzählt werden.

1. Die Heimsuchungen Weismains im Dreißigjährigen Kriege

Als der schwedische Feldmarschall Gustav Horn am 11. Februar 1632 Bamberg eingenommen hatte, streiften seine beutegierigen Horden ostwärts über den Jura bis gen Weismain. Das Städtchen hätte ihnen indes keinen genügsamen Widerstand entgegensetzen können, da die meisten Bürger zur Verteidigung der Feste Rosenberg in Kronach weilten. Hans Christoph Muffel, schwedischer Obrist und fürstlich brandenburgischer Rat zu Kulmbach, bot sich deshalb an, der Stadt eine Besatzung zu leihen, damit sie „von zusammengerottetem schwedischem Kriegsgesindel nicht unversehens überfallen werde", und fand sich noch desselben Tags mit 50 Knechten in Weismain ein. Anderen Tages kamen noch zwei Kompagnien unter Obristleutnant von Guttenberg und Hauptmann von Künsberg „zum Schutze" des Städtchens an. Sofort ließen sie die Bürgerschaft zusammenkommen und forderten von den Enttäuschten eine „Ranzion", die sich auf über 5000 Gulden belief. Als 1143 Gulden aufgebracht und übergeben waren, lief das Gerücht um, Tilly nahe sich mit einer großen Armee dem Hochstifte. Da brachen „die Beschützer Weismains" auf und zogen gen Bamberg ab. Wegen der fehlenden 3837 Gulden führten sie den Ratsherrn Peter Hornung und den Stadtfähnrich Georg Meyer als Unterpfand gefangen mit sich fort. Letzterer konnte sich schon bei Staffelstein von den Ketten, an die er gelegt war, befreien und nach Weismain zurückfliehen. Hornung entkam erst bei Bamberg, als Tilly den Feind geschlagen und in die Flucht getrieben hatte.

Im Mai 1632 belagerten die Schweden Kronach und die Feste Rosenberg. Die Bedrängten riefen Weismain, wie schon wiederholt, um Hilfe an. Man schickte aus der Bürgerschaft und dem Amte Niesten 50 Musketiere. Diese gaben sich jedoch auf dem Wege gen Kronach zu Burgkunstadt dem Trunke hin, wurden von den feindlichen Truppen ausgekundschaftet, von vier Kompagnien schwedischer Reiterei überfallen und bis auf drei Mann niedergehauen. Von da an verlegten die Schweden den Weg zwischen Weismain und Kronach, mußten sich aber immer wieder mit Verlusten zurückziehen. Bei solcher Gelegenheit fielen den unerschrockenen Verteidigern der Stadt zwei feindliche Kanonen in die Hände, die sie sofort vergruben und erst nach Jahren wieder ans Tageslicht brachten. Sie sind neben einer angeblichen Schwedenfahne gegenwärtig Hauptzierstücke des Rathausmuseums.

Als Herzog Wilhelm von Sachsen-Weimar mit einigen Tausend feindlichen Soldaten zu Fuß und zu Roß von Kronach gen Bamberg marschierte, sandte er am 7. Februar 1683 eine Abteilung Dragoner nach Weismain, deren Trompeter die Stadt zur Übergabe aufforderte. Den wenigen darin gelegenen Soldaten nebst den Bürgern gelang es, die Feinde abzuweisen. Die Reiter begaben sich wieder zu ihrer bei Staffelstein lagernden Truppe, die alsdann gen Bamberg weiter zog und die Bischofsstadt ohne Widerstand einnahm.

Am Sonntag, den 6. März 1633, sandten die Schweden einen Trommelschläger von Bamberg gen Weismain mit einem Briefe des Inhalts, die Stadt möge sich gutwillig ergeben, da sie sonst mit Feuer und Schwert gestraft würde. Hauptmann Nikolaus Cruarr, dem die Verteidigung Weismains durch den Obristen Schletz anvertraut worden war, fertigte den Boten ab mit dem Bescheide, er sei nicht gesonnen, die Stadt gutwillig zu überlassen, sondern wolle sich mit seinen Soldaten und den Bürgern bis aufs äußerste wehren. Auch eine schriftliche Aufforderung des Herzogs Bernhard von Sachsen-Weimar hatte keinen besseren Erfolg. Der Rat schrieb ihm zurück, die Bürger seien mit einem Eid dem Fürstbischof verpflichtet, und es gebühre ihnen nicht, die Stadt zu übergeben und andere Herrschaft anzunehmen. Also lebten sie in der Hoffnung, „der Herzog würde seinem hohen Verstande nach ihnen nicht verdenken", daß sie sein Begehren ablehnten.

Herzog Bernhard, verärgert über eine solche Antwort, befahl die Cernierung Weismains. Der Herzog von Coburg und der Markgraf von Bayreuth wurden zugezogen. Am Morgen des 19. März 1633 war die Stadt ringsum von den verschiedenen Truppen eingeschlossen, gegen 9000 Mann mit 15 Geschützen: vier sechsundzwanzigpfündigen Halbkarthaunen, zwei zwölfpfündigen Viertelskarthaunen, acht Feldstücken und einem Feuermörser. Die vier Halbkarthaunen waren auf dem Grundstücke hinter Hans Frankenbergers Hof, die zwei Viertelskarthaunen auf Lorenz Degens Leite am Krassachertor, die acht Feldstücke an verschiedenen Orten um die Stadt aufgepflanzt und deren Ausgänge so verlegt, daß kein Mensch mehr aus= noch einkommen konnte.

Nochmals ließ Herzog Bernhard die Stadt auffordern, sich gutwillig zu ergeben. „In der Stadt lägen Soldaten, die ihrem Herrn Treue zu halten begehrten", lautete die Antwort.

Nach mehrstündigem Musketengeplänkel der Belagerer und Belagerten sandte der Herzog gegen Abend wiederum einen Trompeter und ließ sagen, man möge das vor Augen schwebende Unglück überlegen, da man die große Gewalt sehe, der nicht leicht widerstanden werden könne, und daher die Tore gutwillig öffnen.

Dem Trompeter wurde bedeutet, die Bürgerschaft wolle sich während der Nacht beraten und am kommenden Morgen Antwort geben.

Mit diesem Bescheide war der Herzog nicht zufrieden. Er befahl, mit den Karthaunen in die Stadt zu schießen und an verschiedenen Stellen das Wasser abzugraben. Nachts ließ er Schanzkörbe beim Sturmgraben setzen, wobei aber viele seiner Soldaten durch wohlgezieltes Musketenfeuer der Weismainer den Tod fanden. Überhaupt wurden vom Bollwerk und der Streichwehr aus, die am Sturmturm aufgeführt waren, dem herzoglichen Kriegsvolke schwere Verluste beigebracht. Es sollte deshalb ein feindliches Feldstück in des Schwarzfärbers Klaus Kolbens Haus geführt und auf dem genannten Bollwerk aufgepflanzt werden. Dies geschah, indes mit geringem Erfolge. Es ließ sich nämlich einer aus der Stadt heimlich an einem Seile herab, schlich in des Färbers Haus und zündete es an. Die Glut des Feuers trieb die Feinde mit ihrem Geschütze wieder zurück.

Über solches waghalsige Unterfangen noch mehr erbittert, gebot Herzog Bernhard, mit den Stücken und Musketen unaufhörlich in die Stadt zu schießen. Die vier Halbkarthaunen sollten indes eine Bresche in die Stadtmauer hinter der Mühle legen.

Da von auswärts keine Hilfe erschien und bei Soldaten wie Bürgern der Mut zu sinken begann, baten die Geistlichen der Stadt, zur Rettung vieler unschuldiger Seelen, die ihres Lebens nicht mehr sicher seien, mit den Belagerern zu unterhandeln. Auch Hauptmann Cruarr stellte den Bürgern die verzweifelte Lage vor und meinte, zur Verhütung größeren Blutvergießens oder gänzlichen Ruins sei es das beste, sich zu ergeben. Sollte sich aber die Bürgerschaft entschließen, bis zum Tode durchzuhalten, so wolle auch er sein Leben gerne einsetzen.

Hierauf ward beschlossen, dem Feinde einen Vertrag anzubieten. Hauptmann Cruarr, der Stadtschreiber Schütz und einige Bürger begaben sich vom Sturmturme aus auf das bereits erwähnte Bollwerk, ließen durch einen Trommelschläger dreimal das Spiel rühren und erklärten einem herbeikommenden schwedischen Obristen, die Stadt sei zum

Unterhandeln bereit. Auf die Aufforderung hin, es möge deswegen jemand vortreten, näherte sich Stadtschreiber Schütz dem schwedischen Offizier. Doch gleichzeitig wurden einige feindliche Stücke losgebrannt, dem Stadtschreiber der Daumen der rechten Hand abgeschossen und Hauptmann Cruarr am Kopfe leicht verwundet.

Durch diesen Vorgang noch mehr eingeschüchtert, baten die Bürger wiederholt um einen Vertrag, der ihnen vom Herzoge auch in Aussicht gestellt wurde.

Nach kaum einer Stunde kamen zwei feindliche Trompeter vor die Stadt und kündeten, sofern man sich gutwillig ergeben wolle, sei der Herzog bereit, die Bürgerschaft in ihren Quartieren zu belassen und allen das Leben zu schenken. Daraufhin öffnete man die Tore und ließ das feindliche Heer einziehen — zum großen Nachteil der Bürgerschaft.

Als nämlich des Herzogs Kommissäre auf das Rathaus kamen, ward die Stadt aufgefordert, sofort alle Waffen abzuliefern und, so die Einwohner ihr Leben erhalten wollten, 12 000 Reichstaler Lösegeld zu erlegen. Falls dies nicht geschähe, sollten alle niedergehauen werden. Über die Geistlichen und Bürger wurde der Arrest verhängt. Hauptmann Cruarr aber und den Kommandanten Martin Heublein aus Kronach, der sich zufällig in der Stadt vorfand, führte man gefesselt weg. Die Schweden bekannten, daß ihrer bei 300 während der Belagerung tot geblieben oder schwer verwundet worden seien. Die Stadt dagegen hatte nur zwei Tote zu beklagen: den Häfner Hans Herding und Tuchmacher Max Weigert. Dazu kam als Verwundeter der Stadtschreiber Schütz.

Den Bürgern wurde wiederholt angesagt, die verlangte Summe zu erlegen, widrigenfalls alle gehenkt würden. In ihrer Furcht versprachen sie, 5000 Reichstaler zu beschaffen.

Damit war der Herzog zufrieden und versicherte, niemand dürfe geplündert oder sonst mit Feuer und Schwert beschädigt werden.

Nichtsdestoweniger raubten die Soldaten alle Häuser aus und trieben das Vieh und die Pferde weg. Die Geistlichen brachten ihre Kirchenschätze, die Bürger alles noch vorrätige Silber, Geschmeide und Geld — und dennoch konnten damit nur 3729 Reichstaler des Lösegeldes gedeckt werden. Es sollten deshalb, damit die restige Summe vollends herbeigeschafft würde, vorläufig zwei aus dem Rate und der Bürgerschaft gehenkt werden. Schon führte man die Unglücklichen, darunter einen 95jährigen Greis, zum Galgen. Doch wurden sie auf inständiges Bitten der Bürger losgelassen, und da der Herzog sah, daß die volle Summe unmöglich erlegt werden konnte, gab er sich mit den 3729 Talern zufrieden und zog mit seinem Heere ab.

Sofort legte Obrist Hans Christof Muffel von Kulmbach wieder drei Kompagnien Fußsoldaten und etliche Dragoner vom Regimente des Kapitäns Paul Wachsmuth in das Städtchen Weismain und setzte daselbst seinen Hauptmann Christoph Friedrich von Reichenbach, einen tyrannischen, blutgierigen Edelmann aus dem Vogtlande, zum Kommandanten ein. Bald näherte sich des kaiserlichen Obristen Marx Korps mit 1000 Kroaten zu Roß und 500 Kronacher Bürgern zu Fuß Weismein, es zu entsetzen, mußte aber, da es nicht mit Geschütz versehen war, unverrichteter Dinge abziehen. Aus purer Schadenfreude hierüber ließ Reichenbach die ganze Vorstadt Weismains abbrennen, so daß nur ein Haus, zwei Städel und die Kastenmühle übrig blieben. Letztere befahl er niederzureißen. Mehrere Bürger, die sich gegen solches Vorgehen aufzulehnen wagten, wurden einfach niedergehauen.

Nachdem Reichenbach und die Muffelschen Soldaten abgezogen waren, stellte sich Kapitän Wachsmuth mit seinen Dragonern ein. Er zog noch allerlei zerstreutes schwedisches Gesindel an sich und belegte die umliegenden Orte mit schweren Lieferungen. Zeigte sich ein Dorf saumselig, so wurde es geplündert und in Brand gesteckt. Wachsmuth ließ alle um die Stadt stehenden Bäume abhauen, die Kirchen und Sakristeien, ja sogar die Gräber öffnen und ausrauben.

Am 16. Dezember 1633 verließ Wachsmuth mit seinen Dragonern Weismain. Sofort legte der Kulmbacher Obrist Muffel wieder drei seiner Kompagnien in die Stadt — abermals unter dem Kommando des gehaßten und gefürchteten Reichenbach. Dieser wütete noch schlimmer als zuvor unter den Bürgern und ließ die Geistlichen in den Diebsturm sperren.

Im Frühjahre 1634 rückte Reichenbach mit seinen Kompagnien ins schwedische Lager nach Forchheim ab. An seine Stelle trat Dragonerleutnant Suder mit einer Kompagnie schnell zusammengerafften Schwedengesindels. Als er jedoch im Sommer vernahm, kaiserliches Volk sei im Anzuge, verließ er am 16. August Weismain und zog gen Coburg, schleppte aber den Bürgermeister Friedrich Schütz mit sich und verlangte für ihn ein Lösegeld von 200 Reichstalern. Nachdem Schütz dieses selbst erlegte, ließ man ihn doch nicht frei, sondern stellte eine neue Forderung von 800 Talern. Deren Aufbringung aber war unmöglich, und so starb der Verschleppte nach vielerlei erlittener Schmach und Drangsal bald darauf auf der Coburger Feste.

In Weismain aber zog nun endlich nach anderthalb Jahren der Trübsal und des Schreckens „zum wirklichen Schutze der Stadt und deren Bewohner" ein Trupp Soldaten und Bürger von Kronach ein.

2. Legendäre Episoden aus der schlimmen Schwedenzeit

Ein Leutnant der schwedischen Besatzungstruppen raubte aus der Sakristei der Weismainer Kirche mehrere schwerseidene Paramente und ließ daraus für sein Weib ein Kleid anfertigen. Als er nun eines Tages, da die Frau eben dieses Gewand trug, aus irgend einem Anlasse gezwungen war, seinem Söhnlein mit ungebrannter Asche einige aufzuzählen, trat die Mutter dazwischen, die Schläge abzuwehren oder doch deren Zahl zu vermindern. Dabei streifte der Gatte unversehens mit dem Stäbchen ihre Wange, so daß eine kaum sichtbare Kratzwunde entstand, die man nicht weiter beachtete. Doch am anderen Tage verschlimmerte sich der geringe Schaden, und die Frau hatte unsagbare Schmerzen zu ertragen. Nach wiederum 24 Stunden war sie, trotz Feldscher und Wundmittel, eine Leiche.

* * *

Ein schwedischer Soldat hatte, als seine Kameraden die Geräte und Paramente der Kirche zu Weismain raubten und unter sich verteilten, das aus gelbem Seidenstoff gefertigte und mit echten Goldborten reich besetzte Übertuch des Ziboriums erhalten. Unzufrieden mit dem geringen Beuteanteil ging er in sein Quartier bei dem Bürger und Metzger Peter Weber und machte sich daran, die immerhin wertvollen Borten abzutrennen. Kaum hatte er das Messer angesetzt, fing seine Nase so heftig zu bluten an, daß er die Arbeit auf die Seite legen mußte. Sofort hörte auch die Blutung auf, stellte sich aber aufs neue ein, als er fortfahren wollte, das Gold vom Seidenstoff zu lösen. Da sich dieser auffallende Vorgang noch mehrmals in gleicher Weise wiederholte, erkannte der Soldat, daß er mit der Annahme und Zerstörung des geraubten Paraments sich schwer versündigt habe, trug es zurück in die Kirche, legte es auf den Altarstein und nahm sich vor, nie mehr aus einem Gotteshause etwas zu entwenden.

* * *

Auf die Beraubung, Entweihung und Schändung katholischer Kirchen hatte es die schwedische Soldateska vor allem abgesehen. Ja die fanatischen Horden scheuten sich nicht, sogar mit dem Allerheiligsten ihren teuflischen Spott zu treiben. Eines Morgens während der Messe drang schwedisches Gesindel — es waren Dragoner des Kapitäns Wachsmuth — in die Weismainer Kirche. Ein Soldat hatte zur Verhöhnung der priesterlichen Gewandung eine ungegerbte Kuhhaut um seinen Körper geschlagen. Als der Priester bei der heiligen Kommunion den Kelch ergriff, trat der Frevler an seine Seite und schrie: „Sauf nicht alles allein heraus; bring mir auch eins!" Dann verließen unter Gelächter und Lästerreden die Entmenschten das Gotteshaus. Kapitän Wachsmuth, dem der Vorfall zu Ohren gekommen, erteilte wohl dem Bösewicht eine Rüge. Aber auch Gottes Strafgericht brach über den Ruchlosen herein, und zwar am gleichen Tage. Als er gegen Abend sein Quartier aufsuchte und in eine enge Gasse eingebogen war, rannte ihm ein irgendwo ausgekommener Stier entgegen. Der faßte den Ahnungslosen mit den Hörnern und schleuderte ihn hoch in die Luft. Mit aufgeschlitztem Leibe und gebrochenem Genick blieb der Gotteslästerer in der Gasse liegen.

* * *

Ein anderer Schwede lag bei dem Bürger Hans Clerner in Quartier. Von seiner Stube aus konnte er zur Kirchentüre sehen, neben der ein Bildnis Christi, in Stein gehauen, aufgestellt war. Dieses erwählte der Frevler zu seinen Ziel-

übungen. Er hielt scharf auf den Kopf und traf beim zweiten
Schusse auch wirklich die Stelle des rechten Auges. Natürlich
ward das Monument beschädigt und das künstlerisch geformte
Antlitz entstellt. Wenige Tage darauf ereilte den Verruchten
Gottes strafende Hand. Er ward von einem seiner besten
Kameraden unversehens tot geschossen. Die Pistolenkugel
war ihm durchs rechte Auge in den Kopf gedrungen.

* * *

Den Weismainern war nicht unbekannt geblieben, daß die
Schweden vielerorts die Kirchenglocken wegnahmen. Beson=
ders auf die größeren hatten sie ein scharfes Auge. Boten
doch gerade diese reichlich Material zu Geschossen und neuen
Kanonenrohren. Als zu Anfang des Jahres 1632 sich die
Kunde verbreitete, die Mordbrenner seien von Bamberg her
über Scheßlitz und den Jura im Anzuge, nahmen die Bürger
die große Glocke vom Turme ihrer Pfarrkirche und ver=
gruben sie tief drinnen im Weismainer Forst. Sei es nun,
daß sie aus Sicherheitsgründen die Stelle nicht deutlich ge=
nug anmerkten, sei es, daß die, welche um die Stelle genau
Bescheid wußten, bereits der grüne Rasen deckte[1]), kurz und
gut: die Weismainer fanden ihre Glocke nicht wieder, so
lange sie auch danach graben und suchen mochten. Erst etliche
Jahre später, so meldet die Überlieferung, hätten Wild=
schweine sie ausgewühlt und Waldarbeiter zufällig ange=
troffen. Daher käme auch der Volksreim:

> „Hätten die wilden Säu die Glock net p'funa,
> So wär sie nimmer auf Weisma kumma."

---

[1]) Unmittelbar nach der Schwedenherrschaft wütete die Pest drei
Monate lang in Weismains Mauern und raffte viele Einwohner
hinweg.

3. Weismains Belagerung im Siebenjährigen Krieg

Zur Zeit des Siebenjährigen Krieges durchstreiften die sogenannten "Fliegenden Korps" der Preußen die Fränkische Schweiz und schlugen bald bei Ebermannstadt und Aufseß, bald bei Watschenfeld und Hollfeld ihr Lager auf. Der Bevölkerung wurden große, ja fast unerschwingliche Lieferungen an Proviant und Fourage unter Androhung schärfster Exekution aufgezwungen.

Besonders schlimm trieb es das preußische Freikorps "Vorhero" unter dem Kommando des Obristen von Meyer. Es brach am Montag, den 13. Juni 1757, von Ebermannstadt auf und zog über Heiligenstadt, Königsfeld und Steinfeld gen Ziegenfeld, diese und alle am Wege liegenden Orte schwer belästigend. Am stärksten wütete das Korps in Steinfeld. Obrist Meyer übernachtete bei dem Bäcker Hans Deinhardt. Im Pfarrhofe, der völlig ausgeraubt wurde, lag das Quartier des Majors von Kolb. In manchen Häusern waren gegen hundert Soldaten untergebracht, die sich gegen die Einwohner sehr gewalttätig erwiesen. Die Gemeinde mußte 48 Eimer Bier, 24 Simra Hafer, 3 Fuhr Heu und 4 Ochsen liefern. Die umliegenden Dörfer wurden durch kleinere Abteilungen heimgesucht. Aus Schedderndorf allein holten die Preußen sieben Paar Ochsen heraus. Bei Großziegenfeld kampierte das Korps am Mittwoch. Kleinziegenfeld blieb unbehelligt, da es dem Markgrafen zu Bayreuth einen jährlichen "Schutz" entrichtete. Stadelhofen, Wozendorf, Eichenhüll, Buckendorf, Weiden und Modschiedel dagegen fühlten die harte Preußenfaust um so mehr. Die Leute mancher Orte wurden fast bis auf das Hemd geplündert.

Am Donnerstag, den 16. Juni, früh 7 Uhr erschien ein Cornett mit drei Husaren vor dem oberen Tore Weismains und forderte die Stadt auf, eine Abordnung zwecks Unterhandlungen in das Lager des Obristen von Meyer am Wohnsiger Berg zu entsenden. Dieses Ansinnen schlug Stadtvogt Johann Georg Engelhard kurzweg ab.

Nach einer halben Stunde kehrte derselbe Cornett zurück und meldete, die Stadt habe unverzüglich 100 Simra Hafer, 6 Ochsen, 32 Eimer Bier und 5000 Pfund Brot ins preußische Lager zu liefern. Man fand diese Forderung indes viel zu hoch, deren Auftreibung sogar unmöglich und bot dem Obristen 300 Gulden rheinisch an, ihn auf diese Art etwa von hinnen zu bringen.

Nach wiederum einer halben Stunde erschien Obrist von Meyer selbst mit 40 Husaren vor der Stadt. Auf seine Frage, warum die Tore versperrt gehalten würden, erwiderte der Stadtvogt, es sei nicht wegen des Herrn Obristen und seines „gute Manneszucht zeigenden Korps", sondern wegen der nachziehenden, dem Vernehmen nach allerorts plündernden Soldatenhaufen. Der Obrist bestand auf Lieferung der Naturalien und gebot, alle Stadttore zu öffnen, um dadurch „Ihrer Majestät dem Könige in Preußen Gehorsam und Ehre zu bezeigen." Er machte sich bei seiner Ehre verbindlich ohne Aufenthalt und ohne jemand zu belästigen durch die Stadt zu ziehen. Man möge ihm einige Deputierte zur Regelung dieser Sache ins Lager schicken.

Die Weismainer Bürgerschaft aber beschloß, lieber zu sterben als die Tore zu öffnen und sich damit einem seit Monaten überall plündernden und brennenden Feinde preiszugeben. Man sandte den Bürgermeister Aufseß und den Stadtschreiber Ohlwerther ins preußische Lager, den Obristen zu bitten, die gebotenen 300 Gulden anzunehmen und von der Öffnung der Tore abzusehen. Das Ersuchen wurde abgewiesen, da es sich mit der Ehre des preußischen Heeres nicht vertrage.

Während dieser Unterhandlungen traf eine Verstärkung von 90 Mann aus dem Amte Lichtenfels ein. Es lagen nun in der Stadt: ein „Ausschuß"[1]) von 300 eigenen Leuten, 108 Mann Lichtenfelser seit mehreren Tagen und 90 Mann neu Angekommene aus dem Amte Lichtenfels, zusammen 498 handfeste Streiter.

Bald nahte sich eine neue Abordnung aus dem preußischen Lager: Obristleutnant von Kalben, Major von Salamon, Rittmeister Friedrich und mehrere andere Offiziere. Sie verlangten, der Stadtvogt wolle mit der Bürgerschaft dahin einig werden, daß wenigstens 20 Simra Hafer und so viel Brot, als eben in der Eile zusammenzubringen sei, abgeliefert würden. Das untere Tor sei zwar zu öffnen, doch wolle das Korps nicht durch die Stadt ziehen, sondern in einer Entfernung von 200 Schritten vorbeipassieren.

Der Stadtvogt teilte dies neue Begehren der Bürgerschaft mit. Diese war in ihrer Meinung geteilt. Die einen verlangten die Öffnung des Tores, zumal der Obrist „die Parole auf Ehr und Reputation geben lasse", daß sich der Stadt nicht genähert werden solle. Die anderen wollten der feindlichen Zusage nicht trauen und sich noch weniger dem Mutwillen einer plündernden Soldateska preisgeben.

Es kam nun abermals der preußische Major Salamon, ein weißes Tuch in der Hand schwenkend, vor das obere Stadttor und erklärte, sofern die Öffnung des Tores nicht sofort erfolge, werde der Obrist die Geschütze auffahren und die Stadt mit aller Macht beschießen lassen. Wenn es ihm auch einen Teil seiner Leute koste, eindringen werde er doch.

---

[1]) Ausschuß = waffenfähige Mannschaft.

Die der preußischen Majestät gebührende „Satisfaktion"
sollte dann darin bestehen, daß er seine Soldaten mit auf=
gepflanztem Bajonett einbrechen lasse, Mann und Weib zu
masakrieren, so daß die Kinder im Blute der Eltern herum=
baden könnten. Endlich aber werde er die ganze Stadt in
einen Schutthaufen verwandeln lassen. Der Vogt möge also
die Bürgerschaft zur Beherzigung ihres eigenen Besten be=
wegen.

Die Bürgerschaft hatte inzwischen erfahren, von Scheßlitz
seien 700, von Kronach 500 Mann Verstärkung im Anzuge.
Sie blieb deshalb in ihrer Meinung unabänderlich und wollte
von Öffnung des Tores nichts wissen. Hievon setzte man den
preußischen Offizier in Kenntnis.

Der Stadtvogt sah nun einem ernstlichen Angriffe der
Preußen mit Ruhe entgegen, traf die letzten nötigen Vorbe=
reitungen und kontrollierte die Posten. Gegen 7 Uhr abends
begann denn auch die Beschießung der Stadt. Zunächst wur=
den gegen 100 Kugeln über die Häuser geworfen — ohne
allen Schaden, nur daß „da und dort die Ziegeln auf den
Dächern klapperten". Das untere Tor ward durch 4 Offi=
ziere, 12 Zimmerleute und 120 Flintenschützen berannt. Die
dortige Wache aber, vom Stadtvogt selbst befehligt, empfing
die Eindringenden mit wohlgezieltem Musketenfeuer.
12 Feindliche blieben am Platze. Die übrigen, darunter etliche
30 schwer Blessierte, fluteten unaufhaltsam zurück. Die Ver=
luste der Weismainer waren zwei Leichtblessierte und ein
Schwerverwundeter. Diesem hatte eine Stückkugel das Bein
zerschmettert.

Als die im Anzuge befindliche Hilfe aus Scheßlitz und
Kronach von ferne das Geschützfeuer und Musketengeknatter
vernahm, hielt sie in ihrem Marsche an und — kehrte um.

Die Preußen aber, über ihren Mißerfolg höchlichst erbit=

tert, warfen Pechkränze in die Stadt und legten in der Vorstadt Feuer an, so daß dort bis morgens 3 Uhr nicht weniger als 49 Gebäude in schwelende Brandstätten verwandelt waren. Das Löschen hatten die Preußen durch Kanonenschüsse vom Berge herunter verhindert. Manche Bürger verloren zweistöckige Häuser mit Städeln und Viehstallungen. Die meisten Mobilien verbrannten, bei vielen auch das Vieh. Die am schwersten Geschädigten waren: Der Ratsbürger und Kirchenpfleger Johann Kaspar Achaz, Georg Simon Berthold, Hans Georg Krott, Kaspar Krott, Balthasar Biedermann, Andreas Dechant, Johann Pulß, Nikolaus Kerling und Hans Jauer. Dem Jakob Hopfenmüller verbrannte eine halbe Mahl- und Schneidmühle mit vielem Vieh, Getreide und Holz. Man berechnete den Gesamtschaden, der die Vorstadt traf, auf 25 980 Gulden. Die eigentliche Stadt jedoch blieb verschont. Auch hatte man, abgesehen von den bereits gemeldeten drei Blessierten, keinerlei Menschenverluste zu beklagen. Die des Feindes aber zählten über hundert Tote und Schwerverwundete.

Bei Tagesanbruch zog Obrist von Meyer mit seinem Freikorps von dannen. Er drohte, bald wieder zu kommen, um auch die Stadt einzuäschern. Deshalb riefen die Weismainer den Oberstleutnant von Epting um schleunige Hilfe an. Dieser war mit den Kreistruppen am 16. Juni von Forchheim nach Memmelsdorf gezogen. In einem Eilmarsche nahte er Weismain und traf am 17. Juni zwischen 3 und 4 Uhr nachmittags daselbst ein. Die Feinde hatten sich nach Mainroth zurückgezogen. Nach Einbruch der Nacht kamen preußische Soldaten mit brennenden Lunten und Pechkränzen, ihres Obristen Drohung zu erfüllen. Scharfe Streifwachen jedoch vereitelten die böse Absicht. Am 18. Juni zog von Epting mit den Kreistruppen dem preußischen Korps nach und bedrängte es von allen Seiten, so daß der Feind gezwungen war, das Bamberger Gebiet zu verlassen und unter die Kanonen der Feste Plassenburg zu flüchten.

Auf einer Anhöhe bei Kulmbach, dem Riftberge, schlug von Meyer am 19. Juni sein Lager, wo er am folgenden Tage seinen Leuten Ruhe gönnte.

Um fernere Einfälle des preußischen Korps ins Bamberger Land möglichst zu verhindern, verlegte von Epting 150 Mann Soldaten und 100 Mann „Ausschüsser" nach Burgkunstadt und zog selbst mit der Hauptmasse seiner Truppen nach Stadtsteinach.

Am 20. Juni verließen die Preußen ihr Lager bei Kulmbach, zogen gen Kirchleus und besetzten Küps, Oberlangenstadt und Mannsgereuth.

Am 21. Juni rückte ihnen Epting von Stadtsteinach aus entgegen, konnte jedoch, da die Nacht einbrach, den vorteilhaft gelagerten Feind nicht angreifen. Am anderen Morgen aber hatte sich von Meyer mit seinem Freikorps „Vorhero" auf Nimmerwiedersehen empfohlen. Er war aus Franken gewichen und nach Sachsen-Meiningen abgezogen.

So hatte von Epting seine Aufgabe erfüllt. Er zog am 22. Juni seine Truppen nach Lichtenfels zurück.

Des letzten Meraners Tod auf Niesten

Sage und Lokalgeschichtliches

Im östlichen Felsgewirr des wildromantischen Kraſſachtales, drei Kilometer südlich Weismains, treffen wir, überragt von steiler Felsenkuppe mit spärlichen Resten der einstigen Burg gleichen Namens, das Dörfchen Niesten. Das Felsennest samt weitem Umland war Besitztum eines in Franken rasch zu Ehren, Macht und Reichtum emporgestiegenen Grafengeschlechts, der späteren Herzoge von Meranien. Der letzte des Stammes, Otto II., soll daselbst am 19. Juni 1248 eines gewaltsamen Todes gestorben sein. Die Sage erzählt darüber folgendes:

Zu den Ministerialen oder Dienstmannen der Meraner gehörten unter anderen die Herren von Houge mit ihrem Sitze zu „Hawge", dem heutigen Burghaig bei Kulmbach. Das Volk nannte die Sprossen dieses Hauses kurzweg die Hanger oder Hager. Der letzte der Sippe soll Hartmuth von Houge gewesen sein, vermählte mit der schönen Elisabeth aus dem Geschlechte derer von Künsberg zu Wernstein.

Herzog Otto II. entbrannte in Liebe zu seines Dienstmannes Hartmuths edlem Weibe, das jedoch des Meraniers Gefühle nicht erwiderte, vielmehr dessen Ansinnen mit heiliger Entrüstung zurückwies. Dieser Widerstand erhöhte nur seinen Siegerwillen, machte ihn toller und leidenschaftlicher in seinem Begehren. Er griff zur Gewalt. Mit Hilfe seines Geheimschreibers Wulibald entführte Otto Hartmuths tugendhaftes Weib und hielt es in den Turmgewölben auf Niesten gefangen.

Der tiefbeleidigte Gatte schwur dem Herzoge blutige Rache. Kurze Zeit nach seines Weibes Raub schlich er sich auf Niesten ein und drang, den Mordstahl in der Hand, unbehelligt bis in Ottos Gemächer vor. Der Dichter-Chronist legt dem zu Tode erschrockenen Meranier, da er seinen Gegner mit gezücktem Dolche auf sich zustürzen sah, die Worte in den Mund:

"Ach, lieber Heyger, laß mich leben;
Ich will dir Nordeck und Niesten geben
Samt Plassenburg, der neuen;
Es soll dich nicht gereuen"[1]).

Hartmuth jedoch achtete nicht des Gestammels seines Todfeindes, sondern stieß ihm das Mordeisen mitten ins Herz. Röchelnd stürzte der letzte Meranier nieder und hauchte seine Seele aus.

Der aus Gewissensbissen über diesen Fürstenmord landflüchtig gewordene Hartmuth von Houge soll in die Acht erklärt worden und nach langem Umherirren der heiligen Feme anheimgefallen sein.

* * *

Das Meranische Erbe fiel an Ottos drei Schwestern: Beatrix, Margareta und Elisabeth. Beatrix, Witwe des Grafen Hermann II. von Orlamünde, erhielt den mittleren Teil mit dem Hauptsitze Plassenburg; Margareta, Gemahlin des Grafen Friedrich von Truhendingen, den westlichen mit dem Hauptorte Scheßlitz; Elisabeth, Gemahlin des Burggrafen Friedrich III. von Nürnberg, den östlichen mit Bayreuth. Über diese Erbteilung entstanden langwierige Streitigkeiten mit dem Fürstbistume Bamberg, das ebenfalls Ansprüche erhob. Dadurch kam viel Ungemach über das

---

[1]) Als historisch richtig dürften diese Verse nicht zu werten sein, da die Feste Nordeck niemals im Besitze der Meranier, sondern Eigentum der Grafen von Henneberg war.

heutige Oberfranken, bis endlich ein Schiedsspruch am 14. Dezember 1260 die Streitenden einigte. 1338 fiel auch der Orlamündische Teil obiger Erbschaft an die Burggrafen von Nürnberg (Hohenzollern). Am 4. April genannten Jahres verpfändeten nämlich Otto VII. von Orlamünde und seine Gemahlin Kunigunda (die sogenannte „Weiße Frau") ihren Besitz: die Herrschaft Plassenburg mit Kulmbach, Berneck, Trebgast, Prezendorf (= das heutige Himmelkron), Mittelberg, Goldkronach, Mainau, Wirsberg nebst Zubehör, um 4000 Pfd. Heller dem Burggrafen Johann und vermachten es ihm ganz, falls sie keinen Sohn bekämen — ein Fall, der auch eintrat. Burggraf Johann verlegte hierauf seinen Wohnsitz von Cadolzburg nach der Plassenburg[1]).

---

[1]) Nach Bauer, Geschichte der Stadt Pegnitz und des Pegnitzer Bezirks.

Die Spinn- oder Rockenstube
Volkskundliches und Sage

Die Spinn- oder Rockenstube, auch Lichtstube genannt, war im Juragebiete der Mittelpunkt geselliger Winterunterhaltungen — ein „Sonnenstrahl im Leben der jungen Dorfbevölkerung".

Sie begann, sobald Flachs und Hanf gebrochen waren, also nach Allerheiligen oder Martini, mancherorts wohl auch erst gegen oder nach Weihnachten, und dauerte in der Regel bis Mitte März, wo am Gertrudentag „die Maus den Faden abbiß".

Nach dem Abendessen, etwa zwischen sechs und sieben Uhr, versammelten sich die Mädchen des Dorfes — nicht selten kamen auch solche von auswärts dazu — mit ihren Spinnrädern mehrmals in der Woche bald in diesem, bald jenem Hause.

Bis neun oder zehn Uhr wurde fleißig gesponnen. Dabei rissen wohl oft die Fäden ab, selten nur aber Geplauder und Sang. Denn daß man mit den Rädchen auch das Mundwerk surren ließ, versteht sich von selbst. Freilich wurde auch manchmal über Abwesende Böses gesagt oder — wie der landläufige Ausdruck lautet — diese und jene Person gehörig ausgemacht. Schmollerei, Verdruß, sogar Feindschaft waren dann die unausbleiblichen Folgen solcher Spinnstuben-Klatschereien.

Die „Alten" gruppierten sich um den warmen Ofen und lauschten dem lustigen Singen und Schwätzen der „Jungen" oder erzählten bald heitere, bald gruselige Geschichten aus längst vergangenen Tagen. Dies war die gute Seite der Rockenstuben. Schnurren und Märchen, Volkssagen und

Legenden, Gebräuche, Familien-, Orts-, freilich auch Räuber- und Geistergeschichten kamen neben dem Volksliede nicht in Vergessenheit, wurden stets wieder aufgefrischt und dem Gedächtnisse der „Jungen" eingegraben. So waren die Spinnstuben in der Tat Heim-, Pflege- und Fortpflanzungsstätten der „Volkspoesie".

Nicht selten unter Aufsagen des Spruches

> „Jetzt komm ich hergeritten
> Auf einem goldnen Schlitten,
> Die Mädchen zu bitten,
> Ihre Eglein[1]) abzuschütteln,
> Die großen wie die kleinen,
> Von ihren schlohweißen Leinen.
> Und wenn sie 's erlauben,
> Will ich's sogar auch glauben —"

stellten sich gegen neun Uhr die Burschen ein. Da ging die „Gaudi" erst recht los. Sie schäferten mit den Mädchen und trieben allerlei Ulk. Riß einer Spinnerin der Faden, dann ergriff der Nächstsitzende den Rocken und gab diesen nicht eher zurück, bis ihn das Mädchen durch eine Gabe auslöste. Mußte eine andere den Rocken frisch mit Flachs belegen, das heißt „den Rocken aufstecken", so sprachen oder sangen die Burschen einen spaßhaften Rockenspruch, wie:

> Rocken-Rockenbänder
> Find't ma in alla Länder,
> Und in der Rock'nstum
> Krieg'n die Madla ihra Bum.

---

[1]) Holzige Splitterchen, die noch am Flachse hafteten und während des Spinnens auf die Schürze der Spinnerin fielen.

War das Spinnen zu Ende, dann wurden allerlei Kunststücke und Unterhaltungsspiele gemacht, denen meistens zu guter Letzt ein Tänzchen folgte. Ein Bursche zog die „Mundharmonika" aus der Tasche und spielte auf. Die Paare fanden sich zusammen und drehten sich lachend und singend im Kreise. So ging es unter Mutwillen fort bis elf, ja mitunter zwölf Uhr. Sogar auf dem Heimwege noch verübte man mancherlei Streiche, die freilich gar oft die Grenze des Erlaubten weit überschritten ...

Ließen es sich die Mädchen beikommen, auch noch nach dem Gertrudentag zu spinnen, so zündeten ihnen da und dort übermütige Burschen die Rocken an und sangen dabei im Nachtwächterton:

„Zünd' 'm Madla 'n Rock'n a,
Damit es nimmer spinna ka!"

Daß es in früheren Zeiten und mancherorts „bei" den Spinnstuben nicht immer nach den Regeln des Anstandes und der guten Sitte zuging, lassen unter anderen die Verbote der ehemaligen fürstbischöflichen und markgräflichen Regierungen in Bamberg und Bayreuth zur Genüge erkennen. Sogar Gemeindebehörden sahen sich genötigt, gegen die Auswüchse der Rockenstuben einzuschreiten. So lesen wir zum Beispiel in der Chronik eines Landstädtchens: „Nach der neuen Stadtordnung sollen die Lichtstuben zugelassen sein, wenn nicht mehr als drei oder vier Weibspersonen zusammenkommen und es in Züchten und Ehren hergeht. Werden aber deren mehr und betritt diese Stuben junges, unzüchtiges Bubengesindel, so soll der Lichtstubenwirt oder die Wirtin für eine jede überzählige Person mit 4 Gulden 10 Pfund zur Strafe gezogen werden. Diese Licht= oder Rockenstuben stehen verdientermaßen in üblem Rufe ..."

Trotzdem erhielten sich die Spinnstuben — deren Auswüchse waren ja nicht überall und immer die gleich schlimmen — bis zum letzten Drittel des vorigen Jahrhunderts. Dann verschwanden sie, besonders wegen starken Zurückgehens des Hanf= und Flachsbaues, allmählich von selbst.

Hier und dort ist es vorgekommen, daß Rockenstuben= Abende infolge Aufschneiderei, derber Späße, übermütiger Wetten, unsinnigen Furchtmachens u. dgl. einen nichts weniger als gewünschten, ja tragischen Ausgang nahmen. Hiefür einige, wenn auch nur sagenhafte Beispiele:

* * *

I.

Eines Abends befand sich unter den Burschen, die die Rockenstube in Graisch besuchten, ein Leienfelser. Als „Neuling" tat man dem Guten allerlei Schabernack an. So sollte er auch „die Eulen aus dem Hause tragen". Man postierte ihn mit einem Sack, den er offen vor sich halten mußte, an die Bodenstiege. Droben hatte man einen Eimer kalten Wassers bereit gestellt. Ein Bursche lief hinauf und schärfte dem Unerfahrenen ein, gut aufzupassen. Er jage jetzt die Eulen herunter. Sie flögen ganz gewiß in seinen Sack, wenn er ihn richtig halte. Dann habe er diesen einfach zuzubinden, hinauszutragen, in den Schnee zu werfen — und die Geschichte sei fertig.

Von oben herab kam aber statt der Eulen ein mächtiger, eiskalter Wasserguß über den erhitzten Körper des Burschen. Der stürzte mit lautem Aufschrei zum Hause hinaus und eilte zähneklappernd seinem Heimatdörfchen zu. Andern Tags lag er mit heftigem Fieber auf dem Krankenbette, nach acht weiteren Tagen im Totenschrein.

II.

In der Rockenstube zu Kühlenfels saßen Mädchen und Burschen des Dorfes und erzählten sich furchtsame Geschichten. Da sprach eine Dirne: „Ich habe mich noch nie gefürchtet und werde es auch kaum mehr lernen". Man stellte sie auf die Probe. Die Burschen versprachen, ihr auf dem nächsten Gößweinsteiner Markte ein schönes Kopftüchlein mit eingestickten Blumen zu kaufen, wenn sie sogleich — es war elf Uhr nachts — in den Kirchhof gehe und von irgend einem Grabe ein Kreuz hole. Die Furchtlose ging und fand sich zum Entsetzen der anderen bald darauf mit einem solchen in der Stube ein. Auf Zureden trug sie es auch wieder zurück. Da sie diesmal ungewöhnlich lange ausblieb, sah man nach und fand sie tot auf dem ersten Grabe neben der Kirchhoftüre liegen. Sie hatte ihren Rocksaum mit dem Kreuze in den Erdhügel gestoßen und dachte wohl, der Tod halte die Frevlerin zurück, um sie ins Grab zu ziehen. Aus Schreck darüber war sie leblos zu Boden gesunken.

III.

Neben der Straße zwischen Trieb und Hochstadt stand ein alter Denkstein, auf dem das Bild einer weiblichen Gestalt mit Spinnrad zu erkennen war. Er sollte das Andenken an folgende Begebenheit verewigen:

Eine junge Magd aus Hochstadt ging eines Abends auf das nahe Klostergut Trieb mit ihrem Spinnrade „zu Rocken". Eine Anzahl Mädchen und Burschen, meist Dienst- und Arbeitsleute des Gutspächters, waren in dessen Stube versammelt, und es fehlte nicht an Scherz und Kurzweil aller Art.

Die Gesellschaft blieb bis gegen Mitternacht. Doch ehe man sich trennte, gab es noch eine Wette. Man meinte, ob es die Hochstadterin wohl wage, in dieser unheimlichen Stunde auf einer von jeher durch Geisterspuk aller Art, besonders durch einen schwarzen Pudel mit feurigen Augen verrufenen Straße allein nach Hause zu gehen.

Tollkühn nahm die Dirne die Wette an und wies einige Burschen, die teils abrieten, teils sich bereit erklärten, sie heimzugeleiten zu wollen, lachend zurück mit den Worten: „Wozu brauche ich euch? Ich fürchte mich nicht vor dem Teufel und seiner Großmutter, geschweige denn vor einem alten Pudel!" Man ließ sie gehen und glaubte, sie werde in der hellen Mondnacht schon heil nach Hause kommen.

Allein die Frevlerin erreichte ihren Wohnort nicht. Man fand sie am andern Morgen mit gebrochenem Genick neben ihrem Spinnrade tot im Straßengraben liegen und war der Meinung, der Teufel habe der Unglücklichen für die Verwegenheit, mit der sie ihn herausforderte und seiner spottete, den Hals umgedreht.

IV.

Zwischen Ober- und Unterwimmelbach — um ein Beispiel außerhalb des Jurabereiches anzuführen — steht ein Kreuzstein, „die Spinnerin" genannt[1]). Hier wurde ein Mädchen aus Oberwimmelbach, das von der Rockenstube des Nachbardörfleins spät nachts heimkehrte, zur unbewußten Mörderin.

Sein Bräutigam hatte sich, das Mädchen zu erschrecken, in eine Pferdedecke gewickelt, quer über den Weg gelegt und

---
[1]) Heimatbilder aus Oberfranken 1913.

durch Meckern, Wiehern und Brüllen den Teufel vorge=
täuscht.

Doch die Beherzte schlug mit dem Rocken so kräftig und
andauernd auf das „Gespenst" ein, bis dessen Heulen und
Ächzen verstummte. Dann eilte sie nach Hause.

Am Morgen fand man den Burschen mit eingeschlagener
Schläfe, noch in die Pferdedecke gewickelt, am Wege liegen.

Die Dirne aber härmte sich zu Tode, starb bald darauf und
„geistert" seitdem an der Unglücksstelle.

Von allerlei mysteriösen Begebenheiten
Volksmundliches
Einleitung.

Das Nachfolgende hat mit „modernem" Okkultismus nichts zu tun. Es werden keine Medien befragt und ebensowenig Tische gerückt, es werden weder Phantome „hervorgerufen", noch Zeichen „ausgewechselt", noch die „Schwerkraft aufgehoben" u. dgl. Die Stücke schildern lediglich Begebenheiten, aus denen mysteriöse Zusammenhänge zwischen den Ereignissen des menschlichen Lebens und den unsichtbar wirkenden Kräften der uns umgebenden Welt hervorleuchten: Wahrheiten, die der Verständige zwar anzweifelt oder bestreitet, mit denen das Volk aber vertraut ist. So glaubt letzteres unerschütterlich an „Vorausahnungen". Es versteht darunter dunkle Vorgefühle von etwas Zukünftigem, undeutliche, unsicher begründete Erkenntnisse, die oft unmittelbar kommen und dann als „Eingebungen" angesprochen werden. Der Philosoph Jacobi erklärt sie als „ein Vermögen der Empfindung des Übersinnlichen". Auch wurzelt im Volke die Überzeugung von der „Anmelde=Möglichkeit" nahe bevorstehender Ereignisse, besonders solcher trauriger Art, wie schwere Erkrankungen und Todesfälle, sowohl in der Familie wie bei Familiengliedern und Freunden, wenn solche auch räumlich weit getrennt sind. Sie können auf diese und jene Weise erfolgen: durch einen Schlag, durch Klopfen, Namensruf, Umfallen oder Zerbrechen eines Gegenstandes ohne äußere Einwirkung usw. Der schlichte Mann aus dem Volke prägte dafür den bezeichnenden Ausdruck: „Es hat sich ângahnt". Andere erzählen ernsthaft, sie hätten vor einschneidenden

Familienereignissen die eine oder andere Erscheinung gehabt, manchmal verbunden mit irgend einem Geräusch, und behaupten, es könne sich weder um eine Gesichts- noch Gehörstäuschung handeln, da das eine- oder andermal dieselbe Erscheinung gleichzeitig mehrere Personen wahrgenommen hätten. Eine große Rolle in breiten Schichten des Volkes spielen ferner die „Hellseherei" und „Wahrträumerei", über welche anläßlich des Doppelmordes am Pfalzgrafenstein bei Heidelberg im Juli 1921 so viel gesprochen und geschrieben wurde. Die Angaben einer Frankfurter Dame und eines Fräuleins in Heidelberg, aus „Wahrträumen" geschöpft und vor Auffindung der Leichen der Staatsanwaltschaft mitgeteilt, erwiesen sich als richtig von A bis Z.

Von derartigen Vorkommnissen also, deren Glaubwürdigkeit übrigens verbürgt sein soll, nicht von spiritistischen und „modern"okkultischen Phantastereien, wollen wir in den folgenden Stücken erzählen.

1. Das Totengeläute

Der in den 1840er Jahren verstorbene Pfarrer H. zu Bußbach bei Obernsees hatte seit längerer Zeit einen jungen Aushilfsgeistlichen. Der betagte Pfarrherr litt an Altersschwäche, war aber innerlich noch ziemlich gesund, so daß sein Vikar kein Bedenken trug, sich einer Bergpartie anzuschließen, die am nächsten Tage auf die im Ober- und Unterlande so weit sichtbare Neubürg veranstaltet werden sollte.

In aller Frühe machte man sich auf den Weg. Sonnenschein und lustiger Vogelsang begleiteten die Wanderer. Auf dem Berge traf sich eine größere Zahl bekannter und befreundeter Perſonen. Bald herrſchte die heiterſte Stimmung. Die Geſellſchaft, mit Wein und kalten Speiſen reichlich verſehen, hielt ihren Mittagstiſch, in gemütlichen Gruppen hingelagert, auf Mutter Erde.

Kaum war das Mahl beendet, ſprang der junge Geiſtliche empor, lauſchte gen Norden und fragte, ob die anderen nicht auch das Geläute hörten, das von Bußbach herüberzudringen ſcheine. Alle horchten. Doch niemand vernahm auch nur einen einzigen Glockenklang. Dem Vikar war es indeſſen, als kämen die Töne näher und näher, und er erkannte die trauten Stimmen, die diesmal ſo traurig klangen. Beſtürzt zog er die Uhr. Sie zeigte auf Eins. In Bußbach mußte ein Brand ausgebrochen ſein! Doch ſah er keine Spur von Rauch. Ebenſowenig die anderen, an deren Ohr auch jetzt noch kein Laut einer Glocke drang. Sie meinten, der Vikar täuſche ſich beſtimmt, zumal ja Bußbach gut zwei Stunden von der Neubürg entfernt liege und man das Geläute von dort unmöglich vernehmen könnte. Auch jetzt noch behauptete dieſer ſämtliche Glocken Bußbachs läuten zu hören und zwar ſo wie aus nächſter Nähe.

Mit einem Male rief der Betroffene aus: „Das iſt das Totengeläute für meinen Pfarrherrn!" Erſt jetzt war ihm zum Bewußtſein gekommen, daß beim Ableben eines Geiſtlichen mit allen Glocken geläutet werde.

Raſch empfahl ſich der junge Geiſtliche und eilte den Berg hinab, noch immer von den Glockenklängen begleitet. In der Nähe Bußbachs kam ihm eiligen Schritts ein Bote entgegen. Der meldete das Ableben des Prieſters. Auf die Frage, wann der Tod des Greiſes, den er doch ſcheinbar ganz wohl verlaſſen, eingetreten ſei, antwortete der Mann, der nun Heimgegangene habe um 1 Uhr, von einem Schlagfluſſe getroffen, die Augen für immer geſchloſſen.

Nun wußte der Vikar: das so nahe Glockengeläute, von dem die anderen nichts vernommen, war für ihn die Todesanmeldung seines greisen Pfarrherrn.

2. Die zerbrochenen Flaschen

An einem Morgen des Spätherbstes 18 . . begab sich die Frau des Forstverwalters P. zu Horlach in das Vorratsgewölbe des Hauses, Rahm und Milch zum Frühstück für die Familie und das Gesinde herzurichten. Die Milchtöpfe standen auf einer langen Tafel, unter der noch ein Brett zum Aufstellen anderer Gefäße eingeschoben war. Auf diesem befanden sich eben drei leere Flaschen.

Noch war die Frau mit der Milch beschäftigt, als sie plötzlich ein ohrenbetäubendes Klirren zu ihren Füßen aufschreckte. Betroffen niederblickend, sah sie die drei Flaschen, die nicht berührt worden waren, in unzählige Trümmer zersprungen, am Boden liegen.

Schreckensbleich und zitternd kam die Frau ins Zimmer und erzählte, was ihr begegnet. Sie konnte sich der trüben Ahnung eines bevorstehenden Unglücks nicht erwehren, obwohl Gatte und Kinder ihr solche Gedanken auszureden suchten.

Noch am gleichen Abend fand das Befürchtete traurige Bestätigung. Es langte ein Bote mit der Nachricht an, der Frau Forstverwalter Mutter, die Oberförsterswitwe M. zu Eremitenhof bei Bayreuth, sei verblichen. Die Auflösung der Heimgegangenen erfolgte zur selben Stunde, da der Tochter in Horlach die Scherben der zertrümmerten Flaschen vor die Füße fielen.

3. Der Tod als Totengräber

Im Dörfchen Bühl bei Creußen lebte einst ein fleißiger Tagelöhner. Ein braves Weib und zwei liebe Kinderlein, ein Knabe von sechs und ein Mädchen von vier Jahren, waren sein ganzer Reichtum.

Eines Abends saß der Mann, von der Arbeit nach Hause gekommen, mit seiner Familie bei Tische. Plötzlich hörten alle in der Wand neben dem Ofen ein Kratzen und Bohren. Sie glaubten, es sei eine Maus, und achteten nicht weiter darauf. Da das Geräusch stärker wurde und sich anhörte, als grabe jemand mit einem eisernen Werkzeuge in steiniger Erde, blickten alle hin und hatten eine grauenhafte Erscheinung. In seltsam bläulichem Lichte sahen sie die Gestalt des Todes beschäftigt ein Grab auszuheben. Voll Entsetzen wandten die Bestürzten sich ab. Als sie wieder hinzusehen wagten, war das gespenstige Bild spurlos verschwunden.

Erfüllt von trüber Ahnung ging man zu Bette. Am folgenden Morgen war das Töchterlein schwer krank. Trotz ärztlicher Hilfe verschied es am dritten Tage zu derselben Stunde, in der der unheimliche Totengräber an der Wand erschienen war.

Es mochte ein Vierteljahr verflossen sein. Vater, Mutter und Bub saßen wieder am Tische, ihr kärgliches Abendbrot zu verzehren. Da ließ sich abermals in der Mauer das schauerliche Scharren vernehmen. Der Knabe hörte es zuerst, sah furchtsam hin und rief: „Ach Gott, dort ist wieder so ein schreckliches Ding wie damals, als unser Bärbele sterben mußte!" Und auch die Eltern sahen zu ihrem größten Entsetzen die Schreckensgestalt aufs neue an einem Grabe schaufeln.

Am anderen Tage erkrankte der Knabe. Der Arzt meinte, er leide an demselben Übel wie sein heimgegangenes Schwesterlein. Alle angewandten Mittel und die sorgsamste Pflege vermochten nicht zu helfen. Zum größten Jammer der Eltern hauchte auch das Büblein nach drei Tagen um die Stunde, da der gräßliche Tod erschienen, seine Seele aus.

4. Der zersprungene Wärmteller

Des Beamten X. zu Creußen jüngstes Söhnchen, ein Kind von zwei Jahren, war eines Morgens erkrankt, doch unbedeutend, so daß sich die Eltern keiner besonderen Sorge hingaben.

Mittags gab es Lammsbraten, der, um heiß zu bleiben, auf einem sogenannten Wärmteller zu Tisch gebracht wurde.

Die Mahlzeit war längst vorüber und der Wärmteller an seinem Orte in der Küche verwahrt, als man plötzlich von dorther lautes Krachen vernahm. Man sah nach und fand den Teller, von niemand seit mittags angerührt und noch genau an seinem Platze liegend, in mehrere Stücke gesprungen. Die Hausfrau bedauerte den Verlust des nützlichen Geschirres und legte die Trümmer in eine Ecke des Küchenschrankes.

Nach einigen Tagen verschlimmerte sich des Bübleins Krankheit zusehends und nahm einen raschen, tödlichen Verlauf. Eltern und Geschwister waren trostlos.

Kurze Zeit darauf kamen der gebeugten Mutter zufällig die Trümmer des Wärmetellers wieder unter die Hände. Unwillkürlich zählte sie dieselben und fanden zu ihrer großen Überraschung, daß ihre Zahl gerade mit jener der Tage übereinstimmte, welche zwischen des Kindes Erkrankung und Ableben verflossen waren.

5. Die Leichenarie

Als das Fürstentum Bayreuth an Bayern übergegangen war, wurde die Stadt Pegnitz Sitz eines Rentamtes. Einer der ersten Stelleninhaber war ein gewisser Sch.

Eines Sonntags wohnte der Beamte dem Gottesdienste bei, während seine Gattin durch Unpäßlichkeit davon abgehalten wurde. Da trat die Köchin erregt ins Zimmer und rief: „Frau Rentamtmännin, kommen Sie doch mal in die Küche; zum Schlot herein hört man deutliches Singen!" „Einfältiges Ding", erwiderte die Frau, „das wird wohl der Wind sein und nichts anderes. Wer wird denn aufs Dach steigen und zum Schlot hereinsingen!" Doch die Dirne ließ nicht ab mit Bitten und so gab die Ungläubige nach und folgte ihr.

Wirklich vernahmen die Frauen beim Eintritt in die Küche vom Kamin herab, wenn auch ganz leise, deutlichen Gesang. Staunend umgingen beide das Haus und blickten zum Dache. Doch da war nichts zu sehen und zu hören. Nicht besser erging es ihnen auf dem Dachboden, den sie ebenfalls durchsuchten.

Als Frau und Dienerin wieder die Küche betraten, begann der Gesang aufs neue. Deutlich konnte man jetzt eine der Arien vernehmen, die gewöhnlich bei Bestattung „einer Leiche vom Stande" am Grabe gesungen wurden. Tief erschüttert kehrte die Frau, nachdem das Lied verklungen, zurück ins Zimmer. Hier traf der heimkehrende Gatte sie fiebernd im Lehnstuhle.

Auf seine bestürzte Frage, ob sie sich kränker fühle, erzählte die Zitternde das unheimliche Erlebnis und fügte traurig bei, daß sie wohl im voraus die Arie gehört habe, die bald an ihrem Grabe gesungen werde.

Der Besorgte schalt die Gattin liebreich aus, daß sie trotz ihres Zustandes der albernen Dirne gefolgt und das Zimmer verlassen habe. Zweifellos sei es nur der Wind gewesen, der sich in den Räumen des verzweigten Schornsteins verfangen und die dem Liede ähnlichen Töne hervorgebracht habe.

Andern Tags führte den Beamten ein Dienstgeschäft nach Pottenstein. Leichten Herzens schied er von der Gattin, da sie sich wieder ganz wohl befand. Als guter Fußgänger schlug er wegen des schönen Wetters den angeratenen Wagen aus und machte sich frohgemut auf den Weg.

Schon während der Erledigung seiner Geschäfte in Pottenstein fühlte der Beamte sich nicht wohl. Als die Heimkehrstunde nahte, konnte er kaum mehr aufrecht stehen. Seine Gastfreunde baten ihn zu bleiben. Doch er sehnte sich nach Hause. Man besorgte einen Wagen und einer seiner Vertrauten begleitete ihn.

Mit einem schwer Kranken erreichte das Gefährt sein Ziel. Die ahnungslose Gattin erschrak schier zu Tode, als man ihr den Gemahl so zurückbrachte. Obgleich sofort ärztliche Hilfe zur Stelle war, wurde der Leidende bereits nach wenigen Tagen eine Beute des Todes.

Das Leichenbegängnis erfolgte am Sonntag und man sang am Grabe dieselbe Arie, welche die trostlose Witwe genau vor einer Woche zur gleichen Stunde auf so geheimnisvolle Weise schon vernommen hatte.

6. Des Sohnes „Heimkehr"

Der Sohn des ehemaligen Pfarrers L. in Creußen, der sich dem Offiziersstande widmete, trat infolge Verkettung verschiedener Umstände nicht in das vaterländische, sondern österreichische Heer ein. Die weite Entfernung seiner Garnison und die damalige kostspielige Art zu reisen, vergönnten es dem jungen Krieger lange nicht die Eltern aufzusuchen. Um so größer war deren Freude, als unvermutet die Botschaft anlangte, der Ersehnte werde an einem bestimmten Tage auf längeren Urlaub in der Heimat eintreffen. Die freudige Erwartung wurde indes getrübt durch einen Traum der Mutter und zwar in der Nacht vor der erwarteten Ankunft des Sohnes. „Sie sah den Postboten ins Haus treten und einen Brief abgeben, versehen mit mehreren ausländischen Wertzeichen und unterschrieben von unbekannter Hand. Darin aber ward den Eltern gemeldet, daß der geliebte Sohn plötzlich verstorben sei."

Am Morgen erzählte Frau L. das Traumbild dem Gatten. Der tröstete sie und meinte zu guter Letzt, ein solcher Traum bedeute ja eigentlich nach dem Volksglauben für die als tot dargestellte Person das Gegenteil, nämlich ein langes Leben. Aber trotz des liebevollen Zuspruchs blieb die Geängstigte verstimmt und niedergedrückt.

Abends zuvor waren beide für den kommenden Mittag von der befreundeten Forstmeistersfamilie zu Tische geladen worden. Freilich wäre die Mutter in Erwartung ihres Sohnes, zumal nach dem beängstigenden Traume, am liebsten zu Hause geblieben. Doch eine nachträgliche Absage ging nicht gut an.

Im Forsthause waren bei Erscheinen des Ehepaares die übrigen Geladenen schon anwesend und es herrschte ungekünstelte Fröhlichkeit. Frau L. aber konnte nur mit Mühe ihre trübe Stimmung verbergen. Sie atmete auf, als nach Beendigung der Tafel die Gesellschaft sich an die verschiedenen Fenster verteilte, die Zeit bis zum Kaffee gemütlich zu verplaudern. Auch sie trat an ein solches, öffnete es, sah hinaus, fuhr jedoch plötzlich zurück und rief im Tone freudiger Überraschung: „Ach, jetzt kommt mein guter Christoph. Ich sehe ihn. Ich muß ihm entgegen gehen!" Alle fragten, wo er sei. Sie erwiderte in fliegender Hast, daß er eben in voller Uniform um die Ecke des Friedhofes gekommen und dreimal mit dem Taschentuch gewunken habe. Sie empfahl sich so eilig, daß ihr der Gatte kaum zu folgen vermochte. Die Gastfreunde riefen noch nach, die Eltern möchten mit dem Heimgekehrten so bald als möglich wieder erscheinen.

Frau L. war nach Hause vorausgeeilt, fand den Erwarteten aber nicht. Sie lief zum Friedhofe, wo sie den Sohn gesehen, doch vergebens. Nirgends eine Spur des Ersehnten! Auch die in der Nähe beschäftigten Arbeiter wollten nicht das geringste wahrgenommen haben. Da lehnte sich die trostlose Mutter an die Mauerecke und ließ ihren Tränen freien Lauf, denn nun war ihr klar, daß das Gesehene zweifellos eine Erscheinung ihres toten Sohnes gewesen sei.

So fand sie der Gatte. Mit liebreichen Worten führte er die Tiefererschütterte nach Hause. Auch er teilte nun die trübe Ahnung seiner Frau.

Es verging fast eine Woche. Endlich langte ein Brief an, welchen Frau L. sofort als den im Traume gesehenen erkannte. Der Pfarrherr riß ihn mit zitternden Händen auf. Das Gefürchtete war eingetreten. Am nämlichen Tage und zur gleichen Stunde, da die Mutter den geliebten Sohn von der Friedhofecke her dreimal mit dem Taschentuche ihr zuwinken sah, starb er, fern der Heimat, eines raschen Todes. Mitten unter den Vorbereitungen zu seiner Reise hatte ihn eine tückische Krankheit, deren Verlauf kurz und tödlich war, überfallen. Der Brief, geschrieben von Freundeshand, enthielt noch die letzten Grüße des Sterbenden an die geliebten Eltern.

7. Die Hellseherin Wilhelmine von Schauroth

Am 26. Januar 1753 entstand im Schlosse zu Bayreuth, in den Gemächern des Markgrafen, jener große Brand, der vierundzwanzig Stunden wütete und die weitläufigen Gebäulichkeiten bis auf den achteckigen Turm in Schutt und Asche legte[1]).

Einen Tag zuvor, am 25. Januar 1753, hatte nach glaubwürdigen Berichten in dem eine Stunde von der Markgrafenresidenz entfernten Heinersreuth die zwölfjährige Tochter Wilhelmine des dortigen markgräflichen Forstmeisters von Schauroth in einer eigentümlichen Vision den Brand vorausgesehen. Als sie beim Abendessen fehlte, ließ sie der Vater durch einen Diener suchen. Der traf das Mädchen im Garten, konnte es aber trotz der heftigen Kälte nicht bewegen, ins Haus zu kommen, weil es ein Feuer beobachten müsse, das, wie das Kind behauptete, soeben im Schlosse zu Bayreuth ausgebrochen sei. Der Diener teilte dies der Tischgesellschaft mit. Augenblicklich eilte letztere, darunter mehrere Herren vom Hofe, die als Gäste zugegen waren, in den Garten, sich von der Wahrheit der Nachricht zu überzeugen. Aber nirgends war ein Feuer zu sehen, nicht einmal ein leiser Schein am klaren Winterhimmel. Und dabei fuhr das Mädchen fort, mit angstvoll gegen die Stadt erhobenen Armen ihrer Umgebung die Größe des Brandes zu beschreiben, wie eben jetzt die Flammen den zweiten Flügel des Schlosses ergriffen, wie die züngelnden Feuergarben aus dem Turm hervorschlügen, wie die Apotheke in Brand gerate und aus dem Laboratorium sich hohe Feuersäulen in farbiger Glut zum Himmel erhöben.

---

[1]) Siehe auch die Sage: „Die Grunerin von Mistelbach" im 2. Bd.

Mit einem Male verklärte sich des Mädchens Gesicht. Freudestrahlend rief es aus, daß die Gefahr für die Stadt nun vorbei und wenigstens Bayreuth gerettet sei. — Niemand aus der Gesellschaft wußte sich das, was hier vorging, zu erklären. Erst tags darauf, als fast um die nämliche Stunde der unheimliche Feuerruf die Stadt durcheilte und das weit ausgedehnte Schloß in Flammen stand, gedachte man des gestrigen Vorfalles in Heinersreuth, dessen Lösung nicht lange hatte auf sich warten lassen. Von der „Seherin" Wilhelmine von Schauroth aber wußte bald alt und jung in der Stadt und am Hofe zu erzählen.

8. Der Sarg vor dem Bette

Von dem berühmten Humanisten Friedrich Taubmann, einem Sohne der Fränkischen Schweiz, erzählt man, er habe kurz vor seinem Tode folgende Erscheinung gehabt:

Der witzige, immer muntere Mann erwachte eines Morgens und sah einen Sarg mit einem toten Körper dicht vor seinem Bette stehen.

Ohne seine Fassung zu verlieren, setzte sich der Gelehrte, vollkommen wachend und seiner sich bewußt, im Bette auf und betrachtete das Gesicht des Toten. Da erkannte er in demselben seine eigenen Züge. Mit unverwandtem Blick starrte er die Erscheinung an, bis sie allmählich, in Luft zerfließend, vor seinen Augen verschwand.

Taubmann erzählte sofort mehreren seiner Kollegen, namentlich dem Professor Erasmus Schmidt, was er gesehen, und fügte mit größter Gemütsruhe hinzu, er werde nicht mehr lange mit seinen Freunden scherzen können, sondern ohne Zweifel bald sterben müssen.

Wirklich verblich der geniale Mann, dessen sprudelnder Humor und witzige Einfälle so viele erfreuten, betrauert von allen, die ihn kannten, bald nach diesem Gesichte im 48. Jahr seines Lebens.

Professor Erasmus Schmidt hielt ihm in der Universitätskirche zu Wittenberg die Leichenrede und erzählte in dieser die merkwürdige Todesankündigung, die er aus seines verstorbenen Freundes Mund vernommen hatte.

* * *

Es erscheint angezeigt, über Friedrich Taubmann, den berühmten "Sohn der Fränkischen Schweiz", einige biographische Notizen folgen zu lassen.

Der Gelehrte erblickte zu Wonsees am 16. Mai 1565 als Sohn einfacher Leute: des "Burgermeisters" und Schuhmachers Markus Taubmann und seiner Ehefrau Barbara, einer "Hofmännin", das Licht der Welt. Der heranwachsende Bub besuchte anfänglich zu Wonsees, später zu Kulmbach die Schule. Wegen großer Begabung und seltenen Fleißes kam er schon nach vier Jahren auf die Fürstenschule zu Heilsbronn. Hier zeichnete sich der Jüngling besonders in der Dichtkunst und durch seine liebliche wie lustige Redekunst aus. Seine geistreichen Einfälle öffneten ihm sogar die Pforten des kurfürstlichen Hofes in Dresden. Nach wiederum einigen Jahren finden wir Taubmann auf der "Hohen Schule" zu Wittenberg, wo er sich bald die Magisterwürde und den Poetenkranz erwarb. 18 Jahre waltete er dortselbst seines Amtes als öffentlicher Lehrer der Dichtkunst. 1608 war er der "Hohen Schule Regent" und dreimal (1601, 1607 und 1612) Vorsteher der philosophischen Abteilung. "Von Fürstlichkeiten, hohen und niedrigen Standespersonen geehrt und geliebt", starb der berühmte Mann am 24. März 1613. Sein Leichnam wurde auf dem Gottesacker vor dem Elstertore zu Wittenberg beigesetzt . . .

Friedrich Taubmann zeigte bis an sein Lebensende eine rührende Anhänglichkeit an die liebe Frankenheimat. So heißt es zum Beispiel in einem Gedichte auf den Bamberger Fürstbischof Johann Philipp von Gebsattel:

„Francus ego Francos miror amoque meos:
Atque etiam laudo!"
„Ein Franke bin ich und liebe meine Franken
Und ehr' und lobe sie!"

Das Lied, das er aus Anlaß seines 43. Geburtstages seinem Heimatsorte Wonsees gewidmet, zeigt, wie treu und anhänglich er dem kleinen Dörflein geblieben. Als echt deutscher Mann macht er sich lustig über die fremdartigen Namen der Nachbardörfer Wonsees! So scherzt er, sich zugleich „der Härte seiner Verse" entschuldigend:

„Plez, Hundschiß, Kröglstein, Zedersiz, Schlez, Zwerniz et
    Hül-Hül,
Nomina sunt ipsa pene tremenda sono.
Has inter salebras primae indolis aera duxi,
Quid mirum, patriam si mea Musa sapit.

Zu Deutsch:

Pletz[1]) Hundschitz[2]), Krögelstein, Zedersitz, Schletz, Zwernitz[3]) und Hule[4]).

Sind Fels und Klippen voll, darob sich fürchten viele.
Dort zog mit erster Luft ich harte Sinne ein,
Drum müssen meine Vers der Art des Landes sein.

Das Häuschen zu Wonsees, in dem der Gelehrte das Licht der Welt erblickte, ist ein unansehnliches Gebäude. An demselben ist ein Stein eingemauert mit der Inschrift:

---

[1]) Plösen. [2]) Nun Wüstung. [3]) Nun Sanspareil. [4]) Nun Großen- und Kleinhüll.

In diesem kleinen Hause ist ein großer Mann geboren
den 16. März 1565 von Markus Taubmann Bürger M.
allhier und Barbara, e. geb. Hofmännin:

Friedrich Taubmann,

ein weltberühmter Professor und Poet zu Wittenberg
in Churfachsen. Er starb alt in Schriften, aber jung an
Jahren im 48sten daselbst selig den 24. März 1613.
Zum Andenken errichtet in seinem 200. Geburtsjubeljahr
1765 von Johann Conrad Meißner, Maurermeister des
ingl. Besitzer.

An dem Altar der Wonseeser Kirche aber hat nach M. G.
Will „eine gelehrte Hand nicht unbillich" die Verse geschrieben:

„Felix Wunsesium! Nam te Taubmannua Poësis
e tenui vico tam claram edidit urbem.'
Zu Deutsch:
Glückseliges Wonsees! Du vormals schlechter Sitz,
Dich hat zur Stadt erbaut des klugen Taubmann Witz.

Hexenglaube – Hexenwahn
Volksmundliches
Einleitung.

Das Wort Hexe (ahd. hazus, hazis oder hazissa; mhd. hecse, hexse oder hesse) bedeutet „die den Hag Schädigende". Man vermutete im frühesten Altertum in diesen Wesen den Walküren verwandte Waldfrauen, Waldgöttinnen, Priesterinnen der germanischen Gottheiten, zumal des Donar, die man anfangs ehrte, dann geringschätzte und scheute, endlich fürchtete, aber noch nicht zu verfolgen wagte. Die christliche Metastase (Umstellung) machte sie zu Unholden und Unholdinnen, die den Saidh (Sud) aus allerlei zauberkräftigen Dingen bereiteten, Haß und Liebe, langsames Hinsiechen, auch Unwetter und Mißwachs bewirkten. Die Grundlagen zum Hexenglauben sind also im Heidentum zu suchen. Mit dem Emporkommen des Christentums wuchs dann neben dem Glauben an die Hexen und ihre Bündnisse mit dem „Bösen" allmählich auch deren Verachtung und Verfolgung. Die erste Frau, die man öffentlich als gefährliche Hexe beschuldigte, soll 1275 in Frankreich verbrannt worden sein. Von dort aus drang das Unwesen in andere Länder, zunächst nach der Schweiz, wo zu Anfang des 15. Jahrhunderts die ersten Hexenverbrennungen stattfanden. In Deutschland griffen die Hexenprozesse erst gegen Ende des 15. Jahrhunderts ein. 1487 waren hier durch ein besonderes Gesetz: den „Hexenhammer oder Malleus maleficarum", die Gerichte im henkermäßigen Verfahren zur Überführung der Hexen und Zauberer besonders unterwiesen worden und seitdem flammten auch in unserem Vaterlande die Scheiterhaufen mehr und mehr auf.

Aus allen Volksklassen und Lebensaltern suchte und fand der Hexenwahn seine Opfer. Wurden doch in Würzburg allein im Verlaufe weniger Monate neben anderen Personen aus dem Arbeiter- und Bürgerstande ein Rechtsherr, ein Rechtsvogt, die Bürgermeisterin, drei Chorherren, eine Anzahl Domvikare, zwei Edelknaben, ja sogar mehrere Kinder von vier (!) bis zwölf Jahren wegen Hexerei und Zauberei hingerichtet. Die plumpsten Erfindungen wurden Geständnisse, welche den Angeklagten mittels der Folter abgepreßt wurden.

Und wessen beschuldigte man die Unglücklichen? Sie sollten mit dem Teufel einen Pakt geschlossen und sich damit verpflichtet haben, durch Zauberei allerlei Schaden zu stiften, dem Satan und seinem Anhang in allen Stücken willig zu sein und insbesondere an den nächtlichen Zusammenkünften mit der „Höllenbrut" teilzunehmen. Zu diesen Versammlungen, die auf irgend einem Berge stattfanden, fuhr — so behauptete man vom Anfang an — die Hexe, nachdem sie ihren Leib mit Hexenfett bestrichen, auf der Ofengabel oder einem Besenstiel durch den Schornstein und die Luft dahin.

Der unselige Hexenwahn hatte das Volk so tief erfaßt, daß jede Erkrankung von Mensch und Vieh, jedes Mißlingen eines Unternehmens, jeder Unfall, Mißwachs, Hagelschlag und alle sonstigen Landplagen einfach als das Werk boshafter Unholdinnen dargestellt wurde, deren „Unschädlichmachung das Allgemeinwohl unabweisbar forderte".

Die „Entdeckung" solcher Unglücklichen fiel um so leichter, als schon ein auffälliges, unangenehmes Äußere, zunehmender Wohlstand, Verschonung von Unglücksfällen, ja selbst die leiseste Anklage übelwollender den höchsten Verdacht besonders auf ältere Personen lenkte. Der Eigennutz aller an den Hexenprozessen Beteiligten: der Richter, Schreiber,

Büttel, Henker usw., die reiche Gebühren bezogen, tat sein übriges. Befand sich die verdächtige Person einmal in den Händen der Inquisitoren, dann war ihr auch der Scheiterhaufen schon gerichtet. Unter den furchtbarsten Qualen der Folter bekannten sich die Armen zu allem, was man ihnen ins Ohr flüsterte. Wer vermag sie zu zählen, die unschuldig dem Scheiterhaufen erlagen? Im Stifte Bamberg allein forderte die Hexenverfolgung während eines Zeitraumes von nur fünf Jahren 600, im Bistum Würzburg 900 Opfer. Die Asche der verbrannten „Hexen" aber gebrauchte man als „Heilmittel".

Es bedurfte Jahrhunderte, bis sich entschiedene Stimmen gegen den Wahn des Hexenglaubens hervortrauten, und wieder Jahrhunderte, bis die Gegnerschaft der Hexenprozesse siegte. Erst seitdem der berühmte Leipziger Rechtslehrer Christian Thomasius († 1728) den offenen Kampf mit dem finsteren Vorurteil aufgenommen hatte, fing man in Deutschland an, sich der Hexenprozesse zu schämen. Die letzten Todesstreiche gegen „Hexen" fielen 1756 in Landshut und 1793 in Posen[1]).

* * *

Der Glaube an die Hexen und ihr böses Treiben ist auch im 19. Jahrhundert nicht völlig geschwunden. Ja heute noch steckt er in manchen Schichten des Volkes und kennt keine konfessionelle Schranke, so wenig wie ehedem die Hexenprozesse.

Nach früherer Volksmeinung erzeugten die Hexen das Gewitter. Daher die uralte Bezeichnung „Hexenwetter". Über Forchheim entlud sich einmal ein so starkes Unwetter, daß

---

[1]) Nach Brockhaus.

die geängstigten Einwohner den Untergang der Stadt befürchteten. Da hielten — so erzählt der Volksmund — die Franziskaner zur Abwendung des Schlimmsten eine Betstunde. Beim ersten Segen soll ein Weib aus den Wolken in den Klostergarten gefallen sein. Bei näherer Betrachtung erkannte man in ihm eine der „verrufensten und gefürchtetsten Hexen" der Stadt. Aus Mitleid brachten die Mönche die Frau in ein Kloster, so den sicheren Feuertod von ihr abwendend.

Nach dem Volksglauben darf und soll man von Hexen überhaupt nicht sprechen, sonst plagen sie einen, besonders durch Drücken während des Schlafes. Gegen dieses „Hexendrücken" aber könne leicht geholfen werden, indem man das Kissen unter dem Kopfe vorziehe und auf den Fußboden werfe. Darauf müsse sich die Hexe setzen und ihre Macht sei dann gebrochen. Sage man beim Hinauswerfen des Bettstückes: „Hex, morgen kommst, was zu borgen", würde man untrüglich erfahren, wer die Unholdin gewesen sei. Die erste Person nämlich, die dann am Morgen das Haus betrete, sich etwas auszuleihen: einen Besen, Topf, Korb, Laib Brot u. dgl., sei ganz gewiß die Hexe, die das Drücken verursacht habe.

Mit einer als Hexe bekannten Frau, so erzählt man im nördlichen Jura, mochte niemand, auch nicht die nächsten Verwandten etwas zu schaffen haben, besonders im Kauf und Verkauf, da jeder von ihr erhandelte Gegenstand unaufhaltsam in kürzester Zeit wieder in deren Hände zurückwandere. Man hielt auch diejenigen für töricht, welche von einer Hexe empfangenes Geld unter ihr eigenes brachten, weil es nicht blieb, sogar alles andere Geld in seiner Nähe mit fortnahm, wenn es zu seiner vorigen Besitzerin zurückkehrte. Es war Pflicht eines jeden rechtschaffenen Hausvaters, solches „Hexengeld" baldmöglichst wieder aus seinem Bereiche zu schaffen und bis dahin sorgfältig abgesondert zu verwahren.

Der Glaube, daß die Unholdinnen am Abend vor dem Walburgistage auf Ofengabeln, Besen, Ziegenböcken u. dgl. zum „Hexensabbath" auf den Blocksberg reiten, hat sich in ganz Oberfranken erhalten. Daß keine dieser Hexenwesen unterwegs Schaden anrichte, suchen, besonders im Juragebiet, junge Burschen ihren Vorüberzug im Orte durch Peitschengeknall, da und dort auch durch Flintenschüsse, zu beschleunigen. Alte Weiber, zumal solche mit krankhaft geröteten Augen, Hakennase, zahnlosem Munde und vorgebeugtem Oberkörper, müssen sich dabei wohl hüten, ihnen in den Weg zu kommen, wollen sie nicht selbst für Hexen angesehen und verfolgt werden. Als im Frühjahr 1684 — so erzählt eine alte Chronik — ein Landstädtchen am Jurafusse durch Großfeuer heimgesucht wurde, ereiferten sich die alten Weiber, „daß Hexen die Ursache des Brandes gewesen, da selbige am Walburgistag nicht ordentlich mit Peitschen und Knallen vorbeigejagt worden seien". Im Wiesenttale meint man, die Druden fahren in der Walburgisnacht auf der sogenannten Hexengabel auch über die heimischen Fluren, deren Segen: die im üppigsten Grün stehenden Saaten, zu vernichten. Man müsse deshalb die Ecken der Felder mit geweihtem Wasser (der „Ostertaf") besprengen und drei Kreuze darüber machen.

Auf einem Anger bei Buckenhofen stand noch in den 1840er Jahren ein alter Baum: die sogenannte „Hexeneiche". In der Walburgisnacht hätten sich — so sagt man — auf ihren Ästen die Hexen geschaukelt. Die Zweige waren in Bewegung, auch dann, als die Blätter der umstehenden Bäume kein Windlein rührte.

Außer der „Generalversammlung" in der Walburgisnacht auf dem Blocksberge sollen auch auf dem Spornagelberg bei Kirchahorn, auf dem Walberla bei Kirchehrenbach und dem nördlicher gelegenen Staffelberge öfters im Jahre, an unbestimmten Tagen, „kleinere Hexenversammlungen" stattgefunden haben, ebenso auf dem Schießberge zwischen Eggolsheim und Buttenheim. Heute noch rufen die Burschen im Regnitzgrunde beim „Hexenausknallen" am Walburgisabend:

„Bei Egglsham und Butt'nham
Da komma d' Hexen und Drud'n z'famm."

Auf den Jurahöhen zwischen Scheßlitz und Kulmbach galten die Hexen auch als Feinde der „jungen Ehen". Braut und Bräutigam stellten sich deshalb bei der Trauung „mit Ellbogen und Fuß dicht nebeneinander" vor dem Altare auf, damit keine Hexe zwischen ihnen hindurchblicken und dem Glücke ihrer Ehe Unheil zufügen konnte.

In den Jurabergen geht die Meinung, was die Hexen zusammentragen, vermehre sich nur dann, so sie schon einen kleinen Vorrat gleicher Ware hätten. Außerdem verschwände alles wieder ebenso rasch, als es beigeschafft worden.

Besonders gefürchtete Wesen seien die „Milch= und Stallhexen". Von ersteren glauben viele, sie könnten, indem sie an eine ihnen bekannte Kuh des Ortes dächten, diese durch jeden beliebigen Zipfel eines Hand= oder Tischtuches melken. Geschehe dies jedoch öfter als einmal des Tages, dann ginge das betreffende Tier bald zugrunde. Gegen die Stallhexen schütze man sich hier und da, indem man Hagebutten unter die Stalltürschwelle vergrabe. Auch der Bocksdorn sei ein probates Mittel, seinen Stall „hexenfrei" zu halten. Mit ihm züchtige man die Kühe und peitsche auf diese Weise die Druden zu Tode. In der Umgebung Forchheims, Gößweinsteins, Pottensteins, Waischenfelds und Hollfelds gibt man dem Vieh, um es vor dem „Verhextwerden" zu schützen, von den am Mariahimmelfahrtstage geweihten Kräutern und zwar in der Regel „zen heilinga Ohmd" (zum heiligen Abend), bis zu welchem Tage die Weihbüschel aufbewahrt, dann zerschnitten und zum Teil unter das Viehfutter gemengt werden. In der Muggendorfer, Streitberger und Heiligenstadter Gegend reichte man zu gleichem Zwecke dem Vieh, besonders den Kühen, am „Walberschohmd" (Walburgisabend) die Zwiebeln der Türkenbundlilie, vermischt mit den Blüten des Scharbockskrautes und der Schmalzblume. Im Kulmbacher Umlande bekam das Vieh an Walburgi und der „Foosernacht" (Fastnacht) siebenerlei Fruchtkörner mit Salz, je „a Hempfela" (eine Hand voll), als Geleck. Dadurch sollte es gesund und von Hexen bewahrt bleiben.

In Kirchenbirkig bei Pottenstein scheinen Unholdinnen auch auf die „Grashüllen" (d. s. Wasserlöcher neben den Bauernhöfen, die als Viehtränke und zum Graswaschen benutzt werden) ihren bösen Einfluß auszuüben. Am Walburgisabend legt man dicht an dieselben Hagebutten in Kreuzesform, so die Druden von den Tümpfeln fern zu halten.

Selbst die Düngerstätte im Hofe sei da und dort vor den „nimmersatten Hexen" nicht ganz sicher gewesen. Gar köstlich berichtet darüber Frau Gleichmann-Kulmbach[1]): „Ze der Foosernacht hamm sunst die Hex'n a setzn Nuutwendigkeit katt. Zermol zer nacht in der Geisterschtund senn sa gschoff'n kumma wie taab, hamm sich von drei Eck'n am Misthauf'n an Platsch'n gnumma und seenn — hosta mich gsehngn — wies Wetter widder furt. Bloß von d'r viert'n Eck'n hott mei Lebtog ka Hex nix genumma, sie werd wul gewißr

---
[1]) Heimatbilder aus Oberfranken 1916 Seite 153.

hohm warum, dös Luder. Die gerapst'n Platsch'n Miest hamm awer Reichtum bedett. Jeder Platsch'n hoot'n Hexna an Haust'n Geld, guts Zeug zen Lehm (Leben) und schöna War ner so g'nug gebracht. Und Macht über'n annern (dem der Misthaufen gehörte!) für sell ganz Jahr bis ze der annern Foosernacht hamm so no' extra kriegt. Amoll hott in der Näh vo' Kulmbach a Bauer zu aner Nachbera g'sogt, die wu a Hex war und scho amol in der Foosernacht drei Platsch'n vo sein Misthaust'neck'n dervogschlaast hott: ‚Bätt'l schlechta, wennsta mer in dera Foosernacht widder= kümmst und schlaafst mer vo mein Miest weck, nochert schieß ich dich üwern Haust'n so gewieß wie der Teif'l dei Bett= schelm is.' Der Bauer hott wirklich vo dort a' jeda Foo= sernacht mit'n Schießprüg'l g'wacht. Und die Hex hott Man= schett'n kriegt und is dervo blieb'n. — Hie und do solls ja auch vorkomma, daß sich a Hex gelust'n leßt nochera paar Miestplatsch'n. Is der Huuf zugschperrt, kumma sötta S . . weibsbilder ganz aasach auf der Us'nkruck'n überm Zau geritt'n. Frühera Zeit hott mer sell öft seh'ng könna, ower wu sa wiss'n, daß gewacht werd, und wenns ner mit der schwarz'n Peitsch'n is, do woll'n sa sich's Maul nett ver= brenna und bleihm dervo. Überdem senn die Leut etzet g'scheit und steck'n aasach Elsenholz a die drei Eck'n von Miest".

Ja, dem „Elsenholze", auch „Hexenblüh" genannt, war eine große Rolle zugedacht. Es hatte nach dem Volksglauben wie nichts anderes die Macht, „das Hexengelichter von Haus und Hof abzuhalten." Keine Drude mochte es wagen, sich auf hundert Schritte dem ihr verhaßten Strauch zu nahen. Nicht selten umgab man deshalb ganze Anwesen, wo es nur immer ging, mit einer Hecke aus Elsenholzsträuchern. Wo diese unbekannt, „putzte" und besteckte man am Walburgisabend bzw. an der Fastnacht die Düngerhaufen mit Schlehenstauden (Limmersdorf), Salweiden (Fichtelgebirge), Stachelbeersträuchern (Creußen) oder einem Besen, dessen oberes Ende übers Kreuz gebunden war (Döbritzgrund bei Staffelstein).

Eine andere Art Unholdinnen sind die "Pferdehexen." Von ihnen erzählt man sich in der Forchheimer, Pottensteiner und Thurnauer Gegend, sie hätten nächtlicher Weile, nur aus Bosheit und zum Schaden anderer, Mähne und Schweif der Pferde in unzählige Zöpfe geflochten. Die Tiere seien dann morgens schwitzend und schnaufend im Stalle gestanden, sichtlich abgemagert und bald zugrunde gegangen. Als Mittel dagegen wurden drei Kletten in den Schweif der Rosse gebunden. Sobald das Tier eine derselben verlor, habe der Unfug von neuem begonnen.

In Kirchenbirkig und den Nachbardörfern nennt man den Wind, der im Sommer nicht selten über die Felder wirbelt, das liegende Getreide durcheinanderwirft oder gar mit in die Höhe reißt und auf andere Grundstücke entführt, "Hexenwind." Man müsse — so sagt man dort — eine Sichel in die Luft werfen, "um der Hexe Macht zu brechen." Einmal habe eine Schnitterin dies getan, aber ihre Sichel nicht wieder gefunden. "Sie sei offenbar vor der Drude erhascht und mit fortgenommen worden."

Hexen gehen, wie manche fest behaupten, auch darauf aus den Nebenmenschen an Leib und Seele zu schaden. Sie sollen anderen etwas "anmachen" oder "antun" können. Am verbreitetsten ist wohl der Glaube an das "Läuse-Anmachen". Der davon Betroffene ist mit einem Male von Ungeziefer heimgesucht und kann es nicht mehr los werden, es sei denn, er bitte die des "Läusezauberns" verdächtige Person um „gut Wetter." Ein Bursche in B. vertrieb mittags fremde Hühner aus der Scheune, in der eben gedroschen worden war. Auf das Geschrei und Gegacker lief die Nachbarin herbei und rief mit zorngeballten Fäusten: „Wart, Bürschle, du sollst an mich denken!" Als er am anderen Morgen erwachte, wimmelte sein ganzer Körper von Läusen, während an dem des Bruders, der neben ihm lag, nicht eine einzige zu finden war. Nachdem er sich mehrere Wochen mit dem lästigen Ungeziefer herumgeschleppt, erzählte der Gequälte die Sache dem als erfahrenen Mann bekannten Ortsschäfer. Der lächelte und riet, die „erzürnte Nachbarin" um Verzeihung zu bitten. Es geschah, und die Läuse waren so schnell weg, als sie sich eingestellt hatten.

Viel schlimmer natürlich als das „Läuse-Anmachen", so ekelhaft dies auch sein mag, ist das „Antun" einer Krankheit, die zum Siechtum, sogar zum Tode führen kann. Da und dort glaubt man, die Hexe könne irgend einer Person alles mögliche Unheil zufügen, so durch Zufall ein Gebrauchsgegenstand eben dieser Person in ihre Hände gerate. Das zwölfjährige Mägdlein einer armen Witwe in B. am Ostrande des Jura holte einst von einem Feldraine etwas Ziegenfutter und ließ ihren Wetzstein aus Versehen liegen. Kaum hatte das Kind sein Grasbündelein heimgebracht, ward es von einem Unwohlsein befallen, so heftig, daß die besorgte Mutter den nächsten Arzt holen ließ. Der konnte aus den wunderlichen Erscheinungen der Krankheit nicht klug werden, verschrieb indes ein Mittel, das ihm zweckdienlich schien, aber ohne Erfolg blieb. Auf Befragen der geängstigten Mutter gestand das Töchterlein, es habe auf einem fremden Rain gegrast und aus Versehen den Wetzstein liegen lassen. Mit steigender Besorgnis forschte die Mutter nach der Lage und Beschaffenheit des Rains und rief, als das Kind sich darüber geäußert, voll Entsetzen aus: „O Unglückskind, du warst auf dem Grundstück der Hexe!" Mit diesem Schimpfworte brandmarkte die öffentliche Meinung eine betagte, ziemlich wohlhabende, jedoch äußerst geizige und übel beleumundete Frau in B. Zu ihr lief voll tödlichen Schreckens die Mutter und bat flehentlich um Verzeihung des begangenen Frevels, Zurückgabe des Wetzsteins und Wiederherstellung ihres kranken Kindes. Schweigend öffnete die Frau ein Wandschränkchen, zeigte den Stein und rief höhnisch: „So soll allen geschehen, die sich an anderer Leute Eigentum vergreifen!" Damit schloß sie den Stein wieder ein und schob die Bittende zur Türe hinaus. Diese eilte nach Hause und fand ihr Kind sichtlich dem Tode nahe. Mutterliebe und Verzweiflung trieben die Witwe aufs neue zur „Hexe", der sie sich händeringend zu Füßen warf und mit herzzerreißenden Worten um ihres Lieblings Rettung und Verzeihung des unwissentlich begangenen Diebstahls bat. Nachdem die Unholdin sich lange an der Angst der Bittenden geweidet, gab sie den Wetzstein heraus mit den Worten: „Diesmal will ich verzeihen, aber nimmermehr wieder." Voll Erwartung eilte die Mutter nach Hause. Sie fand ihr Töchterchen auf dem Wege der Besserung. Anderen Tags schon war es völlig genesen.

Zu erkennen seien die Hexen, wenn man am Weihnachtsabend zur Mette auf einem Schemel mit neunerlei Holz kniee. Während der Wandlung sehe man dann die Unholdinnen mit todbleichem Anlitze, Buttersiebe, Melkeimer oder Strohkränze auf den Köpfen, dem Altare den Rücken kehren. In P. bei Forchheim wagten einst übermütige Burschen diese Probe anzustellen. Unter verschiedenen albernen Zeremonien fertigten sie das „Hexenstuhl" genannte Geräte und brachten es, unter einem Mantel verborgen, mit zur

Kirche. Schon von Beginn des Gottesdienstes an ließ sich einer nach dem anderen mit dem linken Knie darauf nieder, während die übrigen sich dicht herum gruppierten, das Treiben zu verbergen. Als jedoch bei der Wandlung tiefste Stille das Gotteshaus erfüllte, brach der Schemel — es mochte gerade ein „Gewichtigter" sein Knie darauf gestützt haben — unter lautem Getöse zusammen und der Bursche lag der Länge nach am Boden. Die ganze andächtige Gemeinde kam in Aufregung, da man glaubte, der junge Mann sei schwer krank geworden. Doch wandelte sich das Mitleid in Entrüstung, als die Hinzudrängenden sahen, was den Burschen zu Fall gebracht. Man führte ihn hinaus und — das übrige läßt sich denken. Der Pfarrherr aber hielt am folgenden Festtage ein gewaltige Strafpredigt über solch unheiliges Treiben, drohte jedem mit dem Banne, der sich je wieder dieser Freveltat unterfinge und verurteilte den ertappten Kirchenschänder zu schwerer Buße. Seitdem soll in P. die Kraft des „Hexenstuhles" nie wieder erprobt worden sein. An seine Wirkung aber glaubte man vielerorts noch lange Zeit, so in Kirchenbirkig, Weidenhüll, Kühlenfels, Elbersberg usw. Ob auch hier der eine oder andere mittels des Schemels aus neunerlei Holz die Hexen zu erkennen versuchte, konnte nicht in Erfahrung gebracht werden.

* * *

So leben denn mitunter auf dem Lande, zumal in den abseits der großen Verkehrsstraßen gelegenen Gebirgsdörfern, Anschauungen längst vergangener Zeiten und Vorstellungen von geheimnisvoll wirkenden Mächten, wie sie die Altvordern überlieferten, fort. Freilich haben sich auch hier schon viele aus ihrem „idyllischen Dornröschenschlaf" wecken und zu zeitgemäßerem Fühlen und Denken bekehren lassen.

Allerlei Spuk- und Pöpelsgeschichten

Volksmundliches

Einleitung.

Der Glaube, Geister sehen und mit ihnen verkehren zu können, findet sich schon im frühesten Altertum bei allen Völkern. In Deutschland bezog er sich zunächst ausschließlich auf gute Geister und, als Gegensatz hiezu, auch auf den Teufel und sein Heer, aber fast nie auf Geister Verstorbener oder „Gespenster". Die eigentliche Gespensterseherei wurde erst im Mittelalter, durch Phantastereien sonst um die Wissenschaft verdienter Männer vorbereitet, durch Betrüger und Gaukler in Szene gesetzt. Diese rühmten sich der Gabe Geister Verstorbener sehen und mit ihnen sprechen zu können. Noch im 19. Jahrhundert stand die Geister- und Gespensterseherei in Blüte. Sonst ernst zu nehmende Gelehrte behaupteten, auf Beispiele von Scheintoten gestützt, die Seele könne den Leib auf kürzere oder längere Zeit verlassen, die Toten könnten unter gewissen Umständen zurückkehren und Dinge erzählen, welche Sterblichen unbekannt sind, die Zukunft enthüllen usw. Im eigentlichen Volke geht die Geisterseherei von der Überzeugung aus, daß der Tod das Leben nicht vernichtet, sondern nur verändert, daß die Seele mit ihrem Bewußtsein ewig fortlebt. Dieses Fortleben (der als „Gespenster" Erscheinenden!) dachte sich das Volk als kein verklärtes, sondern schattenhaftes, unfreundliches, für die Lebenden unheimliches. Es vermutete in derlei Erscheinungen Seelen von Unholden, Übeltätern, Marksteinversetzern, Mördern, Selbstmördern u. dgl., die keine Ruhe finden konnten. Deshalb hatten auch in der Meinung des Volkes gerade jene Orte, wo Greuel verübt wurde, Verbrechen geschahen, Menschen sich das Leben nahmen oder anderen gewaltsam raubten, ferner Orte, die von Stätten des Todes umgeben sind oder waren, Richtplätze usw. ihren „Spuk", d. h. dort gingen Gespenster oder „Pöpel" — also Seelen von Übeltätern —. um.

Auch in der Fränkischen Schweiz leben, wie überall, Gespenster- oder Pöpelsgeschichten in der Erinnerung des Volkes fort. Vater und Mutter hörten sie von den Großeltern, diese wieder von anderen, und die Eltern überliefern sie ihren Kindern. „Erlebt" hat sie, wenn wir weiter zurückzuforschen vermöchten, niemand. Von diesem Standpunkte aus wollen wir das Nachstehende betrachten. Furcht ist überflüssig. Alle „Spuke", von denen erzählt wird, „spuken" schon lange nicht mehr — und haben in Wirklichkeit überhaupt nie „gespukt".

1. Der Forchheimer Rathauspöpel

In Forchheim lebte vor langer, langer Zeit ein Bürgermeister, der Eigenschaften zeigte, die ein Stadtoberhaupt nie und nimmer haben soll. Er unterschlug Gemeindegelder, fälschte Urkunden und machte sich vieler Erpressungen schuldig. Bei seinem Tode — er führte diesen gewaltsam herbei — befand sich die Verwaltung in einem schier unentwirrbaren Chaos. Seit dieser Zeit „spukt es im Rathaus — geht der Geist des ehr- und treulosen Bürgermeisters um". Oft wollen Leute zu mitternächtiger Stunde im ehemaligen Arbeitszimmer des Verstorbenen Licht gesehen haben. Andere behaupten, ein Mann in mittelalterlicher Amtstracht blättere dort heftig in den Büchern und Listen hin und her, durchstöbere Schränke und Kästen und fände nicht, was er fuche. Sobald aber die Rathausuhr anhebe, die erste Stunde des Tages zu künden, sei wie mit einem Schlage der Spuk vorbei.

Der „Rathauspöpel", wie die Forchheimer das Gespenst nennen, schaue auch zuweilen mit feurigen Augen aus den oberen Fenstern des Stadthauses, zeige den Tod eines Rats= herrn durch Gepolter an und lasse, was das Unheimlichste sei, die Rathausuhr in unbestimmten Zeiten um Mitternacht dreizehnmal zum Schlage anheben. Das sei ein untrügliches Zeichen dafür, daß noch im gleichen Jahre der Bürger= meisterstuhl durch Tod des derzeitigen Stadtoberhauptes Er= ledigung fände.

Aber auch nutzbar suche sich der Forchheimer Rathauspöpel zu machen, besonders Frauen, deren Männer „das Heim= kehren vom Wirtshaus vergäßen". Nicht selten sei es vorge= kommen, daß ein solch Verspäteter, der, nur schwer das Gleich= gewicht haltend, die Straßen durchwankte und schier nimmer seine Heimstätte fand, da und dort schallende Ohrfeigen er= hielt, ohne einen Gegner zu sehen, mit dem er hätte „Hän= del" beginnen können. Die einen sollen es darob vorgezogen haben, daheim bei Weib und Kind zu bleiben; andere aber hätten sich beeilt zu rechter Zeit in den eigenen vier Wän= den zu sein. Eine gute Seite scheint also der „Pöpel=Bürger= meister" bei Lebzeiten doch gehabt zu haben: er war offen= bar kein Freund der „Polizeistundenübertreter".

2. Pottensteiner Pöpelsgeschichten

Vor langer Zeit ging ein Pottensteiner Bürger, vermut= lich ziemlich spät, vielleicht zur „Geisterstunde", vom Vier= tisch nach Hause. Kurz vor seiner Wohnung mußte er einen wenig breiten Püttlachsteg überschreiten. Kaum hatte der

„Angeheiterte" diesen betreten, sah er eine Gestalt, die sich weit über das Geländer bog und „ganz wie ein Geist aussah", neben sich stehen, so daß dem guten Manne „die Haare zu Berge stiegen". Vor der Haustüre steckte er die Tasche voll Steine, vom Giebelstübchen aus, wo seine Schlafstelle war, das „Gespenst" zu bewerfen. Der erste Stein flog ins Wasser, ebenso der zweite. Der dritte traf und verursachte ein Geklapper, als ob mit Hämmern auf eine alte Blechtonne geschlagen würde. Im selben Augenblick hing der „Pöpel" am Fensterstocke. Entsetzt schlug der Mann den Laden zu und kroch ins Bett. Dort gruselte ihm bis zum Morgen. Nach einem „Gespenst" aber warf er nie wieder.

* * *

Als einst ein Pottensteiner Bürger, seines Berufes Fischer, im unteren Püttlachtale mit Angeln beschäftigt war, sah er ein sauberes Mägdlein auf der Wiese dicht neben dem Flusse „Leinhappen" hauen. Er schaute ihm lange zu. Da aber die Fleißige nicht ein einziges Mal den Blick vom Boden hob, ging der Mann hin und sagte: „Bist aber arg fleißig, Dirndl. Werden die Happen wohl heute noch dürr?" Ohne aufzuschauen, sagte das Mädchen „ja". Der Fischer fühlte, die Arbeiterin wolle nicht gestört sein, und ging, über die Leinhappen hinweg, wieder dem Flusse zu. Da drückte ihn plötzlich der linke Schuh so arg, daß er sich genötigt sah, denselben auszuziehen. Zu seiner größten Überraschung rollten fünf blanke Dukaten ins Gras. Betroffen sah der Fischer sich nach der fleißigen Hauerin um. Von ihr wie den Leinhappen aber war nichts mehr zu sehen. Dem Manne gruselte zwar; aber schmunzelnd dachte er, einen solchen Spuk könne man sich schon gefallen lassen. Während des Angelns kam ihm in den Sinn, die Leinhappen könnten lauter Dukaten gewesen sein.

Da wolle er das nächstemal gehörig zugreifen. So oft er aber noch in das Püttlachtal fischen ging, die fleißige Hauerin und die Leinhappen sah er nie wieder.

* * *

Vom östlichen Ende Pottensteins führt ein weiß gezeichneter Weg ins obere Püttlachtal und verzweigt sich in den dortigen Anlagen. Den rechtsseitigen Pfad verläßt nach etwa zehn Minuten ein rot markierter Steig, zur „Schönen Aussicht", zum „Waldtempel" und zum „Hasenloch" führend. Letzteres erscheint als ein ausgewaschener Stollen, der sich ziemlich tief in den Felsen zieht. In seiner Nähe trieben sich eines Sonntags, während ihre Kameraden dem Gottesdienste anwohnten, mehrerer böse Knaben herum. Sie entdeckten plötzlich einen weißen Hasen, der angeschossen schien, da er nur langsam auf drei Beinen humpelte. Die Buben wollten ihn fangen und jagten ihn kreuz und quer, bis er zuletzt in die genannte Felsenhöhle entwich. Einer wagte in diese einzudringen. Aber plötzlich vernahmen die Zurückgebliebenen aus der Grotte ein jämmerliches Geschrei. Sie liefen heim und erzählten ihr Erlebnis. Der Vater des Vermißten eilte zur Höhle und fand seinen Buben in dieser tot am Boden liegen. Der Höhlenpöpel — „dieser und kein anderer war der weiße Hase" — hatte ihm den Hals umgedreht. Von da an wagte auf lange Zeit kein Bub mehr den Sonntagsgottesdienst zu schwänzen.

* * *

Auch einen Rathauspöpel hatten die Pottensteiner. Daß im alten Rathause wirklich und wahrhaftig ein Gespenst umging, das konnte der Stadtdiener, der in den unteren Räumen wohnte, bei Leib und Leben beschwören. Aber nur ein kleines Kämmerlein beanspruchte der bescheidene Pöpel für sich. Als der Polizeigewaltige in diesem eine Bettstelle aufgeschlagen hatte, wurden seine Buben, die darin lagen, vom „schlagfertigen" Rathauspöpel so verhauen, daß sie um alles in der Welt dort nicht mehr schlafen mochten. Da legte sich der Vater selbst in das unheimliche Stüblein. Ihm ging es wie den Buben. Er hielt es nicht einmal die ganze Nacht aus. Wohl oder übel entfernte er die Bettstelle und überließ das Gemach wieder dem Pöpel. Der war dessen zufrieden und beunruhigte die Stadtdienersfamilie nicht weiter.

3. Aufseßer Pöpelsgeschichten

Gar trollig muten uns die Aufseßer Spukgeschichten an. Man fand sie wichtig genug förmliche Protokolle darüber aufzunehmen. Sie seien dem Wortlaute nach — mit Weglassung unwesentlicher Teile — hier wiedergegeben.

a.

Aufseß, den 10. November 1840.

Man ließ den Nachtwächter Johann Dietsch dahier kommen und befragte ihn über die Erscheinung, welche er gehabt haben soll, worauf er entgegnete, er könne mit einem Eid aussagen, daß er Ende August nachts auf der Bank vor dem Schloßtor geschlafen habe, nachdem er 11 Uhr ausgerufen hatte. Da sei etwas an ihn gekommen und habe ihn aufgeweckt, indem es an seinem Wächterhorn gezogen habe. Hierauf habe er sich aufgerichtet und neben ihm sei ein kleines Männchen von etwa 4 Schuh Höhe gestanden, das ihn angesehen habe, ohne etwas zu sagen, und sodann der Schloßmauer entlang fortgegangen sei. Dann sei das Männchen verschwunden, wie wenn ein Licht ausgeblasen würde. Hierauf schlug es viertel nach 11 Uhr. Es war damals eine helle Nacht, Mondlicht, und er wisse gewiß, daß das Männchen nicht auf die Seite ge=

gangen sei, da ja die Mauer neben ihm war und er es deut=
lich neben der Mauer verschwinden sah. Das Männchen habe
ein Röckchen, dunkelgrau, angehabt und ein niedriges, rundes,
schwarzes Filzhütchen mit aufgeschlagener Krempe. Das Aus=
sehen seines Gesichtes wäre nicht bleich, sondern wie eines
lebendigen Menschen gewesen.

Johann Dietsch.

b.

Auffeß, den 13. November 1840.

Ließ man den Ortsvorstand Barthel Pöhlmann von hier
kommen und befragte ihn über die Erscheinungen, die er ge=
habt haben soll, worauf er entgegnete wie folgt:

1. Er habe einstmals um Mitternacht, als er von Göffel=
berg heim und gegen das alte Tor ging, vom Tor herab
einen ungeheuer großen Mann gehen sehen, mit dem er beim
Mühlstadel zusammengekommen, wo dann der Mann links
an den Blöchern vorbei in die Schneidmühle ging, aber, als
er sich bückte, um in die Tür einzugehen, unter der Tür ver=
schwunden sei. Der Mann sah grau aus, hatte einen Rock bis
an die Knie gehend an, und einen runden grauen Hut auf,
dessen Krempen etwas aufgebogen waren. Im Gesicht sah er
aschgrau aus, wie gestorben.

2. In der Hecke bei demselben Mühlstadel sollen andere
Leute öfter ein kleines graues Männchen gesehen haben. Er
aber sah es nie.

3. Er habe, als er einstmals von Heiligenstadt herüberging,
bei Nacht einen Wagen fahren hören und sei guter Dinge bis
an das Auffeßer Holz gegangen, wo er auf einmal eine
Chaise mit zwei Pferden ohne Kopf und einen Kutscher ohne
Kopf, schnell vom Vierweg herkommend, quer über seinen
Weg an der Grenze des Holzes hinauf fahren sah und hörte.

4. Auf derselben Stelle saß er ein andermal, als er von Bamberg herausging, ein kleines, ganz schwarzes Männlein tischhoch, mit feurigen, sehr großen Augen auf sich von dem Weg, wo die Chaise hinauffuhr, herablaufen und auf dem Fahrweg nach Aufseß einige Schritt fortgehen, wo es links ins Holz ging und seinen Augen entschwand.

5. Desgleichen ging ein kleines, graues Männchen, etwas größer wie das schwarze, als er Vieh von Bayreuth herab über die Plankensteiner Heide trieb, von dem oberen Wartstein bis zu dem Plankenfelser Wirtskeller mit ihm, welches ebenso feurige Augen hatte. Es blieb aber immer etwa 5—6 Schritte hinter ihm, und stand auch, wenn er stand, sagte nichts und ging bei dem Wirtskeller in die verschlossene Tür hinein.

Unterzeichnet zur Bestätigung:
Barthel Pöhlmann.

c.

Aufseß, den 24. März 1842.

Johann Georg Sponsel, Bauer von Rauenberg, 42 Jahre alt, berichtet, daß er acht Tage vor Weihnachten vorigen Jahres 1841 von Aufseß nach Hause gegangen sei und auf dem Fuhrwege, gegenüber dem sogenannten Peinacherrohre im Tal — es war finster und zwischen 11 und 12 Uhr nachts — eine Totenbahre mit mehreren Männern gesehen habe, die dicht vor ihm am Wege standen. Er sei darüber erschrocken und habe aus dem Wege gehen wollen, sei aber, als er den ersten Tritt aus dem Wege tat, hingefallen, habe aber, als er wieder aufgestanden, nichts mehr gesehen von all dem.

Ein Gleiches und noch deutlicher soll auf demselben Ort der Maurergeselle Graf zur selben Stunde einige Tage darnach gesehen haben.

Johann Georg Sponsel.

4. Von Marksteinversetzern

Vor langer, langer Zeit lag zwischen Sachsendorf und Kirchenbirkig ein Gut, Seubelswaidach genannt. Einer der Vorbesitzer hatte zum Schaden des Angrenzers im Walde den Markstein versetzt. Dafür mußte sein abgeschiedener Geist alle Jahre am Tage der Freveltat von der Abend- bis zur Morgendämmerung an der Grenze des geschmälerten Grundstückes irre gehen, den verrückten Stein in den Armen tragen und jeden, der ihm zufällig begegnete, fragen, wohin er den Stein wieder setzen solle. Doch niemand gab ihm Antwort. Wer seiner je ansichtig wurde, bekreuzte sich und floh, so schnell er konnte.

Im Gute war ein Schäfer eingetreten, ein Fremdling, der, halb blödsinnig, zu anderen Arbeiten nicht verwendbar war und auch von der schauerlichen Mär des irre gehenden Marksteinversetzers noch nichts vernommen hatte. Eines Abends trat er zufällig in den Wald. Da lief ihm jammernd und klagend ein Mann entgegen, einen Stein auf den Armen. Der fragte ängstlich: „Wohin soll ich ihn setzen?" In seiner Einfalt erwiderte der Schäfer: „Maulaff, woher du ihn halt genommen hast!" Diese kurze, derbe Gegenrede war das längst ersehnte Wort der Erlösung. Mit einem Freudenruf verschwand die gespenstige Gestalt und ließ sich nie mehr sehen. Der Markstein aber stand von da an wieder an seiner richtigen Stelle.

*   *   *

In Trumsdorf, 3½ km nördlich von Obernsees an der Lochau gelegen, lebte vor langer Zeit der Schulze Schwarz, ein wohlhabender, angesehener Mann, der aber gleichwohl bei seinen Ortsgenossen nicht im Geruche der Heiligkeit stand. Er erlaubte sich manche Bedrückung und Ungerechtigkeit gegen ſie und ſuchte namentlich ſeine Grundſtücke auf Koſten der Nachbarn durch Verſetzung der Grenzſteine zu erweitern. Man wußte davon, unterließ es aber, den Dorfregenten anzuklagen, da man deſſen Rache fürchtete. Dafür hegte man im Stillen um ſo mehr Verwünſchungen gegen den harten, ungerechten Mann, unter anderen auch die, er möge dereinſt keine Ruhe im Grabe finden und in Tiergeſtalt auf den verrückten Grenzen ſeines Beſitztums umgehen . . . Und dieſer Fluch ging in Erfüllung. An jedem Tage, da er eine ſeiner Freveltaten verübt, muß er in Geſtalt eines ſchwarzen Roſſes mit feurigen Augen zu mitternächtiger Stunde um ſeine Feldmarkung galoppieren. Schon mancher verſpätete Wanderer hat den Spuk geſehen, ſich bekreuzt und die Flucht ergriffen.

5. Von „Feuermännern"

Eine ganz beſondere Art „Geſpenſter" waren die auch in der Fränkiſchen Schweiz vorkommenden „Feuermänner". Sie ließen ſich in früheren Zeiten, wie der Volksmund zu melden weiß, gar häufig ſehen, beſonders im „Grund", d. h. in der Landſchaft des unteren Wieſenttales von Ebermannſtadt bis Forchheim. Mancher Wanderer, der ſpät abends dem heimatlichen Herde zuſtrebte, hatte, ehe er ſich deſſen verſah, einen ſolchen „feurigen Mann" auf dem Rücken ſitzen, unter deſſen Laſt er keuchte und ächzte. Wenn einer recht fluchte, verließ ihn „der Unhold" ſofort. Einſt zur Nachtzeit waren zwei Dietzhofer auf dem Heimwege von Wieſenthau her. Vor Schleifhauſen ſtieß der eine den anderen an und raunte ihm zu, ob er die zwei Feuermänner da drüben ſehe. Kaum war das Wort geſprochen, hatte jeder ſchon einen derſelben auf dem Rücken ſitzen. Ein Stück lang trugen ſie geduldig ihre

Laſt. Dann aber rief der eine zornig: „Wennſt net bald run=
ter gehſt, elendigs Luder, dann ſoll di die Kranket holn!" —
und weg waren die Feuermänner . . . Viele ſahen die Feuer=
männer auch mit einander kämpfen. Da ſollen die Funken
geſtoben ſein wie in einer Schmiede, wenn der Hammer auf
das glühende Eiſen niederſauſt. Ein Siegritzauer Knecht, der
von ſeinem Kammerfenſterchen aus den weiten Wiesgrund
überblicken konnte, habe oft ſolchen Vorgängen zugeſchaut.
Als der Neugierige bei einem beſonders heftigen Kampfe das
Fenſter öffnete, ſeien die Feuermänner im Nu vor dieſem ge=
ſtanden, ſo daß der Erſchrockene es eiligſt wieder zuſchlug und
ins Bett kroch . . . Nicht ſelten dringt die Rede an unſer
Ohr: „Der flucht wie ein Fuhrknecht". Fragen wir nach dem
Grund dieſes Vergleiches, ſo können wir hören: „Die Fuhr=
leute waren halt große Flucher. Die habens von den feurigen
Männern gelernt". Ganz richtig iſt dieſe Erklärung freilich
nicht. Sie ſollte vielmehr lauten: „Die Fuhrleute haben, als
es feurige Männer gab, ſich das Fluchen angewöhnt, und
ſpäter lernte es einer dem anderen nach!" Auf die Fuhrleute
hatten es die feurigen Männer nämlich ganz beſonders abge=
ſehen. Es geſchah oft, daß ſich ein ſolcher auf den Wagen, am
liebſten auf das „Langwied" ſetzte, ſo daß es den Pferden oft
ſchwer fiel, vorwärts zu kommen, und ſie in argen Schweiß
gerieten. Da die Fuhrknechte wußten, daß tüchtiges Fluchen
das einzige Mittel ſei, die Unholde zu vertreiben, läßt ſich
denken, wie ausgiebig ſie davon Gebrauch gemacht haben
mochten.

* * *

Die Forſchung brachte die „feurigen Männer" mit den
Irrlichtern oder Irrwiſchen (in Norddeutſchland auch „Tücke=
boten") in Verbindung. Es ſind dies flammenartige und

leuchtende, besonders in sumpfigen Gegenden vorkommende Erscheinungen, die durch den leisesten Luftzug fortbewegt werden und von einem Orte zum anderen hüpfen. Man hielt diese Lichter für Gase, die aus faulenden Stoffen entstehen und schon durch die bloße Berührung der Luft sich entzünden, und wies besonders auf das selbstentzündliche Phosphorwasserstoffgas hin. Glaubwürdige Beobachter der Irrlichter (List, Knorr, Tschudi) stellen jedoch dieser Annahme gewichtige Bedenken entgegen, so daß die wahre Erklärung der Irrlichter noch von weiteren Beobachtungen abhängt.

Spitznamen Fränkischer Schweiz-Orte

Volksmundliches

Wie anderwärts, so gibt es auch in der Fränkischen Schweiz Schwänke und Schnurren über Ortsneckereien, die in der Regel auf ein Dorf- oder Stadtereignis zurückzuführen sind, die Menge. Es mögen nur einige hier verzeichnet sein. Die Namen sind samt und sonders harmlos. Sie bekunden nur einen gesunden, wenn auch mitunter etwas derben Volkswitz. Ein Wicht deshalb, wer daran Anstoß nehmen sollte!

* * *

1. Die „Pfalzgrafen" und die „Kuckuck"

Die Bewohner Wiesenthaus sind zum Teil Landwirte, zum Teil recht fleißige Handelsleute. Wenn letztere sich zur Reise rüsten, antworten sie auf die Frage, wohin es gehe: „Fort die Pfalz." Dort im Nachbarkreise machen sie gute Geschäfte und kommen meist mit gespickten Beuteln nach Hause. Dann tragen sie die Köpfe hoch „wie die Grafen" und lassen in den Wirtshäusern etwas draufgehen. Die Nachbardörfler hänseln sie dann als „Pfalzgrafen", müssen aber hinwiederum manchen treffenden „Gegenhieb" kleinlaut „in die Tasche stecken". Ist der Hänsler zufällig „a Reuthä", d. h. einer von dem gegenüberliegenden Dorfe Reuth, so ahmt der Wiesenthauer in aller Gemütsruhe den Ruf des Kuckucks nach — und der Reuther ist geschlagen. Diesen Spitznamen mag er nämlich nur ungern hören.

2. Die Fröschknicker

Dieses Spitznamens erfreuen sich — wer weiß seit wann? — die Bewohner des Marktfleckens Pretzfeld. Sie sollen von jeher große Feinschmecker gewesen sein und zu ihren Leibgerichten mit an erster Stelle die zarten Froschschenkelein gezählt haben — und noch zählen. So wurden und werden in der nächsten Umgebung Pretzfelds, besonders in der „Rüs", einem Sumpfgewässer unmittelbar hinter dem Orte, unzählige Exemplare des schlüpfrigen Amphibs seiner „delikaten" Hinterbeinchen wegen gefangen. Manche Schlecker in Pretzfeld — so sagt man — können nicht genug dieser „zarten Happen" bekommen. Den Einwohnern aber hat die „Liebhaberei" den obenstehenden Spitznamen eingebracht.

3. Die Hungerleider

Die Ausdrücke „Geizhals" und „Hungerleider" haben bei der Fränkischen Schweiz=Bevölkerung fast ein und dieselbe Bedeutung. Unter einem Hungerleider versteht der Einheimische eben einen Geizhals, der sich und anderen nichts gönnt.

Den Ebermannstädtern sagt man nach, sie hätten einmal, noch dazu am Kirchweihfeste, an dem sich selbst der Ärmste etwas zugute tut und auch der Geizigste anderen gegenüber mitteilsam ist, einen Bettler jämmerlich verhungern lassen. Ob dieses unglaublichen Vorfalles heißen die „Ermersteeder" bei ihren Nachbarn „die Hungerleider".

Anschließend an den Spitznamen „die Hungerleider", erzählt der Volksmund aus der Zeit des Dreißigjährigen Krieges folgende lustige Episode: Die Schweden belagerten Ebermannstadt, das durch Mauern und die in zwei Armen den Ort umfassende Wiesent hinlänglich geschützt war. Als die Horde zum Sturm übergehen sollte, bemerkte ein Unterführer, dies sei eine bedenkliche Sache, da die wackeligen Mauern einstürzen und alle unter ihren Trümmern begraben könnten. Also beschloß der Befehlshaber das Städtchen durch Fortsetzung der Belagerung einfach auszuhungern. Da lachte ein Korporal, dem die Gegend nicht unbekannt schien, und meinte, die Ebermannstädter seien als „Hungerleider" bekannt. Er glaube, daß eher die Schweden verhungern würden als der belagerte Feind. „So erkläre ich die Stadt als unbezwingbar", entschied der Kommandant und — zog mit seinen Truppen ab.

4. Die Säustecher

Ebermannstadt und Breitenbach bilden, obwohl zusammengebaut und nur durch einen Flußarm getrennt, zwei politische Gemeinden, deren Einvernehmen in früheren Zeiten nicht das beste gewesen sein mochte. Die Bewohner Ebermannstadts, von ihren Nachbarn jenseits des Wassergrabens kurz die „Steeder" genannt, sahen auf die mehr bäuerliche Bevölkerung Breitenbachs so ein bißchen von oben herab. Konnten doch zu Ebermannstadt in fast allen Haushaltungen „große" Schlachtschüsseln abgehalten werden, drüben in Breitenbach hingegen nur „kleine". Das will besagen: Hier leistete man sich neben den üblichen Schlachtschweinen auch ein Rind und bildete sich nicht wenig darauf ein. Dort aber mußte man sich mit einem, besten Falles zwei „Säula" bescheiden. Diesem Umstande verdanken die Breitenbacher den Spitznamen „Säustecher", wenn auch die Verhältnisse inzwischen ganz andere geworden sind.

5. Die Eulenböck

Im Hintergrund des Mühlbachtälchens, einer Einbuchtung am Südrande der "Langen Meile", liegt das Dorf Niedermirsberg, welches, wie der Volksmund berichtet, der Dreißigjährige Krieg total entvölkerte, so daß daselbst Fremdlinge angesiedelt werden mußten. Letztere sollen besonders durch ihre großen, runden Köpfe, die denen der Ohreulen nicht unähnlich waren, aufgefallen sein. Da man hierzulande diese Art Eulen wegen ihrer zwei vorstehenden Kopffedern, die an Hörner erinnern, "Eulenböcke" nennt, übertrug man den Namen den neuen Ansiedlern des Tales. Derselbe ist an den jetzigen Bewohnern Niedermirsbergs, Neuses und Vorstalls haften geblieben, obwohl sie mit "Eulenböcken" wahrhaftig nichts gemein haben.

6. Die Haberochsen

Ebermannstadts Viehmärkte waren von jeher berühmt. Trafen doch dort Verkäufer und Käufer vom "Grund" und dem "Gebirge" in großer Zahl zusammen. Beim Handelsgeschäfte, das sich gewöhnlich mit großer Lebhaftigkeit abwickelte, konnte man von seiten der Verkäufer und Schmuser nicht selten mit Selbstgefälligkeit oder Kennermiene den Ausdruck hören: "Das ist ein Hauptpaar Ochsen." Damit meinte man natürlich, es sei ein großes, kräftiges und schönes Paar Ochsen, wie man von einem tüchtigen Burschen zu sagen pflegt, er sei ein "Hauptkerl". Die Ausdruck schien jedoch den Gasseldorfern, die als nächste Nachbarn selbstverständlich keinen Ebermannstädter Viehmarkt versäumten, nicht recht geläufig. Da sie gleichwohl als "Kenner" gelten wollten, mischten sie sich da und dort in den Handel, beschauten und befühlten die Ochsen und redeten dem zaudernden Käufer zu, indem sie mit wichtiger Miene meinten, es sei wirklich ein „Haber=Ochsen". Aus diesem Grunde heißen heute noch die Gaſſeldorfer „die Haberochſen" — obwohl ſie den Geſchäftsausdruck „das iſt ein Hauptpaar Ochſen" längſt erfaßt haben.

7. Die Pletſchen

So nennt man ſeit unvordenklichen Zeiten die „Laanterer", d. h. die Bewohner von Unterleinleiter. Auf dem Lande iſt es Sitte, daß jeder Bauer ſein Brot ſelbſt bäckt. Steht doch in den Dörfern faſt neben jedem Hauſe ein Backofen. Vom Reſt des Teiges formt man gewöhnlich ein ganz flaches, ſcheibenartiges Brot, beſtreicht es mit Schmalz, ſtreut etwas Salz, Kümmel und geſchnittene Zwiebeln darauf und bäckt es recht knuſperig. Allerorts nennt man dieſes Gebäck Brotkuchen. In Unterleinleiter nur heißt es „Pletſch". Dieſe ſpaßige Bezeichnung mag die Umwohner veranlaßt haben, den „Laanterern" den Scherznamen „die Pletſchen" anzuhängen. — Zur Hochzeit bäckt man ein beſſeres, „weißeres" Brot. Man nimmt dazu halb Roggen=, halb Weizenmehl. Werden die Laibe recht gewölbt, d. h. iſt der Teig recht gut aufgegangen, ſo kündet das bei den „Laanterern" eine gute Ehe. Bleiben aber die Brotlaibe flach und gehen ſie mehr in die Breite wie die „Pletſchen", dann ſoll nach dem dortigen Volksglauben der Eheſtand mehr ein „Weheſtand" werden.

8. Die Schmalzkübel

Im Jahre 1746 zerſtörte den größten Teil Gößweinſteins eine Feuersbrunſt, die am 5. Auguſt gegen die Mittagsſtunde am Weſtausgange des Ortes auskam. Nach einigen

Stunden waren 53 Wohnhäuser, Pfarr-, Schul- und Mesnergebäude sowie Türme und Dach der Wallfahrtskirche dem furchtbaren Elemente zum Opfer gefallen. Von nah und fern waren unzählige Menschen hilfsbereit herbeigeeilt. Nach den anstrengenden Rettungsarbeiten „löschten" die Männer in den verschont gebliebenen Wirtshäusern „ihren Durst". Da kam ein Bösenbirkiger in „die Krone" und meldete, die Leute draußen sagen, der Brand sei durch brennendes Schmalz ausgekommen. „Daß ich net lach," erwiderte ein Sachsendorfer. „A solchs Feuer und Schmalz! Da wär'n ja zwanzig Kübel voll nöti' g'wesen." Ein Neidnickel von etwas weiter her fing die Rede auf und meinte: „Dös is scho mögli'. Die Gößamastaner sitz'n ja förmi' im Schmalz, scho' von weg'n ihrer Wallfahrt. A so a Einnahm' jährli'. Die können's scho kübelweis' hob'n, während's wo an'ers gar oft net zum Einnbrennt' langt!" ... Damit war der Diskurs über die Brandursache beendet, aber auch der Spitzname der „Gößamastaner" geprägt. Sie hatten zum Unglück noch den Spott und heißen von diesem Tage an, insonderheit bei ihren östlichen Nachbarn, „die Schmalzkübel".

9. Die Esel

Eines schönen Tages sah der Pottensteiner Geißhirt in der Pülla (Püttlach) einen „Esel" liegen. Geschwind lief er ins Städtchen, zur Rettung des i—a einige Leute herbeizuholen. Die schüttelten wohl ihre Köpfe über die seltsame Mär, eilten aber dennoch mit ein paar Haken dem Geißbuben nach. „Wahrhafti', es is a Esel", sagte der eine. „Schickt euch, er krebbelt no'", schrie der andere. „Na, er is scho' kaputt", meinte ein Dritter, der eben seinen Haken angesetzt hatte.

"Das Wasser hat ihn nur a bißla hin und her g'schob'n." . . .
Eins — zwei — drei — schwupp! — und das starre Ungetüm
lag am Ufer des Baches im Grase. "Säubu', elendiger, hä'st
deine Ag'n net besser aufmach'n könna", fielen die Männer
über den Geißjungen her; "dös is ja gar ka Esel. Wenn d'
nur glei' die Kranket holet!" . . . Und es war wirklich kein
Esel, sondern der rindenlose, graue, fast morsche Baumstumpf
samt Stock und Wurzeln einer Föhre. . . . Kleinlaut zog sich
"die zur Rettung herbeigeeilte Mannschaft" ins Städtchen
zurück. Bald erzählte man sich das Stückchen in allen Ort=
schaften der Umgebung und lachte herzhaft darüber. Den
Pottensteinern aber brachte der Spaß, wie es halt so geht,
den Spitznamen "die Esel" ein.

10. Die Sackifundis

Vom Städtchen Weismain führt mitten durch den herr=
lichen Forst eine Straße zu dem 3½ Kilometer ostwärts ge=
legenen Filialdorfe Geutenreuth. Seine Bewohner hatten,
freilich vor langer Zeit, einen Heiligen erfunden, nach dessen
Namen wir in der bekannten Ora pro nobis-Litanei wie im
Kalender vergeblich suchen. Das geschah so: Mitten im
Weismainer Forst fanden einstmals Geutenreuther einen
Sack mit einem gut erhaltenen Heiligenbild, das offenbar
aus einer Kapelle geraubt und vorläufig im Walde versteckt
worden war. Die Glücklichen verbrachten die Statue in ihr
Ortskirchlein und stellten sie daselbst auf. Das Bildnis trug
aber keine Inschrift. Auch aus Gestalt und Gewandung
konnte man nicht erkennen, wen es eigentlich darstellen
sollte. Da behalfen sich eben die Guten und nannten den im
Sack gefundenen Heiligen "Sackifundis". So kamen die Geu=
tenreuther zu ihrem Spitznamen: "die Sackifundis".

11. Die Teppichleger

Am Südoſtrande der Fränkiſchen Schweiz, nahe dem Vel=
denſteiner Forſte, treffen wir den ſtattlichen, ſchon 1121 unter
dem Namen „Blöge" beurkundeten, von 1416 bis 1810 bran=
denburgiſchen Flecken Plech. Warum ſeine Bewohner „die
Teppichleger" heißen, erzählt uns der Volksmund in folgen=
der Weiſe: Die Plecher hatten, was nicht oft vorkommen
mochte, ihr Rathaus neu anſtreichen laſſen. Nicht wenig ſtolz
auf den nun ſo ſchmucken Bau, luden ſie ihren Landesherrn,
den Markgrafen von Bayreuth, ein, den Ort mit ſeinem Be=
ſuche beehren zu wollen. Der ſagte zu und kam am feſtgeſetz=
ten Tage mit einigen ſeiner Hofherren angefahren. Plech
prangte im ſchönſten Schmucke und konnte ſich wohl ſehen
laſſen. Aber, aber — zum Belegen des Bodens zwiſchen
Ausſteigſtelle und Rathauspforte war im ganzen Orte nur
ein einziger Teppich aufzutreiben, und es wären deren vier
oder fünf vonnöten geweſen! Was nun tun? Alle blickten
auf den Bürgermeiſter. Der wußte, wie immer, Rat und
meinte: „Wir legen halt den Teppich zunächſt an die Aus=
ſteigſtelle. Hat ihn der Fürſt überſchritten, ſo werde ich mit
ihm ein angeregtes Geſpräch beginnen, ihn auf die geſchmück=
ten Häuſer, den beflaggten Turm, den Rathausgiebel und
anderes Hochliegende aufmerkſam machen. Dieweil ſieht er
ganz gewiß nicht, was unten am Boden vor ſich geht. Zwei
Bürger ziehen den Teppich behutſam weg und legen ihn
weiter vor. So wird's gemacht bis zur Tür. Aber aufgepaßt,
damit alles klappt und wir uns nicht blamieren!" Und es
ging wirklich vortrefflich. Faſt bis zur Pforte des Rathauſes.
Beim letzten Umdrehen aber mochte einer der Dienſtbefliſſe=
nen doch nicht mit der nötigen Sorgfalt vorgegangen ſein.
Kurz und gut: er ſtreifte die Beine des Fürſten und ſchwupps

— saß dieser auf dem Teppich zu Füßen des Bürgermeisters. Der hob ihn schnell auf und zeigte sich untröstlich über die Tölpelei, die einer seiner Bürger zur Blamage des ganzen Ortes, trotz aller Mahnungen zur Vorsicht, gemacht habe. Der Fürst jedoch zeigte gute Miene zum bösen Spiel, lachte über den kleinen Unfall und besänftigte den aufgeregten Bürgermeister. Die Plecher aber heißen von diesem Fürstenbesuche an bei ihren Nachbarn „die Teppichleger".

12. Die Zeiserlfänger

Zwölf Kilometer südlich von Pottenstein treffen wir das von einem Felsenschlößchen überragte, ehemals Schlüsselbergsche, von 1505 bis 1806 Nürnbergsche Städtchen Betzenstein.

Kunigund, eines dortigen burggräflichen Pflegers Tochter, hält sich, da sie als alte Jungfer jede Hoffnung auf einen Mann zu Grabe tragen muß, als Ersatz einen Zeisig, mit dem sie nach Herzenslust schäkert und kost. Aber trotz aller Lieb und Pflege fliegt eines schönen Tages das Vogerl davon. Schön Kunigund weint sich die Äuglein rot und verläßt nicht mehr ihr Kämmerchen, so daß der gestrenge Vater sich wohl oder übel entschließen muß die ganze Stadt aufzubieten, das „Viecherl" wieder einzufangen. Mit Gabeln und Netzen, Stecken, Stangen und Stricken, Maus= und Dachsfallen, Besen und Spießen kommen die Männer herbeigeeilt. Mit Haken, Leitern und Spritze rückt die Feuerwehr aus. Selbst die Bürgergard zieht auf und der Wächter stößt mit solcher Macht ins Horn, daß schier die Häuser wackeln.

Und das Zeiserl? Es hüpft vergnügt von Mist zu Mist, sucht da ein Würmchen, fängt dort ein Mücklein und — freut sich seiner Freiheit. . . .

Da ruft der Schultheiß die hochweisen Stadtväter ins Rathaus. Alle denken anstrengend nach, auf welche Weise das „Mistvieh" zu erwischen sei. Aber sie finden, obschon ihre Köpfe bei dritthalbstündigem Sinnen müd und schwer geworden, keinen Weg. Da endlich rückt der Stadtgewaltige seine Brille hoch, nimmt bedächtig eine Prise und kündet den Lauschenden: „Hört meinen Rat. Damit uns der verfluchte S .. vogel nicht aus der Stadt entwische, wollen wir vor allem die Tore sperren. Dann rücken wir ihm eben ganz energisch und systematisch auf den Leib." Unter großer Beifallsbezeugung wird die Sitzung geschlossen. Alle verlassen aufatmend das Rathaus. Der Stadtwächter verrammelt sämtliche Ausgänge der Stadt. Ein wahres Kesseltreiben von rechts und links, hinten und vorne, kurzum von allen Seiten setzt ein, daß jedwedem Hören und Sehen vergeht.

Auch dem Zeisig wird der Spektakel zu bunt. Er schwingt sich auf, fliegt über Tor und Mauer und läßt, erfreut über seine gelungene List, zu guter Letzt — noch etwas fallen.

Und Kunigund? Die arme Maid war nicht zu trösten. Sie zog Trauerkleider an und — ging bald darauf ins Kloster.

„Wie allbekannt im ganzen Land,
Sind nun die Betzensteiner
Die „Zeiserlfänger" zubenannt.
— Doch hören mag es keiner!"